Alfred Schickel (Hrsg.)

Kein Dogma!
Kein Verbot!
Kein Tabu!

Dem Historiker gehört die Geschichte. Parlament und Justiz mögen schweigen.

Festschrift für Prof. Franz W. Seidler

Pour le Mérite

Titelseitengestaltung unter Verwendung des Gemäldes „Fertigmachen" (1941) von Paul Hähndel (geboren 1914 in Seesen, gefallen 1941 bei Smolensk).

Bibliographische Information der Deutschen Bibliothek
Die Deutsche Bibliothek verzeichnet diese Publikation in der Deutschen Nationalbibliographie; detaillierte bibliographische Daten sind im Internet über http://dnb.ddb.de abrufbar.

Die Autoren dieses Sammelbandes,
der herausgebende Verlag und der geehrte
Jubilar Prof. Franz W. Seidler gratulieren auf
diesem Wege dem Herausgeber dieses Buches,
Dr. Alfred Schickel, der seinerseits im Jahre 2008
das 75. Lebensjahr vollendete.

ISBN 978-3-932381-44-7

Pour le Mérite – Verlag für Militärgeschichte
Postfach 52, D-24236 Selent

Gedruckt in Österreich

Franz Wilhelm Seidler

Dem sudetendeutschen Landsmann und Historikerkollegen zum 75. Geburtstag

von Dr. Alfred Schickel

Es war das schicksalsschwere Jahr 1933, in Berlin hatte gerade ein folgenreicher Kanzlerwechsel stattgefunden, und in Prag war von der tschechischen Parlamentsmehrheit vier sudetendeutschen Abgeordneten aufgrund des „Republikschutzgesetzes" die Immunität aberkannt worden. In dieser beiderseits des Sudetenlandes politisch aufgewühlten Zeit wurde dem Landwirt Franz Seidler und seiner Ehefrau Marie in Wigstadtl/Kreis Troppau am 2. März ein Sohn und Hoferbe geboren. Er erhielt in Erinnerung an zwei ehemalige deutsche Monarchen, Kaiser Franz (Joseph) von Österreich und den deutschen Kaiser Wilhelm II., die Vornamen Franz und Wilhelm. Eine Namenswahl, die sich aus der Rückschau auf den Lebensweg Franz Wilhelm Seidlers wie ein Fingerzeig „von oben" ausnimmt; sollte sich doch der Neugeborene später beruflich mit Figuren solchen historischen Zuschnitts beschäftigen und nicht – wie wohl von den Eltern gewünscht und vorgesehen – einst in Nachfolge des Vaters das elterliche Anwesen bewirtschaften. Nicht, daß der junge Franz Wilhelm die Arbeit auf einem Bauernhof verschmähte und sich statt ihrer nach einer akademischen Karriere sehnte, wollte er doch ausgesprochen gern in die Fußstapfen des Vaters treten und Bauer in Wigstadtl werden. Wer (wie der Schreiber dieser Zeilen) aus ähnlichen Verhältnissen stammt, versteht diesen Wunsch nur allzugut. Der kann auch den bitteren Schmerz nachempfinden, den die Seele eines Jungen durchzieht, wenn ihm durch einen politischen Gewaltakt wie die Vertreibung aus der Heimat die väterliche

Scholle gleichsam unter den Füßen weggezogen und er in das Schicksal eines heimatlosen Habenichtses gestoßen wird.

Der bei der Vertreibung zwölfjährige Franz Wilhelm ließ sich von diesem schweren Schicksalsschlag jedoch nicht unterkriegen, sondern schlug einen Weg ein, der für ihn und sein späteres wissenschaftliches Wirken bestimmend werden sollte. Wer den später „gestandenen" Franz W. Seidler seit Jahrzehnten kennt, kann sich im übrigen auch nicht vorstellen, daß er je als Knecht jenes Tschechen getaugt hätte, der sich den elterlichen Hof per „Benesch-Dekret" angeeignet hatte. Da paßte es schon eher zu ihm, daß er das Opfer der Heimatlosigkeit als junger Mensch bewußt angenommen und sich über Studium und Berufsleiter eine feste Existenzgrundlage geschaffen hat. Ein Charakterzug, den die Schüler des zeitweiligen Gymnasiallehrers Dr. Seidler in Stuttgart ebenso schätzen lernen sollten wie die Studenten des nachmaligen Ordinarius für Neuere Geschichte an der Universität der Bundeswehr in München. Der 1956 zum Dr. phil. promovierte und nach ehrenvollen Berufungen in verschiedene Positionen des Verteidigungsministeriums 1973 zum Professor ernannte Franz Wilhelm Seidler mochte sich freilich auch in seinen wissenschaftlichen Arbeiten und Veröffentlichungen nicht zum „Knecht" irgendeines „Herrn" machen lassen. Und das erforderte – und verlangt auch heute noch – bei den vom Jubilar behandelten Themen wahrlich Mut und Stehvermögen. Mein Landsmann geht Fragen nach, um deren Beantwortung die meisten Historikerzunftkollegen aus Sorge um ihre Karriere lieber einen großen Bogen machen. Denn ein nicht zeitgeistkonformes Forschungsergebnis oder vorgelegtes Buch kann hierzulande nur allzu schnell dem Verdikt der „Politischen Korrektheit" anheimfallen und ins publizistische Aus führen. Schon die Überschriften und Titel der veröffentlichten Arbeiten bewirken bei manchen „Gedankenpolizisten" Pawlowsche Reflexe und lösen Verdächtigungen aus. Was dem altgriechischen Helden Odysseus auf seiner Fahrt einst Skylla und Charybdis waren, sind dem Geschichtsforscher von heute die Vorwürfe der „Verharmlosung" und der „Aufrechnung". Zwischen ihnen findet der menschenfürchtige Zeitgenosse kaum einen freien Forschungsraum. Und nicht allen ist die schier befreiende Entscheidung des Bundesverfassungsgerichtes vom 11. Januar 1994 geläufig. In ihr bekräftigten die obersten Richter der Bundesrepublik die grundgesetzlich verbriefte Freiheit von Forschung und Lehre und stellten in Abwehr zunehmender Bevormundungsversuche seitens offiziöser Organe fest: „Artikel 5 Absatz 3 Satz 1 GG (‚Kunst und Wissenschaft, Forschung und Lehre sind frei') schützt nicht eine bestimmte Auffassung von Wissenschaft oder eine bestimmte Wissenschaftstheorie. Das wäre mit der prinzipiellen Unvollständigkeit und Unabgeschlossenheit unvereinbar, die der Wissenschaft trotz des für sie konstitutiven Wahrheitsbezugs eignet." Sie teilten damit nicht nur jeder Art von offizieller Geschichtsschreibung und der hier weithin grassierenden „Politischen Korrektheit" eine klare Absage, sondern hoben in ihren weiteren Erläuterungen auch die wissenschaftliche Praxis hervor, erzielte Forschungsergebnisse laufend der Nachkontrolle zu unterwerfen. Sie konstatierten nämlich: „Auffassungen, die sich in der wissenschaftlichen Diskussion durchgesetzt haben, bleiben der Revision und dem Wandel unterworfen." Das bedeutet, daß bislang verbreitete Geschichtsdarstellungen und Interpretationen nicht als für alle Zeit unverrückbar und verbindlich anzusehen sind, sondern sich der Überprüfung und Ergänzung, wenn nicht gar der Korrektur offenzuhalten haben.

Im Sinne dieser Definition von Wissenschaft und Forschungspraxis erscheint es als selbstverständlich, daß der Historiker nicht nur eine Revision der bisherigen Erkenntnisse vornehmen darf, sondern sie geradezu durchführen muß, wenn er sich als forschender Wissenschaftler verstehen will.

Franz Wilhelm Seidler hat dieses Selbstverständnis und läßt sich folgerichtig weder Erkenntnisverbote noch Einengungen seiner Forschungsfelder aufzwingen. Seine Bücher zeigen dem potentiellen Leser gleich im Titel an, worum es in ihnen geht. Etwa Werke wie *Verbrechen an der Wehrmacht: Die Kriegsgreuel der Roten Armee* oder *Die Wehrmacht im Partisanenkrieg*, in denen wahrheitsgemäß die heute so oft verdrängten Vorgänge auf dem östlichen Kriegsschauplatz dargestellt werden. Arbeiten, die angesichts einer gezeigten, einschlägig einseitigen Wanderschau als Korrektiv besonders wichtig sind und den Besuchern besagter Ausstellung zur Pflichtlektüre zu machen wären. Nicht weniger informativ ist Professor Seidlers imposanter Band *Kollaboration*, in dem er das Ausmaß der Bereitschaft deutscher und ausländischer Politiker, mit dem Dritten Reich und seinem „Führer", dem Reichskanzler Adolf Hitler, zusammenzuarbeiten, behandelt. Seine sudetendeutschen Landsleute finden darin auch Persönlichkeiten vorgestellt, die in die Geschichte ihrer Volksgruppe hineinreichen und dem allmählichen Vergessen anheimzufallen drohen. Franz Wilhelm Seidler erwähnt sie, um ihr Andenken nicht in die verbreitete und wohlfeile Verdammnis stoßen zu lassen, jedoch nicht, um mit ihrer Erwähnung deutsche Verantwortlichkeit zu „relativieren", sondern um den Blickwinkel der Nachgeborenen um das europäische Umfeld des damaligen Deutschen Reiches zu erweitern. Sein nachfolgendes Werk über die *Avantgarde für Europa* führt diese grenzüberschreitende Bestandsaufnahme der damaligen „Koalition der Willigen" auf der Ebene der einfachen Zeitgenossen fort. Der Jubilar beschreibt darin Herkunft und Beweggrund Tausender ausländischer Freiwilliger, die sich während des Zweiten Weltkrieges zu den Waffen gemeldet hatten, um im Verbund mit den deutschen Streitkräften „den Bolschewismus aufzuhalten". Man ist überrascht, von Professor Seidler zu erfahren, daß es über die bekannte spanische „Blaue Division", die Wlassow-Armee, die Kosaken, die baltischen, wallonischen und flandrischen Verbände hinaus noch über 30 weitere Völkerschaften gab, die der deutschen Wehrmacht und der Waffen-SS Kämpfer gestellt haben. Damit nicht genug, der versierte Autor erklärt dem Leser auch, warum die deutsche Führung auf Freiwillige aus Irland und Ulster verzichtet hat und welchen Beitrag die Tschechen zum angestrebten deutschen Sieg geleistet haben – alles Informationen, die Seidlers exzeptionell umfassendes Wissen dokumentieren und von seinem immensen Forscherfleiß zeugen. Und dies ist ein Charakteristikum, das auch seine jüngste Arbeit *Das Recht in Siegerhand* auszeichnet. Sie handelt von den dreizehn Nürnberger Prozessen, welche die vier Hauptsiegermächte beziehungsweise die US-Amerikaner von 1945 bis 1949 gegen deutsche Angeklagte veranstalteten. Ihre Lektüre lohnt sich ob ihrer Informationsfülle (879 Anmerkungen) und brillanten Gedankenführung vom ersten bis zum letzten Satz, und es hat diese Arbeit das Format, ein Standardwerk zu werden.

Der Leser dürfte sich nach über 300 Seiten Text wohl die gleiche Frage stellen, die Seidler auf der letzten Seite seines umfangreichen Bildteils notiert: „Wer gab diesen Siegern das Recht, über die Besiegten zu richten?" Die gängigen Abhandlungen über die Nürnberger Prozesse vermeiden solche Reflexionen und schlüpfen statt ihrer lieber in die Gedankengänge der damaligen Akteure, wie gerade laufend veröffentlichte Erinnerungsbeiträge deutlich machen.

Mit seinen Publikationen und vorgelegten Forschungsergebnissen entwickelte sich Franz Wilhelm Seidler zum längst fälligen Antipoden zu einem gewissen hochstilisierten „Televisions-Historiker" und dessen zeitgeistverhafteten Vergangenheitsschauen. Dies hat zur Folge, daß Professor Seidler sich zusätzlich zu seinen zeitraubenden Recherchen auch immer wieder mit dessen publizistischen Gesinnungsgenossen herumschlagen muß beziehungsweise sich deren Invektiven ausgesetzt sieht. Dabei geht es den selbsternannten „Volkspädagogen" zuvörderst um die Verhinderung von Professor Seidlers Auftritten als Redner, ist unser Jubilar doch auch ein gesuchter Referent zu zeitgeschichtlichen und militärhistorischen Fragen.

Seine Zuhörer erleben – wie wohl früher auch seine Studenten an der Universität der Bundeswehr in München – dabei stets einen Vortragenden, der im buchstäblichen Sinne des Wortes ein „Professor", also ein „Bekenner" der von ihm erforschten und erkannten Wahrheit ist. Und wenn Franz Wilhelm Seidler einen Kollegen und geistigen Weggefährten von publizistischen Wegelagerern in Bedrängnis gebracht sieht, zögert er keinen Augenblick, ihm mit Florett oder Säbel wirksamen Beistand zu leisten. Für diese noble Verbundenheit steht der Schreiber dieser Zeilen als Zeuge. Er hatte im übrigen den Vorzug, dem Jubilar schon in den 1960er Jahren persönlich zu begegnen. Seidler war damals wissenschaftlicher Direktor an der Heeresoffizierschule III in München. Die persönliche Verbindung blieb auch in den nachfolgenden Jahrzehnten erhalten, mochte man doch als Zunftgenosse auf so sauber recherchierte Erkenntnisse, wie sie der Jubilar regelmäßig vorlegte, nicht verzichten, schon gar nicht in einem Forschungsfeld, das die umerzogenen „Vergangenheitsbewältiger" so existenzgefährdend vermint haben – also jene Zeitgenossen, die eine seriöse Auflistung der *Kriegsverbrechen in Europa und im Nahen Osten im 20. Jahrhundert*, wie sie Franz W. Seidler um die letzte Jahrhundertwende vorgenommen hat, am liebsten mit der „Revisionismuskeule" niederschlagen möchten. Die wohlweislich vorausgegangene Veröffentlichung derselben Bilanz als *Encyclopedia of War Crimes in Modern History* in Tokio weist meinen sudetendeutschen Landsmann nicht nur als gewitzten und lebensklugen Realisten aus, sondern bestätigt ihm auch ein hohes Ansehen in der internationalen Fachwelt – eine Tatsache, die für den Kenner seines Lebensweges und seiner Arbeiten freilich keine Überraschung ist, bürgt doch der Name Seidler in der Geschichtswissenschaft erwiesenermaßen für Qualität. Seine Ausbildungs- und Berufsstationen in Cambridge, Paris und Rom sind obendrein Belege für seine hervorragende Ausbildung und Profession.

Aus dem Bauernsohn aus Wigstadtl ist ein polyglotter Gelehrter von anerkannter Reputation geworden. Ehrungen und Auszeichnungen wie das Bundesverdienstkreuz und die Verleihung der Dr.-Walther-Eckhardt-Ehrengabe für Zeitgeschichtsforschung der Zeitgeschichtlichen Forschungsstelle Ingolstadt sowie die Zuerkennung des Kulturpreises für Wissenschaft der Sudetendeutschen Landsmannschaft sind äußere Zeichen für Franz W. Seidlers große Lebensleistung. Und alle, die ihn kennen und ehren, sind stolz, ihn zu den Ihren zählen zu dürfen. Sie wünschen ihm und erhoffen sich, auch künftighin noch viele aufklärende Arbeiten und wissenschaftliche Beiträge erhalten und lesen zu können.

Dazu möge ihm die erforderliche Schaffenskraft geschenkt sein, auf daß er in der Lage bleibe, die selbstgestellte Verpflichtung weiterhin treu zu erfüllen, „auf der Suche nach der Wahrheit ohne Rücksicht auf Opportunitätserwägungen verschüttetes und unterdrücktes Beweismaterial vorzulegen, das für das Geschichtsbild der nächsten Generation wichtig sein könnte". Diese Selbstverpflichtung Franz Wilhelm Seidlers ist gerade für die vertriebenen Sudetendeutschen von existentieller Bedeutung, damit der nachwachsenden Generation das historische Erbe der Väter erhalten bleibt und sich die Vertreiber nicht schlußendlich auch noch der jahrhundertealten sudetendeutschen Kulturgeschichte in Böhmen, Mähren und Sudetenschlesien bemächtigen und sie als ihre eigene ausgeben können.

Die weithin bei den Deutschen klaffende „osteuropäische Bildungslücke" (Eugen Lemberg) gibt solchen tschechischen Einnistungen hinlänglich Raum, wie schon an der zunehmenden Verwendung tschechischer Bezeichnungen und Ortsnamen in bundesdeutschen Publikationen beängstigend deutlich wird.

Auf das ganze deutsche Volk möchte man Franz Wilhelm Seidlers Haupt- und Herzensanliegen als Historiker übertragen sehen: das hartnäckige Bestreben des deutschen Patrioten aus Wigstadtl mit den zwei symbolträchtigen Vornamen, nach dem Macht- und Rechtsvollzug im Jahre 1945 nicht auch noch auf Dauer die Geschichte und ihre publizistische Vergegenwärtigung „in Siegerhand" zu belassen.

Angesichts der aktuellen Zeitumstände ist dies eine veritable Herkules-Arbeit. Zumindest im Deutschland von heute, wo ein Appell wie jener, mit dem französische Historiker vor drei Jahren an die Öffentlichkeit getreten sind, bislang unerhört erscheint. Franz W. Seidler stellt ebenjenes Manifest „Freiheit für die Geschichte" dem Text seines jüngsten Buches *Das Recht in Siegerhand* voran. Seine Sätze lesen sich wie ein Arbeitsmotto Seidlers und charakterisieren zugleich seine verdienstvollen Arbeiten. Sie lauten: „Die Geschichte ist keine Religion. Der Historiker akzeptiert kein Dogma, respektiert kein Verbot, kennt keine Tabus. Er kann stören. – Die Geschichte ist nicht die Moral. Es ist nicht die Rolle des Historikers, zu preisen und zu verdammen; er erklärt. – Die Geschichte ist nicht die Sklavin der Aktualität. Der Historiker drückt der Vergangenheit nicht die ideologischen Schemata der Gegenwart auf und bringt in die Ereignisse von einst nicht die Sensibilität von heute … Die Geschichte ist kein Rechtsgegenstand. In einem freien Staat ist es weder die Sache des Parlaments noch der Justiz, geschichtliche Wahrheit zu definieren."

Franz Wilhelm Seidler hat bisher nach diesen Grundsätzen gelebt und gearbeitet und tut dies nach wie vor. Möchten doch viele seinem seltenen Beispiel folgen. Das wäre ihm sicher das schönste Geschenk zu seinem 75. Geburtstag.

Deutschlands Zukunft in Europa

von Reinhard Uhle-Wettler

Zur Lage

Wer Grundsätzliches über Deutschland sagen möchte, muß zuerst über Europa sprechen. Schon lange von vielen ersehnt, mehrmals gewaltsam verfehlt, von fremden Mächten beeinflußt, ist seine nach dem Zweiten Weltkrieg endlich in Gang gesetzte friedliche Einigung eine langwierige, schwere Geburt.

Der Staatsmann General Charles de Gaulle verfolgte die maßvolle Konzeption eines Europas der Vaterländer, die angesichts der bestehenden nationalen Egoismen sowie der unterschiedlichen Interessen und Traditionen noch immer aktuell und zweckmäßig erscheint. Dagegen erstrebten besonders die Deutschen eine Europäische Union in der Art der Vereinigten Staaten von Europa mit einer einheitlichen Verfassung. Das ließ sie lange Zeit die berechtigten nationalen Interessen vernachlässigen. Ehe noch geklärt war, wie die zu schaffende Union schließlich aussehen sollte, ist sie durch Aufnahme neuer Mitglieder auf die Zahl von 27 angewachsen. Das erschwert nicht nur den notwendigen Reformprozeß, sondern stellt das Funktionieren geregelter Entscheidungsprozesse in Frage. Henry Kissingers rhetorische und nüchterne Frage nach der europäischen Telefonnummer beleuchtet das Problem der Handlungsfähigkeit der EU in aller Deutlichkeit. Die Einführung des Euro, an der sich lediglich 13 Staaten beteiligten, war mit der Opferung der harten D-Mark der letzte deutsche Trumpf, um die europäische Einheit voranzubringen.

Inzwischen hat sich der Euro zum Erstaunen seiner Kritiker zu einer wichtigen Anker- und Reservewährung entwickelt, die dem Dollar Konkurrenz machen könnte. Schon sind erste Pressemeldungen herausgekommen, die von einem Währungsverbund Dollar-Euro sprechen. Wie das auch immer aussehen soll, eines ist sicher: Die USA, die einzige Weltmacht, werden sich die Herrschaft des Dollars nicht aus der Hand nehmen lassen.

Deutschland wird gut daran tun, den Prozeß der europäischen Einigung zwar weiter voranzubringen, die politische Führung aber möglichst weitgehend Frankreich zu überlassen, wie es Helmut Schmidt in seinem Buch *Die Selbstbehauptung Europas*[1] weitsichtig gefordert hat. Europa hat schließlich zweimal gezeigt, daß es eine deutsche Führung nicht erträgt. England hat nach wie vor kein Interesse an der Förderung kontinentaler Angelegenheiten und verharrt in der Tradition seines besonderen Verhältnisses („special relationship") zu Amerika. Daher kommt es für eine Führungsrolle in der EU nicht in Frage. Die vieldiskutierte Konzentration auf den karolingischen Kern erscheint daher plausibel.

Im übrigen sollte aber Deutschland nicht versäumen, seine nach wie vor berechtigten nationalen Interessen im Spiel der beteiligten Nationen zu wahren.[3] Dazu gehört selbstverständlich sein Einsatz als „Friedensmacht", um die negative Bindung an die Vergangenheit im 20. Jahrhundert zu lösen und um einen erneuten Substanzverlust nach den beiden so verlustreichen Weltkriegen zu vermeiden. Außerdem muß die Bundesrepublik einen erheblichen Teil ihrer Kräfte und Mittel für die Vollendung der Einheit Deutschlands durch den planvollen Wiederaufbau der neuen Bundesländer und deren Anschluß an den westlichen Standard reservieren. Darüber hinaus bestehen Verpflichtungen zum Erhalt deutscher Kulturgüter europäischen Ranges in den Gebieten östlich von Oder und Neiße, die heute im polnischen, tschechischen oder russischen Machtbereich liegen.

Das Deutsche Reich

Der Traum der Deutschen von einem geeinten, starken und mächtigen Reich ist uralt und hat sich bis in unsere Zeit erhalten. Leider hat sich dieser „Traum vom Reich" aber nicht erfüllt. Das „Heilige Römische Reich Deutscher Nation" war ein Flickenteppich mit föderativen Elementen ohne eine handlungsfähige Zentralgewalt.[3] Der hierarchisch strukturierte Verband mit seiner komplexen Ordnung von Gliedern verschiedenen Ranges und sehr unterschiedlichen Herrschaftsrechten unterstand der nur schwach ausgeprägten kaiserlichen Gewalt und war daher in hohem Maße auf Konsens angewiesen. Seine Ordnung beruhte zum Teil auf Gewohnheitsrecht, teilweise auf Vertragsrecht und auf schriftlich fixierten „Reichsgrundgesetzen" sowie auf Vereinbarungen und eben auf Konsens. Es handelte sich um eine in sich vielfach widersprüchliche Summe von Rechtsbeständen, die nicht den Charakter einer systematisch aufgebauten

Verfassung hatten. Friedens- und Rechtswahrung waren so zwar einigermaßen gesichert, nicht aber eine wirksame Verteidigung nach außen. Der Dreißigjährige Krieg offenbarte das staatliche Elend. Er kostete Deutschland, nicht zuletzt durch die Kriegszüge feindlicher Mächte, mehr als ein Drittel seines Volkes. Der Aufstieg Preußens und Österreichs zu Regionalmächten eigener Legitimation innerhalb des Reiches war die Folge dieser staatlichen Unvollkommenheit. Napoleon machte dem schließlich ein gewaltsames Ende. Obwohl das Reich damals einen großen Teil des späteren Kernbereichs der Europäischen Union abdeckte, kann es nicht als Muster für heutige europäische Einigungsbemühungen gelten. Sein allmählicher, aber stetiger Niedergang kann allerdings dazu anregen, darüber nachzudenken, wie eine aus sehr verschiedenartigen Teilen bestehende Gemeinschaft vereinigt und zu gemeinsamem Handeln befähigt werden kann, indem dabei die unterschiedlichen schöpferischen Eigenschaften und kulturellen Eigentümlichkeiten möglichst genutzt werden.

Das zweite deutsche Kaiserreich, eine maßgebliche Schöpfung des Reichskanzlers Otto von Bismarck und König Wilhelms I. von Preußen entstand unter der Gefahr des Eingreifens ausländischer Mächte und mußte Österreich darum ausschließen. Das war im Zeitalter der Nationalstaatsidee ein bedeutender Mangel. Dennoch schien dieses Deutsche Reich den meisten Deutschen als Erfüllung ihres Traumes. Deutschland war unter Preußens Führung geeint und entwickelte sich rasant zu einem fortschrittlichen modernen Industriestaat. Die neue Großmacht im Herzen Europas überlebte aber ihre Gründer nur um wenige Jahre, dann wurde sie in voller Blüte das Opfer der Mißgunst ihrer Feinde. Die langjährige Friedenspolitik unter Führung des großen Kanzlers und seiner weniger begabten Nachfolger hatte dem Reich eher geschadet. Es war auf einen Weltkrieg mit dem Eingreifen sogar der USA nicht ausreichend vorbereitet und mußte sich schließlich nach heroischem Kampfe geschlagen geben. Dem Zusammenbruch im November 1918 folgten Revolution und Bürgerkrieg, das Ende der Monarchie, Ausplünderung des Landes durch das Sieger-Diktat von Versailles, Gründung des Deutschen Reiches als Republik, Zusammenbruch des Währungssystems, feindliche Besatzung, Abtrennung bedeutender Landesteile, Weltwirtschaftskrise, Drittes Reich und Zweiter Weltkrieg mit der bedingungslosen Kapitulation der Wehrmacht 1945.

Mit dem Ende des sogenannten zweiten „Dreißigjährigen Krieges" 1914–1945 erfolgte auch zugleich das gewaltsame Ende der Existenz des Deutschen Reiches, das seit seiner Gründung alle Stürme überstanden hatte. Wieder waren es feindliche Mächte, die auf dem Boden des besiegten Reiches nach Belieben schalteten und walteten. Die deutschen Ostgebiete, über ein Viertel des ehemaligen Reiches, wurden abgetrennt, seine Bevölkerung mit Mord und Totschlag vertrieben. Auf den Trümmern des

Reiches entstanden die Bundesrepublik Deutschland und die sogenannte Deutsche Demokratische Republik, zwei Staaten unter Besatzungsregimen. Vom Reich war nun nicht mehr die Rede. Es war abgeschrieben. Das zeigte die Wiedervereinigung 1990. Niemand sprach vom Reich. Die BRD war der einzig mögliche Nachfolger. Daran ändert auch die Tatsache nichts, daß das Reich rechtlich fortbesteht, wie Dr. jur. Hannes Kaschkat in seiner Studie *Das Deutsche Reich besteht fort* überzeugend darlegt. Die Wirklichkeit des Lebens beweist, daß in besonderen historischen Lagen das Recht der Politik folgt und nicht umgekehrt. Der Traum vom Reich ist ausgeträumt.

Strenggenommen hat Deutschland seit 1914 keine normalen Zeiten mehr erlebt, in denen es sein Eigenleben ohne Fremdbestimmung pflegen konnte, denn erst der sogenannte Zwei-plus-Vier-Vertrag vom 12. September 1990 schuf wieder halbwegs normale Verhältnisse, indem er Deutschlands Souveränität – von bestimmten Einschränkungen abgesehen – weitgehend wiederhergestellt hat.

Europa hat ein Großdeutschland nicht gewollt. Der naheliegende Gedanke eines Deutschlands als *primus inter pares* war den Randstaaten ein Greuel. England riskierte lieber das Commonwealth, indem es die USA auf den Plan rief. Schlimmer noch: Die demokratische westliche Welt verriet das christliche Abendland, indem es den Massenmörder Stalin zu Hilfe rief und ihm halb Europa auslieferte. Das Ergebnis dieses Geschehens ist die Entmachtung Europas, dessen Kräfte nicht einmal mehr ausreichen, um den Balkan vor seiner Haustür ohne fremde Hilfe zu befrieden.

Die Bundesrepublik Deutschland

Grundlage ihrer Existenz ist das Grundgesetz (GG). Es benennt die Verantwortung vor Gott und den Menschen sowie den Willen, als gleichberechtigtes Glied in einem vereinten Europa dem Frieden der Welt zu dienen. Es gilt für das gesamte Deutsche Volk, das sich „kraft seiner verfassungsgebenden Gewalt dieses Grundgesetz gegeben" hat.

Es ist nicht sinnvoll, sich darüber zu streiten, ob das GG eine echte Verfassung ist, und auf seinen erkennbaren Mängeln herumzureiten. Der Zustand unserer politischen Eliten ist nicht dazu geeignet, etwas Besseres als das Grundgesetz zu schaffen. Ein unauflösbarer Streit würde sich schon am Begriff „Deutsches Volk" entfalten. Das gleiche gilt für die Familie und ihren besonderen Schutz. Man bedenke, daß wir in einer Zeit leben, die sich Selbstverwirklichung, Individualismus, Multikultur und Gender Mainstreaming auf die Fahnen geschrieben hat, den Kommunismus für hoffähig erklärt und Konservativismus als rechts und rechts als verfassungsfeindlich verunglimpft!

? / Diensteid

Deutsche Patrioten können durchaus mit dem Grundgesetz leben. Der im Gegensatz zur Weimarer Verfassung fehlende Pflichtenkatalog läßt sich, wenn auch etwas umständlich, aus den Texten der verschiedenen Artikel, wie zum Beispiel dem Amtseid des Bundespräsidenten gemäß Artikel 56, herausfiltern. Schwört dieser doch unter anderem, seine Kraft dem Wohle des deutschen Volkes zu widmen, seinen Nutzen zu mehren und Schaden von ihm zu wenden. Entscheidend ist der Wille, danach zu handeln. Das beinhaltet, das Leben als Aufgabe zu betrachten, den hemmungslosen und zerstörerischen Individualismus zugunsten der Gemeinschaft einzuschränken und die Bürgerrechte und Freiheiten gegen den wiederbelebten demokratischen Sozialismus mit seiner Tendenz zur Gleichmacherei unbeirrt zu verteidigen. Eine entsprechende Erziehung der Jugend ist in diesem Zusammenhang von besonderer Bedeutung. Dazu gehört die maßvolle Pflege der Werte und Güter von Volk und Nation, denn wer das Eigene nicht achtet, wird auch dem Fremden nicht gerecht. Die Ausrede: „Ich bin Europäer" oder gar: „Ich bin Weltbürger" ist der einfachste Weg, sich aus der Verantwortung für sein Land zu stehlen und sich den selbstverständlichen Pflichten gegenüber der Gemeinschaft, in die man hineingeboren ist, zu entziehen. Wesentlich ist bei aller erforderlichen Weltoffenheit der Wille zur Selbstbehauptung, denn schon der Einwanderer, der die Brücken hinter sich abgebrochen hat, kennt kaum Hemmungen, wenn es um das Ein- und Überleben geht. Wer kann, hat sich daher dem harten Konkurrenzkampf der Tüchtigen zu stellen.

Die starken sozialistischen Neigungen vieler Deutscher können auf Dauer nur eingedämmt werden, wenn eine vernünftige Balance der politischen Kräfte hergestellt wird. Das heißt, der konservative Faktor muß wieder einen gesicherten Platz im politischen Spiel der Kräfte erhalten.[4]

Deutsche Kultur

Die Wurzeln der deutschen Kultur entstammen dem Germanentum, der Antike und dem Christentum, jenen „abendländischen Urströmen", wie sie der Widerstandskämpfer Pater Alfred Delp beschwor. Es gilt, diese Wurzeln wieder zu beleben und zu pflegen, denn ohne sie geht das daraus entstandene Menschenbild als Fundament unserer Kultur verloren. Vielleicht kann Preußen als die schönste Blüte dieser Kultur verstanden werden. Seine Staatsidee mit ihrer ausgeprägten Rechtlichkeit und ihrem religiös gebundenen Pflichtbewußtsein kann auch heute noch als Vorbild und Beispiel wirken. „Suum cuique", „jedem das Seine", wird dem Menschen allemal gerechter als der drohende Sozialismus einer gleichmacherischen Massendemokratie. Einen besonderen Rang bei der Förderung der Kultur nimmt die Sprachpflege ein. Ihre Vernachlässigung ist der sichere Weg zum Niedergang der Kultur, weil das Denk- und Ausdrucksvermögen wesentlich von der Sprachkompetenz abhängt. Hier kann jeder einzelne ohne großen Aufwand selbst etwas tun. Entscheidend für die Zukunft unseres kulturellen Lebens wird sein, daß es gelingt, unser Erziehungs- und Bildungssystem auf seine Wurzeln und Fundamente zurückzuführen. Anderenfalls droht der gleichgeschaltete Massenmensch, der gleich den Ameisen oder den Bienen nicht seinem freien Willen, sondern den fremden Zeichen folgt wie schon heute den grünen und roten Signalen.[5]

Darüber hinaus sind planvoll Führungseliten mit staatsmännischen Qualifikationen heranzubilden, um den wachsenden menschlichen und fachlichen Anforderungen der modernen Staatsleitung gerecht zu werden.

Deutschland und die großen Mächte

Die Interessen der Weltmacht USA sowie der Großmacht Rußland sind wesentliche Bestimmungsfaktoren deutscher Politik. Amerika nutzt seine beherrschende Stellung auf allen wesentlichen Gebieten der Außenpolitik ziemlich rücksichtslos zum Erhalt und zum Ausbau seiner Hegemonie.[6] Es betrachtet sich unter anderem als europäische Macht mit dem Anspruch, die Geschicke Europas maßgeblich mitzubestimmen. Zugleich will es erklärtermaßen das Entstehen eines geeinten eurasischen Landblocks oder einer beherrschenden eurasischen Vormacht verhindern, denn wer Eurasien mit seinen Ressourcen und Menschenmassen beherrscht, beherrscht die Welt.[7]

Rußland beginnt, sich nach dem Zusammenbruch des Sowjetregimes wirtschaftlich zu erholen und seine Kräfte neu zu ordnen. Der Einkreisung durch die USA und ihren Verbündeten widersetzt es sich durch diplomatische Annäherung an China, Indien und andere asiatische Mitspieler.[8] Die Versuche seiner Großwirtschaft, sich global zu engagieren und sich in die Weltwirtschaft, insbesondere in die EU, zu integrieren, sind positiv zu bewerten. Eine gesteuerte Verflechtung der Volkswirtschaften ist durchaus im Sinne eines friedlichen wirtschaftlichen Fortschritts im Weltmaßstab. Die Wiedergeburt Rußlands ist nicht nur im Interesse Europas, sondern auch eines Gleichgewichts der Kräfte unter den Weltmächten.

Deutschland – und mit ihm Europa – darf sich allerdings nicht zwischen alle Stühle setzen.[9] Es gilt, das transatlantische Bündnis zu erhalten und zu pflegen, und zugleich gute Beziehungen zu Rußland aufzubauen und zu erweitern.[10] Große Namen aus der russischen Kunst, Musik, Literatur und Wissenschaft können das erleichtern und legen eine intensive kulturelle Zusammenarbeit nahe. Deutschland hat allein schon aufgrund seines steigenden Energiebedarfs und seines Rohstoffmangels ein besonderes Interesse an einem entspannten und partnerschaftlichen Verhältnis mit Rußland und sollte dieses konsequent ausbauen, ohne die USA zu brüskieren.

Deutschland und die Globalisierung

Wie die europäische Einigung, so hat auch die damit einhergehende Globalisierung eine negative Seite. Was bisher noch überwiegend im staatlichen beziehungsweise nationalen Rahmen verhältnismäßig überschaubar und nachprüfbar ablief, wandert nun immer stärker in außer- und überstaatliche Organisationen und Netzwerke ab, die sich demokratischer Kontrolle weitgehend entziehen. Das bedeutet zugleich die Auflösung der Verantwortung gegenüber der Gemeinschaft zugunsten von Vorteilsnahme und Nützlichkeitserwägungen ungebundener Kräfte. Der ehrwürdige demokratische Grundsatz: „Alle Staatsgewalt geht vom Volke aus!" wird zur Fiktion. Die wirkliche Macht liegt oft nicht mehr in Händen gewählter Volksvertreter, sondern wird von überstaatlichen Einrichtungen wie zum Beispiel der Brüsseler EU und von globalen Netzwerken der transnationalen Hochfinanz und Großwirtschaft ausgeübt. Entsprechende Informations- und Beratungsgremien wie die „Bilderberg-Gruppe", die Trilaterale Kommission und viele andere sorgen im Verein mit Stiftungen, Nichtregierungsorganisationen und „Denkfabriken" für die Einflußnahme außerhalb demokratischer Gremien und Verfahren. Bankensysteme, wie die der Familien Rothschild und Rockefeller, entwickeln sich durch die Einflußnahme auf die Währungen der Länder zu den eigentlichen Machthabern. Einige wenige Medienkonzerne wie zum Beispiel Bertelsmann bestimmen das Informationswesen und nehmen beherrschenden Einfluß auf das Denken und Wissen der Menschen. Eberhard und Eike Hamer haben in ihrem Buch *Der Weltgeldbetrug* diese negative Seite der Globalisierung sehr ausführlich beschrieben.[11] Neuerdings regt sich darüber hinaus der Widerstand gegen den Ausverkauf der deutschen Wirtschaft.[12] Es mehren sich nämlich die Fälle, in denen ausländische Finanzinvestoren, wie zum Beispiel Hedge-Fonds, einheimische Unternehmen aufkaufen, ausschlachten und herunterwirtschaften, um sie dann ohne Rücksicht auf die betroffenen Arbeitnehmer ihrem Schicksal zu überlassen. Das Treiben dieser sogenannten „Heuschrecken" wird bereits öffentlich und auch von Macht- und Entscheidungsträgern im politischen Sektor diskutiert.[13] Gegenwärtig wird endlich erwogen, Schutzmaßnahmen gegen solche Machenschaften zu ergreifen. Darüber hinaus erscheint es ratsam, bestimmte strategische Felder staatlicherseits so zu überwachen, daß nicht sensible Technik, zum Beispiel auf dem Rüstungssektor, ohne weiteres aufgekauft werden kann.

Für die Zukunft wird es entscheidend darauf ankommen, die Globalisierung zu steuern. Das bedeutet, Grenzen und Schranken zu errichten, ohne die sich die Konzentration der Macht in Händen einer kleinen oligarchischen Minderheit und der Abbau der Demokratie durch Zentralisierung in der Art der ausufernden Brüsseler Bürokratie krebsartig ausbreiten werden. Dazu ist das Subsidiaritätsprinzip, wo immer möglich und zweckmäßig, zur Geltung zu bringen. Außerdem ist der hemmungslosen Privatisierung dort Einhalt zu gebieten, wo es um existentielle Grundbedürfnisse des Volkes – wie etwa der Wasserversorgung – geht, die nicht dem privaten Belieben einzelner, nicht dem ausländischer Unternehmer oder gar dem sogenannter „global players" überlassen werden darf.

Globalisierung ist ein komplexes Feld, über das eine nicht mehr überschaubare Literatur für und wider entstanden ist. Ohne eine grundsätzliche geistige Orientierung wird es keine überzeugende und dauerhafte Lösung geben. Darum erwähnen wir an dieser Stelle den leider viel zu früh verstorbenen Milliardär und Europapolitiker James Goldsmith. In seinem viel zu wenig beachteten Buch *Die Falle, und wie wir ihr entrinnen können*[14] antwortet er auf die Frage, wie man die modernen Halbgötter Wissenschaft und Technik disziplinieren könne, unter anderem: „Der heilige Thomas von Aquin lehrte, daß die Vernunft dem Göttlichen untergeordnet sein müsse." Dies sollten die Deutschen beachten, wenn sie über die Zukunft ihres Landes in der Globalisierung nachdenken.

Im offenen Gegensatz zur Politik der USA lehnt James Goldsmith mit überzeugenden Argumenten den schrankenlosen freien Handel als für die Entwicklungsländer und die Industrieländer gleichermaßen schädlich und zerstörerisch ab und plädiert für eine begrenzte europäische Lösung.

Deutschlands Zukunft

Am 3. Oktober 1990 ist der Beitritt der „DDR" zur Bundesrepublik Deutschland wirksam geworden. Daher ist dieser Tag zum „Tag der deutschen Einheit" erklärt worden, der besonders gefeiert wird. Er sollte in erster Linie ein Tag des Dankes sein. Die Überwindung der Spaltung Deutschlands war zugleich auch die der Spaltung Europas. Sie bedeutete das Ende der unseligen Konfrontation von NATO und Warschauer Pakt, deren Streitkräfte sich über mehr als vier Jahrzehnte feindlich gegenüber gestanden hatten. Ihre atomare Zielpunktplanung war auf deutsche Städte in West und Ost gerichtet. Der Ernstfall hätte ein total verwüstetes und verstrahltes Land zurückgelassen. Die geheimen Pläne wurden bei der Wiedervereinigung teilweise aufgedeckt. So dürfen wir Gott dankbar sein für die Erhaltung unseres so schwer geprüften Vaterlandes. Das war zugleich die Voraussetzung für die Gestaltung unserer Zukunft.

Seitdem sind mehr als siebzehn Jahre vergangen, ein Zeitraum, der die zwölf Jahre des Dritten Reiches bereits deutlich übersteigt. Wer nun durch deutsche Lande fährt, den muß die Freude über den Wiederaufbau erfassen. Es sind viele blühende Landschaften entstanden, in denen sich ein großer Teil der bedeutenden deutschen Kulturdenkmäler in neuem Glanz präsentiert. Man reise nur einmal nach Eisenach und weiter über Gotha, Erfurt, Jena, Weimar nach Naumburg, um des Erbes unserer Väter gewahr zu werden. Damit soll gesagt sein, daß der 3. Oktober auch ein Tag der Verpflichtung ist, dieses Erbe zu bewahren, zu pflegen, zu mehren und weiterzugeben. Der Wille dazu muß erst wieder neu hervorgerufen, gestärkt und in den Herzen besonders der deutschen Jugend verankert werden. Dazu brauchen wir sowohl ein entsprechend erneuertes Bildungssystem als auch Symbole von der Prägekraft des Brandenburger Tores und darüber hinaus ein Brauchtum, das auch kultische Formen anzunehmen versteht. Selbstbewußte Nationen wie Frankreich und England können uns da einiges lehren.

Immerhin dürfen deutsche Patrioten den Tag der deutschen Einheit im ehrwürdigen Bismarckmausoleum begehen. Hier ehren sie nicht nur den genialen Staatsmann und Erbauer des zweiten deutschen Kaiserreiches, sondern reihen sich in die preußisch-deutsche Tradition ein, die auch heute noch Früchte trägt. Sie findet ihren schönsten Ausdruck in unserer Nationalhymne mit der Strophe: „Einigkeit und Recht und Freiheit für das deutsche Vaterland. Danach laßt uns alle streben, brüderlich mit Herz und Hand! Einigkeit und Recht und Freiheit sind des Glückes Unterpfand. Blüh' im Glanze dieses Glückes, blühe deutsches Vaterland!"

Anmerkungen

[1] Helmut Schmidt. *Die Selbstbehauptung Europas*. Stuttgart: dva, 2000. – ders. *Die Mächte der Zukunft*. München: Siedler, 2004.

[2] Reinhard Uhle-Wettler. *Die Überwindung der Canossa-Republik*. 3. Aufl. Tübingen: Hohenrain, 2000. – Vgl. auch: *Deutschland Journal*. Sonderheft 2006. hg. v. d. Staats- und Wirtschaftpolitischen Gesellschaft. Hamburg, 2006.

[3] Barbara Stollberg-Rillinger. *Das Heilige Römische Reich Deutscher Nation*. 2. Aufl. München: C.H. Beck, 2006.

[4] Ferdinand von Bismarck. *Setzen wir Deutschland wieder in den Sattel*. 2. Aufl. München: LangenMüller, 2004.

[5] David Riesman. *Die einsame Masse*. Hamburg: Rowohlt Taschenbuch, 1958.

[6] Jörg Becker u. Mira Beham. *Operation Balkan: Werbung für Krieg und Tod*. Baden-Baden: Nomos, 2006.

[7] Zbigniew Brzezinski. *Die einzige Weltmacht: Amerikas Strategie der Vorherrschaft*. Weinheim: Beltz Quadriga, 1997.

[8] Peter Scholl-Latour. *Rußland im Zangengriff*. Berlin: Ullstein/Propyläen, 2006.

[9] Michael Stürmer. *Welt ohne Weltordnung: Wer wird die Welt erben?* Hamburg: Murmann, 2006.

[10] Alfred Mechtersheimer. *Friedensmacht Deutschland: Plädoyer für einen neuen Patriotismus*. Frankfurt a.M.: Ullstein, 1993.

[11] Eberhard Hamer u. Eike Hamer (Hrsg.). *Der Welt-Geldbetrug*. Unna: Aton-Verlag, 2007.

[12] Alfred Mechtersheimer. *Handbuch Deutsche Wirtschaft 2005/2006* mit CD-Rom 2007: *Internationale Konzerne kaufen deutsche Wirtschaft auf*.

[13] Ders. „Die ‚Heuschrecken' als Perversion des Finanzkapitalismus." In: *Deutschland Journal*. 2006. Abrufbar im Internet unter http://www.swg-hamburg.de/Deutschland_Journal/Die_Heuschrecken_als_Perversion_des_Finanz_Kapitalismus.pdf

[14] James Goldsmith. *Die Falle, und wie wir ihr entrinnen können*. Holm: Deukalion, 1996.

Ernst Nolte
und seine Widersacher

von Alain de Benoist

Jedermann erinnert sich an den „Historikerstreit", der 1986 durch einen in der *Frankfurter Allgemeinen Zeitung* erschienenen und rasch zu Berühmtheit gelangten Artikel von Ernst Nolte über die „Vergangenheit, die nicht vergehen will" ausgelöst wurde.[1] In diesem Artikel vertrat Nolte die Grundthese seiner „historisch-genetischen" Theorie des Totalitarismus. Diese These, die er später in mehreren Büchern entwickelte,[2] läuft darauf hinaus, daß die totalitären Methoden des Nationalsozialismus im wesentlichen eine Antwort auf die „asiatische Barbarei" gewesen seien, die der Bolschewismus in Europa eingeführt habe. In einem häufig zitierten Absatz seines Buches *Der Faschismus in seiner Epoche* definierte Nolte den Nationalsozialismus als „Antimarxismus, der den Gegner durch die Ausbildung einer radikal entgegengesetzten und doch benachbarten Ideologie und die Anwendung von nahezu identischen und doch charakteristisch umgeprägten Methoden zu vernichten trachtet".[3] Mit anderen Worten: Der Bolschewismus war für die Nationalsozialisten „Schreckbild" und „Vorbild" zugleich, und die Ideologie des Hitlerismus im engeren Sinne war ihrem Selbstverständnis nach ein leidenschaftlicher Antikommunismus, der mit Antisemitismus und einer sozialdarwinistisch inspirierten Geschichtsauffassung Hand in Hand ging.

Zehn Jahre später flammte die Debatte mit der Veröffentlichung des nicht minder berühmten *Schwarzbuch des Kommunismus* in Frankreich wieder auf. Dieses war unter der Regie von Stéphane Courtois entstanden, der sich bemühte, eine vergleichende Bilanz der beiden totalitären Erfahrungen zu ziehen, wobei er die strukturellen Ähnlichkeiten zwischen dem nationalsozialistischen „Rassenmord" und dem sowjetkommunistischen „Klassenmord" unterstrich.[4]

Die Methoden, derer sich Nolte und die Autoren des *Schwarzbuchs* bedienten, waren zwar verschieden, ergänzten sich jedoch insofern, als sie auf einem systematischen Vergleich des nationalsozialistischen und des kommunistischen Regimes beruhten. Man könnte hinzufügen, daß dieser Vergleich bei Courtois und seinen Mitarbeitern – denen es vor allem um eine zahlenmäßige Bilanz der den beiden Systemen zugeschriebenen Opferzahlen ging – eine „horizontale" Form aufwies, bei Nolte hingegen – der die beiden Systeme in einen genealogischen Bezug zueinander setzte und somit den „Kausalnexus" herstellte – eine „vertikale".

Es mag auf den ersten Blick als „höhere Banalität" erscheinen, daß der Nationalsozialismus vor allem eine Reaktion auf den Bolschewismus war. Diese Vorstellung wurde übrigens, wenn auch in weniger systematischer Form als bei Nolte, schon von anderen Autoren vertreten, beispielsweise von Paul Johnson oder Domenico Settembrini. Einen Vergleich der beiden Regime haben auch zahlreiche andere Historiker vorgenommen, und zwar unter den unterschiedlichsten Gesichtspunkten.[5] Ein solcher Vergleich ist nicht nur legitim, sondern zum Verständnis der historischen Fakten unentbehrlich. Klar ist jedoch auch, daß die Geschichte des 20. Jahrhunderts unverständlich bleiben muß, wenn man dem durch die Russische Revolution ausgelösten Trauma nicht Rechnung trägt, genauso wie man die Geschichte des 19. Jahrhunderts nicht begreifen kann, wenn man das durch die Französische Revolution bewirkte Trauma unbeachtet läßt. Diese Parallele drängt sich um so mehr auf, als sich Lenin ausdrücklich auf das Beispiel der Convention berufen hat, der Nationalsozialismus unbestrittenermaßen ein „brauner Jakobinismus" war und der jakobinische Terror, wie Nolte hervorgehoben hat, erstmals „die Idee von der Ausrottung einer Klasse oder Gruppe in die Wirklichkeit umgesetzt hat".

Man könnte in der These Noltes auch eine von mehreren Illustrationen dessen sehen, was René Girard die „Rivalität der Nachahmung" genannt hat, ein Phänomen, das zum Verständnis zahlreicher historischer und gesellschaftlicher Fakten höchst nützlich ist. Immer wieder läßt sich feststellen, daß ein System charakteristische Merkmale eines Feindes übernimmt, den es bekämpfen will, indem es gegen ihn seine eigenen Methoden anwendet: Terror und Gegenterror, Verschwörung und Gegenverschwörung, Freimaurerei und Gegenfreimaurerei, Partisanen und Partisanenkrieg, „höherstehende Rasse" und „auserwähltes Volk" et cetera.

Noltes These hätte bei manchen „linken" Autoren eigentlich ein gewisses Echo finden müssen. Immerhin geht er von einem generischen Faschismusbegriff aus, der den Nationalsozialismus ebenso wie die Action Française umfaßt, und erklärt diesen generischen Faschismus im wesentlichen als reaktives und somit „konterrevolutionäres" Phänomen. Solche Ansichten sind in der Vergangenheit immer wieder von „linken" Verfassern verfochten worden.

Außerdem gilt: Wenn ein erklärt antikommunistischer Historiker die Auffassung vertritt, der Nationalsozialismus sei nicht besser gewesen als der Kommunismus, weil er dessen Massenvernichtungsmethoden übernommen habe, macht ihn dieses Argument logisch gesehen bereits zum Gegner des Nationalsozialismus. Doch ließen Noltes Widersacher diese elementare Logik außer acht: Anstatt das von ihm gelieferte Erklärungsmuster unvoreingenommen zu prüfen und zu analysieren, ob es stichhaltig oder trügerisch, richtig oder falsch ist, attackierten sie seinen Urheber. Anstatt den Vergleich zwischen Nationalsozialismus und Kommunismus weiter zu differenzieren, indem sie Symmetrien und Asymmetrien, Unterschiede und Ähnlichkeiten gegeneinander abwogen, taten sie allein schon die Idee, daß ein solcher Vergleich statthaft sein könne, als skandalös ab. Der Grundtenor war, daß dieser Vergleich zwangsläufig auf eine unannehmbare Relativierung des Nationalsozialismus, ja auf eine stillschweigende Komplizenschaft mit ihm hinauslaufe. Nationalsozialismus und Bolschewismus als zwei gleichermaßen verabscheuenswerte Regime darzustellen, habe zur Folge, ersteren zu „banalisieren" und ihm hierdurch gewissermaßen „mildernde Umstände" zuzubilligen.

Da diese seltsame Argumentation konstant drei verschiedene Ebenen – die moralische, die politisch-ideologische und die historische – miteinander vermengte (was keinesfalls zur Klärung der Debatte beitrug), mündete sie letzten Endes in eine Position, die umgekehrt symmetrisch zu der von ihr angeprangerten war: Indem sie die Existenz eines absoluten Bösen in der Geschichte (den Nationalsozialismus) postulierte, „banalisierte" sie ihrerseits den Kommunismus, denn verglichen mit dem absoluten Bösen kann es zwangsläufig nur weniger schlimme, begreiflichere und akzeptablere Formen des Bösen geben – selbst wenn diese, wie im Fall des Kommunismus, mehr Opfer gefordert haben.

Saul Friedländer warf Nolte beispielsweise vor, das nazistische Deutschland „unter die Opfer einreihen" zu wollen. Im selben Geist äußerte sich Jürgen Habermas, der Noltes Thesen als „eine Art Schadenabwicklung" bezeichnete. Historiker wie Eric Hobsbawm und Tony Judt kreideten François Furet an, daß er es überhaupt gewagt hatte, Noltes Namen zu zitieren. Wir schenken es uns hier, auf die zahllosen Argumente oder Sophismen einzugehen, die man ins Feld geführt hat, um die Existenz eines „radikalen" Unterschiedes zwischen den beiden großen totalitären Regimen zu beweisen, das heißt eines qualitativen Unterschiedes, der es ermöglichen soll, eine Hierarchie zwischen ihren Verbrechen – und zusätzlich eine Hierarchie zwischen ihren Opfern – zu konstruieren.[6] Man kann nach den Gründen dieses merkwürdigen Widerstandes gegen jeden systematischen Vergleich zwischen Sowjetkommunismus und Nationalsozialismus fragen; künftige Historiker werden diesem Thema zweifellos die ihm gebührende Aufmerksamkeit widmen. Mir persönlich fallen auf Anhieb sechs solcher Gründe ein, die, meiner Meinung nach, für sich alleine genommen oder in ihrer Gesamtheit den „nouveau rationnel" („neuen

Rechtfertigungsgrund") – um Noltes Ausdruck aufzugreifen – für diese Abneigung beziehungsweise diesen Widerstand gegen einen solchen Vergleich darstellen und zugleich eine Erklärung für die Feindseligkeit liefern, die Nolte und Furet allenthalben entgegenschlägt:

1. 1945 lag das nationalsozialistische Deutschland am Boden, während Sowjetrußland im Lager der Sieger stand. Diese Feststellung mag ja banal sein, darf jedoch nicht mit Schweigen übergangen werden. Nach einem Krieg haben einzig und allein die Sieger – insbesondere jene, die durch das Verhalten der Besiegten am meisten gelitten haben – die Möglichkeit, sich Gehör zu verschaffen. Historisch gesehen hat der Sieger das letzte Wort, steht ihm doch die Möglichkeit offen, seine Wahrheit über das Geschehene ungehindert zu verbreiten. Er ist es, der Geschichte schreibt – zumindest während einer gewissen Zeitspanne nach den Ereignissen, die die einen als Sieger, die anderen als Besiegte festschrieben. Das dem Besiegten zugefügte Unrecht wird dabei unvermeidlicherweise verharmlost oder ganz unter den Teppich gekehrt, während die Zerstörungen, unter denen der Sieger zu leiden hatte, unermüdlich beschworen und zielstrebig benutzt werden, um die allgemeine Empörung wachzuhalten. Dieses Phänomen tritt in verschärfter Form auf, wenn der Besiegte als Schuldiger dargestellt wird. Der Sieger hat Interesse daran, denjenigen, über den er zu triumphieren vermochte, zu kriminalisieren, weil die Verbrechen des Besiegten seine eigenen Untaten relativieren. So entsteht eine neue Orthodoxie, welche es der Gegenseite verwehrt, Argumente zu ihrer Entlastung vorzubringen. Von der Warte dieser Orthodoxie aus gesehen, läuft ein Vergleich zwischen Nationalsozialismus und Kommunismus darauf hinaus, daß Sieger und Besiegte auf eine Stufe gestellt werden, was ersterer schlechthin nicht zu dulden bereit ist.

2. Während des Zweiten Weltkrieges beschlossen die westlichen Demokraten, sich mit Stalin gegen Hitler zu verbünden. Diese Wahl, die am Ende der dreißiger Jahre durchaus nicht unvermeidlich schien (denken wir an den deutsch-sowjetischen Pakt), läßt sich vermutlich durch die Umstände erklären. Wie dem auch sei, jedenfalls brachte diese Wahl mit sich, daß der Bolschewismus gegenüber dem Nationalsozialismus als das geringere Übel erschien: Mit ersterem hatte man, zumindest zeitweilig, ein Bündnis gegen letzteren schließen können, während das Umgekehrte den damaligen Entscheidungsträgern undenkbar schien. Zwar hat dies die westlichen Demokratien nicht daran gehindert, das kommunistische System während des Kalten Krieges heftig zu kritisieren, aber nichtsdestotrotz kann ein Vergleich von Nationalsozialismus und Sowjetkommunismus als Versuch gedeutet werden, die Legitimität des Bündnisses mit Stalin nachträglich in Frage zu stellen – und dieses Bündnis legte damals den Grundstein für enge Beziehungen, die sich erst später nach und nach auflösten.

3. Da sich der Sowjetkommunismus im Ruhm sonnen konnte, entscheidend zur Niederlage des Nationalsozialismus beigetragen zu haben, erfreute er sich in den ersten Nachkriegsjahren einer unbestrittenen Legitimität. Er genoß ein Prestige, das die westlichen kommunistischen Parteien weidlich auszuschlachten wußten. Damals wandten sich viele Menschen dem Kommunismus zu, darunter eine beträchtliche Anzahl von Personen, die damals bereits berühmt waren oder es später werden sollten. Das Ergebnis ist, daß es sich bei zahlreichen weithin bekannten Personen, die auch heute noch über erheblichen Einfluß verfügen – besonders an den Universitäten, unter den Intellektuellen, in den Verlagen und Medien –, um ehemalige Kommunisten handelt. Während schon der geringste Verdacht, daß bei jemandem Sympathien für den Nationalsozialismus bestehen könnten, sogleich zur völligen Ausgrenzung und Ächtung des Betreffenden führt, kommentiert man die kommunistische Vergangenheit eines Prominenten mit wohlwollendem Schmunzeln. Aus einer gemeinsamen Vergangenheit ergeben sich zwangsläufig gemeinsame Erinnerungen, Freundschaften, Beziehungsgeflechte, Seilschaften. Auch wenn die ehemaligen Kommunisten heute keine mehr sind, fällt es ihnen angesichts ihres persönlichen Werdegangs schwer, die Verbrechen des Kommunismus so unbefangen anzuprangern wie jene des Nationalsozialismus. Durch einen Vergleich zwischen den beiden totalitären Systemen fühlen sie sich selbst gewissermaßen auf die Anklagebank gesetzt. Ungeachtet der Bedeutung, die die Kommunisten der „Selbstkritik" beimaßen, neigen sie heute oft dazu, ihr früheres Engagement nachträglich zu rechtfertigen. Man kennt den Ausspruch: „Es war besser, mit Sartre im Recht als mit Raymond Aron im Unrecht zu sein." Man könnte es auch anders formulieren: „Wir mögen uns ja geirrt haben, aber aus ehrbaren Gründen." Viele ehemalige Kommunisten sind der Überzeugung, sie hätten ursprünglich recht daran getan, sich zum Kommunismus zu bekennen, genau wie sie später recht daran getan hätten, sich von ihm abzuwenden. Wer nun ein System, für das sie sich zumindest zeitweilig engagiert haben, mit einem solchen, das sie zeit ihres Lebens bekämpft haben, „in einen Topf werfen will", beißt bei ihnen auf Granit.

4. Jede Menschengruppe, die unter Verfolgungen zu leiden hatte, neigt dazu, diese für schlimmer zu halten, als das anderen Gruppen zugefügte Unrecht. Anders gesagt: Ein Opfer reagiert meist ablehnend auf die These, daß andere womöglich nicht minder gelitten haben könnten. Psychologisch gesehen ist dies vollkommen verständlich. Aus verschiedenen Gründen waren die Möglichkeiten der jüdischen Gemeinschaft, der Weltöffentlichkeit ihr tragisches Schicksal unter dem Nationalsozialismus bekanntzumachen, weitaus größer als die Chancen der Opfer des Kommunismus, die Welt über ihr Schicksal aufzuklären. So konnte mit

der Zeit die Vorstellung aufkeimen, die antisemitischen Verfolgungen im Dritten Reich seien ein „einzigartiges" Phänomen gewesen, das seinem Wesen nach mit nichts zu vergleichen sei. Die Verfolgung der Juden mit anderen Verfolgungen, Massakern, Kriegsverbrechen oder „Verbrechen gegen die Menschlichkeit" zu vergleichen, unter denen andere Bevölkerungsgruppen zu leiden hatten, läuft diesem Denkschema zufolge auf eine Verharmlosung oder „Banalisierung" ersterer und somit auf eine zumindest partielle Entlastung des nationalsozialistischen Systems hinaus. Auch diese Denkweise ist psychologisch gesehen gewiß verständlich, historisch jedoch unhaltbar. Zunächst einmal ist sie rein metaphysischer Natur. Die aufs engste mit dem Begriff des „absoluten Bösen" verflochtene Vorstellung eines „einzigartigen" politischen Verbrechens (wobei impliziert wird, daß das Opfer ebenso einzigartig ist wie der Henker) ist „weitgehend ahistorisch", um einen Ausdruck Peter Novicks aufzugreifen.[7] Darüber hinaus ist dieses Argument unvereinbar mit der immer wieder geäußerten Warnung vor einem „Wiederaufkommen des Nazismus": Ein „einzigartiges" Phänomen kann per definitionem nicht wiederkehren.

5. Ein weiterer Grund für den Widerstand gegen einen Vergleich zwischen Nationalsozialismus und Sowjetkommunismus liegt darin, daß die „Sprache" des Kommunismus heutzutage weit mehr Akzeptanz findet als diejenige des Nationalsozialismus, und zwar nicht nur, weil dessen Niederlage alles, was an ihn erinnert (oder was man durch fragwürdige Analogien und willkürliche Gleichsetzung mit ihm assoziiert), als zutiefst anrüchig erscheinen läßt, sondern vor allem, weil sich der Kommunismus seit jeher der „Sprache der Emanzipation" bedient, die der gesamten Moderne seit der Aufklärung eigen ist. In der Tat hat der Kommunismus sämtliche emanzipatorischen Ansprüche der Moderne in sein revolutionäres Programm eingebaut; die Verheißung einer „besseren Zukunft" entspricht der optimistischen Interpretation der Fortschrittsideologie. Im Lichte dieser Tatsachen ist auch das Argument von den „guten Absichten" des Kommunismus zu sehen – das, was die Zeitung *Le Monde* sein „leuchtendes Antlitz" genannt hat. Daß diese Absichten als „gut" erscheinen, erklärt sich damit, daß sie Bestandteil einer heute noch allgemein verbreiteten Weltanschauung sind. Laut diesem Argument war der Gulag keineswegs eine natürliche Folge des Kommunismus gewesen, Auschwitz hingegen die logische und unvermeidliche Konsequenz des Nationalsozialismus. Da der Kommunismus ein Kind der Aufklärung sei und als solches derselben „Familie" angehöre wie der Liberalismus, sei der kommunistische Terror dieser Denkweise zufolge schlicht und einfach eine Entgleisung, eine durch ungünstige Umstände bewirkte Abweichung gewesen, während sich der Terror des Nationalsozialismus zwangsläufig aus seiner Natur er-

geben habe, ja für ihn Selbstzweck gewesen sei. Die Anhänger dieser
These übernehmen die Definition der kommunistischen Ideologie im
allgemeinen von deren Anhängern, die Definition der nationalsozialistischen Ideologie hingegen von deren Gegnern. „Der repressive Charakter des Stalinismus und die Hekatomben von Opfern, die er gefordert hat, ändern nichts daran, daß die Wurzeln des Kommunismus im
Erbe der Aufklärung und des humanistischen Rationalismus des
18. Jahrhunderts liegen"[8], schrieb beispielsweise Enzo Traverso mit der
Naivität eines Menschen, der offenbar meint, im Namen der Aufklärung könne man keine Massenmorde begehen, und dabei eines vergißt:
das Beispiel der Vendée – die Verwüstung dieses westlichen Départments Frankreichs und die damit einhergehende Dezimierung der dort
ansässigen Bevölkerung – vor allem der bäuerlichen Familien – um ein
Drittel durch die „höllischen Kolonnen" der Republik als Antwort auf
die Revolte königstreuer Gruppen in den Jahren 1794–96. Abgesehen
davon, daß die Überzeugung, die diesem Argument unterschwellig zugrunde liegt, auf einer höchst diskutablen Definition von „gut" und
„böse" in der Geschichte fußt, geht sie davon aus, daß das „Gute" historisch nur „Gutes" und das „Böse" nur „Böses" erzeugen könne. Wer
so argumentiert, nimmt die Auswirkungen der „Heterotelie" („Unterordnung unter fremde Zwecke"; Jules Monnerot) nicht zur Kenntnis,
die von dem herrührt, was Max Weber das „Paradox der Konsequenzen" genannt hat. Die Dinge verkomplizieren sich zusätzlich, wenn
man der Tatsache Rechnung trägt, daß der Rassismus unbestrittenermaßen eine – wenn auch subtile – Form des Internationalismus oder
Supranationalismus darstellt (was ihn in den Augen der Nationalsozialisten zu einem recht brauchbaren Werkzeug im Kampf gegen den
marxistischen Universalismus machte), während im Gegensatz dazu
der historische Kommunismus häufig mit einem Nationalismus – ebenfalls ein Erbe der Französischen Revolution – gepaart war. Dies liefert
zweifellos eine Erklärung dafür, daß jene, welche ihre Erfahrungen mit
beiden großen totalitären Regimen gemacht haben – von Margarete Buber-
Neumann über Vassili Großman bis hin zu Alexander Solschenizyn –, anscheinend nicht allzuviel von dem angeblich zwischen ihnen existierenden „radikalen Unterschied" gemerkt haben. Nicht minder anfechtbar ist die Vorstellung, ein in guter Absicht begangener Mord könne „eher entschuldbar" sein, als ein in böser Absicht verübter; man
könnte sogar mühelos den entgegengesetzten Standpunkt vertreten:
Ein im Namen des „Guten" oder der „Humanität" begangenes Verbrechen ist in mancher Hinsicht schlimmer als jedes andere. Ernst Nolte
hat es so formuliert: „Je besser die Absicht war, desto schwerer ist die
Verantwortung und desto schwerwiegender die Pervertierung dieser
guten Absicht."[9]

6. Trotz der Bücher Alexander Solschenizyns und anderer russischer Dissidenten gibt es fast keine Versuche, die Verbrechen des Kommunismus für die Bevölkerung in filmischem Format des Infotainments aufzubereiten, ganz im Gegensatz zu der medialen Ausschlachtung der Verbrechen des Nationalsozialismus.[10] Und etwas ähnliches wie einen „Nürnberger Prozeß" gegen die kommunistische Führung gab es ebenfalls nicht. In Frankreich sprach Alain Besançon mit Fug und Recht von einer „Amnesie" im einen und einer „Hypermnesie" im anderen Fall. Parallel dazu stößt die Vorstellung von einer „Historisierung" des Nationalsozialismus auf heftigen Widerstand,[11] während gegen eine Historisierung des Kommunismus kein Mensch etwas einzuwenden hat.

Ein weiterer Grund dieser ungleichen Behandlung der beiden großen Totalitarismen des 20. Jahrhunderts, die man anhand unzähliger Beispiele veranschaulichen könnte, besteht in der bis heute andauernden polemischen Ausschlachtung der „antifaschistischen" Thematik. Seit dem Sturz des Sowjetsystems läßt sich der Antikommunismus nicht mehr als politische Waffe im Kampf gegen die Linke benutzen. Fast sechs Jahrzehnte nach dem Zusammenbruch des Dritten Reiches aber wird der Antifaschismus immer noch als Druckmittel benutzt, beispielsweise um die Parteien von jeder Zusammenarbeit mit der radikalen Rechten abzuschrecken. Dieser Sachverhalt steht mit der auf den ersten Blick höchst merkwürdig anmutenden Tatsache in Verbindung, daß die Auseinandersetzung mit der betreffenden Epoche mit wachsendem zeitlichen Abstand nicht etwa durch ein Abflauen der Leidenschaften geprägt ist – was eine unabdingbare Voraussetzung für größere Objektivität wäre –, sondern ganz im Gegenteil durch immer kategorischere Verdammungsurteile, immer leidenschaftlichere Behauptungen und immer phantastischere Darstellungen. Mit dem Aussterben der Protagonisten und Zeugen jener Zeit wird der „Faschismus" zu einer Art mythischem Objekt, einem uferlos dehnbaren Begriff, der zu allem möglichen gut ist und den man in jedem beliebigen Zusammenhang instrumentalisieren kann. Während der Antikommunismus zusehens obsolet wirkt, besteht der Antifaschismus als emotionsbefrachteter Mythos fort. Dies kann man gleichsam „auf Schritt und Tritt" konstatieren. So wird der Stalinismus bisweilen als „roter Faschismus" geschmäht, während niemand auf den Gedanken verfiele, den Nationalsozialismus als „braunen Kommunismus" zu etikettieren. Der Islamismus wird regelmäßig als „grüner Faschismus" bezeichnet. In letzter Konsequenz läuft dies darauf hinaus, daß jede Ungerechtigkeit, jede Gewalttätigkeit und jedes Verbrechen angeblich eine Ausgeburt des „Faschismus" ist. Dieser inflationäre Gebrauch des Begriffs „Faschismus" ist höchst aufschlußreich; abgesehen davon, daß er zutiefst lächerlich wirkt, wenn man sich vor Augen hält, daß der „ursprüngliche" Faschismus, das heißt jener Mussolinis, im Vergleich zum Sowjetkommunismus und zum

Nationalsozialismus recht wenig Opfer gefordert hat. Von dem Standpunkt des inflationären Gebrauch des Begriffs aus würde eine objektive Erforschung der verschiedenen Formen des Faschismus und Kommunismus den Verzicht auf eine wirksame Waffe bedeuten, mit der man seinem Gegner die Legitimität absprechen kann. Dieser (alles in allem mit dem Antinazismus identische) hartnäckige und anachronistische Antifaschismus wird sich vermutlich noch sehr lange halten.

Die von mir erwähnten sechs Gründe liefern eine Erklärung dafür, daß man über Ernst Noltes Thesen allzu häufig nicht diskutiert, sondern stets versucht, sie für nicht legitim zu erklären. Gewisse Autoren, die Nolte regelmäßig „apologetischer" Tendenzen zeihen, um ihre eigenen, entgegengesetzten apologetischen Tendenzen zu verschleiern,[12] haben es unterlassen, der Frage nach dem Wahrheitsgehalt seiner These unvoreingenommen nachzugehen, und es statt dessen vorgezogen, sich über dessen „Zulässigkeit" beziehungsweise „Unzulässigkeit" auszulassen, das heißt letzten Endes über seine Vereinbarkeit beziehungsweise Unvereinbarkeit mit der vorherrschenden Weltanschauung. Statt einen Versuch zu Noltes Widerlegung zu unternehmen, ging man mit inquisitorischen Mitteln gegen ihn vor und verwarf seine Thesen ungeprüft in Bausch und Bogen; man strengte (im übertragenen Sinn) einen Gesinnungsprozeß gegen Nolte an und verdächtigte ihn aller möglichen Dinge, die er zwar nicht geschrieben hatte, aber womöglich gedacht haben könnte – und dies alles in der Absicht, einer unerwünschten Debatte von Anfang an einen Riegel vorzuschieben und sie im Keim zu ersticken.

Freilich ging es durchaus nicht nur um Nolte allein, sondern auch darum, der politischen Existenz Deutschlands die Legitimität zu rauben und die Identität des Landes mit einem unauslöschlichen Makel zu behaften. Besonders vielsagend ist in diesem Zusammenhang ein Ausspruch Edouard Hussons, der Nolte den Versuch vorwarf, „definitiv zu beweisen, daß die hauptsächlichen Quellen des Nazismus nicht in der deutschen Geschichte zu suchen" sind".[13] Wer entgegen aller Realität die These vom strikt hausgemachten Charakter des deutschen Nationalismus verficht, leugnet die offenkundige Tatsache, daß der Nationalsozialismus in mancher Hinsicht im Widerspruch zu der deutschen politischen Tradition stand, die nicht auf jakobinischem Nationalismus, sondern auf dem Föderalismus und der Reichstradition beruhte. Wer das Dritte Reich zur zwangsläufigen Endstation der gesamten deutschen Geschichte oder zum obligatorischen Ausgangspunkt der Interpretation dieser Geschichte erklärt, versucht mit diesem billigen Taschenspielertrick, die politische Autonomie Deutschlands zu verhindern, seine Identität zu kriminalisieren, ihm jedes Nationalgefühl zu verbieten und ihm eine immerwährende Scham darüber aufzuzwingen, daß es überhaupt existiert.

Anmerkungen

[1] Zum „Historikerstreit" siehe: Peter Baldwin. *Reworking the Past: Hitler, the Holocaust, and the Historian's Debate*. New York, NY: Pantheon Books, 1981. – Gian Enrico Rusconi (Hrsg.). *Germania, un passato che non passa: I crimini nazisti e l'identità tedesca*. Turin: G. Enaudi, 1987. – Charles S. Maier. *The Unmasterable Past: History, Holocaust, and German National Identity*. Harvard: Harvard University Press, 1988. – Joseph Rovan (Hrsg.). *Devant l'histoire: Les documents de la controverse sur la singularité de l'extermination des Juifs par le régime nazi*. Paris: Cerf, 1988.

[2] Vgl. insbesondere: Ernst Nolte. *Der europäische Bürgerkrieg 1917–1945: Nationalsozialismus und Bolschewismus*. Frankfurt a.M.: Ullstein-Propyläen, 1987; ders. *Das Vergehen der Vergangenheit: Antwort an meine Kritiker im sogenannten Historikerstreit*. Berlin: Ullstein, 1987; ders. *Controversie: Nazionalsocialismo, bolscevismo, questione ebraica nella storia del Novecento*. Mailand: Corbaccio, 1999; ders. *Der kausale Nexus: Über Revision und Revisionismen in der Geschichtswissenschaft: Studien, Artikel und Vorträge 1990–2000*. München: Herbig, 2002.

[3] Ernst Nolte. *Der Faschismus in seiner Epoche: Action Française, italienischer Faschismus, Nationalsozialismus*. München: Piper, 1990. S. 51.

[4] Stéphane Courtois (Hrsg.). *Le livre noir du communisme*. Paris: Robert Laffont, 1997. S. 19. (dt. Übers.: *Schwarzbuch des Kommunismus*. München/Zürich: Piper, 1998.)

[5] Vgl. insbesondere: Marc Ferro (Hrsg.). *Nazisme et communisme, deux régimes dans le siècle*. Paris: Hachette, 1993. – Ian Kershaw u. Moshe Lewin (Hrsg.). *Stalinism and Nazism: Dictatorship in Comparison*. Cambridge: Cambridge University Press, 1997. – Henry Rousso (Hrsg.). *Nazisme et stalinisme: Histoire et mémoire comparées*. Brüssel: Complexe, 1999.

[6] Dies haben wir im Zusammenhang mit der durch die Veröffentlichung des *Schwarzbuches des Kommunismus* ausgelösten Debatte bereits getan, vgl.: Alain de Benoist. *Communisme et nazisme: 25 réflexions sur le totalitarisme au XXe siècle, 1917–1989*. Paris: Labyrinthe, 1998. (dt. Übers.: *Totalitarismus, Kommunismus und Nationalsozialismus: Die andere Moderne 1917–1989*. Berlin: Verlag JF, 2001.)

[7] Peter Novick. *The Holocaust in American Life*. Boston: Houghton Mifflin, 1999.

[8] Enzo Traverso. „De l'anticommunisme: L'histoire du XXe siècle relue par Nolte, Furet et Courtois." In: *L'Homme et la société*. Paris, April–September 2001. S. 193. – Siehe auch: Enzo Traverso. *La violence nazie: Une généalogie européenne*. Paris: La Fabrique, 2002.

[9] Ernst Nolte. *Les Fondements historiques du national-socialisme*. Paris: Rocher, 2002. S. 165.

[10] Seit dem Fall der Berliner Mauer im Jahre 1989 sind weltweit 180 Filme über die Verfolgung der Juden durch die Nationalsozialisten gedreht worden, die meisten davon in den USA. Filme über die Verbrechen des Kommunismus lassen sich hingegen an den Fingern einer Hand abzählen.

[11] Vgl.: Martin Broszat. *Nach Hitler: Der schwierige Umgang mit unserer Geschichte*. München: Oldenbourg, 1986. („Plädoyer für die Historisierung des Nationalsozialismus", S. 266–280.)

[12] Siehe z.B.: Domenico Losurdo. *Marx e il bilancio storico del Novecento*. Gaeta: Bibliotheca, 1993.

[13] Edouard Husson. „Autour de ‚La guerre civile européenne' d'Ernst Nolte." In: *Le Débat*. Paris, November/Dezember 2002. S. 142.

Die Revolution
des Völkerrechts 1919
und dessen heutige Selbstzerstörung

von Günter Maschke

Montesquieu bemerkte 1748: „Das Völkerrecht ist von Natur aus auf dieses Prinzip gegründet: daß die verschiedenen Nationen sich im Frieden möglichst viel Gutes antun und im Kriege möglichst wenig Böses zufügen sollen, ohne den eigenen wahren Interessen zu schaden."[1]

Mancher Leser mag über diesen Satz lächeln und auf die gerade von Juristen gern ignorierte Schwäche des Völkerrechts hinweisen oder auf dessen Neigung zur Servilität gegenüber den real herrschenden Mächten, hinter deren Fassaden zu blicken man sich weigert. Vielleicht bestreitet der Betrachter gar die Existenz des Völkerrechts oder sieht es als Pseudorecht und als bloße Rhetorik an, die, ob 1748, ob heute, der Politik der Gewalt ein nach der jeweils neuesten Mode geschneidertes Gewand überstreifen.[2] Der moderne Völkerrechtsfreund hingegen wird uns herablassend erklären, daß der „Krieg" im Völkerrecht nichts mehr zu suchen habe und nur noch als Verbrechen einerseits, als mit militärischen Mitteln zu erfolgende Bestrafung andererseits interessiere; daß er, mittlerweile zum „bewaffneten Konflikt" zurechtgestutzt, nur am Rande und auf den hinteren Seiten der Lehrbücher ein kärglich-verächtliches Dasein friste und nicht mehr, wie einst, im vorderen Teil respektvoll und ausführlich erörtert werde.[3] In einem werden sich die unterschiedlichen Kritiker treffen: Daß die Staatenwelt und die Bedingungen der internationalen Politik sich tiefgreifend verändert hätten, so daß Montesquieus Erklärung antiquiert sei und nur noch als anmutige Bildungsfloskel tauge.

Nun, der Mensch versteht das Schwierige, jedoch nicht das Offenkundige, und der Grund für das Drängen auf wissenschaftliche Genauigkeit und argumentative Differenziertheit ist häufig nur die Furcht vor einer Evidenz, die mit beträchtlichen intellektuellen Finessen geleugnet wird, weil es zu viel Mut verlangt und zu große Mühsal kostet, aus ihr Folgerungen zu ziehen. Welche Frage aber liegt denn bei der Erörterung des Völkerrechts einer bestimmten Epoche näher als die, ob dieses Recht dazu *beitrug* oder *beiträgt*, bewaffnete Auseinandersetzungen zu begrenzen oder möglichst gut zu beenden, den Haß zum Verschwinden zu bringen oder wenigstens zu dämpfen, die Versöhnung zu befördern, und nicht zu erschweren? Wie bescheiden hier die Hoffnungen und Erwartungen auch sein mögen und welchen Einfluß man dem Völkerrecht gegenüber der Machtpolitik (besser: innerhalb dieser) zuschreibt: Der Common sense, der keineswegs dazu verurteilt ist, stets der ärgste Metaphysiker angesichts der ernsten Wiederholungen der Geschichte zu sein, gebietet es, ein bestimmtes Völkerrecht danach einzuschätzen, ob es, und sei es mit schwachen Kräften, geeignet ist, dem Frieden zu dienen, den die irdische Welt zu geben vermag; ob es mithilft, die organisierte Friedlosigkeit abzubauen oder sie, trotz pathetisch-menschenfreundlicher Proklamationen, zu verewigen; ob es schließlich – dabei mit heftiger Energie den dauernden, vollständigen, ungeteilten, ja, totalen Frieden verlangend – die feindselige Spannung erhöht, die ihren Ausweg in einem neuerlichen Kriege suchen und finden wird, in einem Kriege, der von den kompromißlosen Liebhabern solchen Friedens als „letzter Krieg" und nach diversen Enttäuschungen als „Krieg gegen den Krieg" gefordert und gefeiert wird.

Doch wenden wir uns noch einmal Montesquieu zu. Festhaltenswert am Ausspruch unseres Klassikers ist dessen impliziter Realismus. In der Tat ist der Mensch unfähig, dauernd auf die organisierte Gewalt zu verzichten; zugleich ist er auch unfähig, in solcher beunruhigenden Situation dauernd zu leben – ein Jegliches hat seine Zeit. Die Triftigkeit derartiger „Anthropologisierungen", die empört abzulehnen Pflicht aller Wohlgesonnenen ist, beweist die Geschichte: Allein zwischen 1945 und 1992 zählt man 184 unterschiedlichste Kriege.[4] „Krieg" und „Frieden" sind, was die Sprache noch weiß, reziproke Begriffe – „Frieden" bezieht sich auf „Krieg" und „Krieg" auf „Frieden", und falls wir das zweifelhafte Vergnügen haben, einmal in einer Welt ohne jeden Krieg zu leben, dürften wir nicht vom „Ewigen Frieden" sprechen, sondern allenfalls von der „Ewigen Harmonie", der „Ewigen Gewaltlosigkeit" oder ähnlichem. Aus der Reziprozität wurde früher der Schluß gezogen, daß, wenn „Krieg" ist, kein „Frieden" sei, und daß, wenn „Frieden" herrscht, kein „Krieg" wäre; Ciceros „Inter bellum et pacem medium nihil sit"* lautet die berühmte Formel.[5] Doch wurde dieser Satz schon früh bezweifelt, befinden wir uns doch häufig in ängstigenden Zwi-

---

* Lat.: „In der Mitte zwischen Krieg und Frieden soll es nichts geben."

schenzuständen, in einem Statum mixtus, in dem sich die Feindseligkeit (*hostilité*) erhält und den man weder als „Krieg" noch als „Frieden" bezeichnen kann, so daß man die Relativität beider Begriffe anerkennen muß.[6]

Doch wie sich die historisch-konkrete Lage auch jeweils darstellen mag, „Krieg" und „Frieden" konstituieren in ihrem Gegen-, Mit- und Ineinander die „Politik" (so diese eine gewisse Wichtigkeit und Intensität gewinnt), und die „Politik" lehrt uns, daß wir nur mit einem Feinde Krieg führen und nur mit einem Feinde Frieden schließen können – eine Banalité supérieure, die viele nicht zu denken, geschweige denn auszusprechen wagen. Zugleich gilt, daß sich ein Feind in einen Freund verwandeln kann und umgekehrt. Auch wenn zuzugeben ist, daß die Welt eher eine Grisaille* ist, als daß sie ganz hell oder ganz dunkel sei, bleibt es nützlich und methodologisch wohl auch notwendig, von den Grenzpunkten auszugehen.[7] Die Leugnung der Feindschaft aber und die Entfernung des Feindes aus unserem Denken führt nur dazu, daß der Friede unauffindbar wird: Frieden kann es nur dort geben, wo es einen gibt, der Feind ist oder war.[8]

Alles spricht dafür, daß der Krieg, aufgrund der Natur des Menschen, die sich jahrtausendelang in seiner Kultur manifestierte, ein integraler, essentieller Bestandteil des menschlichen Seins ist. Wenn aber das Recht das gesamte menschliche Leben durchdringen soll, muß es notwendigerweise auch den Krieg einschließen. Die Forderung nicht nur eines Hans Kelsen (1881–1973), daß die Rechtsordnung so lückenlos sein müsse (sei?) wie die Ordnung der Natur, kann nicht erfüllt werden, wenn eine sich derart durchhaltende, unabschaffbare Eigenschaft wie die menschliche Fähigkeit zur Kriegführung verbannt, geächtet, kriminalisiert wird. Das Recht, sowohl Instrument als auch Ausdruck des in irgendeiner Weise organisierten gesellschaftlichen Lebens, kann nicht durch Willensakt einen Teil dieses Lebens, sozusagen seine Hälfte, auswählen und den anderen Teil verwerfen. Nur das Ganze ist das Wahre, und um dieses Ganze muß es gehen. Jeder systematische, grundsätzliche Angriff auf die Erlaubtheit des Krieges ist ein Verstoß gegen die menschliche Natur/Kultur, ist, anthropologisch wie geschichtlich, ein Un- und Widersinn, ist ein Attentat auf die Condition humaine. Den fehlenden Respekt gegenüber der unangenehmen Wahrheit bezahlt man gewöhnlich damit, daß diese sich rächt: „La letra con sangre entra."** Mit der Diskriminierung und dem Verbot des Krieges läßt sich das Wort exorzieren, während die Sache an Furchtbarkeit gewinnt. Der Krieg ist gescheiter als die klügsten Gelehrten des Völkerrechts und kennt Schliche, von denen die Durchtriebenheit der Politiker nichts weiß. Clausewitz sagte, daß der Krieg ein Chamäleon sei, doch vergaß er hinzuzufügen, daß das Chamäleon das einzige Tier ist, das keinerlei Wert darauf legt, mit seinem wirklichen Namen

---

* Gemälde in grauen Farbtönen.
** Span.: „Wer nicht hören will, muß bluten."

genannt zu werden. Im Gegenteil, es schätzt die zahlreichen, sich saisonal ändernden Tarnbegriffe wie „humanitäre Intervention", „Sanktion", „Schutz der Unabhängigkeit", „friedliche Okkupation", „Repressalie", „Friedensmission", „Exekution des Rechts" und andere mehr.

Was hier nur mit einigem Aplomb und nicht zu vermeidender Vereinfachung gesagt wurde, wird vom zeitgenössischen Völkerrecht verworfen. Es sieht seine Aufgabe nicht mehr, wie das Völkerrecht des Ius Publicum Europæum, darin, den Krieg einzuschränken und zu hegen, um den Vernichtungskrieg zu vermeiden, es will die Abschaffung des Krieges.[9] Seit dem 28. Juni 1919, mit der Unterzeichnung des Versailler Vertrages (*recte*: Diktates), entstand ein Völkerrecht, dessen Grundsätze, zum Teil sogar verschärft, heute noch gelten – wir leben immer noch im Schatten dieser Völkerrechtsrevolution[10], die zunächst die Möglichkeiten zu erlaubten Kriegen einschränkte und schließlich im Kriegsverbot mündete. Dieses Völkerrecht, in seinen Vorformen etwa ab 1900 vom Pazifismus infiltriert, fand 1919 seine erste ehrgeizige Konkretisierung in der das Versailler Diktat einleitenden Satzung des Völkerbundes, der es laut ihrem Vorspruch um die „Gewährleistung des internationalen Friedens und der internationalen Sicherheit"[11] ging; es beförderte jedoch die Friedlosigkeit und intensivierte die Spannungen. Das gerät immer wieder aus dem Blickfeld, weil viele Autoren zwar das Diktat oft recht scharf kritisieren, doch dabei das diesem zugrundeliegende Völkerrecht aussparen oder gar loben, indem sie es in einen schroffen Gegensatz zum Diktat bringen.[12]

Eine zweite, bewußtere Methode der Verteidigung des neuen Völkerrechts fand sich, was kaum erstaunt, bei dessen Herolden, in Deutschland etwa bei Walther Schücking (1875–1935) und Hans Wehberg (1885–1962). Danach widersprach die *politische Praxis* des Völkerbundes, vor allem die der dort tonangebenden Franzosen, dem *wahren Geiste* der Satzung. Die Satzung wurde zwar in einigen Details bemängelt und sollte ausgebaut, verfeinert, von Widersprüchen befreit, lückenloser gefügt werden und so weiter; insgesamt aber wurde sie als verheißungsvoller Auftakt zu einem stabilen „Frieden durch Recht"[13] angesehen. Die Verkoppelung von Satzung und „Friedensvertrag" wurde hier bejaht, aber es wurde eingewandt, „daß der Geist der Deutschland auferlegten Friedensbedingungen den Erwartungen der unmittelbar Betroffenen wie denen der neutralen Staaten nicht entsprach" und so „die Völkerbundsatzung in eine Umgebung eingefügt [wurde], die ihr in den Augen der Welt viel von ihrer Weihe nahm". Immerhin gelangten Schücking und Wehberg zu dem Schlusse, daß der „feierlichste Vertrag, der einen jahrhundertelangen Traum der Kulturwelt erfüllen sollte, ... somit nicht als das Ergebnis gemeinsamer einträchtiger Beratungen, sondern als Diktat der Sieger der Menschheit präsentiert"[14] wurde. Die Forderung, die Satzung vom Diktat zu trennen – was eine *tiefgreifende* Änderung beider oder die Läuterung des Diktates zu einem wirklichen Vertrag erheischt hätte –, wurde von einigen Autoren vertreten, nicht jedoch von Schücking und Wehberg, die behaupteten, daß die Verbindung zwischen Satzung und Diktat rein äußerlich sei. Auch hier wurde der wahre und gute Geist der Satzung (die immerhin aus den 26 ersten Artikeln der 433 Artikel des Diktates bestand) gegen den bösen Geist und den bösen Buchstaben des Diktates aufgeboten, was dieses aber nicht beeindruckte. Vielmehr wurden dessen Meistern zahllose Anregungen für ihre schwülstige Menschheits-Rhetorik und ihren hemmungslosen „cant" beschert. Ganz en passant wurde der tatsächliche Geist der Satzung und des neuen Völkerrechts dank der rastlosen Preisung ihres „wahren" Geistes keines genauen Blickes gewürdigt. Der Pazifismus als Vasall des Imperialismus – ein weites Feld.

Was für viele erstaunlich ist: Carl Schmitt spricht in seinen hier versammelten Schriften nur gelegentlich von Versailles. Diese eigentliche Urkatastrophe des 20. Jahrhunderts[15] schien ihm wohl von anderen Autoren genügend behandelt. Daß den Deutschen hier eine „Paix malpropre"* (Alcide Ebray[16]) auferlegt wurde, war ihm derart evident, daß es ihm keiner großen Worte wert war, geschweige denn eine monographische Auseinandersetzung. Überraschender ist, daß, denkt man an das oft schnelle Reagieren Schmitts auf konkrete Ereignisse und neue Situationen, ihn die Folgen von Versailles so spät beschäftigten, hier der Völkerbund und die bedrohliche Lage der Rheinlande. 1919 erscheint *Politische Romantik*, 1921 *Die Diktatur*, 1922 *Politische Theologie"* – trotz des Casca-il-mondos** der ersten Jahre nach dem Diktat kümmerte Schmitt sich weniger um die Zeitläufte als um die Grundrisse seines theoretischen Systems.[17] Selbst sein Kampf mit Weimar gewann erst ab 1923, mit der Veröffentlichung seiner Parlamentarismuskritik, Konturen.

Zum Theoretiker des Politischen und zu einem Schriftsteller, der ungewöhnlich rasch auf die Zeitereignisse reagierte, wurde Schmitt erst in Bonn, wo er 1922 eine Professur antrat, die Jahre 1922 bis 1928 sind denn auch seine fruchtbarsten. Hier entstehen, neben zahlreichen konkreten Lageanalysen, die immer noch unterschätzte Schrift *Die Rheinlande als Objekt internationaler Politik* (1925), *Der Begriff des Politischen* (1927) wie auch eines seiner Hauptwerke, die *Verfassungslehre* (1928). Nun, dem Klugen dient die Erfahrung als Brille des Verstandes, und Schmitt erfährt in der damaligen verträumten Provinzstadt den „choc" der Besetzung mit der Perspektive der Abtrennung der Rheinlande vom Reichskörper; erfährt die Separatistenputsche; erfährt schließlich, wie die Rheinlandbesetzung mit dem Ruhreinfall französischer und belgischer Truppen ab dem 11. Januar 1923 ihre blutige und düstere Fortsetzung findet.[18]

Dies alles geschah im Namen von Recht und Legalität, unter der Flagge „Pacta sunt servanda"***, unter pathetischer Anrufung der „Heiligkeit der

---

* Frz.: „Unsauberer Frieden".
** Ital.: „Die Welt stürzt ein." (Ausruf)
*** Lat.: „Verträge sind einzuhalten."

Verträge", die freilich von den Besatzern ad libitum gebrochen und verschärft wurden.[19] In den Schriften dieser Jahre und zu diesen Jahren finden sich wohl sämtliche Lineamente von Schmitts Gesamtwerk, zum Teil bereits voll entwickelt, zum Teil, wie etwa in der späteren Kritik des diskriminierenden Kriegsbegriffs und der Degradation des Feindes zum Verbrecher, mit dem es einen wirklichen Friedensschluß nicht geben kann, angedeutet und keimhaft.

Schmitts Augenmerk galt zunächst einzelnen, für die Rheinlande wichtigen Bestimmungen des Versailler Diktats, besonders den Artikeln 42–44, die „entmilitarisierten Zonen" betreffend, die nicht nur einseitig militarisiert wurden, sondern bei denen der Völkerbund, sprich: das hochgerüstete Frankreich, entschied, ob diese Zonen vom beinahe vollständig abgerüsteten Deutschland verletzt worden waren – ob hier also ein deutscher „Angriff" stattgefunden oder gedroht hatte.[20] Der mit dem Flittergold humanitärer Deklarationen sich schmückende Völkerbund und dessen Recht, fast zur Gänze ineinsfallend mit dem neuen Völkerrecht, bildeten zusammen mit den rauhen Tatsachen des Diktats eine völlig organische Verbindung, und Schmitt, bis an sein Lebensende von der Furcht umgetrieben, dem Betrug wie auch dem Selbstbetrug zu verfallen, weigerte sich beharrlich, den Geist des Völkerbundes und des schönen Rechts gegen die Untaten seines brachialen Schöpfers, eben des Diktats, anzurufen.[21] Im Gegensatz zu jenen illusionären Pazifisten, die mit der Kritik an der Bestrafung der am Kriege „schuldigen" Deutschen selbst dann ihre Mühe hatten, wenn sie selber dem „Verbrechervolk in der Mitte Europas"[22] angehörten, war und blieb Schmitt am Frieden interessiert.[23] Dessen Möglichkeit wurde durch den Völkerbund auf der Basis des juristischen Positivismus verhindert, durch Methoden zur Aufrechterhaltung eines „quälenden Zwischenzustandes", der zerrüttender und vergiftender zu wirken vermochte denn ein offener Krieg.

Bedenkt man die Lage des Reiches 1924/25, als Schmitt die beiden Fassungen von „Die Kernfrage des Völkerbundes" publizierte,[24] vergegenwärtigt man sich die deutschen Erfahrungen mit der Völkerbundspraxis und dem Diktat, liest man einige um die gleiche Zeit verfaßte Schriften anderer Kritiker des „quälenden Zwischenzustandes", dann wirkt Schmitts Sprache gemäßigt bis zurückhaltend. „Mein Wesen mag undurchsichtig sein, jedenfalls ist es defensiv. Ich bin ein kontemplativer Mensch und neige wohl zu scharfen Formulierungen, aber nicht zur Offensive, auch nicht zur Gegenoffensive. Mein Wesen ist langsam, geräuschlos und nachgiebig wie ein stiller Fluß, wie die Mosel, *tacito rumore Mosella*"[25] – eine Selbstcharakteristik Schmitts, die für den, der ihn näher kannte, überzeugend ist. Schmitts Ton ist auch hier, wie in den meisten seiner Schriften, ruhig und „diskursivisch", ohne autoritären Verkündigungsgestus. Immerhin hält er es sogar für erwägenswert, daß Deutschland dem Völkerbund beitrete, obgleich sich die Weisheit dieses schließlich erfolgenden Schrittes bis heute bezweifeln läßt. Weshalb sollte das Reich einem Bunde beitreten, der vor allem als Bündnis gegen es funktionierte?[26] Der mit den damals gängigen Schmähworten „Feindbund", „Siegerkartell", „Gemeinschaft zur Sicherung der Beute" und ähnlichen zutreffend bezeichnet wurde? 1926 / 27 konstatierte Schmitt in seinem *Begriff des Politischen*, daß das Versailler Diktat „einen politischen Begriff wie ‚Frieden' gar nicht realisieren [konnte], so daß immer neue ‚wahre' Friedensverträge notwendig wurden", darunter der Locarno-Vertrag (1925) und der Eintritt in den Völkerbund (1926) – womit tatsächlich die „Reihe noch nicht zu Ende" war.[27] Keine Reform, keine späteren Annexe, keine konzilianteren Deutungen vermochten das zentrale Factum brutum des Systems zu beseitigen: daß nämlich dieses neue Völkerrecht auf der Diskriminierung von Krieg und Feind beruhte und auf der nie von den Siegermächten aufgehobenen These von der alleinigen „Kriegsschuld" Deutschlands. „Wer kann als ehrlicher Mann – ich will gar nicht sagen, als Deutscher –, nur als ehrlicher, vertragstreuer Mann solche Bedingungen eingehen? Welche Hand müßte nicht verdorren, die sich und uns in solche Fesseln legt?"[28] Wenn Philipp Scheidemanns proverbiales Wort vom 12. Mai 1919 in der Nationalversammlung der zu verdorrenden Hand galt, die unter Drohungen und Erpressungen am Ende eben doch das Diktat unterschrieb – mußte dieses Wort nicht noch weit eher für jene Hand gelten, die, jetzt ziemlich freiwillig, den Locarno-Vertrag und das Dokument zum Eintritt in den Völkerbund unterschrieb? Zwei Dokumente also, die das Versailler Diktat mit furchtbarer Sanftheit bestätigten und fortführten?

Doch wer der üblichen Fama Schmitts glaubt, mag verblüfft sein, liest er die beiden Fassungen der „Kernfrage des Volkerbundes"[29]: Ja, Deutschland könne beitreten – *wenn* es sich vorsieht. Schmitt hielt es gar für möglich, daß aus dem Völkerbund noch ein „echter Bund" werden könne! Wenn Deutschland beiträte, müsse es freilich auch in der Lage sein, bei fundamentalen Veränderungen oder Festlegungen gleichberechtigt mitzuwirken. Schmitt war mithin kein Völkerbunds-Gegner, er war nur ein Völkerbund-Skeptiker. Zeigte Schmitt mit seinen immerhin vorhandenen Hoffnungen, daß er die Implikationen seines Freund-Feind-Kriteriums und seiner Behauptung von der Unfähigkeit des Versailler Diktats, einen politischen Begriff wie „Frieden" zu realisieren, noch gar nicht überblickte?

Doch war sich Schmitt über die Bedeutung der von den Siegermächten lancierten These von Deutschlands alleiniger „Kriegsschuld" klar – zumal ein solcher Begriff dem Völkerrecht 1914 völlig fremd war. Die These von der Kriegsschuld fand im Artikel 231 des Versailler Diktats ihren Niederschlag: „Die alliierten und assoziierten Regierungen erklären, und Deutschland erkennt an, daß Deutschland und seine Verbündeten als Urheber für alle Verluste und Schäden verantwortlich sind, die die alliierten und assoziierten Regierungen und ihre Staatsangehörigen infolge des ihnen durch den Angriff Deutschlands und seiner Verbündeten aufgezwungenen Krieges erlitten haben." Zwar wurde von einigen Vertretern der Siegermächte behauptet, daß der Artikel keine moralische Schuld Deutschlands postuliere, sondern nur dessen politische Schuld für den Kriegsausbruch feststelle, aus der juristisch eine Haftung für die Kriegsschäden erwachse, daß es hier letztlich um eine zivilrechtliche Bestimmung gehe, die den Anspruch auf Schadenersatz mit der Kriegsurheberschaft Deutschlands begründe, nicht jedoch um eine Generalschuldklausel, die zur Rechtfertigung der im Diktat verankerten Strafen diene.[30] Wer jedoch die Mantelnote Georges Clemenceaus vom 16. Juni 1919 nachliest,[31] wer sich die extreme Repressionspolitik, die ungeheuerlichen Tributforderungen und die kein Maß und keine Grenzen kennende Haßpropaganda der Sieger vergegenwärtigt, der kann nur zu dem Schluß kommen, daß hier ein scharfes, moralisches Verdammungsurteil ausgesprochen wurde. Die dauernde und systematische Diffamierung und Diskriminierung Deutschlands war der Zweck des Artikels 231; die gelegentlichen, recht zaghaften Forderungen der Weimarer Republik, die Sieger mögen doch endlich auf die Kriegsschuldthese verzichten, blieben erfolglos und wurden sogar mit Drohungen beantwortet.[32]

Im Problem der „Kriegsschuld" steckte das des diskriminierenden Kriegsbegriffes mit all seinen Folgen – nicht zuletzt mit der durch ihn gesetzten Möglichkeit des totalen Krieges.[33] Dem Freund-Feind-Kriterium hingegen war die Frage inhärent, mit wem man denn Frieden schließen könne, wenn nicht mit einem Feinde? Doch erst 1937/38 offenbarte sich für Schmitt die ganze Trächtigkeit der 1919 inaugurierten Völkerrechtsrevolution, die mit dem Kellogg-Pakt 1928 und der Stimson-Doktrin 1932 ihre nächsten Etappen erreichte.[34] Der Krieg wurde auf der einen Seite zum Verbrechen, auf der anderen zur strafenden Polizeiaktion; die bisher zur Lokalisierung und Eindämmung des Krieges so segensreiche Neutralität erlag einem Erosionsprozeß, so daß das Beharren auf ihr zumindest als amoralische Bestrebung denunziert wurde und oft erfolgreiche Versuche der Kriegführenden provozierte, die Neutralen, besonders im Wirtschaftskrieg, zur Hilfe zu zwingen – dies war schon eine britische Spezialität im Ersten Weltkrieg gewesen.[35] Die nunmehr postulierte Unteilbarkeit des Friedens drohte, die Universalität des Krieges zu entbinden: „Perpetual war for perpetual peace."*[36] Gegenüber dem Angreifer, der angeblich mit seiner Aggression gegen ein Land alle anderen ebenso angriff, sollte, so forderten es einige völkerrechtspazifistische Radikalinskis, das mittlerweile arg vernachlässigte Kriegsrecht geschleift werden; dem Krieg als Polizeiaktion wider den Krieg als Verbrechen sollte „alles" erlaubt sein.[37] Dieser „Krieg" gegen den Angreifer, den man konstruierte oder zum Angriff provozierte (ein Aspekt, den die meisten Völkerrechtler, „sich in einem Stadium pränataler Unschuld gegenüber den nicht ausgesprochenen politischen Prämissen [beziehungsweise Implikationen und Nutzungsmöglichkeiten] juristischer Argumente"[38] befindend, nicht registrierten), war jedoch *keine* Wiederkehr des gerechten Krieges des christlichen Mit-

---

* Eng.: „Immerwährender Krieg für immerwährenden Frieden".

telalters, *kein* „Rückfall", wie es viele besorgte Kritiker, unter ihnen auch Schmitt, behaupteten. Beim gerechten Krieg des Mittelalters, eher ein seelsorgerisches denn politisch-juridisch-militärisches Problem, mußten Auctoritas principis, Iusta causa und Intentio recta* zusammenkommen – schon dies implizierte eine Begrenzung: Wann waren denn diese Bedingungen wirklich erfüllt? Entscheidend war aber, daß der gerechte Krieg dem rechten Maß, der Proportionalität, verpflichtet blieb: Die Übel, die durch die Beseitigung des Übels entstanden, mußten geringer sein als das zu beseitigende Übel.[39] Der Krieg des Irak gegen Kuwait kostete zirka 5.000 Menschenleben, der Bestrafungskrieg gegen den Irak hingegen zirka 200.000, hinzu kamen zirka 300.000 aufgrund der anschließenden Sanktionen verhungerte Kinder (es gibt noch höhere Schätzungen). Doch dieser Krieg gegen den Irak, der vorher gründlichst satanisiert wurde, galt landauf, landab als „gerechter Krieg", und Deutschland hatte nichts Eiligeres zu tun, als ein Massaker an einem Volke, durch das es nie bedroht gewesen war, mit 13 Milliarden D-Mark zu subventionieren. War der „gerechte Krieg" von einst der Einschränkung der Gewalt durchaus förderlich, so rechtfertigte der moderne „gerechte Krieg" den massiven Einsatz der äußersten Mittel. Der Begriff war in die Hände rachsüchtiger Pazifisten, liberaler Freimaurer, die Demokratie verbreiten wollender Imperialisten, die Menschheit (und folglich sich selbst) verehrender Humanitaristen gefallen, sogar in die Hände von bekennenden Atheisten und von Christen, die wähnten, der Himmel habe auf Erden stattzufinden. Zum grundlegenden Unterschied des gerechten Krieges des Mittelalters zu seiner heutigen satanischen Karikatur hat Schmitts leider nichts gesagt.[40]

Das Versailler Diktat und die in ihm eingelassene Völkerbundssatzung erlaubten zwar noch eine Reihe von Kriegen, was zahlreiche Unklarheiten hervorrief und schon damit zur Spannung beitrug,[41] doch war ihre Tendenz zur Zurückdrängung des Krieges und zum Versuch seiner stufenweisen, immer schärferen Illegalisierung deutlich. Der Genfer Diskurs drehte sich oft genug darum, wie diese oder jene, bisher übersehene „fissure" zum Kriege noch geschlossen werden könnte.[42] In gewissen Grenzen wäre das hinnehmbar gewesen, wenn es zu friedlichen Revisionen, zu ausgehandelten Veränderungen des unerträglichen Status quo gekommen wäre. Doch gerade der Artikel 19 der Völkerbundssatzung blieb reine Deklamation: „Die Bundesversammlung kann von Zeit zu Zeit die Bundesmitglieder zu einer Nachprüfung der unanwendbaren Verträge und solcher internationalen Verhältnisse auffordern, deren Aufrechterhaltung den Weltfrieden gefährden könnte."[43] Im Falle Deutschlands fand, trotz zahlreicher Anträge und Proteste, keine einzige friedliche Revision („peaceful change") statt – der Völkerbund war erst zu Konzessionen bereit, als Deutschland ausgetreten war und drohen konnte.[44]

---

* Lat.: „Autorisierung durch den bevollmächtigten Fürsten", „gerechter Grund" und „rechte Absicht".

Im Grunde war Schmitt erst knapp zwanzig Jahre nach der Völkerrechtsrevolution von 1919 fähig, mit der Schrift „Die Wendung zum diskriminierenden Kriegsbegriff" (1937/38) eine wirkliche Bilanz zu ziehen. Erst jetzt gewann für viele Betrachter die These „Krieg = Verbrechen", mochte man sie bejahen oder verneinen, ihre ganze Plausibilität; eine Wirklichkeit trat hervor, die zu einem beträchtlichen Teil von dieser These geschaffen worden war. Da aber die Feindschaft nicht aufhörte, mußte jede Intensivierung des Kriegsverbotes immer raffiniertere Rechtfertigungen der Gewaltanwendung hervorrufen und damit wiederum Feindschaft und Feindseligkeit verstärken – das Schreckensreich der Vorbehalte[45] und das Dickicht der Pakte wurden unübersehbar. Die einfachste Methode war vorerst, selbst massivste militärische Zusammenstöße – mit Zehntausenden von Toten und mit Terrorbombardements gegen die Zivilbevölkerung – als „Maßnahmen der Selbstverteidigung" zu deklarieren, als „friedliche Besetzungen" oder bloße Repressalien und ähnliches; derlei Rabulistik findet sich auch in Erklärungen der Vereinigten Staaten während der Irak-Kriege. Hier aber lag der Kriegszustand nicht vor, also konnte und durfte es auch nicht zu Sanktionen kommen, also war man auch nicht verpflichtet, das Kriegsrecht einzuhalten: Die „krieglosen Kriege"[46] und Repressalien verschärften den Krieg, der juristisch gar nicht stattfand – so glitt man in den totalen Krieg.[47] Nach 1945 sollte man erfahren, daß die Ersetzung des Kriegsverbotes durch das „umfassendere" Gewaltverbot und die Ersetzung des Kriegsbegriffes durch den des „bewaffneten Konflikts" wenig änderte. Das neue Völkerrecht ermöglichte oder erleichterte zumindest diese Entwicklungen, wenn auch ein so redlicher Mann wie Hans Wehberg (1885–1962), der mit großer Zähigkeit seine Illusionen liebte und mit der Kommentierung der Kämpfe in der Mandschurei Schmitts Zorn erregte,[48] sich entsetzt zeigte. Das neue Völkerrecht war eben so beschaffen, daß die Machtpolitik zu ihrer Verschleierung mehr als genügend Stoff fand. Die mit dem Versailler und dem Genfer Recht ins Leben tretenden Doktrinen vermochten dieser Politik immer neue Anregungen, Sprachregelungen, Ausflüchte, Beschönigungen und so weiter zu liefern, und bei einigen Juristen dieser Zeit war es mit der erwähnten „pränatalen Unschuld" in Sachen Politik nicht weit her.

Für einen gerechten Feind war in dem hier fingierten Bunde (beziehungsweise der Vorwegnahme der Welt-Einheit) kein Platz, und der Fingierung des Bundes folgte, nach der Krise der Genfer Liga 1935/36, die Behauptung, es bestünde immerhin eine ähnlich verpflichtende Völkerrechts*gemeinschaft*[49]. Wenn aber nur mit einem gerechten anzuerkennenden Feinde Frieden geschlossen werden kann, so beinhaltet dies, daß die Tatsache der Feindschaft akzeptiert werden muß und daß es vernünftig ist, usque ad finem, von deren Unaufhebbarkeit auszugehen. Nichts vermag dem Völkerrecht mehr zu schaden, als daß man es auf eine utopische Grundlage stellt, und utopisch ist die Vorstellung einer feindlosen Welt, in der der trotzdem vorhandene „Enemy" zum „Foe" werden muß.[50] Feindschaft entsteht, wechselt und vergeht,[51] aber entsteht immer neu. Es gab und gibt freilich Leute, die dies, sogar auf grimmig-sarkastische Art, konzedieren, doch keinerlei Konsequenzen aus dieser Einsicht ziehen und statt dessen dekretieren, „daß der mit Völkerbund, Kellogg-Pakt und Vereinten Nationen beschrittene Weg fortgesetzt"[52] werden müsse – nachdem sie ihre beträchtliche Arbeitskraft und Intelligenz dem von ihnen nie widerrufenen Unternehmen widmeten, das sich längst, gerade auch wegen ihrer Analysen, als Irrweg erwies. Mancher Realist sieht sich da bald gezwungen, die Theologie zu bemühen: „Der Abfall und das Auseinanderbrechen [ist] nicht vom Menschen aus, sondern nur von Gott aus aufzuheben. Darum sind auch alle menschlichen Versuche, den Gegensatz von Freund und Feind wegzumoralisieren, die Welt zu entpolitisieren, vergeblich. Nicht nur vergeblich, sondern auch ein Zeichen der Verderbnis: die geflüchtete und vertriebene Kreatur, die, weil sie sich vor Gott verborgen (säkularisiert) hat und nun glaubt, es gäbe keinen Gott, maßt sich in ihrem Hochmut an, das zu vollbringen, was Gottes ist. Wie wir seit dem Sündenfall weder gut noch gerecht noch wahr noch heilig sein *können* ohne die Gnade Gottes, so können wir von jenem Augenblick an auch nicht aller Kreatur Freund sein. Wer anders will, verhüllt das Menschliche, er wird zu einem metaphysischen Heuchler."[53] Das mag einigen Lesern zu dick aufgetragen scheinen gegenüber der oben zitierten, sachlich klingenden Forderung nach einer Fortsetzung des Weges Völkerbund–Kellogg-Pakt–Vereinte Nationen. Doch kann dieser Weg, seit nunmehr beinahe neunzig Jahren beschritten, in etwas anderes führen als ins Reich des Chaos? Auf eine pathetische und ziemlich völkerrechtsferne Weise hat Schmitts Freund Wilhelm Stapel (1882–1954) hier den Kern des Problems sistiert und Proudhons berühmtes „Il est surprenant, qu'au fond de notre politique nous trouvons toujours la théologie"*[54] bekräftigt.

In einer Welt, in der es nur Freunde, nur „peace-loving nations" (friedliebende Nationen) geben soll und in der jeder Angriff auf einen als Angriff auf alle anderen gelten soll (mindestens ist das die offenkundige Tendenz des modernen Völkerrechts), in einer derartigen Welt kann die Gefahr, daß der Feind zum zu bestrafenden Verbrecher wird, nur von Fall zu Fall, pragmatisch, inkonsequenterweise und in Verletzung des verkündeten *Grund*satzes abgewendet werden. Ob es zu dieser Abwendung kommt, bleibt kontingent. Das Völkerrecht soll, nach einer Einsicht des so großen wie vergessenen Thomas Baty (1869–1954) „simple", „certain", „objective = capable of easy application by the ascertainment of plain facts" und „elastic = capable of change"**[55] sein, oder es muß zumindest punktuell, doch an den wichtigen Stellen, ignoriert

---

* Frz.: „Es ist erstaunlich, daß wir ganz am Ende von unserer Politik immer die Theologie finden."

** Eng.: „Einfach", „bestimmt", „objektiv = geeignet zur einfachen Anwendung durch die Feststellung schlichter Tatsachen" und „anschmiegsam = wandlungsfähig".

werden, falls es sich nicht ändert. Es gibt Pflichten der intellektuellen Redlich-keit, von denen auch nicht der entbunden werden kann, der nicht mehr im Heldenzeitalter der Jurisprudenz lebt, als diese noch eine „espèce du martyre" („Art des Martyriums") war. Wenn der Krieg „verboten" ist – weil er „böse" ist und eine „Geißel der Menschheit" – anstatt eine erlaubte, rechtlich zu ord-nende Form des politischen Konflikts, dann muß der dennoch erscheinende Feind als das Böse und Absurde schlechthin anmuten. Auch dann kann noch von den Ursachen des Krieges gesprochen werden, doch die Erforschung der Ursachen wird weder den Angreifer von der Strafe noch von der Diffamierung befreien, dann *muß*, um es zu wiederholen, der Friede unauffindbar werden.

Schmitt wurde sich, wie schon gesagt, erst um 1937/38 über die neue Lage endgültig klar. An dem Sich-noch-nicht-klar-Sein hatte auch die völkerrecht-liche und völkerrechtspolitische Gemengelage ihren Anteil, die Konfusionen über den Status der Neutralität, die unentwegten Verwischungen von De le-ge lata und De lege ferenda*, die Vorgriffe auf ein angeblich bereits gültiges Recht. Als Völkerbund und Kellogg-Pakt sich durch den Abessinien-Krieg blamierten, als das System der kollektiven Sicherheit im entscheidenden Au-genblick nicht funktionierte (nicht funktionieren konnte, weil es eben keinen „Bund" gab und weil selbst ein Minimum an Homogenität fehlte), als man, von der Satzung aus gesehen, gegen Italien hätte einschreiten müssen, doch aus gutem Grunde den großen Krieg scheute und die Prinzipien verriet, da schien es vielen, als würde so „das klassische Völkerrecht wieder in seine al-te Stellung eingesetzt"[56]. Man darf vermuten, daß auch Schmitt hier einen Mo-ment lang aufgeatmet hat. Doch eine wie auch immer geartete, modifizierte Rückkehr zum Recht vor 1914, die fast nur in Deutschland Fürsprecher fand, geschah nicht.[57] Aus dem Scheitern der Prinzipien des neuen Systems schloß man nur, daß diese Prinzipien verschärft und besser armiert gehörten.

Schon damals zeigte sich, daß das neue Völkerrecht, sich der Weisheit von Jahrhunderten in wenigen Jahren entledigend, in einem spezifischen Sinne lernunfähig war. Nach jedem Desaster wurde auf der einmal eingeschlagenen Straße, die mit guten Vorsätzen und abgefeimten Dissimulationen gepflastert war, weitermarschiert; wurden die neuen Methoden verfeinert; wurde die „Verrechtlichung" der Politik weiter forciert (doch wenn der Feind zum Rich-ter wird, dann wird der Richter zum Feind!); wurde der stets heftiger geach-tete Feind gezwungen, bis zum Weißbluten zu kämpfen, da er wußte, was ihn erwartete. Also noch mehr Universalismus, noch härtere Sanktionen (die, auch wenn sie nicht realisiert werden konnten, aufreizten), noch lückenlose-re Kriegsverbote – zum schlechten Schluß „Rückfälle" in die „Barbarei" à la Nürnberg, wo zwar „Barbaren" verurteilt wurden, aber von „Barbaren", die für ihre durchaus vergleichbaren Verbrechen nie einen Richter fanden, noch finden konnten. Wohin solcher Abusus des Rechts führt, zeigt sich in der Ge-

---

* Lat.: „Nach geltendem Recht" und „nach zu änderndem Recht".

genwart am „Feme-Gericht des demokratischen Imperialismus" (Robert Kurz) in Den Haag – in die völlige „Geschichtsentstellung"[58]. Mittlerweile aber sollten wir wissen, daß es schlicht Nonsens ist, wenn erklärt wird, daß es schon ein Gewinn sei, „wenn dem Angreifer wenigstens im Falle seiner Besiegung [!!] die gerechte Sühne zuteil"[59] werde. Man kann nicht ein strafrechtliches Prinzip in der Hoffnung einführen, daß es gelegentlich einen Zufallstreffer erzielt, „ohne daß eine Gewähr dafür gegeben ist, daß es nicht in anderen Fällen schlimmes Unheil anrichten wird"[60].

Auch dies gehört zur „Selbstzerstörung des Völkerrechts"[61], die auf dem Versuch zu seiner Perfektionierung basiert. Ist das Verbot des Krieges der vornehmste Wert des Völkerrechts, dann ist die Bekämpfung des Krieges mittels des Krieges ab irgendeinem Punkte unausweichlich. Dann aber werden alle juristischen Bremsen, über die das längst geschwächte und fragmentierte Völkerrecht noch verfügt, als zu beseitigende Hindernisse erachtet. Mit einigem Recht wurde nach den Irak-Kriegen und dem Kosovo-Krieg bereits erklärt, das Völkerrecht sei „erledigt" und werde, angesichts bedrohter Menschenrechte, nicht mehr gebraucht. Die in den letzten Jahren sich häufenden Verletzungen des Völkerrechts, insbesondere durch die Vereinigten Staaten, werden zwar von einigen Koryphäen dieses Rechts lauthals beklagt, doch liegen sie nur in der Konsequenz der Entwicklung dieses Rechts, dessen Anfänge spätestens auf 1919 zu datieren sind. Der Bruch des Völkerrechts ist also, um eine an Paradoxien reiche Lage paradox auszudrücken, der Höhepunkt seiner Entwicklung. Die Völkerrechtler haben keinen Grund, sich zu beschweren. Giselher Wirsing (1907–1975), der über das Talent verfügte, Einsichten Schmitts einem größeren Publikum zu unterbreiten, resümierte bereits 1944: „Am Ende des ersten Weltkrieges riefen die Pazifisten: ‚Nie wieder Krieg!' Daraus wurde im Laufe der Jahre der Slogan der Demokratien: ‚Krieg dem Kriege!' Daraus wieder entstand der diskriminierende Kriegsbegriff und in seiner Folge der Zerfall der letzten Reste des Völkerrechts."[62]

Nachsatz: Dieser Text, von mir zunächst auf Spanisch geschrieben und jetzt für die Festschrift für Prof. Franz W. Seidler übersetzt, ist ein Querschnitt aus der Einleitung und den Kommentaren zu einer umfangreichen Auswahl der völkerrechtlichen Schriften Carl Schmitts, die in einem kolumbianischen Verlag erscheinen sollte. Die Ausgabe hätte auf zweien meiner Editionen von Schriften Schmitts beruht; auf: *Staat, Großraum, Nomos: Arbeiten aus den Jahren 1916–1969* (Berlin: Duncker & Humblot, 1995) sowie auf: *Frieden oder Pazifismus?: Arbeiten zum Völkerrecht und zur internationalen Politik 1924–1978* (Berlin: Duncker & Humblot, 2005). Trotz weit gediehener Vorarbeiten war das Projekt nicht zu verwirklichen. Ich hoffe, daß der Jubilar diesen nicht auf die übliche Weise zustandegekommenen Beitrag zu seiner Festschrift gerne annimmt. – G.M.

Anmerkungen

[1] Montesquieu. *De l'Esprit des Lois*. 1748, I,3. – Der Ausspruch findet in der Völkerrechtsliteratur kaum Beachtung. Vgl. jedoch: Henry Wheaton (1785–1848). *History of the Law of Nations in Europe and America*. New York, 1845. S. 190 f. – Alfonso Ruiz Miguel. *La justicia de la guerra y de la paz*. Madrid: Centro de Estudios Constitucionales, 1988. S. 122. – Martti Koskenniemi. *The Gentle Civilizer of Nations: The Rise and Fall of International Law 1870–1960*. Cambridge / New York: Cambridge University Press, 2001. S. 29.

[2] Dazu, mit unterschiedlichen Konklusionen: Anders Vilhelm Lundstedt [1882–1955]. *Superstition or Rationality in Action for Peace?*. London, 1925. – Gustav Adolf Walz [1897–1948]. *Wesen des Völkerrechts und Kritik der Völkerrechtsleugner*. Stuttgart, 1930. – Jack L. Goldsmith / Erie A. Posner. *The Limits of International Law*. New York, 2005. – Die offene Leugnung des Völkerrechts ist aus der Mode, zum Teil liegt dies am verräterischen Desinteresse des Fachs an Fragen der theoretischen Grundlegung.

[3] Ernest Nys (1851–1921) konstatierte: „Antérieurement à Grotius, l'histoire du Droit International se borne à l'histoire du droit de la guerre comme le droit de la guerre épuise toute la matière du Droit International. Seul le droit de la guerre se développe sérieusement; il forme le *noyau du Droit International*." (Frz.: „Vor Grotius beschränkt sich die Geschichte des Völkerrechts auf die Geschichte des Kriegsrechts wie das erschöpfte Kriegsrecht auf das ganze Lehrfach Völkerrecht. Allein das Kriegsrecht entwickelt sich ernsthaft; es bildet den *Kern des Völkerrechts*.") (Nys. *Le droit de la guerre et les précurseurs de Grotius*. Brüssel, 1882. S. 7.) Bei Grotius' Hauptwerk *De jure belli ac pacis libri tres* (1625) klärt schon der Titel die Reihenfolge, während im Text der Krieg weitaus ausgiebiger behandelt wird, ähnlich bei vielen klassischen Autoren. Vgl.: Josef L. Kunz. *Kriegsrecht und Neutralitätsrecht*. Wien, 1935 S. 11 ff.

[4] So Klaus Jürgen Gantzel u. Thorsten Schwinghammer. *Die Kriege nach dem Zweiten Weltkrieg: 1945 bis 1992*. Münster: Lit, 1995.

[5] Vgl.: Cicero. 8. Philippika; dazu Carl Schmitt: „Inter pacem et bellum nihil medium" (1939) [lat.: „Zwischen Frieden und Krieg {gibt es} keine Mitte"]. In: ders. *Frieden oder Pazifismus?*. Berlin: Duncker & Humblot, 1995. S. 629–641.

[6] Vgl.: Fritz Grob. *The Relativity of War and Peace*. New Haven, 1949. – Helmut Rumpf [1915–1986]. *Der Unterschied zwischen Krieg und Frieden*. Archiv des Völkerrechts, 1950. S. 40–50; ders. *Zur Frage der Relativitat des Kriegsbegriffs*. Ebd., 1956/57. S. 51–55.

[7] Vgl.: Leopold von Wiese [1878–1969]. *System der Allgemeinen Soziologie, 1924/1928*. Ausg. 1966. S. 241 ff., 290 ff. (über Feindschaft und Freundschaft); vermutlich beeinflußte von Wiese Schmitts „Intensitätsmodell" des Politischen in: *Der Begriff des Politischen* (1932).

[8] Julien Freund [1921–1993]. „Der unauffindbare Friede." In: *Der Staat*. 2/1964. S. 159–182.

[9] Vgl.: Carl Schmitt. *Der Nomos der Erde*. Köln: Greven, 1950. S. 214 f.

[10] Thomas Michael Menk. *Gewalt für den Frieden: Die Idee der kollektiven Sicherheit und die Pathognomie des Krieges im 20. Jahrhundert*. Berlin, 1992. – Menk spricht auf S. 326 von der „völkerrechtliche[n] Revolution, die die Forderung nach

dem Verbot des Angriffskrieges einleitete" und die „in der Umdeutung des militärisch-operativen Begriffs des Angriffskrieges in einen diskriminierenden Rechtsbegriff" bestand.

11 Zwei wegen ihrer Beigaben lesenswerte Textausgaben des Versailler „Vertrages": *Das Versailler Diktat: Vorgeschichte – Vollständiger Vertragstext – Gegenvorschläge der deutschen Regierung*. mit e. Vorw. v. Franz Uhle-Wettler. Kiel: Arndt, 1999. – Ferner: Sebastian Haffner u.a. (Hrsg.). *Versailles 1919: Aus Sicht von Zeitzeugen*. München: Herbig, 2002 (zuerst 1978); enthält Texte u.a. von Sebastian Haffner, Ernst Jünger, David Lloyd George; die maßgeblichen englischen und französischen Fassungen nebst deutscher Übersetzung in: *Reichsgesetzblatt*, 1919, 140, S. 688–1335; unentbehrlich für eine systematische Beschäftigung ist: Fritz Berber (Hrsg.). *Das Diktat von Versailles: Entstehung – Inhalt – Zerfall*. 2 Bde. Essen: Essener Verl.-Anst., 1939.

12 So die in ihren Werken wohl durchgängige Tendenz bei den führenden pazifistischen Völkerrechtlern Deutschlands, bei Walther Schücking (1875–1935) und Hans Wehberg (1885–1962).

13 Zur Formel „Frieden durch Recht" meinte Schmitt 1951: „Recht durch Frieden ist sinnvoll und anständig; Friede durch Recht ist imperialistischer Herrschaftsanspruch." – Vgl.: Carl Schmitt. *Glossarium: Aufzeichnungen der Jahre 1947–1951*. Berlin: Duncker & Humblot, 1991. S. 316; ders., *Frieden oder Pazifismus?*, a.a.O., (s. Endnote 5 oben), S. 131 u. 180.

14 Die Zitate aus: *Die Satzung des Völkerbundes*. komm. v. Walther Schücking u. Hans Wehberg. 2. Aufl. Berlin: Vahlen, 1924. S. 27.

15 Es hat sich eingebürgert, den Ersten Weltkrieg als diese „Ur-Katastrophe" zu sehen; das kommt dem Pazifisten zupaß, der, selbst wenn er Versailles scharf kritisiert, nicht zugeben kann, daß es Schlimmeres geben mag als einen Krieg. Erst als sich 1919 die Unfähigkeit zu einem wirklichen Frieden, der den Namen verdient, herausstellte, gingen in Europa tatsächlich „die Lichter aus".

16 Alcide Ebray, geb. 1862, zeitweise französischer Generalkonsul, leistete mit seinem Buch *La paix malpropre* (Mailand: Unitas, 1924) eine überaus scharfe Kritik des Versailler Diktats, vgl. die deutsche Ausgabe: *Der unsaubere Frieden (Versailles)*. Berlin: Verlag für Kulturpolitik, 1925. (Ndr.: Viöl: Verlag für ganzheitliche Forschung, 1996.) – In seinem Buch *„Chiffons de papier": Pour la réconciliation par la verité* (Paris: A. Delpeuch, 1926) wies Ebray auf die Gewohnheit der Mächte hin, Verträge beliebig zu brechen; beharrte darauf, daß die Entente bedenkenloser mit dem Völkerrecht umging als Deutschland; zeigte, daß Frankreich mit der Ruhrbesetzung 1923 den „Vertrag" von Versailles gebrochen hatte und forderte die Aushandlung neuer, der Versöhnung dienender Friedensbedingungen.

17 Im Gespräch mahnte mich Schmitt mehrfach: „Unterschätzen Sie nicht den systematischen Charakter meines Werkes!" Dies zu befolgen ist zwar angebracht, kostet aber erhebliche Mühen.

18 Zur Bedeutung der Rheinland- und Ruhrbesetzung für Schmitt vgl.: Günter Maschke. „Der ent-konkretisierte Carl Schmitt und die Besetzung der Rheinlande." In: *Etappe* 19, 2006/2007. S. 34–59.

19 Der Versailler „Vertrag" wurde von den Franzosen gewöhnlich bis über seine Grenzen ausgelegt und durch verschiedene Ordonnanzen und Erlasse ver-

schärft; der Ruhreinmarsch war ein vom „Vertrag" nicht gedeckter Repressalienexzeß. – Vgl.: Friedrich Raab. *Die Vertragsverletzungen bei Auferlegung und Ausführung des Diktats von Versailles.* Berlin: C. Heymanns Verlag, 1934.

[20] Zu den entmilitarisierten Zonen: Schmitt, *Frieden oder Pazifismus?*, a.a.O. (s. Endnote 5 oben), S. 66 f. u. 257 ff.

[21] So, immer wieder, Schücking und Wehberg.

[22] Vgl.: Hermann Lutz. *„Verbrecher-Volk" im Herzen Europas?: Die Wahrheit in der Geschichte ist unteilbar wie Deutschland.* Tübingen: F. Schlichtenmayer, o. J. (zuerst englisch 1957).

[23] Nicolaus Sombart. *Die deutschen Männer und ihre Feinde: Carl Schmitt – Ein deutsches Schicksal zwischen Männerbund und Matriarchatsmythos.* München: Hanser, 1991. – Sombart behauptet auf S. 364: „Carl Schmitt war nie [!!] am Frieden interessiert." So kann nur sprechen, wer nicht begreift, daß Frieden und Krieg aufeinander bezogene Begriffe sind bzw. daß der Weg zum Frieden nur über die Anerkennung von Feind und Feindschaft und über die Nichtdiskriminierung des Krieges führt.

[24] Gemeint sind die beiden Fassungen von „Die Kernfrage des Völkerbundes", 1924 und 1926, jetzt in: Schmitt, *Frieden oder Pazifismus?*, a.a.O. (s. Endnote 5 oben), S. 1–25, 73–193.

[25] Schmitt, Gespräch mit Eduard Spranger (Sommer 1945), in: Carl Schmitt. *Ex captivitate salus: Erfahrungen der Zeit 1945/47.* Köln: Greven, 1950. S. 9–12, hier S. 10. – Das „Tacito rumore Mosella" entstammt dem 371 in Trier geschriebenen Mosel-Gedicht des Magnus Ausonius (310–393), vgl. ders. Mosella: „Et virides Baccho colles, et amoena fluenta / supterlabentis tacito rumore Mosellae" = „… die grünlichen Hügel, dem Bacchus geweiht, und der Mosel / lieblich rieselnde Fluth, die mit stillem Gemurmel dahinfließt." (Nach der Koblenzer Ausgabe 1802, photomechanischer Nachdruck 1979, S. 8 f., hg. v. d. Trierer Buchhandlung Josef Berens).

[26] Dazu u.a.: Albrecht Mendelssohn-Bartholdy [1874–1936]. „Ist es ein Bund?" In: *Schweizer Monatshefte*, Juli 1931, S. 169–175. – Victor Bruns [1884–1943]. „Bund oder Bündnis?: Zur Reform des Völkerbundes." In: *Zeitschrift für ausländisches Recht und Völkerrecht*, Jg. 1937, S. 295–312.

[27] Carl Schmitt. „Der Begriff des Politischen." [1927] In: ders., *Frieden oder Pazifismus?*, a.a.O., (s. Endnote 5 oben), S. 217.

[28] Schultheß' Europäischer Geschichtskalender. 1919. I. S. 208 ff.

[29] Siehe Anmerkung 24.

[30] Vgl. bes. Camille Bloch u. Paul Renouvin. „L'article 231 du Traité de Versailles: Sa genèse et sa signification." In: *Le Temps* vom 15. November 1931. Danach in: *Revue d'Histoire de la Guerre Mondiale*, Januar 1932, S. 1–20 (S. 21 f., enthält eine Replik der Autoren auf deutsche Kritiken); deutsch in: *Berliner Monatshefte*, 1931, S. 1166–1187 (mit Replik von Alfred von Wegerer, S. 1188–1209); Nachdruck in: Berber (Hrsg.), *Diktat von Versailles*, a.a.O. (s. Endnote 11 oben), Bd. 2, S. 1238–1258. – Von besonderem Wert ist die Aufsatzreihe von Egon Gottschalk: „Der völkerrechtliche Gehalt der Kriegsschuldfrage." In: *Berliner Monatshefte*, Febr., März, Okt. und Nov. 1929.

[31] In: Berber (Hrsg.), *Diktat von Versailles*, a.a.O. (s. Endnote 11 oben), S. 395–404.

[32] Ernst Rudolf Huber [1903–1990]. *Deutsche Verfassungsgeschichte seit 1789.* Bd. 7. Stuttgart: Kohlhammer, 1984. S. 520–523.

[33] Carl Schmitt. „Die Wendung zum diskriminierenden Kriegsbegriff." [1937/38] In: ders., *Frieden oder Pazifismus?*, a.a.O., (s. Endnote 5 oben), S. 518–597.

[34] Dazu Schmitt, *Frieden oder Pazifismus?*, a.a.O., (s. Endnote 5 oben), bes. S. 297 f., 323–325, 342 f. (Kellogg), 668 ff. (Stimson).

[35] Dazu unter anderem: Victor Bruns [1884–1943]. *Der britische Wirtschaftskrieg und das geltende Seekriegsrecht*. Berlin: C. Heymanns Verlag, 1940. – Wilhelm G. Grewe [1911–2000]. *Der dritte Wirtschaftskrieg*. Berlin: Junker und Dünnhaupt, 1940. – Rudolf Lank. *Der Wirtschaftskrieg und die Neutralen*. Berlin: Junker und Dünnhaupt, 1940. – Joachim Radler. *England und die Neutralität*. Berlin: Junker und Dünnhaupt, 1940. – Rolf Stödter [1909–1993]. *Handelskontrolle im Seekrieg: Prisenrechtliche Betrachtungen zum Navicert-System*. Hamburg: Hanseatische Verlagsanst., 1940. – Ulrich Scheuner [1903–1981]. „Die völkerrechtlichen Auswirkungen des modernen Wirtschaftskrieges." In: *Zeitschrift für die gesamten Staatswissenschaften*, 1944, S. 237–273.

[36] Vgl.: Harry E. Barnes (Hrsg.). *Perpetual War for Perpetual Peace: A Critical Examination of the Foreign Policy of Franklin Delano Roosevelt and Its Aftermath*. Caldwell, ID: Caxton Printers, 1953. (Ndr.: New York, NY, 1969.)

[37] Nicolas Politis [1872–1942]. „Die Zukunft des Kriegsrechts." In: Interparlamentarische Union (Hrsg.). *Wie würde ein neuer Krieg aussehen?* Einl. v. P. Munch. Zürich/Leipzig: Füssli, 1932. S. 371–389.

[38] Georg Schwarzenberger [1908–1991]. „Neue Aufgaben für die Völkerrechtswissenschaft." In: *Europa-Archiv*, 20. Juni 1954, S. 6.635–38, 6.637.

[39] Vgl. etwa: Gerhard Beestermöller. *Thomas von Aquin und der gerechte Krieg: Friedensethik im theologischen Kontext der Summa Theologiæ*. Köln: J.P. Bachem, 1990. – Heinz-Gerhard Justenhoven. *Francisco de Vitoria zu Krieg und Frieden*. Köln: Bachem, 1991.

[40] Schmitt neigt – auch in *Der Nomos der Erde* (1950) – stark dazu, den „gerechten" Krieg des 20. Jahrhunderts als eine brutalisierte und technisierte Wiederholung des gerechten Krieges von einst anzusehen, wobei er besonders auf diskriminierende Tendenzen gegenüber Nicht-Christen hinweist. Der grundlegende Unterschied beider Formen von gerechten Kriegen gerät aus dem Blickfeld.

[41] Hans Keydel kam in seinem Buch *Das Recht zum Krieg im Völkerrecht* (Leipzig: Noske, 1931. S. 60 ff.) auf *neun* Arten noch erlaubter und mit der Völkerbundsatzung vereinbarer Kriege; nach Ernst Wolgast [1888–1959], *Völkerrecht* (Berlin: Stilke, 1934. S. 913) gab es deren *acht* etc. – Vgl. auch: R. Blum. *Das System der verbotenen und erlaubten Kriege in Völkerbundsatzung, Locarno-Verträgen und Kellogg-Pakt*. Leipzig: Noske, 1932. – O. Martin. *Welche Kriege sind nach der Völkerbundsatzung erlaubt und welche verboten?* [Dissertation] Würzburg, 1932. – Victor Henri Rutgers wies in *La mise en harmonie du Pacte de la Société des nations avec le Pacte de Paris* (Paris: Librairie du Recueil Sirey, 1931. bes. S. 54 f.) auf die Unklarheiten und Unsicherheiten hin.

[42] Vgl. dazu die zirka 1.200 Seiten umfassende Dokumentation in: *Politische Verträge: Eine Sammlung von Urkunden/Traités politiques: Recueil de documents*. Materialien zur Entwicklung der Sicherheitsfrage im Rahmen des Völkerbundes. 2 Bde. hg. v. V. Bruns. bearb. v. G. von Gretschaninow. Berlin: C. Heymanns Verlag, 1940–42.

43 Zum Problem der friedlichen Revision („peaceful change"): Sir John Fischer Williams [1870–1947]. *International Change and International Peace*. London: Oxford University Press, 1932. – Heinrich Rogge [1886–1966]. *Das Revisionsproblem: Theorie der Revision als Voraussetzung einer internationalen wissenschaftlichen Aussprache über „peaceful change of status quo"*. Berlin: Junker und Dünnhaupt, 1937.

44 Zur völligen Erfolglosigkeit aller deutschen Beschwerden, Proteste usw. im Völkerbund: Walter Truckenbrodt. *Deutschland und der Völkerbund: Die Behandlung reichsdeutscher Angelegenheiten im Völkerbundsrat von 1920–1939*. Essen: Essener Verlagsanst., 1941.

45 „In der Geschichte des Völkerrechts hat es noch niemals so viele und so fundamentale Vorbehalte gegeben wie seit etwa 30 Jahren ... Die Vorbehalte, die heute zu allen wichtigen Kollektiv-Verträgen (Kellogg-Pakt und so weiter) gemacht werden, sind nicht etwa nur einschränkende und begrenzende Modifikationen, es sind existentielle und sinngebende Vorbehalte, die dem Vertrag überhaupt erst seinen Sinn und Inhalt geben. Kein politisch bedeutender Vertrag, der nicht durch diese Vorbehalte überhaupt erst seinen konkreten juristischen Inhalt bekäme ... Das System hat sich von innen heraus selbst zerstört ..." (Carl Schmitt. „Der Vorbehalt beim Abschluß völkerrechtlicher Verträge." [1934] In: ders., *Frieden oder Pazifismus?*, a.a.O. (s. Endnote 5 oben), S. 388.)

46 So der polnische Völkerrechtler Zygmunt Cybichowski in: *Der totale Krieg im Lichte des Völkerrechts: Mélanges Streit*. Bd. 1. Athen, 1939. S. 149–158. – Auf S. 155 schreibt er: „Die Repressalien ermöglichen es, einen Krieg und besonders einen totalen Krieg ohne Krieg zu führen, so daß ein Zustand möglich ist, der als ‚kriegloser' Krieg bezeichnet werden könnte. Das Kriegsrecht erschwert kraft seiner Gebote und Verbote die Kriegführung, die besonders im Neutralitätsrecht viele Schranken findet. Im ‚krieglosen' Krieg bestehen diese Schranken nicht."

47 Carl Schmitt. „Die Wendung zum diskriminierenden Kriegsbegriff." [1937/38] In: ders., *Frieden oder Pazifismus?*, a.a.O. (s. Endnote 5 oben), S. 518–597.

48 Wehberg erklärte zum Mandschurei-Konflikt: „Nach geltendem Rechte kann man im Falle des chinesisch-japanischen Konflikts nur von einer militärischen Besetzung, nicht von einem Kriege sprechen. An diesem Ergebnis kann auch die Tatsache nichts ändern, daß die sogenannte ‚friedliche Besetzung' (Occupatio pacifica), mag sie nun als bewaffnete Intervention zum Schutz von Leben und Eigentum japanischer Staatsbürger oder als Repressalie gegenüber chinesischen Völkerrechtsverletzungen begründet werden, von Bombardements, ja sogar von Schlachten größeren oder kleineren Umfangs begleitet werden. Denn ein Zwischending zwischen Krieg und friedlicher Besetzung, auf das spezielle Regeln des Völkerrechts anzuwenden waren, gibt es nicht." (Wehberg. „Hat Japan durch die Besetzung der Mandschurei das Völkerrecht verletzt?" In: *Friedenswarte*, Januar 1932, S. 1–13.) – Schmitt kommentierte: „Für die Genfer Art von Pazifismus ist es typisch, daß sie aus dem Frieden eine juristische Fiktion macht: Friede ist alles, was nicht Krieg ist, Krieg aber soll dabei nur der militärische Krieg alten Stiles mit *animus belligerandi* sein. Ein armseliger Friede!" (Carl Schmitt. *Positionen und Begriffe im Kampf mit Weimar, Genf, Versailles 1923–1939*. Hamburg: Hanseatische Verlagsanst., 1940. S. 249.)

[49] Die Generation nach dem Ersten Weltkrieg gebrauchte das Wort „Gemeinschaft" noch sehr bewußt und sah es als Gegensatz zu „Gesellschaft". Dies geht auf das Hauptwerk von Ferdinand Tönnies (1855–1936) zurück: *Gemeinschaft und Gesellschaft*, zuerst 1887 erschienen, das allein zwischen 1920 und 1926 fünf Auflagen erfuhr (3.–7. Aufl.). Danach war „Gemeinschaft" ein auf Gefühlen beruhender, genossenschaftlicher Zusammenhang, ihre Grundlage war „Wesenwille"; „Gesellschaft" war zweckgerichtet und traditionsabweisend und beruhte auf Kalkül und „Kürwillen". Die Bezeichnung „Völkerrechtsgemeinschaft" suggerierte, daß die Staatenwelt ein Bund sei, der unterwegs zu einer Art organischer Einheit wäre. Ernst Wolgast (1888–1959) schlug den Ausdruck „Völkerrechtssamfund" vor (von „samfund", das heißt „was sich zusammenfindet", skandinavischen Ursprungs); „samfund" war das Mit- und Ineinander gemeinschaftlicher und gesellschaftlicher Elemente (Wolgast, *Völkerrecht*, a.a.O. (s. Endnote 40 oben), S. 712 f., 717 f.); der Ausdruck konnte sich innerhalb des Völkerrechts nicht durchsetzen.

[50] Vgl.: George Schwab. „Enemy oder Foe: Der Konflikt der modernen Politik." In: Hans Barion u.a. (Hrsg.). *Epirrhosis: Festgabe für Carl Schmitt.* Bd. 2. Berlin: Duncker & Humblot, 1968. S. 665–682.

[51] Schmitt, *Glossarium*, a.a.O. (s. Endnote 13 oben), S. 269 (21. September 1949).

[52] Wilhelm G. Grewe [1911–2000]. „Strafbarkeit des Angriffskrieges?" [1949] In: ders. *Machtprojektionen und Rechtsschranken.* Baden-Baden: Nomos, 1991. S. 279–291, 289.

[53] Wilhelm Stapel [1882–1954]. *Der christliche Staatsmann: Eine Theologie des Nationalismus.* Hamburg: Hanseatische Verlagsanst., 1932. S. 171.

[54] Pierre Joseph Proudhon [1809–1865]. *Les Confessions d'un révolutionnaire, pour servir à l'histoire de la révolution de février.* Paris, 1849. S. 61.

[55] Thomas Baty [1869–1954]. *The Canons of International Law.* London: J. Murray, 1930. – Das Werk wurde gern als „simplistic view" zurückgewiesen.

[56] So Hermann Jahrreiß (1894–1992) in seinem Plädoyer vor dem Nürnberger Tribunal vom 4. Juli 1946. In: *Der Prozeß gegen die Hauptkriegsverbrecher.* Bd. 17. Nürnberg, 1948. S. 499–515. – Jahrreiß wies dabei bes. auf die Rückkehr der Neutralität hin. – Dazu auch: Ulrich Scheuner. „Die Neutralität im heutigen Völkerrecht." [1938] S. 75–87 der Festschrift zum 25jährigen Bestehen der Deutschen Landesgruppe der International Law Association. – Hans J. Morgenthau [1904–1980]. „The Resurrection of Neutrality in Europe." In: *American Political Science Review*, Juni 1939, S. 473–486. – Heinrich Rogge. *Die Neutralen und Deutschland.* Berlin: Junker und Dünnhaupt, 1940. – Von einer wirklichen Rückkehr zur Neutralität konnte kaum gesprochen werden, viele Staaten wandten sich nur gegen das automatische Eintreten von Sanktionen und damit gegebenenfalls ihr automatisches Hineingezogenwerden. „Da die Genfer Institution schon lange keinen universalistischen Ordnungsanspruch mehr erheben konnte, sondern in Wahrheit zu einer gegen die Achsenmächte gerichteten Allianz geworden war, hätten diese Staaten, wenn sie wirklich neutral sein wollten, auch die Konsequenz eines Austritts aus dem Völkerbund ziehen müssen." (Gustav von Schmoller [1907–1991]. *Die Neutralität im gegenwärtigen Strukturwandel des Völkerrechts.* [Dissertation] Berlin, 1944. S. 92.)

[57] Vgl. dazu die brillante Schrift: Gustav Adolf Walz [1897–1948]. *Inflation im Völkerrecht der Nachkriegszeit.* Berlin: Duncker & Humblot, 1939. S. 76 f. – Auch: Herbert Krüger [1905–1989]. „Das Janusgesicht der Nürnberger Prozesse." In: *Die Gegenwart*, 1. Oktober 1948. Zu letzterem die Kritik von Grewe, „Strafbarkeit des Angriffskrieges?", a.a.O. (s. Endnote 51 oben), S. 280 f. und die lobenden Bemerkungen von Schmitt, *Glossarium*, a.a.O. (s. Endnote 13 oben), S. 203, 16. Oktober 1948.

[58] Gerhard Brennecke. *Die Nürnberger Geschichtsentstellung.* Tübingen: Verlag der Deutschen Hochschullehrer-Zeitung, 1970.

[59] Robert M.W. Kempner [1899–1993]. „Ein Janusgesicht?" (Antwort auf Herbert Krüger, vgl. Endnote 56 oben) In: *Die Gegenwart*, 1. Oktober 1948, S. 9 f.

[60] Grewe, „Strafbarkeit des Angriffskrieges?", a.a.O. (s. Endnote 51 oben), S. 282.

[61] Günter Maschke. „La autodestrucción del Derecho Internacional." In: *Empresas políticas* (Murcia / Spanien), Nr. 7, 2006, S. 15–26.

[62] Giselher Wirsing [1907–1975]. *Das Zeitalter des Ikaros: Von Gesetz und Grenzen unseres Jahrhunderts.* Jena: Diederichs, 1944. S. 203.

Pearl Harbor 1941

von Dr. Walter Post

Am 7. Dezember 1941 erlitt die amerikanische Pazifikflotte in ihrem Kriegshafen Pearl Harbor auf Hawaii durch einen Überraschungsangriff japanischer Trägerflugzeuge eine verheerende Niederlage. Die Frage nach der Verantwortung für diese militärische Katastrophe wurde noch während des Krieges von insgesamt acht verschiedenen Kommissionen untersucht. Unmittelbar nach Kriegsende, im August 1945, wurden die Untersuchungsberichte der Kommissionen von Armee (Army Pearl Harbor Board) und Marine (Navy Court of Inquiry) der amerikanischen Öffentlichkeit bekannt gemacht. Diese enthielten derart skandalöse und widersprüchliche Aussagen, daß der amerikanische Kongreß beschloß, nunmehr eine eigene, öffentliche Untersuchung durchzuführen. Dieser Untersuchungsausschuß setzte sich aus zehn Senatoren und Kongreßabgeordneten zusammen, und zwar entsprechend den damaligen Mehrheitsverhältnissen aus sechs Demokraten und vier Republikanern.

Der Untersuchungsausschuß des Kongresses, das Joint Congressional Committee on the Investigation of the Pearl Harbor Attack (JCC), befaßte sich zwischen dem 15. November 1945 und dem 31. Mai 1946 in insgesamt 70 Sitzungen eingehend mit dem Angriff auf Pearl Harbor. Im Verlauf der Sitzungen traten Dinge zutage, die in höchstem Grade skandalös waren und den im April 1945 verstorbenen demokratischen Präsidenten Franklin Delano Roosevelt in einem denkbar schlechten Licht erscheinen ließen. Um das Ansehen ihres Idols zu retten, versuchten die Demokraten in ihrem Abschlußbericht, dem Majority Report, den wahren Ablauf der Ereignisse und die Frage der Verantwortung nach Möglichkeit zu verschleiern und die Entscheidungen Präsident Roosevelts zu rechtfertigen. Die republikanischen Senatoren Homer Ferguson und Owen Brewster ließen sich von den Manövern der Demokraten aber nicht beeindrucken und ver-

warfen deren Abschlußbericht als „unlogisch und von der Masse des Be-
weismaterials nicht gestützt". Sie verfaßten einen eigenen Abschlußbericht, den Minority Report, in dem sie ihre Version der Ereignisse und der
Verantwortlichkeiten darlegten. Einige der wichtigsten Passagen des Minority Reports lauteten: „Der Verlauf der diplomatischen Verhandlungen
mit Japan während der Monate, die dem 7. Dezember 1941 vorangingen,
deuteten auf wachsende Spannungen mit Japan, und nach dem 26. November, auf das unmittelbare Bevorstehen eines Krieges hin …

Am 25. November stand der Krieg so drohend vor der Tür, daß der Präsident in einer Konferenz mit Secretary Hull, Secretary Knox, Secretary
Stimson,* General George Catlett Marshall und Admiral Harold Rayns-
ford Stark ‚über den Fall sprach, daß wir wahrscheinlich angegriffen werden würden, vielleicht schon am nächsten Montag' (dem 1. Dezember);
und die Teilnehmer der Konferenz diskutierten die Frage ‚wie wir sie (die
Japaner) in die Position manövrieren konnten, den ersten Schuß abzufeuern, ohne uns dabei allzu großer Gefahr auszusetzen'. …

Die Nachrichtendienste der Army und der Navy hatten durch abgefangene und dechiffrierte japanische Geheimmeldungen umfangreiche Informationen bezüglich der japanischen Kriegspläne und Absichten gewonnen, die auf die wachsende Gefahr eines Krieges und, nach dem
26. November, zunehmend auf das unmittelbare Bevorstehen eines japanischen Angriffs hindeuteten …

Ausgehend von der militärischen und maritimen Geschichte Japans hatten die höchsten Stellen in Washington und die Befehlshaber auf Hawaii
gute Gründe für die Annahme, daß die japanische Regierung einen Krieg
mit einem Überraschungsangriff auf die Vereinigten Staaten beginnen
würde …

Die Entscheidung des Präsidenten, im Hinblick auf die Verfassung lieber
einen japanischen Angriff abzuwarten als den Kongreß um eine Kriegserklärung zu bitten, vermehrte die Verantwortung der höchsten Stellen in
Washington, die Befehlshaber in Pearl Harbor vor dem japanischen Angriff vom 7. Dezember 1941 in höchste Alarmbereitschaft zu versetzen …"

Schließlich benannten die beiden Senatoren die Personen, die sie für die
Katastrophe von Pearl Harbor für verantwortlich hielten: „Für das Versagen, den für die Verteidigung von Pearl Harbor unentbehrlichen Pflichten
gerecht zu werden, sind folgende zivile und militärische Stellen verantwortlich:

- Franklin D. Roosevelt – Präsident der Vereinigten Staaten und Oberkommandierender von Armee und Marine
- Henry L. Stimson – Kriegsminister

---

* Außenminister Cordell Hull, Marineminister Frank Knox, Kriegsminister Henry Lewis
  Stimson.

- Frank Knox – Marineminister
- George C. Marshall – General, Stabschef der Armee
- Harold R. Stark – Admiral, Stabschef der Marine".[1]

Minority Report und Majority Report wurden von der Staatsdruckerei der amerikanischen Regierung zusammen in einem Band veröffentlicht, womit der Minority Report ein offizielles und allgemein zugängliches Dokument des amerikanischen Kongresses wurde.

Die Senatoren Ferguson und Brewster hatten ihren Bericht sehr vorsichtig und zum Teil verklausuliert formuliert und sich nur auf einwandfrei beweisbare Aussagen beschränkt, und dennoch konnte es für einen aufmerksamen und scharfsinnigen Leser keinen Zweifel geben, wer 1941 die eigentlichen Kriegstreiber gewesen waren.

Der Minority Report und das Material der Kongreßuntersuchung wurden schon kurze Zeit nach ihrer Veröffentlichung 1946 in zwei Untersuchungen verarbeitet. Anfang 1947 brachte George Morgenstern, Chefredakteur der *Chicago Tribune* und ausgebildeter Historiker, sein Buch *Pearl Harbor: The Story of the Secret War* heraus. Ein Jahr später folgte Charles A. Beard, einer der angesehensten Historiker der USA, mit *President Roosevelt and the Coming of the War*. Beide Darstellungen konnten nicht widerlegt werden und gelten auch noch nach mehr als 50 Jahren als die besten Analysen, die je zum Thema Pearl Harbor vorgelegt wurden.

In den ersten Jahrzehnten des 20. Jahrhunderts entwickelte sich Japan rasch zu einer modernen Industrienation. Das Inselreich verfügte über wenig natürliche Ressourcen, während seine Bevölkerung rasch zunahm. Für eine aufstrebende Großmacht war es im Zeitalter des kolonialen Imperialismus selbstverständlich, sich Rohstoffe und Absatzmärkte in den unterentwickelten Gebieten der Welt zu sichern. Da China zur damaligen Zeit wirtschaftlich äußerst rückständig und innenpolitisch zerrissen war, betrachtete Japan den Norden dieses Landes sowie die koreanische Halbinsel als seine natürliche Einflußsphäre. Die Vereinigten Staaten hatten Japan mit dem Root-Takahira-Abkommen vom 30. November 1908 freie Hand in der Mandschurei gegeben. Präsident Theodore Roosevelt selbst hatte damals den Japanern vorgeschlagen, sich in Nordchina festzusetzen, um den expansionistischen Bestrebungen Rußlands im Fernen Osten entgegenzutreten.[2] In den späten 1920er Jahren aber betrachteten die Vereinigten Staaten das japanische Vorgehen in Nordostchina mit zunehmendem Mißfallen, da sie befürchteten, vom chinesischen Markt verdrängt zu werden.

Der chinesische Bürgerkrieg und seine chaotischen Begleitumstände veranlaßten Japan, seine Interessen in Nordostchina 1932 durch die Gründung des Marionettenstaates Mandschukuo zu sichern. Der damalige amerikanische Außenminister Henry Stimson hätte Japan am liebsten den Krieg erklärt, aber Präsident Herbert Hoover konnte keine wirkliche Gefährdung amerikanischer Interessen erkennen und lehnte die von Stimson vorgeschlagene Konfrontationspolitik ab.

Dagegen legte der 1933 ins Amt gekommene Präsident Franklin Delano Roosevelt eine ausgesprochen prochinesische Haltung an den Tag. Einer der Gründe lag wohl darin, daß Roosevelts Familie einen Teil ihres Reichtums durch zweifelhafte Schmuggelgeschäfte an der chinesischen Küste erworben hatte.[3] Tatsächlich war in den 1930er Jahren der amerikanische Handel mit Japan um ein mehrfaches größer als der mit China, aber die Realitäten wurden wohl von der Hoffnung auf die ungeheuren Möglichkeiten des chinesischen Marktes in den Schatten gestellt.

Im Juli 1937 brach nach einer militärischen Auseinandersetzung an der Marco Polo-Brücke – fünfzehn Kilometer südlich des Pekinger Stadtkerns gelegen – der japanisch-chinesische Krieg aus. Die japanische Armee eroberte rasch große Teile Chinas, vor allem die Küstengebiete, wodurch die Truppen von Tschiang Kai-schek im Landesinneren isoliert wurden.

Am 5. Oktober 1937 rief Roosevelt in einer Rede in Chicago dazu auf, die „Aggressornationen", das heißt Deutschland, Italien und Japan, unter „Quarantäne" zu stellen, sie also politisch zu isolieren.[4] Präsident Roosevelt sah sich als der eigentliche Führer einer Weltkoalition aller Demokratien gegen die diktatorischen und militaristischen Regime in Deutschland, Italien und Japan. Einem militärischen Engagement Amerikas stand jedoch die isolationistische und pazifistische Stimmung in der Bevölkerung und im Kongreß entgegen. Ohne Zustimmung des Kongresses konnte der Präsident keinen Krieg erklären, und die würde er nur im Falle eines Angriffs auf die USA erhalten. Gegen seinen Hauptgegner Adolf Hitler konnte Roosevelt daher nicht direkt vorgehen, sondern nur mit den Mitteln der Diplomatie die europäischen Staaten dazu anhalten, eine Koalition gegen Deutschland zu bilden und sie ermutigen, Expansionsbemühungen der Nationalsozialisten mit Krieg zu beantworten.

Auf den Ausbruch des europäischen Krieges Anfang September 1939 folgte an der Front aber ein deutscher Sieg nach dem anderen, ohne daß Roosevelt in der Lage gewesen wäre, mit amerikanischen Streitkräften zu intervenieren. Nach der Niederlage Frankreichs im Juni 1940 beherrschte Deutschland den europäischen Kontinent von der Atlantikküste bis zur sowjetischen Grenze, und Hitler war mächtiger denn je. Mit den Mitteln, die Präsident Roosevelt zur Verfügung standen, mit Pressekampagnen und wirtschaftlichen Sanktionen, war ein Sturz Hitlers nicht zu bewerkstelligen. Dies war nur möglich, wenn die Vereinigten Staaten selbst in den Krieg eintreten würden. Winston Churchill hatte bereits im September 1939 den Vorschlag gemacht, Amerika solle über den Umweg eines Krieges mit Japan in die europäischen Auseinandersetzungen eingreifen.

In jenem Jahr hatten sich die amerikanisch-japanischen Beziehungen weiter verschlechtert, und Washington verhängte im Dezember 1939 ein

„moralisches Embargo" gegen die Ausfuhr von Flugzeugen und Flugzeugteilen nach Japan,[5] weitere umfangreiche Ausfuhrbeschränkungen gegen Tokio sollten Ende 1940 folgen.[6]

Der amerikanische Botschafter in Tokio, Joseph C. Grew, warnte im Herbst 1939, eine Politik der Wirschaftssanktionen, insbesondere ein Exportverbot für Erdöl, würde Japan dazu zwingen, sich die benötigten Rohstoffe in den britischen und holländischen Kolonien in Südostasien notfalls mit Gewalt anzueignen.[7] Die einzigen Ölquellen in diesem Raum lagen in Niederländisch-Indien, dem heutigen Indonesien. Um Japan von einem derartigen Vorgehen abzuschrecken, ließ Roosevelt im Januar 1940 die Pazifikflotte von San Diego in Kalifornien nach Pearl Harbor auf Hawaii verlegen.

Als Antwort auf den zunehmenden amerikanischen Druck schlossen das Deutsche Reich, das Königreich Italien und das Kaiserreich Japan am 27. September 1940 den Dreimächtepakt. Mit diesem Vertrag wurde vereinbart, daß für den Fall, daß die Vereinigten Staaten eine der drei Mächte angreifen sollten, die anderen beiden Vertragspartner Washington umgehend den Krieg erklären würden. Dadurch sollten die Amerikaner gezwungen werden, ihre Kräfte auf Europa und den Fernen Osten aufzuteilen. Der Dreimächtepakt zielte somit auf eine Abschreckung der Vereinigten Staaten, tatsächlich aber öffnete er Roosevelt die „Hintertür zum Krieg".

Im Januar 1941 übermittelte die japanische Regierung über zwei hohe katholische Geistliche Washington einen Vorschlag zur Wiederherstellung guter Beziehungen zwischen Japan und den USA. Tokio erklärte sich bereit, aus dem Dreimächtepakt faktisch auszutreten und eine Garantieerklärung für den Rückzug aller japanischen Streitkräfte aus China (außer aus dem Staate Mandschukuo) abzugeben. Dieses außergewöhnlich weitreichende Angebot stieß aber bei Präsident Roosevelt und Außenminister Hull auf erstaunlich wenig Interesse.[8]

Im August 1940 war es amerikanischen Kryptoanalytikern gelungen, in einen der wichtigsten japanischen Kodes, den sogenannten „Purpurcode", einzubrechen. Ab Mitte 1941 war die amerikanische Funkaufklärung in der Lage, die Funktelegramme, die zwischen dem japanischen Außenministerium in Tokio und den japanischen Auslandsbotschaften, vor allem der in Washington, gewechselt wurden, abzufangen und zu dechiffrieren. Dieses gemeinsame Unternehmen von US-Army und Navy war streng geheim und lief unter der Bezeichnung „Magic". Von diesem Zeitpunkt an konnten Präsident Roosevelt und Außenminister Hull die Weisungen des japanischen Außenministeriums an seine Botschaft in Washington sowie deren Antworten an Tokio ständig mitlesen.[9]

Am 21. Juli 1941 begannen japanische Truppen mit der Besetzung des südlichen Teils von Französisch-Indochina. Präsident Roosevelt nahm dies zum Anlaß, um am 25. Juli die japanischen Guthaben in den USA einzufrieren und am folgenden Tag ein Öl-Embargo gegen Japan zu verhängen.[10] Am 31. Juli funkte Tokio an seinen Botschafter in Washington, Admiral Kichisaburō Nomura, das Öl-Embargo werde Japan dazu zwingen, die Ölquellen in Niederländisch-Indien zu besetzen. Dieses Funktelegramm wurde von den Amerikanern abgefangen und dechiffriert.[11] Bereits im April 1941 hatten die Generalstäbe der Vereinigten Staaten, des Britischen Commonwealth und die niederländische Exilregierung in Singapur insgeheim eine Absprache getroffen, die ein gemeinsames militärisches Vorgehen gegen Japan im Fall eines japanischen Angriffs auf britischen oder niederländischen Kolonialbesitz vorsah.[12] Diese Absprache war den Japanern in ihren Grundzügen bekannt.[13]

Auf der sogenannten Atlantikkonferenz, die Anfang August 1941 vor der Küste von Neufundland stattfand, versprach Präsident Roosevelt dem britischen Premierminister Winston Churchill, daß die Vereinigten Staaten bald in einen Krieg in Fernost eintreten würden. Dazu erklärte Churchill am 27. Januar 1942 vor dem britischen Unterhaus: „Auf der Atlantikkonferenz habe ich diese Frage mit Mister Roosevelt besprochen. Seitdem ist es fast sicher, daß die Vereinigten Staaten, auch wenn sie nicht selbst angegriffen werden, in den Krieg im Fernen Osten eintreten. Damit wäre der Endsieg gesichert, und einige unserer Befürchtungen wären scheinbar beruhigt. Diese Erwartungen wurden durch die Ereignisse nicht enttäuscht … Im Lauf der Zeit wuchs die Gewißheit, daß wir nicht allein kämpfen müßten, falls Japan im Pazifik Amok laufen sollte."[14]

Angesichts der Zuspitzung der amerikanisch-japanischen Krise schlug Tokio im August eine Gipfelkonferenz zwischen dem japanischen Premierminister, Fürst Fumimaro Konoye, und dem US-amerikanischen Präsidenten vor. Dies war ein außergewöhnlicher Vorschlag, und der amerikanische Botschafter in Tokio, Joseph C. Grew, befürwortete nachdrücklich seine Annahme.[15] Der Präsident schwankte, doch Außenminister Hull hielt nichts von einem solchen Gipfeltreffen und konnte sich mit seiner Meinung schließlich durchsetzen.[16]

Roosevelts politisches Fernziel war der Eintritt der Vereinigten Staaten in den Krieg gegen das Deutsche Reich. Zu diesem Zweck hatte der Präsident versucht, auf dem Atlantik, wo ein heftiger Kampf zwischen deutschen U-Booten und britischen Geleitzügen tobte, einen Zwischenfall zwischen deutschen und amerikanischen Seestreitkräften zu provozieren. Ein offenes Gefecht würde unter Umständen zu einer deutschen Kriegserklärung an die USA führen oder eine US-amerikanische Kriegserklärung an Berlin in den Augen der Bürger der USA gerechtfertigt erscheinen. Aber die deutsche Kriegsmarine wich auf Befehl Hitlers allen Provokationen aus und nahm dafür sogar erhebliche Nachteile in Kauf. Am 11. September nutzte Roosevelt dann ein Gefecht zwischen dem amerikanischen Zer-

störer „Greer" und dem deutschen U-Boot U 652, um in einer Rundfunk-
rede öffentlich den Schießkrieg gegen die deutsche U-Bootwaffe zu fordern;[17] zwei Tage später erteilte Roosevelt der US-Navy öffentlich den
Schießbefehl, womit auf dem Atlantik ein unerklärter Krieg zwischen dem
Deutschen Reich und den Vereinigten Staaten herrschte. Hitler bekräftig-
te jedoch seine Befehle, wonach deutsche U-Boote jedem Gefecht mit amerikanischen Schiffen aus dem Weg gehen und nur in Notwehr zurück-
schießen sollten.[18] Da von Hitler also keine Kriegserklärung und keine Ag-
gressionspolitik gegen die Vereinigten Staaten zu erwarten war, blieb
Roosevelt nur der Umweg über Japan.

Der Stillstand in den japanisch-amerikanischen Verhandlungen führte
am 16. Oktober zu einem Regierungswechsel, das Kabinett von Fürst Konoye wurde durch eine Militärregierung unter General Tōjō abgelöst. Da
das japanische Industriepotential zum damaligen Zeitpunkt nur zehn Prozent des amerikanischen ausmachte, waren sich auch die hohen Militärs
bewußt, daß Japans Siegesaussichten in einem Krieg gegen die USA wenig günstig waren.[19] Der Oberbefehlshaber der Vereinigten Kaiserlichen
Flotte, Admiral Isoroku Yamamoto soll gegenüber Fürst Konoye geäußert
haben: „Wenn sie sagen, daß es sein muß, dann können wir etwa ein hal-
bes oder ein Jahr hinhaltend kämpfen, aber wenn es zwei oder drei Jahre
dauert, dann glaube ich kaum an einen erfolgreichen Ausgang."[20]

In der Hoffnung, noch im letzten Moment zu einer Verständigung zu gelangen, ließ General Tōjō die Diplomaten weiterverhandeln, während
gleichzeitig die japanischen Kriegsvorbereitungen vorangetrieben wurden. Auch die neue japanische Regierung hätte eine Verhandlungslösung
mit den Amerikanern einem Krieg vorgezogen, allerdings lag eine solche
nicht im Interesse der Amerikaner.

Am 1. November trat in Tokio eine Konferenz der führenden Vertreter
von Kabinett und Militärführung zusammen. Im Mittelpunkt der Diskussion stand die kritische Lage der Stahl- und Mineralölversorgung. Die Vertreter des Militärs argumentierten, es werde eine schrittweise Erschöpfung
der japanischen Wirtschaft eintreten, wenn die Vereinigten Staaten, Großbritannien und die Niederlande ihre Embargopolitik gegen Japan fortsetzen sollten. Am Ende der Konferenz herrschte bei den Teilnehmern die
Auffassung vor, daß Japan im Falle eines Scheiterns der Washingtoner Verhandlungen zum Kriege schreiten müßte.[21]

Am 4. November hieß es in einem Funktelegramm aus Tokio an die japanische Botschaft in Washington: „Die Beziehungen zwischen Japan und
den Vereinigten Staaten haben nun die Grenze erreicht … Die Verhältnisse sowohl innerhalb wie außerhalb unseres Kaiserreichs sind so gespannt,
daß eine weitere Verzögerung nicht möglich ist. In unserem aufrichtigen
Bemühen, zwischen dem Kaiserreich Japan und den Vereinigten Staaten
friedliche Beziehungen aufrechtzuerhalten, haben wir uns aber entschie-

den, noch einmal auf die Fortsetzung der Gespräche zu setzen; dies ist unser letzter Versuch … Wenn wir nicht bald eine Vereinbarung erzielen sollten, dann werden die Gespräche, so leid es mir tut, das sagen zu müssen, mit Sicherheit abgebrochen werden. Dann werden sich die Beziehungen zwischen unseren beiden Nationen in der Tat am Rande des Abgrunds befinden."[22]

Zur gleichen Zeit warnte General Tschiang Kai-schek den US-amerikanischen Außenminister Hull eindringlich vor einem japanisch-amerikanischen Übereinkommen, da dies die Moral der chinesischen Armee und des chinesischen Volkes bis auf die Grundfesten erschüttern und weiteren Widerstand unmöglich machen würde.[23]

Am 5. November teilte das japanische Außenministerium seinem Botschafter in Washington, Admiral Nomura mit, daß der 25. November der äußerste Termin für eine Verhandlungslösung sei. Auch dieses Funktelegramm wurde von den Amerikanern abgefangen und entschlüsselt; der Inhalt des Telegramms bedeutete nichts anderes, als daß es nach diesem Datum unvermeidlich zum Krieg kommen würde.[24]

Mitte November 1941 schickte das japanische Außenministerium Sonderbotschafter Saburō Kurusu zur Unterstützung von Admiral Nomura nach Washington. Kurusu war mit einer Amerikanerin verheiratet und galt als ausgesprochen amerikafreundlich.[25]

Am 20. und 21. November legten Nomura und Kurusu dem State Department ein letztes Verhandlungsangebot vor. Die Japaner plädierten für einen auf sechs Monate befristeten Modus vivendi, der die nötige Zeit gewähren sollte, um eine umfassende Verhandlungslösung zu finden. Außerdem zeigte sich Japan bereit, sich vom Dreimächtepakt zu distanzieren.[26]

Einen Tag später erhielten Nomura und Kurusu aus Tokio eine Anweisung, in der es hieß, daß die Frist für die provisorische Verhandlungslösung um vier Tage verschoben sei; ein Abschluß müsse nun spätestens bis zum 29. November erzielt werden: „Scheuen Sie keine Mühe und versuchen Sie, das gewünschte Ergebnis zu erzielen … Diesmal ist es uns ernst damit, daß der Endtermin absolut nicht mehr verschoben werden kann. Danach werden die Dinge automatisch ihren Gang nehmen."[27]

Auch dieses Telegramm wurde von der amerikanischen Funkaufklärung abgefangen und dechiffriert. Sein Inhalt deutete unmißverständlich darauf hin, daß nach dem 29. November seitens der Japaner militärische Aktionen zu erwarten waren. Tatsächlich stach am 25. November ein Verband japanischer Flugzeugträger mit Ziel Pearl Harbor in See.

Am Nachmittag des 25. November trafen Hull, Knox, Stimson, General Marshall und Admiral Stark mit Präsident Roosevelt im Weißen Haus zu einer Unterredung zusammen. Aufgrund der von „Magic" dechiffrierten japanischen Funktelegramme wußten die Anwesenden, daß der 29. No-

vember der letzte Termin für einen erfolgreichen Abschluß der diplomatischen Verhandlungen war. Stimson notierte in sein Tagebuch, der Präsident habe über den Fall gesprochen, „daß wir wahrscheinlich angegriffen
werden würden, vielleicht schon am nächsten Montag, denn die Japaner
seien dafür berüchtigt, einen Angriff ohne Warnung zu machen ... Die Frage war, wie wir sie in die Position manövrieren konnten, den ersten Schuß
abzufeuern, ohne uns dabei allzu großer Gefahr auszusetzen."[28]

Hull war es müde, die Verhandlungen mit den Japanern fortzusetzen;
der Druck der Chinesen und der Briten gab den Ausschlag. Hull beschloß,
den Modus vivendi zu verwerfen, und er überreichte Nomura und Kurusu noch am gleichen Tag eine amerikanische Antwort auf die japanischen
Vorschläge. Die entscheidenden Punkte waren die Forderungen des Ab-
zugs aller japanischen Truppen aus China, der Anerkennung des Regimes
von Tschiang Kai-schek durch Japan und der öffentlichen Kündigung des
Dreimächtepaktes. Die Japaner hatten gehofft, durch ihr Angebot vom
20./21. November zu einer Annäherung der Standpunkte zu gelangen;
aber Hull zeigte kein Entgegenkommen, sondern verschärfte die amerikanischen Forderungen vielmehr so, daß sie für Tokio völlig unannehm-
bar wurden.[29] Allen Beteiligten war klar, daß das Ultimatum der Amerikaner den Abbruch der Verhandlungen und damit Krieg bedeutete.

Am Morgen des 27. November 1941 rief Kriegsminister Stimson Hull an,
um ihn zu fragen, wie die Begegnung mit den Japanern verlaufen sei. Hull
hatte schon am Vortag angedeutet, daß er die Verhandlungen abzubrechen
gedenke, und sagte nun am Telefon zu Stimson: „Ich habe es aus meinen
Händen gegeben, und es liegt nun in den Händen von Ihnen und Knox –
der Armee und der Marine."[30]

Bereits im Februar 1932 hatte Admiral Harry E. Yarnell bei einem Manöver der US-Navy die Möglichkeit demonstriert, mit von Flugzeugträgern gestarteten Kampfflugzeugen einen Überraschungsangriff gegen Pearl
Harbor zu führen.[31] Der Führung der Navy war seither bekannt, daß Pearl
Harbor aufgrund seiner exponierten Lage im Falle einer amerikanisch-japanischen Krise jederzeit das Ziel eines Überraschungsangriff werden
konnte.

Im Januar 1940 hatte Roosevelt die amerikanische Pazifikflotte von San
Diego an der Küste Kaliforniens nach Pearl Harbor verlegen lassen. Der
Präsident hoffte mit dieser Machtdemonstration Druck auf Tokio auszu-
üben, aber gleichzeitig gelangte die Pazifikflotte, die zu diesem Zeitpunkt
nicht kriegsbereit war, in die Reichweite der japanischen Flugzeugträger.

Noch am 8. Oktober 1940 hatte sich der Oberbefehlshaber der Pazifikflotte, Admiral James Otto Richardson, bei Roosevelt persönlich gegen die
dauerhafte Stationierung der Pazifikflotte in Pearl Harbor ausgesprochen.
Bei diesem Gespräch fragte Richardson Roosevelt, wann die USA in den
Krieg eintreten würden, und dieser antwortete, die Japaner „könnten es

nicht vermeiden, Fehler zu machen, und wenn der Krieg weitergehe …
würden sie früher oder später einen Fehler machen, und dann würden wir
in den Krieg eintreten".[32]

Admiral Richardson hatte mit seinen Protesten gegen die Stationierung
der Flotte auf Hawaii nur den Erfolg, daß er am 1. Februar 1941 durch Admiral Husband E. Kimmel abgelöst wurde.[33]

Angesichts der Verschlechterung der japanisch-amerikanischen Beziehungen wurden im Januar 1941 von Admiral Isoroku Yamamoto, Oberkommandierender der Vereinigten Kaiserlichen Flotte, die ersten Pläne für
einen Überraschungsschlag gegen Pearl Harbor ausgearbeitet.

Ein Angriff auf Pearl Harbor zur Ausschaltung der amerikanischen Pazifikflotte war nur Teil eines größeren strategischen Planes. Der amerikanische Wirtschaftskrieg gegen Japan, insbesondere das im Juli 1941 verhängte Öl-Embargo, zwang Tokio, sich durch die Besetzung Niederländisch-Indiens Zugang zu Erdöl und anderen Rohstoffen zu verschaffen.
Die amerikanischen und britischen Diplomaten hatten gegenüber ihren japanischen Gesprächspartnern keinen Zweifel daran gelassen, daß ein solcher Schritt zum Krieg mit den Vereinigten Staaten und dem Britischen Empire führen würde. Ein Vorstoß japanischer Seestreitkräfte in den Südpazifik nach Niederländisch-Indien würde durch eine mögliche Offensivoperation der amerikanischen Pazifikflotte in der Flanke bedroht sein. In Anbetracht des Kräfteverhältnisses der japanischen und amerikanischen Seestreitkräfte hielt die japanische Marineführung eine ungestörte Operation
im Südpazifik nur nach Ausschaltung der US-amerikanischen Pazifikflotte für möglich. Erst dann würde sich Japan die notwendigen Rohstoffquellen in Südostasien sichern und mehrere, auf die pazifischen Inseln gestützte
Verteidigungsringe um das japanische Inselreich aufbauen können. Für
den weiteren erfolgreichen Verlauf des Krieges mußte Japan darauf hoffen,
daß die Amerikaner nach verlustreichen Abnutzungskämpfen in dem pazifischen Verteidigungssystem sich zu einem für Tokio günstigen Kompromißfrieden bereit finden würden. Ein gelungener Überraschungsangriff
gegen Pearl Harbor war somit die Voraussetzung für die einzig mögliche,
zum Erfolg führende japanische Gesamtstrategie.[34]

Die Oberbefehlshaber von Flotte und Heer auf Hawaii, Admiral Husband E. Kimmel und General Walter C. Short, wurden von Washington
über die politische Lage nur bruchstückhaft informiert und ab Juli 1941
praktisch von allen wichtigen Nachrichten abgeschnitten. Kimmel und
Short erfuhren nichts über „Magic", und Pearl Harbor erhielt auch keine
„Purpur"-Maschine zur Entschlüsselung des japanischen diplomatischen
Funkkodes. Statt dessen wurden drei „Purpur"-Maschinen nach London
geschickt.[35]

Nach Überreichung des amerikanischen Ultimatums vom 26. November
an die Japaner erwartete der Kreis um Roosevelt in Kürze den Kriegsaus-

bruch. Admiral Kimmel bekam aus Washington aber keine Warnung, sondern erhielt am 27. November den Befehl, seine beiden Flugzeugträger, die „Enterprise" und die „Lexington", zu den Inseln Wake und Midway zu schicken; sie hatten den Auftrag, Jagdflugzeuge für die dortigen Garnisonen zu transportieren. Damit wurde die Pazifikflotte in Pearl Harbor ihrer kampfstärksten Einheiten beraubt. Admiral Kimmel mußte aus diesem Befehl schließen, daß für Pearl Harbor keine unmittelbare Gefahr bestand. Die beiden Flugzeugträger liefen am 28. November und am 5. Dezember aus Pearl Harbor aus.[36]

Inzwischen hatte am 25. November eine japanische Trägerkampfgruppe, bestehend aus sechs Flugzeugträgern, zwei Schlachtschiffen und einer Anzahl von Kreuzern, Zerstörern, U-Booten und Tankern, unter dem Befehl von Vizeadmiral Chuichi Nagumo die Hitokappu-Bucht im äußersten Norden Japans verlassen.

Admiral Yamamoto behielt es sich ausdrücklich vor, die Trägerkampfgruppe im Falle eines Verhandlungserfolges der japanischen Diplomaten in letzter Minute zurückzurufen. Sollte ein solcher Erfolg ausbleiben, dann war als Angriffstermin der 7. Dezember 1941 vorgesehen.[37]

Die amerikanischen Kryptologen hatten außer dem Einbruch in den „Purpur"-Kode, den die Japaner im diplomatischen Funkverkehr benutzten, noch einen weiteren großen Erfolg erzielt. Anfang Oktober 1940 war es einem Team von Spezialisten aus Army und Navy gelungen, Teile des „Kaigun Ango" zu knacken, eines Systems aus 29 verschiedenen Kodes, das von der japanischen Kriegsmarine verwendet wurde. Auf der Fahrt zu ihrer Versammlung in der Hitokappu-Bucht und während des anschließenden Anmarsches auf Hawaii – also zwischen dem 12. November und dem 7. Dezember – mißachteten mehrere der japanischen Kriegsschiffe der Ersten Luftflotte (darunter das Flottenflaggschiff, der Flugzeugträger „Akagi") die strikten Befehle Admiral Yamamotos zur Einhaltung von Funkstille und gaben wiederholt verschlüsselte Positionsmeldungen durch. Die japanischen Funksprüche und Postionsmeldungen wurden von den amerikanischen Marinehorchposten und Auswertungszentren im pazifischen Raum abgefangen, dechiffriert und von den Spezialisten der Navy in Washington ausgewertet. Die führenden Offiziere der amerikanischen Funkaufklärung sowie die oberste Führung in Washington waren daher genau darüber informiert, daß eine japanische Trägerkampfgruppe mit Ziel Pearl Harbor durch den Nordpazifik dampfte.[38]

Am gleichen Tag, als Nagumos Trägerkampfgruppe die Hitokappu-Bucht verließ, versammelte sich eine weitere japanische Expeditionsstreitmacht vor der südchinesischen Küste. In den folgenden Tagen dampfte sie an der Küste Indochinas in südlicher Richtung entlang, ihr Ziel war Britisch-Malaya.

Währenddessen wurde der Inhalt der in Washington entschlüsselten japanischen Funktelegramme immer besorgniserregender.

Am 28. November sandte der japanische Außenminister Tōgō an seine Botschafter in Washington ein Funktelegramm von größter Wichtigkeit. Nomura und Kurusu wurde darin erklärt: „Sie beide, meine Herren Botschafter, haben sich in übermenschlichen Bemühungen eingesetzt, aber die Vereinigten Staaten sind trotzdem noch weitergegangen und haben uns diese erniedrigenden Bedingungen gestellt. Das war unerwartet und ist höchst bedauerlich. Die kaiserliche Regierung kann sie in keiner Weise als Grundlage für weitere Verhandlungen ansehen. Deshalb werden … die Verhandlungen de facto abgebrochen werden. Das ist unvermeidlich."[39]

Die japanische Regierung hatte zu diesem Zeitpunkt das Ultimatum Hulls also bereits verworfen, die Frist, nach der die Dinge „automatisch ihren Gang nehmen" würden, war verstrichen. Nomura und Kurusu sollten jetzt nur noch zum Schein weiterverhandeln.

Am 30. November unterrichtete Tokio den japanischen Botschafter in Berlin, daß die Verhandlungen mit Washington „jetzt abgebrochen – zerbrochen sind". Der Botschafter sollte Hitler und Ribbentrop wie folgt informieren: „Sagen Sie ihnen streng vertraulich, daß äußerste Gefahr für einen plötzlichen Kriegsausbruch zwischen den angelsächsischen Nationen und Japan besteht infolge eines bewaffneten Zwischenfalls, und fügen Sie hinzu, daß der Ausbruch des Krieges schneller erfolgen kann, als irgend jemand es sich träumen läßt."

Der Inhalt dieser Depesche war unmißverständlich. Präsident Roosevelt hielt dieses dechiffrierte Telegramm für so wichtig, daß er sich entgegen den Sicherheitsbestimmungen von „Magic" eine Kopie behielt.[40]

Am 2. Dezember erteilte Tokio der japanischen Botschaft in Washington die Order, eine ihrer beiden Chiffriermaschinen und die Kodes zu vernichten. Diese Maßnahme, die sicherstellen sollte, daß Kodematerial und Chiffriermaschinen nicht in die Hand des Gegners fallen könnten, war gewöhnlich der vorletzte Schritt vor Eröffnung eines Krieges. Die Zurückbehaltung der einen verbleibenden Chiffriermaschine in der Botschaft in Washington diente dazu, die japanische Antwort auf das amerikanische Ultimatum vom 26. November zu empfangen, die wahrscheinlich die Kriegserklärung sein würde.[41]

Am 6. Dezember um 10.40 Uhr erhielt Roosevelt vom amerikanischen Botschafter in London, John Winant, ein Telegramm von äußerster Dringlichkeit: „Britische Admiralität berichtet, daß an diesem Morgen um 3 Uhr Londoner Zeit vor Cambodia Point zwei Verbände gesichtet wurden, die in 14 Stunden Abstand langsam in Richtung Kra fuhren."[42]

Das bedeutete, daß die japanische Expeditionsstreitmacht, die die Küste Indochinas hinunterdampfte, den Golf von Siam erreicht hatte und sich der Halbinsel Kra näherte. Gemäß den „ABCD"-Vereinbarungen trat der

Bündnisfall in Kraft, wenn japanische Seestreitkräfte britisches oder niederländisches Kolonialgebiet unmittelbar bedrohten. Mit dem Erscheinen eines japanischen Truppenkonvois im Golf von Siam war dieser Fall nun eingetreten, und damit befanden sich die Niederlande, Großbritannien und die Vereinigten Staaten im Krieg mit Japan, ohne daß bislang ein Schuß gefallen war. Der tatsächliche japanische Angriff auf Thailand, die Halbinsel Kra und Britisch-Malaya, die Vorstufe zur Besetzung Niederländisch-Indiens, sollte 14 Stunden später erfolgen.

Präsident Roosevelt befand sich damit in einer prekären Situation, denn die USA befanden sich damit seit dem 6. Dezember, 10.40 Uhr, ohne Wissen des Kongresses und der US-amerikanischen Öffentlichkeit aufgrund von Geheimverträgen im Kriegszustand. Briten und Holländer sahen die Vereinigten Staaten nunmehr als verpflichtet an, ihnen zu Hilfe zu kommen. In Washington drohte aber ein ungeheurer politischer Skandal, der nur vermieden werden konnte, wenn die Japaner möglichst bald als erste der Kriegsparteien amerikanisches Territorium oder amerikanische Streitkräfte angreifen würden. Um zu erreichen, daß die Japaner den ersten Schuß abfeuerten, durfte Pearl Harbor nicht gewarnt werden; dann das hätte einen Großalarm, die Herstellung der vollen Gefechtsbereitschaft und das Auslaufen der US-amerikanischen Pazifikflotte bedeutet. Die zahlreichen japanischen Spione auf Hawaii hätten dies sofort nach Tokio gemeldet. Nach dem Verlust des Überraschungsmoments wäre Nagumos Trägerkampfgruppe wahrscheinlich umgekehrt, und Roosevelt hätte vor einem riesigen politischen Skandal gestanden, der wahrscheinlich auf seine Absetzung als Präsident hinausgelaufen wäre. So wurden die Oberbefehlshaber auf Hawaii, Admiral Kimmel und General Short, nicht in Alarmbereitschaft versetzt und mußten doch nach dem Angriff als Sündenböcke für die militärische Katastrophe herhalten.

Am 6. Dezember unterrichtete Tokio seine Washingtoner Botschaft, daß es eine ausführliche Antwort auf das Ultimatum von Außenminister Hull verfaßt habe, die in 14 Teilen gesendet werden würde. Die ersten 13 Teile dieser Schlußbotschaft wurden ab Mittag von der Fernmeldeaufklärung der US-Navy empfangen und waren bis Punkt 21 Uhr fertig dechiffriert und übersetzt.[43]

Um 21.30 Uhr wurde die abgefangene japanische Note vom stellvertretenden Marineadjutanten im Weißen Haus, Lieutenant Schulz, dem US-amerikanischen Präsidenten überbracht. Im Beisein von Schulz las der Präsident das Telegramm durch, während sein engster Berater, Harry Hopkins, neben ihm auf und ab schritt. Roosevelt gab das Papier Hopkins und sagte: „Das bedeutet Krieg!" Darauf äußerte Hopkins: „Da der Krieg mit einem Vorteil für die Japaner beginnt, ist es zu schade, daß wir nicht den ersten Schlag führen und einen japanischen Überraschungsangriff verhindern können." Der Präsident nickte und erwiderte: „Nein, das können wir nicht tun. Wir sind eine Demokratie. Wir sind ein friedliebendes Volk. Wir haben einen guten Ruf."[44]

So die Aussage des ehemaligen Marineadjutanten und späteren Commander Schulz vor dem Untersuchungsausschuß des amerikanischen Kongresses.

Zu diesem Zeitpunkt war noch offen, was der 14. Teil der japanischen Note enthielt und wann Nomura und Kurusu die vollständige Kriegserklärung überreichen sollten. Nach der Erfahrung von Port Arthur 1904 – der japanischen Marine war mit einem Überraschungsangriff auf diesen Hafen gelungen, die russische Flotte innerhalb von wenigen Tagen außer Gefecht zu setzen – pflegten die Japaner zeitgleich mit der Übergabe der Kriegserklärung einen entsprechenden Überraschungsangriff zu führen. Der Ausbruch des Krieges war jetzt nur noch eine Frage von Stunden, aber in der Nacht vom 6. auf den 7. Dezember herrschte in Washington Untätigkeit.

Am Morgen des 7. Dezember empfing die Fernmeldeaufklärung der amerikanischen Marine den 14. Teil der japanischen Note. Nomura und Kurusu erhielten die Anweisung, die Kriegserklärung um 13 Uhr Washingtoner Zeit dem amerikanischen Außenminister zu übergeben. 13 Uhr in Washington war aufgrund der Zeitverschiebung 7.30 Uhr auf Hawaii, kurz nach Sonnenaufgang, nach militärischem Gesichtspunkt die ideale Zeit für einen Überraschungsangriff. Die leitenden Nachrichtenoffiziere in Washington hatten jetzt kaum noch Zweifel daran, daß Pearl Harbor das Angriffsziel der Japaner sein würde, und drängten den Chef des Admiralstabes, Harold R. Stark, sofort eine Warnung nach Hawaii zu schicken. Aber Admiral Stark erklärte, er brauche die Zustimmung vom Generalstabschef des Heeres, General Marshall, bevor er eine Entscheidung treffen könne. Stark konnte Marshall aber nicht erreichen, denn der General machte ausgerechnet an diesem Vormittag einen zweieinhalbstündigen Ausritt. Erst um 11.25 Uhr kehrte Marshall in sein Büro zurück, las die dechiffrierte japanische Erklärung, und setzte eine allgemein gehaltene Warnung an General Short auf.[45] Diese Depesche schickte er – obwohl ihm außer dem Sender und einer Telefonleitung des Kriegsministeriums auch die besonders starken Sender der Marine und des FBI zur Verfügung standen – über eine kommerzielle RCA-Funkverbindung, wobei er jeden Dringlichkeitsvermerk wegließ! Das Ergebnis war, daß die Warnung Marshalls erst sieben Stunden nach Beginn des Angriffs, als die japanischen Flugzeuge sich längst zurückgezogen hatten, bei General Short eintraf.[46] Vieles spricht also dafür, daß General Marshall und Admiral Stark die Warnung an Pearl Harbor vorsätzlich verzögerten.

In der Nacht vom 6. auf den 7. Dezember 1941 hatte sich die Trägerkampfgruppe Admiral Nagumos Pearl Harbor bis auf 230 Seemeilen genähert. Ab 6 Uhr startete die erste Welle der Trägerflugzeuge. Die Garnison und die Flotteneinheiten waren völlig ahnungslos, als ab 7.55 Uhr die Japaner mit 350 Trägerflugzeugen in zwei Wellen angriffen. Die Überraschung gelang vollkommen. Fünf Schlachtschiffe, drei Zerstörer und drei Hilfsschiffe wurden versenkt, drei Schlachtschiffe, drei leichte Kreuzer, ein Zerstörer und ein Hilfsschiff mehr oder weniger schwer beschädigt. Außerdem wurde der größte Teil der amerikanischen Flugzeuge am Boden zerstört. Zwar konnten die meisten der versenkten oder beschädigten Schiffe wieder gehoben und repariert werden, aber dies sollte zum Teil Jahre dauern. Die Personalverluste der Amerikaner betrugen 2.326 Tote und 1.109 Verwundete. Die Japaner verloren nur 27 Flugzeuge und fünf Klein-U-Boote.[47] Dabei hatten die Amerikaner Glück im Unglück, denn Admiral Nagumo versäumte es, mit einer dritten Angriffswelle die riesigen Öltanklager auf Hawaii zu zerstören, was es den Amerikanern unmöglich gemacht hätte, Pearl Harbor weiter als Flottenstützpunkt zu benutzen. Mindestens ebenso wichtig war, daß kein amerikanischer Flugzeugträger ausgeschaltet wurde, denn dieser Typ Großkampfschiff sollte sich in der Zukunft als die wichtigste Waffe des ganzen Pazifikkrieges erweisen. Nachdem der erste Schock überwunden war, stellte die amerikanische Marineführung fest, daß sie den Japanern allein mit ihren Flugzeugträgern und schweren Kreuzern wirksamen Widerstand leisten konnte. Die Schlachtschiffe sollten im Pazifik nur noch eine zweitrangige Rolle spielen.

Die amerikanische Öffentlichkeit war von der Regierung über den wahren Stand der Beziehungen zu Japan im Dunkeln belassen worden und zeigte sich über den japanischen Angriff und über die eigenen hohen Verluste in Pearl Harbor schockiert. Hinzu kam, daß Nomura und Kurusu aufgrund einer unglücklichen Verzögerung die japanische Kriegserklärung erst mit einer Stunde und 20 Minuten Verspätung übergeben hatten, also nach Beginn des Angriffs statt wie vorgesehen unmittelbar davor. Die Ursache war, so wurde verlautbart, daß der japanische Beamte, der für die Dechiffrierung, Übersetzung und Abtippung der Schlußbotschaft verantwortlich war, am Abend zuvor zuviel Sake getrunken hatte.[48]

Dieses Mißgeschick mußte in der Öffentlichkeit den Eindruck der Heimtücke hervorrufen und war letztlich der Grundstein für die Legende, Japan habe die Vereinigten Staaten ohne Kriegserklärung angegriffen. Die interventionistische amerikanische Presse verfügte somit über die notwendigen Ingredenzien, um den japanischen Angriff als hinterhältigen Überfall darzustellen und nach allen Regeln der Kunst propagandistisch auszuschlachten. Die innenpolitischen Gegner Roosevelts, die Isolationisten, waren durch Pearl Harbor mit einem Schlag mundtot gemacht.

Die deutsche Führung wurde von Pearl Harbor – trotz des Hinweises aus Tokio, „daß der Ausbruch des Krieges schneller erfolgen kann, als irgend jemand es sich träumen läßt" – völlig überrascht. Am Morgen des

8. Dezember erteilte Hitler der deutschen Kriegsmarine den Befehl, im Atlantik keine Zurückhaltung mehr zu üben, sondern das Feuer auf amerikanische Schiffe zu eröffnen. Die Erklärung des Kriegszustandes zwischen dem Deutschen Reich und den Vereinigten Staaten war jetzt nur noch eine Formsache, und Präsident Roosevelt war aufgrund der Ergebnisse der amerikanischen Funkaufklärung darüber informiert, daß Hitler versprochen hatte, an der Seite Japans in den Krieg gegen die USA einzutreten. Roosevelt entschloß sich, die Kriegserklärung den Deutschen zu überlassen, und Hitler äußerte intern zu dieser Frage: „Eine Großmacht wie Deutschland erklärt selbst den Krieg und wartet nicht, bis er erklärt wird.“[49]

Der japanische Verbündete war für das Reich von großer strategischer Bedeutung, denn ohne einen deutschen Kriegseintritt hätten die USA ihre gesamte Macht zuerst auf den Pazifik konzentrieren können, um nach einem Sieg ihr geballtes militärisches Potential gegen Deutschland zu richten. Indem sie die Vereinigten Staaten zwangen, ihre Kräfte auf Europa und den Fernen Osten aufzuteilen, hofften die Achsenmächte, eine reelle Siegeschance zu erhalten. Da die amerikanischen Landstreitkräfte, die bei Kriegsbeginn nur aus einer kleinen Berufsarmee bestanden und erst zu einem Millionenheer ausgebaut werden mußten, zu einer größeren Offensivoperation nicht vor Ende 1942 fähig sein würden, blieb Deutschland noch ein Jahr lang Zeit, um die Sowjetunion niederzuringen und den Zweifrontenkrieg zu beenden. Am 11. Dezember erklärten die Regierungen Deutschlands und Italiens den USA den Krieg. Durch den Kriegseintritt der Vereinigten Staaten von Amerika wurden die Kriege in Europa und im Fernen Osten erst wirklich zu einem weltumspannenden Konflikt, zum Zweiten Weltkrieg.

Anmerkungen

[1] George Morgenstern. *Pearl Harbor 1941: Eine amerikanische Katastrophe*. hg. u. übers. v. Walter Post. München: Herbig, 1998. S. 351 f.

[2] Charles C. Tansill. *Die Hintertür zum Kriege: Das Drama der internationalen Diplomatie von Versailles bis Pearl Harbour*. Selent: Pour le Mérite, 2000. S. 96.

[3] Ebd., S. 78.

[4] Keesings Archiv der Gegenwart 1937, S. 3243 f.

[5] Department of State. *Papers Relating to the Foreign Relations of the United States: Japan 1931–1941*. Bd. 2. Washington, DC: U.S. Govt. Print. Off., 1943. S. 202.

[6] Ebd., S. 232 ff.

[7] Herbert Feis. *The Road to Pearl Harbor: The Coming of the War between the United States and Japan*. Princeton, NJ: Princeton University Press, 1950. S. 41 f.

[8] Tansill, *Die Hintertür*, a.a.O. (s. Endnote 2 oben), S. 673.

[9] Ladislas Farago. *Codebrecher am Werk: Trotzdem kam es zu Pearl Harbor*. Berlin/Darmstadt/Wien: Dt. Buch-Gemeinschaft, 1969.

[10] Charles C. Tansill. „Japanese-American Relations." In: Harry E. Barnes (Hrsg.). *Perpetual War for Perpetual Peace: A Critical Examination of the Foreign Policy of Franklin Delano Roosevelt and Its Aftermath*. Caldwell, ID: Caxton Printers, 1953. S. 302.

[11] Morgenstern, *Pearl Harbor 1941*, a.a.O. (s. Endnote 1 oben), S. 203.

[12] Tansill, *Die Hintertür*, a.a.O. (s. Endnote 2 oben), S. 383 f.

[13] Morgenstern, *Pearl Harbor 1941*, a.a.O. (s. Endnote 1 oben), S. 146.

[14] Ebd., S. 147.

[15] Department of State, *Japan*, a.a.O. (s. Endnote 5 oben), Bd. 2, S. 560 ff.

[16] Ebd., S. 656 ff.

[17] Department of State. *Peace and War: United States Foreign Policy, 1931–1941*. Washington, DC: U.S. Govt. Print. Off., 1942. S. 737 ff.

[18] Navy Department, Office of Naval Intelligence. *Fuehrer Conferences on Matters Dealing with the German Navy, 1939–1941*. Bd. 2. Washington, DC, 1947. S. 44.

[19] Morgenstern, *Pearl Harbor 1941*, a.a.O., S. 174.

[20] Ebd., S. 177.

[21] Shigenori Tōgō. *Japan im Zweiten Weltkrieg: Erinnerungen des japanischen Außenministers 1941–42 und 1945*. Bonn: Athenäum, 1958. S. 121 ff.

[22] Morgenstern, *Pearl Harbor 1941*, a.a.O. (s. Endnote 1 oben), S. 209.

[23] Tansill, *Die Hintertür*, a.a.O. (s. Endnote 2 oben), S. 392 f.

[24] Ebd., S. 691.

[25] Morgenstern, *Pearl Harbor 1941*, a.a.O. (s. Endnote 1 oben), S. 213.

[26] Department of State, *Japan*, a.a.O. (s. Endnote 5 oben), Bd. 2, S. 756 ff. u. 789.

[27] Morgenstern, *Pearl Harbor 1941*, a.a.O. (s. Endnote 1 oben), S. 215.

[28] Ebd., S. 325.

[29] Department of State, *Japan*, a.a.O. (s. Endnote 5 oben), Bd. 2, S. 769 f.

[30] Morgenstern, *Pearl Harbor 1941*, a.a.O. (s. Endnote 1 oben), S. 188.

[31] Ebd., S. 47 f.

[32] Ebd., S. 88 f.

[33] Ebd., S. 95.

[34] Hans Lengerer u. Sumie Kobler-Edamatsu. *Pearl Harbor 1941: Der Paukenschlag im Pazifik nach japanischen Dokumenten*. Friedberg: Podzun-Pallas, [1982]. S. 8 ff.

[35] Harry E. Barnes. *Pearl Harbor: After a Quarter of a Century*. New York, NY: Arno Press, 1972. S. 42 ff.

[36] Ebd., S. 58 ff. u. Morgenstern, *Pearl Harbor 1941*, a.a.O. (s. Endnote 1 oben), S. 266 ff.

[37] Morgenstern, *Pearl Harbor 1941*, a.a.O. (s. Endnote 1 oben), S. 50.

[38] Robert B. Stinnett. *Pearl Harbor: Wie die amerikanische Regierung den Angriff provozierte und 2.476 ihrer Bürger sterben ließ*. Frankfurt a.M.: Zweitausendeins, 2003.

[39] Morgenstern, *Pearl Harbor 1941*, a.a.O. (s. Endnote 1 oben), S. 219.

[40] Ebd., S. 221.

[41] Ebd., S. 226.

[42] Ebd., S. 231 f.

[43] Ebd., S. 226 f.

[44] Ebd., S. 299 f.

[45] Ebd., S. 270 f.

[46] Ebd., S. 272.

[47] Ebd., S. 53 f. u. 66 ff.

[48] Ebd., S. 69.

[49] James V. Compton. *Hitler und die USA: Die Amerikapolitik des Dritten Reiches und die Ursprünge des Zweiten Weltkrieges*. Oldenburg/Hamburg: Stalling, 1968. S. 207.

Wirtschaftliche Kriegsgründe 1918–1939

Weltweite ökonomische Verwerfungen

von Generalmajor a.D. Gerd Schultze-Rhonhof

D ie Jahre zwischen den beiden großen Kriegen sind eine Epoche weltweiter ökonomischer Verwerfungen. Staaten finden sich dabei zu wirtschaftlichen Bündnissen zusammen und gehen bei Notwendigkeit auch wieder auseinander. So haben wir als erstes die „Gold-Block-Staaten" Frankreich, Schweiz, Belgien und die Niederlande, die ihre Währungen in ein festes Verhältnis zum Preis des Goldes setzen und ihr Papiergeld zu einem Wertanteil mit ihrem Staatsgold decken. Dies nennt man Goldstandard. Auch andere Staaten, wie die USA, England und die britischen Dominions führen den Goldstandard nach dem Weltkrieg wieder ein, doch sie gehen zu Beginn der 1930er Jahre wieder davon ab. Sie versuchen, mit einer Mischung aus freiem Handel, Manipulationen ihrer Wechselkurse, mit Schutzzöllen und Einfuhrquoten möglichst schadlos durch die wirtschaftlich schweren Zeiten der frühen 1930er Jahre zu kommen. Dann gibt es eine dritte Gruppe, die sogenannten „Devisen-Kontroll-Staaten", die sich einerseits an den Goldstandard halten und andererseits ihre Außenhandels-Geldgeschäfte und den Außenhandel staatlich lenken. Dazu gehören Deutschland, Österreich, die Sowjetunion und eine Reihe südosteuropäischer Länder. Die vierte Gruppe sind der „Sterling-Club", also England und die Dominion-Staaten, die ihre Währungen nach der Loslösung vom Goldstandard an das Pfund Sterling binden. Die Regierungen aller Staaten versuchen, den Menschen ihrer Länder „Lohn und Brot" zu bieten, doch dieses oft zu Lasten anderer Völker. Einen weltweiten Konsens über die „einzig richtigen" Wirtschaftsregeln gibt es nach dem Ersten Weltkrieg nicht. So führt der Kampf um „Lohn und Brot", der zugleich ein Kampf um Macht, Reichtum und Ressourcen ist, in aller Regel auch zu Auseinandersetzungen zwischen den beteiligten Nationen.

Die Kriegsschulden aus dem Ersten Weltkrieg

Nach 1919 ist die Welt verändert. Die USA sind vom größten Vorkriegsschuldner zum größten Nachkriegsgläubiger geworden. Briten und Franzosen haben sich die Kosten des Ersten Weltkrieges zu großen Teilen von US-Banken finanzieren lassen. Sie müssen ihre Kriegsschulden nun in Amerika begleichen. Das Deutsche Reich hat Reparationen in einer Höhe an die Sieger zu bezahlen, die sogar das Doppelte der gesamten deutschen Kriegskosten von 1914 bis 1918 übersteigen (164 Milliarden Reichsmark deutsche Kriegskosten zu 331 Milliarden Reichsmark Reparationen nach der Forderung von 1921). Aus diesen deutschen Zahlungen hoffen Frankreich und England, ihre Kriegsschulden in den USA tilgen zu können. Auch die Sowjetunion muß noch Kriegsschulden bei ihren früheren Alliierten bezahlen, doch sie unterläßt es, da sie finanziell vom Kriege und von der Revolution stark angeschlagen ist. Mit diesen Hypotheken geht die Weltwirtschaft der frühen 1920er Jahre an den Start.

Geld ist der Treibstoff für jede Art von Wirtschaft: für Handel, Investitionen, Modernisierungen, für die Finanzierung von Industrieansiedlungen, Verkehrsinfrastruktur, Handelsflotten und so weiter. Ohne eigenes oder geliehenes Kapital kommt nichts in Gang. So arbeiten die Volkswirtschaften aller Länder in den 1920er Jahren mit Leih- und Eigenkapital unter recht unterschiedlichen Bedingungen. Dazu kommt, daß die Regeln des Marktes und der Wirtschaft durch den vorhergegangenen Krieg und die Friedensverträge zu großen Teilen außer Kraft gesetzt sind. Das Geld fließt zwischen den Nationen jetzt nicht nur zur Verrechnung von gelieferten Waren und geleisteten Diensten. Es fließt in exorbitanter Menge auch zur Bezahlung der Kriegsschulden zwischen den Siegerstaaten und zur Entrichtung der Reparationen von den Besiegten an die Sieger, dies alles ohne wirtschaftlichen Gegenwert. So werden die einen Länder immer reicher und die anderen immer ärmer, bis ein normaler internationaler Warenaustausch nicht mehr möglich ist. Das alles belastet und verfälscht die Weltwirtschaft der 1920er Jahre.

Die deutsche Wirtschaft nach Versailles

Für Deutschland kommt hinzu, daß es durch den Versailler Vertrag zunächst als Handelspartner weitestgehend ausgeschlossen wird. Deutsches

Eigentum, das für den Außenhandel nötig wäre, wird enteignet, wie beispielsweise die Handelsagenturen, die Warenlager und die Immobilien im Ausland, und die deutsche Handelsflotte wird eingezogen. Ab 1921 wird der deutsche Außenhandel außerdem durch einen 26prozentigen Zoll auf alle ausgeführten Waren zusätzlich behindert. Der Zoll geht an die Siegerstaaten. Trotz dieser Lage ist Deutschland zum Export gezwungen. Es müßte nicht nur die lebensnotwendigen Importe durch Exporte in gleichem Wert verdienen. Deutschland müßte auch das Geld für seine Reparationen, die ja zunächst für 70 Jahre vorgesehen sind, erst einmal durch die Ausfuhr deutscher Güter im Ausland einnehmen. Da das nur in sehr geringem Umfang möglich ist, lebt das Deutsche Reich in den Nachkriegsjahren vor allem von ausländischen Krediten.

Die „Golden twenties"

In den 1920er Jahren boomt die Weltwirtschaft. Nur Deutschland stürzt infolge seiner bisher nicht zurückgezahlten Kriegsanleihen, infolge der Reparationen und weiterer Kriegsfolgelasten, wegen der Erschöpfung von Industrie und Rohstoffen und durch den gebremsten Außenhandel 1923 in eine schlimme Inflation. Im November 1923 wird eine Billion „Papiermark" in eine Rentenmark getauscht. Hinzu kommt, daß sich das Deutsche Reich ab Sommer 1923 zunehmend verschuldet. Nach der Inflation kommt es zu einer kleinen Konjunktur, den „Golden twenties", aber auch die beruht vor allem wieder auf Krediten aus dem Ausland. Deutschland blüht für kurze Zeit auf Pump.

Die Weltwirtschaftskrise

Englands wirtschaftliche Lage ist solang solide, bis Frankreich mit seinem Außenhandel Englands Handel hinter sich läßt und bis höhere Zinsen in Paris in großem Umfang Kapital aus London abziehen. 1926 beginnt schließlich auch Großbritanniens Goldvorrat nach Frankreich abzufließen. Frankreich schädigt sozusagen England. In den Jahren 1929–30 wird Nordamerika von drei Bankenkrisen nacheinander heimgesucht – ausgelöst vom Preisverfall für landwirtschaftliche Produkte und in dessen Folge vom Konkurs von 600 kleinen Banken und „gekrönt" vom Zusammenbruch der Börse in New York im Oktober 1929. Der Börsenkrach in den USA und Englands Finanz- und Wirtschaftsschwäche schlagen weltweit durch. Die USA ziehen ihr verliehenes Kapital kurzfristig aus Deutschland ab, so daß der New Yorker Börsenkrach auf Deutschland überspringt. Was nun folgt, sind drei Jahre weltweiter Depression.

Zu Beginn der 1930er Jahre wenden sich viele Staaten, unter ihnen die USA, Kanada und England, vom Goldstandard ab. Weltweit beginnen die Industrienationen, ihre heimischen Volkswirtschaften und Gold- und Devisenreserven mit Schutzzöllen, Importquoten und anderen Handelshemmnissen vor der Konkurrenz des Auslandes abzuschirmen. Frankreich und die USA sind zunächst in einer komfortablen Lage. Die US-Wirtschaft fährt trotz hoher Arbeitslosigkeit und Bankenkrisen nach wie vor Gewinne ein. Der US-Goldvorrat nimmt bis zum Kriegsbeginn hin kräftig zu. Frankreich lebt für ein paar Jahre gut von Industrie und Handel, von gesunden Banken, von Exporten und den Reparationsleistungen und -zahlungen aus Deutschland. Die Franzosen finanzieren und rüsten in der Zeit die Länder Osteuropas „in Deutschlands Rücken" auf. England leidet zur gleichen Zeit unter defizitärem Außenhandel, unter Kapitalflucht, dem Abfließen eines Teiles seines Goldvorrats und hoher Arbeitslosigkeit. Deutschlands Lage ist bereits beschrieben.

Die Konferenz von Lausanne 1932

Mit der Weltwirtschaftskrise ab 1929 verändert sich das Bild. Die großen Industrienationen versuchen, nach recht unterschiedlichen Methoden dem Dilemma der Krise zu entrinnen. Im Juli 1932 bemühen sich Sieger und Besiegte auf einer Konferenz in Lausanne, die Restschulden Österreichs und Deutschlands aus den noch offenen Reparationen einvernehmlich festzulegen, doch kein fremdes Land gibt Deutschland die nötigen Kredite, um die Restschuld abzutragen. Deutschland stellt die Zahlungen ein. Nun weigern sich Paris und London ihrerseits, ihre Kriegsschulden in New York zu zahlen. Dem folgt ein Kreditverbot der USA gegenüber Großbritannien und Frankreich, das bis zum Zweiten Weltkrieg gilt. Ein jeder gibt die Schuld dafür den anderen.

Beggar-my-neighbour-Policy

Die USA und England lösen sich vom Goldstandard und entdecken die Geldentwertung als wirtschaftliche Waffe. Der Wert von Pfund und Dollar läßt sich nun nach den Beschlüssen von Zentralbank und Regierung gegenüber dem Preis des Goldes senken. Und eine billigere eigene Währung fördert die Exporte, verbilligt die Kredite, hebt die Inlandspreise und damit die Einkommen in Industrie und Landwirtschaft und hält tendenziell ausländische Produkte vom eigenen Markt fern. Die Staaten versuchen, mit billigen eigenen Währungen möglichst viele Waren im Ausland abzusetzen und damit Inlandsarbeitsplätze zu schaffen oder zu erhalten.

Doch das verschiebt nur die eigene Arbeitslosigkeit ins Ausland. Der englisch-amerikanische Ausdruck von damals für diese Währungs- und Wirtschaftspolitik heißt deshalb „Beggar-my-neighbour-Policy"; in holperigem Deutsch: „Die Mach-meinen-Nachbarn-zum-Bettler-Politik". Das ist Wirtschaftskampf mit monetären Mitteln. Die ersten Opfer dieser Manipulationen sind Frankreich, die anderen „Gold-Block-Staaten" und das Deutsche Reich. Die USA schirmen ihren Inlandsmarkt außerdem bis Ende 1932 durch hohe Zölle und Importquoten von der Einfuhr fremder Waren ab. Als das die Massenarbeitslosigkeit nicht lindert, wirft Präsident Roosevelt bei seinem Amtsantritt das Ruder um. Er setzt auf freien Handel und verlangt von allen Staaten, ihre Märkte für Waren und Produkte aus den USA zu öffnen. Er erhebt den „freien Handel" ohne Zölle und Quoten zu einem der Ziele der amerikanischen Außenpolitik.

Die Konferenz von Ottawa 1932

Ab Sommer 1932 geht England einen eigenen Weg. Es bildet auf der Konferenz von Ottawa einen Wirtschaftsblock der Empire-Staaten, die ihre Währungen von nun an statt an Gold an das Pfund Sterling binden. Dieser „Sterling-Club" ist damit eine der neuen Sonderwirtschaftszonen, die sich mit Handelsprivilegien nach innen und Schutzzöllen nach außen Vorteile zu schaffen suchen. Der „Sterling-Block" ist für die USA ein wirtschaftsschädigender Konkurrent. 1939 gelingt es Roosevelt, die „Ottawa-Zone" zu knacken, als England Kapital und Waffen aus den USA für den Zweiten Weltkrieg braucht. Frankreich, Belgien und die anderen „Gold-Block-Länder" halten ihre Währungen noch für ein paar Jahre an das Gold gebunden und damit stabil. Da Franc, Belga, Gulden und so weiter jetzt gegenüber Pfund und Dollar teurer werden, verlieren diese Länder viel an ihren Exporten und am Volkseinkommen. Die Kapital- und Goldverluste sind so hoch, daß Frankreich 1936 den Goldstandard aufgibt und 1938 den Franc ans Pfund ankoppelt. Damit gehört auch Frankreich ab 1938 zum „Sterling-Club" und somit auch zum wirtschaftlichen „Gegnerlager" der USA.

Die Wirtschaft im Dritten Reich

Deutschland und Österreich sowie viele Länder Südosteuropas, des Nahen Ostens und Südamerikas haben Anfang der 1930er Jahre alle ähnliche Probleme. Ihnen mangelt es an eigenem Kapital, und Deutschland fehlen seit Hitlers Wahl zum Kanzler zusätzlich die Kreditgeber im Ausland. So stagniert ihr Außenhandel und damit die Einnahmen, mit denen die notwendigsten Importe zu bezahlen wären. Dem folgen sinkende Volksein-kommen, hohe Arbeitslosigkeit und die Verelendung der ärmeren Bevölkerungsschichten.

Deutschland sucht sich seit 1933 einen eigenen Weg aus dem Dilemma: die wirtschaftliche Autarkie. Die Reichsregierung beginnt, mit zwei Vierjahresplänen die Volkswirtschaft zu steuern. Der Erste Vierjahresplan von 1933 soll die Ernährung der Bevölkerung sicherstellen und den schnellen Abbau der hohen Arbeitslosigkeit bewirken. Der Plan hat in erster Linie Binnenwirkung. Der Zweite Vierjahresplan von 1936 dient der Selbstversorgung Deutschlands, der wirtschaftlichen Unabhängigkeit vom Ausland sowie der Förderung des eigenen Exports. Der Zweite Vierjahresplan schlägt folglich störend auf die Volkswirtschaften des Auslands durch. Die Reichsregierung steuert damit einen Kurs, die eigene Wirtschaft weitgehend ohne ausländische Waren, Produkte und Kredite zu sanieren. Zwei Gleise liegen auf dem Kurs, das eine für die Binnenwirtschaft, das andere für den Außenhandel. In der Binnenwirtschaft entwickeln Wissenschaft und Industrie Ersatzstoffe und Produkte, die bisher aus dem Ausland kamen. Der Geldkreislauf im Inland für die Aufbauleistungen im Straßenbau, Wohnungsbau und in der Rüstung wird mit einem Kunstgeld, dem sogenannten Mefo-Wechsel, angestoßen. Die Zinssätze der Banken werden drastisch abgesenkt. Der Devisen- und Goldverkehr mit dem Ausland wird staatlich kontrolliert und der Privatwirtschaft entzogen. Dabei dürfen Gewinne ausländischer Firmen nur noch als Waren, nicht mehr als Geld ins Ausland fließen. Mit alledem wird die Volksversorgung und die Schaffung neuer Arbeitsplätze angekurbelt.

Die deutsche Sonderwirtschaftszone

Auf dem zweiten Gleis spielt sich der deutsche Außenhandel ab. Das Deutsche Reich schließt mit 25 devisenschwachen Ländern in Südosteuropa, im Nahen Osten und in Südamerika zweiseitige Verträge über einen zahlungsfreien, das heißt devisenlosen Außenhandel, also wird Ware gegen Ware getauscht, zum Beispiel Linsen aus Chile gegen Lokomotiven aus Deutschland. Der Warenaustausch zwischen Deutschland und den Partnerländern wird monatlich Wert gegen Wert verrechnet, ohne daß noch Devisen zur Bezahlung fließen und ohne daß der Handel mit geliehenem und verzinsten Geld vorfinanziert werden müßte. So baut sich Deutschland zwischen 1932 und 1936 eine informelle Sonderwirtschaftszone auf, ein deutsches Präferenzsystem. Die meisten der Vertragspartnerländer sind seit der Weltwirtschaftskrise so knapp an Devisen, daß sie ihren Devisenaußenhandel staatlich kontrollieren müssen; daher die Bezeichnung „Devisen-Kontroll-Staaten". Von dem System des devisenlosen und weitgehend zinsfreien Außenhandels profitiert jedes Land, das sich vertraglich an Deutschland bindet. Dabei aber – und das ist der Pferdefuß – verlieren die USA, Großbritannien und Frankreich auf Märkten, auf denen sie bisher beherrschend waren, besonders die USA in Südamerika, große Marktanteile. Außerdem verlieren New York und London ihre Kreditgeschäfte bei der Vorfinanzierung des Außenhandels in den Staaten, die jetzt Tauschhandel mit den Deutschen treiben.

Deutschland als wachsender Konkurrent vor dem Zweiten Weltkrieg

Es sieht so aus, als würde Deutschland vom finanziellen Zwerg zum wirtschaftlichen Riesen wachsen, und zwar zu Lasten der Sieger aus dem Ersten Weltkrieg. Das Wachstum zu einem Wirtschaftsmittelpunkt ist in der Wahrnehmung der Amerikaner, Briten und Franzosen 1939 noch nicht abgeschlossen. Hitlers und von Ribbentrops Bemühen um „freie Hand" für eine politische Hegemonie in Ost- und Südosteuropa signalisiert, daß der deutsche wirtschaftliche Aufstieg offensichtlich weitergehen soll. Für die USA ist damit neben England und seinem „Sterling-Club" ein zweiter Konkurrent entstanden. Präsident Roosevelt muß sich nun Sorgen machen, daß Deutschland in Südamerika wirtschaftliche Erfolge hat und die US-Exporte dorthin behindert, daß es damit in den Ländern Südamerikas politisches Ansehen und Gewicht bekommt, daß die US-Kreditgeschäfte in Südamerika abnehmen und zuletzt auch, daß das deutsche „Modell" in den USA an Attraktivität gewinnen und seine – Roosevelts – Popularität beschädigen könnte. Immerhin gelingt es dem deutschen Reichsbankpräsidenten und Handelsminister Hjalmar Schacht und Hitlers Politik, die Arbeitslosigkeit in Deutschland bis 1938 abzubauen und das Volkseinkommen zu verdoppeln, während Roosevelt mit seinem New-Deal-Programm trotz guten Außenhandels immer noch auf 10,4 Millionen Arbeitslosen sitzt.

Roosevelts Forderung nach weltweitem Freihandel

Wie ernst es Roosevelt mit der deutschen Konkurrenz ist, zeigt, daß er häufig vor einer Durchdringung Lateinamerikas durch die Achsenmächte warnt und daß er sich bemüht, die südamerikanischen Staaten mit wirtschaftlichen und finanziellen Repressalien wieder aus dem deutschen Präferenzsystem herauszubrechen. Präsident Roosevelt verpackt die US-Handels- und Finanzinteressen in seinem politischen Programm der „friedlichen Weltordnung" als Programmpunkt „friedliche und freie Handelspolitik". In den beiden Begriffspaaren bedeutet „friedlich" zuerst einmal US-amerikanisch. Der sogenannte freie Handel ist für Roosevelt – wie sich später zeigt – ein Kriegsgrund. Als er im März 1940 nach Polens Niederlage in Berlin, Paris und London sondieren läßt, wie man in Europa zu einem Frieden kommen könnte – England und Frankreich haben zu der Zeit Deutschlands Angebot zu einem Frieden abgelehnt –, stehen fünf Fragen auf der Tagesordnung: die Zukunft Polens und die der Tschechei, die Wirtschaftsordnung in Europa, die Abrüstung und nachgeordnet auch die Menschenrechte. Bei den Sondierungen, die der US-Unterstaatssekretär Welles in Roosevelts Auftrag bei den Deutschen vornimmt, ist der von Hitler und Göring vorgebrachte Standpunkt, daß man deutscherseits bereit ist, sich aus Polen – ohne Korridor und Danzig – zurückzuziehen, desgleichen aus der Tschechei als einem in Zukunft weitgehend entmilitarisierten Staat. Nur in den Wirtschaftsfragen beharren sowohl Hitler als auch Göring auf der deutschen Wirtschafts- und Währungspolitik, wozu das System des devisenlosen Tauschhandels mit Ländern in Südosteuropa und Südamerika gehört. Auf dieser Basis ist Roosevelt nicht an einem Frieden interessiert. Er setzt seine Politik der Vorbereitung der USA auf eine Kriegsteilnahme fort. Mit einem Krieg in Europa kann der amerikanische Präsident zwei Fliegen mit einer Klappe schlagen. England muß die „Ottawa-Sonderwirtschaftszone" als Preis für den Kriegseintritt der USA an seiner Seite opfern. Und Amerika und Großbritannien können bei einem Sieg gemeinsam Deutschlands Sonderwirtschaftszone tilgen.

Deutschlands Handel als ein Kriegsgrund unter anderen

Auch Großbritannien ist von Deutschlands eigenem Weg betroffen. Obwohl die „Ottawa-Staaten" sich selbst nach außen hin abriegeln und so den freien Handel unterbinden, ist Deutschlands Art, den internationalen Kapitalmarkt auszuschließen und sich durch Vorzugsregelungen die Märkte von 25 anderen Ländern zu erschließen, aus ihrer Sicht nicht akzeptabel. Wie man den deutschen Handel von London aus beurteilt, ist schon an früherer Stelle dieses Artikels beschrieben. Der englische General und Historiker John F. Ch. Fuller schreibt nach dem Krieg rückschauend zum deutsch-englischen Verhältnis: „Hitlers Traum war daher ein Bündnis mit Großbritannien. … Ein solches Bündnis war jedoch unmöglich, hauptsächlich deshalb, weil unmittelbar nach Hitlers Machtergreifung dessen Wirtschaftspolitik des direkten Tauschhandels und der Exportprämien dem britischen und amerikanischen Handel einen tödlichen Streich versetzte."

US-Präsident Roosevelt drückt das gleiche an dem Tage, an dem er beschließt, die USA an der Seite Englands in den Krieg zu führen, kürzer aus, als er zu seinem Sohne Elliott sagt: „Will irgendwer behaupten, daß Deutschlands Versuch, den Handel in Mitteleuropa zu dominieren, nicht einer der Hauptgründe des Krieges war?"

Die Methoden, welche die Staaten zwischen der Weltwirtschaftskrise und dem Krieg anwenden, nutzen den Anwendern und schaden allen Konkurrenten, ganz gleich ob Schutzzoll, Geldabwertung, Zinsanhebung, Vorrangvertrag, Tauschhandel oder Importquoten. Sie alle sind Instrumente finanz- und handelstechnischer Natur. Doch die USA wie auch Großbritannien umhüllen diese Instrumente mit einem moralischen Gewand. Sie deklarieren ihre eigene Konkurrenzmethode als „friedlichen und freien" Handel. Zum Schluß sind Pfund, Franc und Mark dem Dollar angekoppelt, der das Stück bis 1971 noch mit 0,7 Gramm Gold gedeckt ist und danach mit nichts mehr. Ab da können die USA ihre Importe mit selbstgedruckten Dollar finanzieren, während alle anderen Staaten sich ihre Importe erst verdienen müssen, meist in Dollar. Der Weg zu diesem Sieg der USA beginnt in den 1930er Jahren, und der Krieg gegen das Deutsche Reich ist ein Schritt auf diesem Weg.

Wildwest-Kapitalismus

Heuschrecken und US-Finanzkrise

von Dr. Alfred Mechtersheimer

Kennzeichen demokratischer Staaten ist die Konzentration der öffentlichen Aufmerksamkeit auf die weniger wichtigen Teile der politischen Realität. Die Wirtschaft aber, insbesondere der Finanzbereich, ist kaum kontrolliert, obwohl die Wirtschafts- und Finanzeliten über große politische Macht verfügen, mit der sie auf die gewählten nationalen Regierungen bestimmend einwirken, sich selbst jedoch jedweder Kontrolle entziehen können. Der wirtschaftspolitische Analphabetismus großer Teile der Bevölkerung[1] sowie dominierende zweitrangige Themen wie Klima oder Sport stärken den politischen Einfluß der wirklichen Machthaber zusätzlich.

Nur wenn es „periodisch zu Ausbrüchen des Wahnsinns kommt", was nach John Kenneth Galbraith in der Natur des Kapitalismus liegt, nimmt die Öffentlichkeit panikartig wahr, daß die Grundlage von Politik eben doch die Wirtschaft ist. Man hofft auf ein baldiges Ende der Krise und daß die nächste Krise nicht so bald kommen wird.

So wird es wohl auch nach den beiden jüngsten Auswüchsen des globalisierten Kapitalismus sein: dem „Heuschrecken-Skandal" und der US-Finanzmarktkrise. Es lohnt sich, solche Ereignisse näher zu untersuchen, weil es vielleicht doch Auswege gibt.

Globalisierung ist Amerikanisierung

Weil seit Beginn des vergangenen Jahrhunderts der Kapitalismus von den Vereinigten Staaten als der größten Volkswirtschaft geprägt wird, kann es nicht überraschen, daß seine Krisen weniger als US-spezifische, denn als dem Kapitalismus grundsätzlich immanente Entwicklungen interpretiert werden. Hier ist ein politischer Sprengsatz verborgen: Wenn erkannt wird, daß die stets wiederkehrenden schweren Krisen mehr mit den USA als dem Kapitalismus selbst zu tun haben, dann liegt es objektiv im Interesse der ganzen Welt, insbesondere der erstarkten großen Schwellenländer wie China, Indien, Rußland und auch der südamerikanischen und asiatischen Länder, ihren ökonomischen und politischen Weg in größtmöglicher Distanz zu den USA und deren imperialistischer Variante des Kapitalismus zu suchen. Das gilt gerade auch für Deutschland und die anderen engen Verbündeten der USA in Europa.

Die Katastrophen des jüngeren Kapitalismus sind eng mit der US-amerikanischen Geschichte verbunden. Zu den Ereignissen, die von Nordamerika ausgingen und die Weltwirtschaft in Mitleidenschaft gezogen haben, gehört der Zusammenbruch der New Yorker Börse im Oktober 1929 mit dem „Schwarzen Freitag" am 25. Oktober 1929, dem die schwere Weltwirtschaftskrise der 1930er Jahre folgte. Ein Beispiel aus jüngerer Zeit ist der 1998 zusammengebrochene Hedge-Fonds Long Term Capital Management (LTCM), der das Weltfinanzsystem akut bedrohte. Selbst der Anschlag vom 11. September 2001 mit der Zerstörung des World Trade Center zeigt, daß Probleme der USA unmittelbar auf die gesamte Weltwirtschaft ausstrahlen, zumal die damals vom Notenbankpräsident Alan Greenspan zur Abwehr der ökonomischen Folgen eingeleitete Politik des billigen Geldes entscheidend zur US-Hypothekenkrise beigetragen hat, die heute die ganze Welt in Mitleidenschaft zieht. Diese Folgen reichen bis hin zum massiven Abbau bürgerlicher Freiheiten in den von den USA abhängigen Ländern.

Neben den Handelsbeziehungen sorgt seit Ende des Zweiten Weltkrieges ein weltumspannendes Netz von Organisationen dafür, daß aus einem Husten in den USA eine weltweite Grippe wird. Dazu gehören das Bretton-Woods-System von 1944 mit IWF und Weltbank, sowie GATT und indirekt auch die NATO. So erscheinen originäre US-Krisen zumindest bisher in der Wissenschaft und in den Schulbüchern als Weltwirtschaftskrisen, was für die USA den Vorteil hat, daß der Verursacher nicht klar erkannt wird und das dynamische US-Modell nur wenig an Attraktivität einbüßt.

Ein Blick auf die stürmische Entwicklung der US-amerikanischen Wirtschaft zeigt, daß spekulative Geschäfte von Anfang an prägend waren (Goldrausch, Bergbau, Eisenbahnbau). Ein weiteres Kennzeichen ist die monopolistische Schwerindustrie, die mit den Namen Rockefeller und Carnegie verbunden ist. Häufige Krisen trieben die Konzentration (Trust, Pool, Holding) voran und führten um die Jahrhundertwende zu der bis heute bestimmenden qualitativen Veränderung des Industriekapitalismus in einen Finanzkapitalismus, in dem ein Bankenkartell (Morgan, Rockefeller, Rothschild, Warburg und andere) das Sagen hat und am Parlament vorbei die amerikanische Zentralbank, das Federal Reserve System (FED) installierte.[2] Heute ist um die Investmentbanken herum eine mächtige Finanzindustrie mit Hedge-Fonds und Private-Equity-Gesellschaften entstanden. Sie versucht, die US-Tradition aus Spekulation, Konzentration und Finanzmacht im globalen Rahmen fortzusetzen. Deren Bedeutung erinnert mehr denn je an das bissige Wort von Oswald Spengler: „Die Demokratie ist die politische Waffe des Großkapitals."

Mit dem Ende des bisherigen Ost-West-Konflikts setzt sich der amerikanische Finanzkapitalismus immer stärker durch, wobei die EU eher als Verstärker denn als Korrektiv wirkt. Doch es werden wegen seiner skandalösen Auswüchse erste Grenzsetzungen deutlich. Es ist bemerkenswert, daß der deutsche Finanzminister Peer Steinbrück am 18. März 2008 sagte: „Die Finanzkrise ist von den USA verursacht und droht die anderen Weltregionen und Finanzmärkte stark zu beeindrucken und in Mitleidenschaft zu ziehen."

Das könnte ein Hinweis darauf sein, daß auch in der Bundesregierung begriffen wird, daß die von den USA jahrzehntelang forcierte Entgrenzung der Finanzmärkte kein Naturgesetz der Globalisierung ist, sondern das Ergebnis politischer Entscheidungen. Tatsächlich hatte die rot-grüne Bundesregierung mit steuerlichen Maßnahmen den Verkauf von Firmenteilen vorangetrieben, indem sie Veräußerungsgewinne steuerfrei stellte, was ausländische Beteiligungsgesellschaften und Hedge-Fonds intensiv nutzten. Mit der Demontage der sogenannten „Deutschland AG" wurde eine nationale Schutzmauer eingerissen.

Das war politisch gewollt und folgte dem massiven Druck, den die US-Administration permanent auf die deutsche Regierung ausgeübt hatte. Bundeskanzlerin Angela Merkel (CDU) wurde bei ihren Besuchen in Washington immer wieder gedrängt, die Geschäftsbedingungen für die (US-amerikanischen) Finanzinvestoren zu verbessern, was zu widersprüchlichen Positionen etwa bei der Kapitalmarktkontrolle führte. Völlig unverständlich ist, daß das Bundeswirtschaftsministerium beispielsweise Verbriefungsverfahren von Krediten forcierte, die heute die Folgen der US-Finanzmarktkrise für Deutschland verschärfen. Bereits unter der Schröder-Regierung (SPD) war Deutschland treibende Kraft der neoliberalen Globalisierung der Finanzmärkte geworden. Das hat den Schutz vor den Auswüchsen des US-amerikanischen Finanzkapitalismus, der durch eine hohe Verschuldungsquote des privaten und öffentlichen Sektors und dem riskanten Handel mit Krediten gekennzeichnet ist, abgebaut.

„Heuschrecken" – eine Perversion des US-Finanzkapitalismus

Es war im Landtagswahlkampf 2005 in Nordrhein-Westfalen. Der Vorsitzende der SPD Franz Müntefering wollte seine Partei als soziales Gewissen profilieren und bezeichnete Finanzinvestoren als „Heuschrecken", die „keinen Gedanken verschwenden an die Menschen, deren Arbeitsplätze sie vernichten. Sie bleiben anonym, haben kein Gesicht, fallen wie Heuschreckenschwärme über Unternehmen her, grasen sie ab und ziehen weiter."

Das plastische Bild von den gefräßigen Insekten ging schnell in den Sprachgebrauch ein und brachte das wachsende Unbehagen an der Globalisierung auf den Begriff: Globalisierung mit Wirtschaftswachstum auf Kosten breiter Bevölkerungsschichten, auch des Mittelstandes. Die ausländische Herkunft der aggressiven Finanzinvestoren gibt der Diskussion eine besondere politische Dimension. Als der finnische Nokia-Konzern die mit Steuergeldern geförderte Produktion in Bochum aufgab, sprach NRW-Ministerpräsident Jürgen Rüttgers (CDU) von „Subventionsheuschrecke".

Es fehlte nicht an Versuchen der Finanzbranche und der von ihr abhängigen Publizistik, den Begriff der Heuschrecke als irreführende Polemik abzutun. Dies scheiterte aber gründlich, als sich aus den übernommenen Unternehmen Meldungen häuften, die alle Bedenken bei weitem übertrafen. Denn es handelt sich bei den Geschäften der aggressiven Finanzinvestoren nicht um strategische Übernahmen, wie beispielsweise der Kauf der Adam Opel AG 1929 durch General Motors. Das übernommene Unternehmen dient den heutigen Investoren lediglich als Mittel zur Profitmaximierung mit allen Mitteln. Für diese Renditejäger sind traditionelle Werte, Firmentraditionen, Arbeitnehmerinteressen aber auch das Gemeinwohl sentimentaler Ballast. Sie sind ausschließlich an einer hohen Rendite ihres eingesetzten Kapitals interessiert.

Solche Beteiligungsgesellschaften oder Hedge-Fonds der sogenannten Private-Equity-Branche (PE) wollen wir „Heuschrecken" nennen. Keineswegs alle Beteiligungsgesellschaften verdienen diesen Namen. Aber die meisten erinnern an rücksichtslose Kolonialisten.

Die aggressiven Finanzinvestoren – zumeist angelsächsischer Provenienz – steigen oft klammheimlich in Unternehmen ein, indem sie Anteile aus dem Streubesitz an der Börse aufkaufen. Auf vielfältige Weise üben sie Druck auf den Vorstand aus und streben nach Sitzen im Aufsichtsrat und schließlich dort nach der Mehrheit. Dieser Weg ist langwierig, aber zumeist dennoch erfolgreich. So hat ein Schwarm von Heuschrecken die Ablösung des ihnen nicht genehmen Vorstandsvorsitzenden der Deutschen Börse AG Werner Seifert[3] erwirkt und einen Kurswechsel erzwungen. Bei der Deutschen Telekom wurde der Vorstandsvorsitzende ausgetauscht, weil der mit weniger als fünf Prozent beteiligte US-Investor Blackstone in einer „unheilvollen Allianz von Bund und Finanzinvestor" (*Die Welt*) im November 2006 die Ablösung von Vorstandschef Kai-Uwe Ricke durchsetzte. Nicht selten gelingt es den Finanzinvestoren sogar, aus einer

Minderheitsposition heraus Unternehmen zu zerschlagen, wie etwa die Traditionsgesellschaft aus dem Quandt-Imperium Industriewerke Karlsruhe (IWKA), die heute als Kuka AG nur noch aus dem Roboter-Geschäftsbereich in Augsburg besteht.[4]

Auf Kosten der Substanz, von Arbeitsplätzen und der Zukunftsfähigkeit des Unternehmens treiben die beteiligten Finanzinvestoren die Renditen künstlich hoch. Doch das ganz große Geld wird mit dem Kauf ganzer Konzerne und Unternehmen gemacht. Daß dafür Kredite gebraucht werden, ist nicht überraschend. Neu aber ist, daß nicht der Käufer, sondern das übernommene Unternehmen bei solchen „Leveraged Buyouts" (fremdfinanzierten Übernahmen) die Kreditkosten zu tragen hat. Die Firmenjäger investierten in den letzten Jahren jeweils höchstens 30 Prozent eigene Mittel; den Großteil des Kaufpreises stellten Investmentbanken – vor der Finanzmarktkrise – bereitwillig zur Verfügung, zumal sie die Kredite mit Gewinn weiterverkaufen konnten.

Mit dieser abenteuerlichen Finanzakrobatik brachte beispielsweise der schwedische Investor EQT, der zum Wallenberg-Imperium gehört, den deutschen Technologieführer im Motorenbau MTU Friedrichshafen (jetzt Tognum) 2005 für nur 200 Millionen Euro in seinen Besitz. Daimler-Chrysler erhielt als Vorbesitzer aber einen Kaufpreis von 1,5 Milliarden Euro. Die fehlenden 1,3 Milliarden Euro wurden mit Bankkrediten finanziert, für deren Kosten nicht, was selbstverständlich wäre, der Käufer, sondern der Gekaufte aufkommen muß. Für diesen Widersinn bedarf es einiger Manipulationen, aber nach derzeitiger Rechtslage können die vom neuen Eigentümer beherrschten Führungs- und Kontrollgremien nicht daran gehindert werden, solche Kredite mit Zins- und Tilgungszahlungen zu bedienen. Eine weitere Einnahmequelle der Finanzinvestoren sind übrigens hohe Gebühren für Beraterverträge, mit denen beispielsweise der Finanzinvestor Blackstone den Chemiekonzern Celanese, der zu Hoechst gehörte, zusätzlich schwer belastet hat.

Mit diesen und weiteren zweifelhaften Methoden werden horrende Renditen erzielt. Die amerikanisch-britische Fondsgesellschaft Kohlberg Kravis Roberts & Co. (KKR) verdreifachte ihre eingesetzten Mittel beim Münchner Triebwerkshersteller MTU Aero Engines in nur knapp zwei Jahren. Der Investor hat in einem günstigen Börsenklima das wertvolle Unternehmen bereits nach 18 Monaten an die Börse gebracht. Und der US-Finanzinvestor Bain Capital verfünffachte beim weltgrößten Chemikalien-Transporteur Brenntag innerhalb von nur zweieinhalb Jahren seinen Kapitaleinsatz.

Eigentlich müßten einfallende Heuschrecken den Börsenkurs drücken, aber zunächst ist das Gegenteil der Fall, weil Ankündigungen von Personalentlassungen an der Börse in aller Regel mit einem Kursanstieg beantwortet werden. Zumindest bisher ist der Heuschrecken-Einstieg für andere Aktionäre eine Kaufempfehlung, trotz der belastenden Fremdfinanzierung.

Eine weitere Praxis der Gewinnmaximierung ist das Filetieren eines Konzerns und der Verkauf oder der Börsengang von Unternehmensteilen. Sogenannte Randaktivitäten können mit erheblichem Gewinn abgestoßen werden, wenn sie der Investor beispielsweise mit Konkurrenten fusioniert. Ein anderer rabiater Weg der Renditemaximierung ist die Ausgabenkürzung für Forschung und Entwicklung. Dies belastet zwar die Zukunftsfähigkeit des Unternehmens; aber wenn sich die Folgen zeigen, ist der Finanzinvestor längst beim nächsten Opfer angekommen.

Ein besonders skrupelloser Weg ist die Ausschüttung von Sonderdividenden, die die Eigenkapitalquote drastisch reduziert oder für die sogar Kredite aufgenommen werden müssen.[5] So ist es der einst bundeseigenen Raststättenkette Tank & Rast ergangen, die 2006 von dem britischen Investor Terra Firma übernommen wurde. Diese zusätzlichen Dividenden zahlt über die erhöhten Preise der Autofahrer an den Tankstellen und Raststätten. Eine ähnliche Plünderung fand auch bei der Henkel-Tochter Cognis statt. Beim Dualen System hat sich der US-Investor KKR die Hälfte der Rücklagen von damals über 800 Millionen Euro in die Tasche gesteckt. Widersetzt sich der Vorstand, wird er so lange unter Druck gesetzt, bis er kapituliert, so wie das jüngst der Chef von Hugo Boss tun mußte, bei dem jetzt die US-amerikanische Heuschrecke Permira das Sagen hat.

Es gibt durchaus Fälle, in denen der Einstieg eines Finanzinvestors ein deutsches Unternehmen gerettet hat, wie bei Märklin, wo sich der britische Investor Kingsbridge eingekauft hat. Doch ein solcher langfristig orientierter Investor müßte früher oder später vom Markt verschwinden, wenn er seinen Geldgebern auf Dauer nur mäßige Renditen zahlen würde.

Die Heuschrecken sind nicht nur eine betriebswirtschaftliche Plage, sondern auch eine volkswirtschaftliche und politische Bürde. Die Hauptakteure des neuen globalen Finanzkapitalismus sind amerikanische beziehungsweise angelsächsische Private-Equity-Gesellschaften wie

- The Blackstone Group, New York,
- Texas Pacific Group (TPG),
- Fort Worth / TX,
- Permira Advisers LLP, London, oder
- Apax Partners Holding Ltd., London.

Sie investieren überwiegend US-amerikanisches Kapital. Infolgedessen liegt dann nicht nur die Entscheidungsbefugnis außerhalb der deutschen Grenzen, auch die erheblichen Erträge aus den Investitionen und Beteiligungen fließen dort hin. Dadurch wird der Ausverkauf der deutschen Wirtschaft verstärkt, der ohnehin infolge klassischer Aufkäufe besonders durch US-amerikanische Konzerne weit fortgeschritten ist. 52,6 Prozent der im DAX gelisteten 30 Unternehmen befanden sich 2007 mehrheitlich in ausländischer Hand; 2001 waren es erst 35,5 Prozent.[6]

Dagegen könnte man einwenden, daß auch deutsche Unternehmen in den USA Firmen aufgekauft haben. Das ist grundsätzlich richtig, aber die Bilanz ist ernüchternd. Deutsche Konzerne – international tätige deutsche Finanzinvestoren sind bedeutungslos – haben sich nach Milliarden-Verlusten zurückgezogen, wie Daimler (von Chrysler) und die Ruhrkohle. Oder sie machen Verluste wie Deutsche Telekom, Tengelmann oder die Post/DHL. Jedenfalls gibt es keine gegenseitige Abhängigkeit. Wieder zeigt sich, daß gegenüber den USA die Globalisierung zur Amerikanisierung tendiert, das heißt eine Einbahnstraße ist – zwar nicht beim Handel, aber bei den Besitzverhältnissen.

Die starke Präsenz der US-amerikanischen Wirtschaft und Finanzkraft ist eine schwere strukturelle Belastung für die Souveränität der Bundesrepublik Deutschland und insbesondere für den Handlungsspielraum der deutschen Politik gegenüber den USA. Das eigentliche Problem ist nicht das amerikanische Vorherrschaftsstreben, sondern der fehlende Selbstbehauptungswille und ein nationaler Nihilismus in Deutschland, der so ausgeprägt in keinem anderen Land zu finden ist. Das läßt sich an der großen Zahl von Politikern und Managern ablesen, die für konkurrierende fremde Interessen, gerade auch der Heuschrecken, tätig waren beziehungsweise noch sind. Die folgende Aufzählung ist nur ein Ausschnitt:

- Horst Teltschik, der frühere außenpolitische Berater von Kanzler Helmut Kohl ließ sich vom Airbus-Konkurrenten Boeing für guten Rat bezahlen.
- Der Ex-Infineon-Chef Ulrich Schumacher diente sich der US-Heuschrecke Francisco Partners an.
- Der frühere Mannesmann-Vorstandschef Klaus Esser ist bei General Atlantic unter Vertrag.
- Ex-Bertelsmann-Chef Thomas Middelhoff und jetziger Vorstandsvorsitzender von Arcandor AG (Karstadt-Quelle) sucht für Investcorp Anlagemöglichkeiten für Petrodollars.
- Ron Sommer hat dem US-Investor Blackstone geholfen, bei seiner früheren Firma, der Deutschen Telekom, einzusteigen.
- Die früheren Mercedes-Manager Eckhard Cordes und Rolf Eckroth standen beziehungsweise stehen im Dienst der schwedischen EQT.
- US-Investor Christopher Flowers läßt sich von Ex-Bundesfinanzminister Theo Waigel beraten. Waigel nimmt außerdem die „Interessen des Finanzplatzes Schweiz in Deutschland" wahr.
- Die Beteiligungsgesellschaft Texas Pacific Group (TPG) läßt sich vom früheren Bundesbank-Chef Karl Otto Pöhl und dem FDP-Politiker Otto Graf Lambsdorff beraten.

- Ex-Außenminister Klaus Kinkel setzt seine dienstlich erworbenen Verbindungen für die US-Investmentbank Lehman Brothers ein, wo auch der Ex-Daimler-Chrysler-Chef Jürgen Schrempp und der frühere Staatsminister im Kanzleramt Hans Martin Bury angeheuert haben.
- Der langjährige KfW-Chef Hans Reich ist jetzt für das Europageschäft der Citigroup tätig, der auch Wolfgang Clement, der ehemalige SPD-Bundeswirtschaftsminister, als Berater zur Verfügung steht.
- Selbst hohe Beamte dienen nach ihrem Ausscheiden aus dem Staatsdienst fremden Herren wie der Chefvolkswirt der Europäischen Zentralbank (EZB) Otmar Issing, der seit 2007 für die US-Investmentbank Goldman Sachs tätig ist.
- Der ehemalige Bundesbankpräsident Hans Tietmeyer sitzt im Beirat der französisch-amerikanischen Investmentbank Lazard.
- Lothar Späth (CDU) dient der US-Investmentbank Merrill Lynch.

Die Finanzmarktkrise

Aus der Dotcom-Krise nach dem Jahrhundertwechsel, als die gewaltige Blase am Neuen Markt platzte und Milliarden Dollar an Werten vernichtete, hatte die Finanzwelt wieder mal nichts gelernt. Es dauerte keine sieben Jahre, da ging die nächste Blase hoch.

Bereits zu Beginn der 1990er Jahre erlebte das sogenannte Verbriefungsgeschäft der Investmentbanken einen Aufschwung, mit dem sie immer mehr verdienten. Nicht nur Hypotheken, auch Kreditkartenschulden, Kredite für Autoschulden und Studentendarlehen wurden zu handelbaren Wertpapieren verbrieft, von Rating-Agenturen abgesegnet und weltweit verkauft. Faule Kredite wurden in den Kreditpaketen unsichtbar.

Auf diese Weise säuberten die Banken ihre Bilanzen von langweiligen Darlehen, die nun kein Eigenkapital mehr banden. So wurde Geld für neue Kredite frei, die die Investmentbanken mitsamt dem Risiko weiterreichten. Ende 2006 hatte sich so eine Summe von unvorstellbaren 28 Billionen Dollar aufgetürmt, also 28.000 Milliarden. Im vergangenen Jahr 2007 wurden drei Fünftel aller amerikanischen Hypotheken und ein Viertel aller Konsumentenkredite verbrieft weiterverkauft, was zu einer immer wichtigeren Einnahmequelle der Banken und zu einer profitablen Anlageform für Investoren wurde.

Infolge der „Verbriefungen" auch von zweifelhaften Krediten hatten die Banken keinerlei Bedenken auch jenen Kunden Geld zu leihen, die sie früher niemals für kreditwürdig gehalten hätten. Um diese Einnahmen stetig zu steigern, wurden mit irreführenden Methoden immer größere Teile der Bevölkerung zu Käufen verführt, die sie auf Dauer nicht verkraften konnten. Es hatte keiner besonderen Weitsicht bedurft, um zu erkennen, daß dieses Riesengeschäft mit Kreditderivaten in einer Katastrophe enden mußte. Vielleicht baute manche US-Bank darauf, daß mit den vielen Ramsch-Krediten sich später die europäische Konkurrenz würde herumschlagen müssen.

Nicht immer und nicht immer so skrupellos wurde von den Banken so gelogen und betrogen wie in dieser Subprime-Krise. Einen Tag vor dem gerade noch verhinderten Zusammenbruch der fünftgrößten US-Investmentbank Bear Stearns hatte dessen Vorstandschef James Cayne Schwierigkeiten vehement dementiert. Den größten Kursverlust in der Geschichte des DAX traf die Münchner Hypothekenbank Hypo Real Estate am 15. Januar 2008 mit 33 Prozent, weil der Vorstandschef Georg Funke zuvor stets beteuert hatte, seine Bank sei von der US-Subprime-Krise nicht betroffen.

Nicht zuletzt der Deutsche-Bank-Chef Josef Ackermann, der nennenswerte Belastungen seines Hauses stets verneinte, mußte wiederholt im nachhinein einräumen, daß seine Bank tief in den Handel mit Krediten für Schrottimmobilien verstrickt ist. Den Vertrauensverlust für das gesamte Bankwesen haben aber auch die dafür zuständigen staatlichen Stellen wie Bafin, Bundeswirtschafts- und Finanzministerium, Bundesbank und so weiter zu verantworten. Sie haben nichts unternommen, als die aufziehende US-Hypothekenkrise bereits 2006 und 2007 mit Händen zu greifen war. Sie alle hätten wissen müssen, daß weltweit kein Institut so stark mit Verpflichtungen an gehebelten Krediten beteiligt ist wie die Deutsche Bank.[7]

Die Finanzkrise und die Heuschrecken

Die Heuschrecken sind von der Finanzmarktkrise massiv betroffen. Bereits im Jahr 2007 war nach einer Studie der Unternehmensberatung Ernst & Young das Investitionsvolumen im Vorjahresvergleich um fast die Hälfte zurückgegangen. Das Übernahme- und Beteiligungsgeschäft mit großen Transfers ist fast völlig eingebrochen. Die Heuschrecken erhalten nämlich nicht mehr die billigen Riesenkredite, weil keine Bank mehr der anderen vertraut. Und wenn sie einem Finanzinvestor noch eine Übernahme finanzieren, dann nur zu deutlich höheren Kosten; denn die Investmentbanken können die Kredite kaum weiterverkaufen. Die Zeiten nahezu unbegrenzt verfügbarer Liquidität, die Basis der lukrativen Geschäfte der Heuschrecken, sind vorbei. Damit ist der Siegeszug der Private-Equity-Branche festgefahren – zumindest vorerst.

Eine ganze Reihe von Übernahmen, die zu Beginn der Finanzmarktkrise eingefädelt worden waren, wie die von Chrysler durch den Finanzinvestor Cerberus, bereiten deshalb große Schwierigkeiten. Bereits streiten sich – für die Branche unüblich – Investoren und Banken vor Gericht wegen geplatzter Finanzierungen.

Mittlerweile sind mehrere Fonds zusammengebrochen, auch Aktionäre der börsennotierten Gesellschaften haben viel Geld verloren. Rechtzeitig vor dem Zusammenbruch des Marktes haben mehrere Besitzer von Private-Equity-Firmen wie David Rubenstein (Carlyle), Stephen Schwarzmann (Blackstone) oder Henry Kravis (KKR) mit Börsengängen Kasse gemacht. Jeweils kurz danach ist der Kurs eingebrochen. Das könnte man auch als Indiz dafür verstehen, daß sich die Finanzmarktkrise für Insider rechtzeitig abgezeichnet hatte und auch diese Krise den Kern der Finanzoligarchie zu Gewinnern gemacht hat.

Die Großverdiener der Hedge-Fonds-Branche sind ohnehin nicht zu schädigen, weil sie in wenigen Jahren Milliarden herausgeholt haben. Allein 2005 haben die US-Amerikaner James Simons (Renaissance Technologies) und T. Boone Pickens (BP Capital Management) jeweils rund 1,5 Milliarden Dollar erhalten. Damit hat jeder der beiden Hedge-Fonds-Manager mehr Geld eingesteckt als Mauretanien oder die Mongolei als Volkseinkommen pro Jahr erzielen. Der Großspekulant George Soros hat im selben Jahr 840 Millionen Dollar eingefahren. Bei solchen obszönen Summen brauchen die Finanzinvestoren die Folgen ihrer riskanten Finanzakrobatik nicht zu fürchten, zumal die übernommenen Unternehmen und die Banken die Hauptlast tragen. Bei diesen Einkommen können die Finanzmanager die höchsten Risiken eingehen, sie sind als mehrfache Milliardäre bei keiner Pleite existentiell bedroht. Die Katastrophe, die sie ja nicht persönlich trifft, ist Teil des Geschäftsmodells der Private-Equity-Branche.

Auch wenn die Heuschrecken nicht der Auslöser der US-Kreditkrise waren, so haben sie doch für Panik an den Finanzmärkten gesorgt und verschärfen die Krise zusätzlich. Wenn selbst die als extrem finanzstark geltenden Fonds bedroht sind, dann wächst das Risiko für alle Unternehmen, die Finanzinvestoren gehören oder an denen Finanzinvestoren beteiligt sind. Hier ist eine Brücke, über die die Finanzmarktkrise die reale Wirtschaft erreichen könnte. Dem steht aber die Chance gegenüber, daß die Heuschrecken gezwungen werden könnten, ihr Engagement auch an deutschen Unternehmen zurückzuschrauben, womit reelle Investoren das Fremd-Engagement in der deutschen und europäischen Wirtschaft reduzieren könnten. Jedenfalls wird in nächster Zeit die Finanzkraft der Heuschrecken, zumindest solange die Finanzmarktkrise andauert, für große Übernahmen kaum ausreichen.

Heuschrecken und Finanzmarktkrise sind faule Früchte vom selben Baum. Beiden liegt das Laster zugrunde, mehr zu kaufen, als man bezahlen kann, also Schulden zu machen, mit denen Banken ein lukratives Geschäft auf dem Rücken der Schwachen machen. Den Preis zahlen die Eigenheimbesitzer, die gezwungen sind, ihre – immer wertloseren – Häuser zu verkaufen, oder die Unternehmen und die Arbeitnehmer, deren Firmen ausgesaugt werden sowie die Mieter, wenn Wohnungsgesellschaften ihre Wohnungen einem Finanzinvestor zur Ausbeutung überlassen.

Der schleichende Machtverlust des US-Kapitalismus

Der Kapitalismus wird auch diese Krise überleben. Aber der US-amerikanische Finanzkapitalismus und damit die USA insgesamt werden geschwächt aus den jüngsten Krisen hervorgehen. Geschwächt ist auch der Glaube an die vielbeschworene „unsichtbare Hand" des Marktes, die wieder einmal nicht für sozialen Ausgleich gesorgt hat und nicht vor den zerstörerischen Kräften schützen konnte. Die Marktkräfte haben versagt.

Geschwächt wird das westliche Wirtschafts- und Finanzsystem insgesamt zugunsten der neuen Zentren. Die Finanzmarktkrise hat zu einer Stärkung des direkten Einflußes der Schwellenländer geführt, so ist die staatliche Singapore Investment Corporation jetzt größter Aktionär der Schweizer Großbank UBS und ist auch bei Merrill Lynch eingestiegen. Und an der Citigroup übernahm Abu Dhabi rund fünf Prozent der Anteile. China half der Investmentbank Morgan Stanley. Die Staatsfonds aus den Ölstaaten, aus Rußland oder aus Asien, die man wenige Monate zuvor noch fernhalten wollte, sind dabei, zum Retter des westlichen Finanzsystems zu werden.

Nicht nur im Bank-Bereich holen diese Länder kräftig auf. Die Reichenliste des US-Magazins *Forbes* wird 2007 erstmals von einem Milliardär aus einem Schwellenland, dem Mexikaner Carlos Slim, angeführt. Unter den zehn reichsten Männern der Welt befinden sich erstmals vier Inder. Darunter der Besitzer des TATA-Konzerns, der im März 2008 für 1,5 Milliarden Euro die britischen Automarken Jaguar und Land Rover dem amerikanischen Ford-Konzern abkaufte – welch eine Symbolik für die Verschiebungen der globalen Kräfte.

Die jüngsten Finanzkrisen haben das inhumane und selbstschädigende Potential des westlichen Kapitalismus bloßgelegt und seinen Gegnern einen Triumph bereitet, den sich diese wohl nicht zu erhoffen wagten. Die Ereignisse sind eine einzige Bestätigung der Kapitalismuskritik. Der Trend geht vom Finanz-Kapitalismus zu einem chaotischen Wildwest-Kapitalismus. Das US-amerikanische Modell verliert seine Anziehungskraft nach außen und innen. Das Grundvertrauen in alle staatlichen Ordnungen, die sich mit diesem Kapitalismus identifizieren, ist zusammengebrochen, was sich in Deutschland am Aufstieg der Linkspartei zur drittstärksten Kraft ablesen läßt. Deren Wahlerfolge – wohl nicht zufällig in der Zeit der Finanzkrise – sind damit zu erklären, daß angesichts des kapitalistischen

Unrechts sozialistische Ansätze ihren Schrecken immer weiter verlieren. Gleichzeitig verspielt das gesamte politische System wegen der zunehmenden Verkluftung der Einkommensverhältnisse seine Legitimität. Wenn die von überbezahlten Bankmanagern verursachten Milliardenverluste vom Steuerzahler beglichen werden müssen, wird das Potential für einen „Linksruck" der Gesellschaft weiter wachsen.

Die Finanzmarktkrise in Deutschland ist freilich kein Argument für staatsinterventionistische Forderungen. Denn die halbstaatlichen Landesbanken, in deren Aufsichtsgremien Politiker und Beamte des jeweiligen Landes stark vertreten sind, haben sich fahrlässiger verhalten als die meisten Privatbanken. So hat sich keiner der verantwortlichen Politiker daran gestört, daß die Sachsen LB mit Ramschkrediten in einer Größenordnung spekuliert hat, die über dem Haushalt des Freistaates lagen. Es sind die Amtsinhaber, die versagt haben, was wohl in der Qualifikation des politischen Personals und in gesamtgesellschaftlichen moralischen Defiziten begründet ist.

Vor den Übeln des US-amerikanischen Kapitalismus kann sich Deutschland nur schützen, wenn es sich zusammen mit europäischen und außereuropäischen Partnern kontinuierlich aus der US-Abhängigkeit befreit. In der aktuellen Finanzkrise könnte sich zeigen, daß eine Rezession in den USA nicht mehr automatisch auf Europa überspringt. Vieles hängt dabei von einer klugen deutschen Politik ab. Die Weigerung Berlins, sich an den US-Kriegen im Irak oder Afghanistan voll zu beteiligen, ist ein wichtiger außenpolitischer Neubeginn. Auch der Widerstand gegen die US-Forderung nach einer Ost-Erweiterung der NATO (Ukraine und Georgien) öffnet Wege für eine neue europäische Politik gegenüber den potentiellen Weltmächten im Osten.

Gute Voraussetzung für die Abkopplung von den im Niedergang befindlichen USA ist die erfolgreiche technologische Entwicklung Europas. In diesem Bereich wird eine US-Bastion nach der anderen gebrochen, so in der Automobilindustrie, der Luft- und der Raumfahrt und bei der satellitengestützten Navigation. Nicht zuletzt wird am selbstverschuldeten Bedeutungsverlust des Dollar als Leitwährung abzulesen sein, wann sich das nordamerikanische Zeitalter seinem Ende zuneigt. Dann könnten die USA vielleicht mehr für die Menschheit leisten, denn als überforderte Großmacht mit einem mörderischen Finanzsystem.

Anmerkungen

[1] Die größte deutsche Tageszeitung, *Bild*, hat keinen Wirtschaftsteil und berichtet selten über Wirtschaftsthemen.

[2] Siehe dazu: G. Edward Griffin. *Die Kreatur von Jekyll Island: Die US-Notenbank Federal Reserve.* Rottenburg: Kopp, 2006.

[3] Seifert hat seine Erfahrungen in einem Buch festgehalten: *Invasion der Heuschrecken: Intrigen – Machtkämpfe – Marktmanipulationen: Wie Hedge Fonds die Deutschland AG attackieren.* Berlin: Econ, 2006.

[4] Siehe Einzelheiten und viele weitere Beispiele in: Alfred Mechtersheimer. *Handbuch Deutsche Wirtschaft, 2005/2006.* Oder CD-ROM 2007.

[5] Das Aktiengesetz verbietet dies eigentlich.

[6] *Handelsblatt* vom 17. Dezember 2007, S. 1. (Abgedruckt im *Pressespiegel* des Friedenskomitees 2000, Nr. 20 (2007) vom 19. Dezember 2007.)

[7] Siehe *Financial Times* vom 18. März 2008. (Abgedruckt im *Pressespiegel* des Friedenskomitees 2000, Nr. 7 / 8 (2008).)

Politische Korrektheit in Aktion

Ein Qualitätssprung bei der Vergangenheitsbewältigung?

von Generalleutnant a.D. Dr. Franz Uhle-Wettler

Höchstwahrscheinlich ist ein „Qualitätssprung" bei derjenigen Art der Vergangenheitsbewältigung zu vermelden, die zwar wissenschaftlich fragwürdig, aber weit verbreitet und deshalb wichtig ist. Zur Erinnerung: Zu den Grundpfeilern des Marxismus gehört die Lehre, daß in allen Bereichen des Universums, vom Innersten der Atome bis zu den fernsten Galaxien, allmähliche Änderungen der „Quantität" zu einer plötzlichen und in menschlichen Gesellschaften revolutionären Änderung der „Qualität" führen. So bewirkt eine quantitative Änderung in Form von Zuführung von Wärme unabänderlich bei null sowie hundert Grad eine sprunghafte Änderung der Qualität: Eis wird zu Wasser und dann zu Dampf.[1] Das quantitative Wachsen des Bürgertums bewirkte in den absolutistischen Staaten den Qualitätssprung zur bürgerlich-kapitalistischen Gesellschaft. In den demokratisch-kapitalistischen Gesellschaften soll die quantitative Vermehrung des verelendenden Proletariats mit naturgesetzlicher Sicherheit zu einem revolutionären Qualitätssprung, also über die Diktatur des Proletariats zur sozialistischen und schließlich kommunistischen Gesellschaft führen. Dies hat sich bislang nicht bewahrheitet.[2]

Der Qualitätssprung bei der Vergangenheitsbewältigung

Bisher waren dort, wo Vergangenheitsbewältigung mit übergroßem Eifer und fragwürdigen Methoden betrieben wurde, nur quantitative Änderungen festzustellen. Noch vor vierzig oder dreißig Jahren wäre es zum Beispiel kaum denkbar gewesen, die Wehrmacht pauschal als „marschierendes Schlachthaus", so der Staatsminister für kulturelle Angelegenheiten Michael Naumann (SPD) im Jahre 1999, zu bezeichnen. Doch seitdem haben Einäugigkeit, Verschweigen der dem gewünschten Urteil entgegenstehenden Tatsachen sowie Politische Korrektheit quantitativ weiter zugenommen; das zeigte unter anderem die Begeisterung für die Wehrmachtausstellungen. Aber in einem Chorgesang fallen nur die lautesten Stimmen auf; wer Beifall begehrt, muß also noch lauter singen – eine quantitative Änderung –, bis der Gesang in eine neue Qualität umschlägt. Dieser Qualitätssprung scheint nun zu geschehen. Das läßt sich an den letzten Veröffentlichungen des Militärgeschichtlichen Forschungsamtes (MGFA) der Bundeswehr zeigen.

Das Amt veröffentlicht unter anderem die *Militärgeschichte: Zeitschrift für historische Bildung*; warum die Zeitschrift wichtig ist, sei später dargelegt. Sogar in einem einzigen der neueren Hefte finden sich gleich zwei Aufsätze, die die Vermutung nahelegen, der Qualitätssprung der Vergangenheitsbewältigung sei vollbracht. Der erste Aufsatz hat den „Mythos Tannenberg" und damit „Eine deutsche Legende" als Titel.[3] Schon das weckt Interesse. Immerhin ist sogar genialen Heerführern die Einschließung und damit Vernichtung eines feindlichen Heeres nur selten gelungen: Hannibal bei Cannae, Caesar bei Ilerda, Napoleon bei Ulm und Moltke zweimal, bei Metz sowie bei Sedan. Bei Tannenberg konnten Hindenburg sowie Ludendorff 1914 die etwas stärkere russische 2. Armee in einer mehrtägigen Schlacht einschließen und vernichten. Dazu zogen sie sogar vor der nur ein bis anderthalb Tagesmärsche entfernten russischen 1. Armee fast alle deutschen Truppen ab, obwohl diese Armee dauernd einzugreifen drohte. Warum ein solcher Sieg oder seine Überlieferung so sehr „Mythos" und „Legende" sein soll, daß man dies in den Vordergrund stellen muß, ist schwer einzusehen. Doch das ist hier nicht Thema. Also möge der Hinweis genügen, daß Niveau und Aussage des Aufsatzes dem Titel entsprechen.

Der erste Qualitätssprung

Gegen Ende des Aufsatzes „Mythos Tannenberg" wird sichtbar, was man wohl als Qualitätssprung der Vergangenheitsbewältigung bezeichnen kann. Der Aufsatz berichtet eine Schandtat: Bei der Einweihung des Tannenbergdenkmals am 18. September 1927 wurden „bezeichnenderweise" die republikanischen und jüdischen Veteranenverbände „ausgeschlossen".[4] Also: Rassismus, Antisemitismus, Brüskierung der legalen sowie demokratisch legitimierten republikanischen Staatsordnung und Verneinung der verbal beschworenen Frontkämpfergemeinschaft in einem einzigen Bubenstück. Wahrlich eine Schandtat!

Zweifel entsteht allerdings sofort, wenn man beachtet, daß die Einweihung des Denkmals in Gegenwart des Reichspräsidenten von Hindenburg, des Reichskanzlers Heinrich Marx von der Deutschen Zentrumspartei (!) und zweier Reichsminister stattfand.[5] Diese sollen gemeinschaftlich die Schandtat zugelassen und gedeckt haben? Die Zweifel werden durch die Tatsache verstärkt, daß Hindenburg sich noch 1932 für das ihm vom Reichsbund Jüdischer Frontsoldaten übersandte *Gedenkbuch* mit den Namen der 12.000 jüdischen Gefallenen in „ehrfurchtsvoller" Erinnerung an die „für das Vaterland" gefallenen „Kameraden" mit „kameradschaftlichem" Gruß bedankte.[6] Wo war, sogar als Hitler schon vor den Toren stand, Hindenburgs (vermeintlicher?) Antisemitismus?

Angesichts der Zweifel bat der Verfasser dieses Aufsatzes am 11. Juli 2004 den Amtschef des MGFA um Mitteilung, worauf sich der Bericht über die Schandtat stützt. Nach fünf Wochen dankte der Amtschef am 19. August für das Interesse an den Veröffentlichungen des MGFA. Aber die Angabe der Quelle für jene Schandtat fehlte! Neuer Brief am 16. Oktober, Antwort am 4. November: Die Quelle sei dem Amtschef nicht bekannt, und er – der Amtschef! – könne die Verfasser des Aufsatzes nicht anweisen, ihm die Quelle zu nennen, „mit freundlichen Grüßen". Da bleibt nur die Annahme, daß es die Quelle nicht gibt. Das würde dann freilich bedeuten, daß die Schandtat erfunden wurde. Diese Vermutung wird durch die noch heute vollständig verfügbaren Unterlagen gestützt.

Erfindet das MGFA deutsche Schandtaten?

Eine Bemerkung zur „Ausschließung" der republikanischen Frontkämpferverbände: Die als liberal zu wertende *Vossische Zeitung* berichtete am 20. September 1927, das der SPD nahestehende republikanische „Reichsbanner Schwarz-Rot-Gold" habe die Beteiligung „abgelehnt", weil es eine nationalistische Demonstration erwartete.[7] Bei dieser Beurteilung dürften parteipolitische Gesichtspunkte eine Rolle gespielt haben. Dafür ist bezeichnend, daß die SPD-Regierung Preußens sich bei der Einweihung des Denkmals trotz Teilnahme des Reichspräsidenten und von Reichsministern durch nachgeordnete Behörden vertreten ließ. Der *Vorwärts* – das (wie der Untertitel besagt) *Zentralorgan der Sozialdemokratischen Partei Deutschlands* – sprach von einer „ausgeprägt nationalistischen" Kundgebung,[8] obwohl die im Mittelpunkt der Veranstaltung stehende Ansprache des Reichspräsidenten vorher dem Reichskanzler und dem Außenminister (Gustav Stresemann, DVP) vorgelegt und gebilligt worden war. Jedenfalls von „Ausschließung" der republikanischen

Frontkämpferverbände keine Spur; sie wollten von vornherein nicht teilnehmen.

Bei der Beurteilung dieser Haltung kann man auf das Urteil von Arthur Rosenberg, eines Berufshistorikers und kommunistischen Reichstagsabgeordneten, also eines unverdächtigen Zeugen, verweisen. In seiner zweibändigen *Entstehung und Geschichte der Weimarer Republik* urteilt er mehrfach, die Mißachtung eines maßvollen Nationalgefühls durch die Linke habe wesentlich dazu beigetragen, daß die Republik wenig Anklang fand.[9] Man wird also die Haltung der politischen Linken nicht automatisch billigen müssen.

Einige Worte zur „Ausschließung" der jüdischen Frontkämpferverbände: Der Festausschuß hatte den ehemaligen Feldrabbiner Dr. Lewin sowie einen evangelischen und einen katholischen Geistlichen um eine Ansprache beim einleitenden Gottesdienst gebeten. Doch nachdem das Programm veröffentlicht worden war, entstanden Schwierigkeiten. Hierzu schrieb der Festausschuß am 13. September 1927, eine knappe Woche vor der Einweihung, dem „Reichsbund jüdischer Frontsoldaten", er halte „eine Ansprache des Herrn Rabbiners bei Beginn der Weihefeier" nicht mehr für möglich. Der Grund: weil „der gleiche Anspruch von Vertretern anderer, nicht zur evangelischen und katholischen Kirche gehörenden Religionsgemeinschaften mit dem gleichen Recht erhoben wurde. Da eine längere Folge von Festansprachen sich selbstverständlich verbot, mußten diese auf die Vertreter der beiden Kirchen beschränkt werden, welche die weit überwiegende Mehrheit der Tannenbergkämpfer umfaßt. Die Vertreter der übrigen kleineren Religionsgemeinschaften[10] sind bereitwillig auf  den Vorschlag eingegangen, eine kurze Ansprache bei der Kranzniederlegung zu halten. Auch Herr Rabbiner Lewin hatte sich damit einverstanden erklärt. Wir bedauern, daß er durch die Berliner Instanzen des deutschen Judentums zur Änderung seines Standpunktes veranlaßt worden ist … Mit der Versicherung der vorzüglichsten Hochachtung zeichne ich ergebenst – Kahns, Generalmajor, Vorsitzender".[11]

Bei der Beurteilung dieser Darstellung des Festausschusses ist zu beachten, daß dieser ebenso Partei, ebenso ein politischer Interessensverbund war wie der „Reichsbund jüdischer Frontsoldaten", der dem Festausschuß „kleinlichen Geist", aber nicht Ausschließung vorwarf.[12] Man darf wohl heutige Gebräuche zur Bewertung heranziehen. Der Verfasser hat mehrfach auf dem britischen Soldatenfriedhof in Rom am Memorial Day, dem britischen Volkstrauertag, teilgenommen. Gerade in Italien sind in den indischen und afrikanischen Truppen der britischen Streitkräfte Hindus, Muslime, Sikhs, Lamaisten und so weiter sowie Juden gefallen, wie die Grabsteine auf dem Friedhof zeigen. Doch stets sprach – ebenso wie 1927 am Tannenbergdenkmal – nur ein evangelischer (anglikanischer) und ein katholischer Geistlicher. Anscheinend hat keiner der Botschafter der ehemaligen britischen Kolonien sowie Dominien Anstoß daran genommen, daß kein Imam, kein Rabbi, kein Hindupriester und so weiter sprachen, denn sie nahmen alle an der Feier teil. Man wird also die Reaktion Dr. Lewins nicht automatisch als berechtigt anerkennen müssen. Vor allem aber scheint unbestreitbar, daß er eingeladen war und sich aus eigenem Entschluß oder aufgrund des Druckes der „Berliner Instanzen" (so der Festausschuß) zurückzog, weil ihm nur bei der Kranzniederlegung Rederecht und Redezeit eingeräumt wurden.

Was ist zum jüdischen Frontsoldatenverband zu sagen? Der „Landesverband Ost- und Westpreußen" des Reichsbundes gab eine Presseerklärung heraus,[13] in der es einleitend heißt, der jüdische Frontsoldatenverband habe sich „zu seinem großen Bedauern und schweren Herzens entschließen müssen, der Feier auf dem Schlachtfelde von Tannenberg fernzubleiben". Im ursprünglichen Festprogramm sei eine Ansprache des Feldrabbiners Dr. Lewin beim einleitenden Gottesdienst vorgesehen gewesen, doch dann sei an diesen das Ansinnen gestellt worden, „an anderer Stelle im späteren Verlauf der Feier die Ansprache zu halten". Deshalb seien sie, die jüdischen Frontkämpfer, der Feier „ferngeblieben". Das bestätigt die zitierte Darstellung des Festausschusses und zwingt zu dem Schluß: von „Ausschließung" keine Spur.

Noch ein Qualitätssprung

Doch damit nicht genug der Fragwürdigkeiten in einem einzigen Heft der *Militärgeschichte*. Das MGFA hat einen Wissenschaftlichen Beirat, dem der Professor der Universität Potsdam vorsitzt, Prof. Dr. Manfred Görtemaker. Dieser veröffentlichte im gleichen Heft einen Aufsatz über „Deutsche Kriegsziele im Ersten Weltkrieg". Der Aufsatz gipfelt in der Darstellung von Zielen, die in vollem Sinn des harten Wortes idiotisch und zudem schandbar waren: Die deutschen territorialen Kriegsziele sollten sich „auf Drängen Ludendorffs im Osten bis zum Ural erstrecken".[14] Die Nutzanwendung folgt sofort: Mit dem „Gewaltfrieden von Brest-Litowsk am 3. März 1918" bereiteten „die Deutschen selbst den Boden für Versailles", wo dann ein Verständigungsfrieden „keine Chance mehr" hatte.

Schon hierzu ist anzumerken, daß das Aufrechnen zu Recht verpönt ist. Doch das gilt anscheinend nicht, wenn das Aufrechnen, hier von Brest-Litowsk gegen Versailles, Deutsche belastet. Dabei kann hier unberücksichtigt bleiben, ob Brest-Litowsk in diesem Aufsatz korrekt oder politisch korrekt beurteilt wurde.[15]

Der Verfasser hat sich mit Ludendorff intensiv beschäftigt und dessen territoriale Kriegsziele kritisch beurteilt.[16] Aber von riesigen und sogar „bis zum Ural" reichenden Annexionsforderungen hat er in den Dokumenten und in den Berichten der Zeitzeugen nichts gefunden. Also bat er Professor Manfred Görtemaker am 28. Dezember 2004 um Mitteilung der Quelle für die Annexionsgelüste „bis zum Ural". Die Bitte wäre leicht zu erfüllen gewesen, wenn es die Quelle gäbe. Doch die Bitte blieb unbeantwortet. Da bleibt wiederum nur die Vermutung, daß in einem Aufsatz sogar des Vorsitzenden des Wissenschaftlichen Beirats des MGFA, eines Professors sowie Berufshistorikers, die Darstellung der deutschen Geschichte eine neue Qualität erreicht: Man behauptet deutsche Idiotien und Schandtaten auf fragwürdigster Basis.

Zur Bewertung

Bleibt die Frage nach dem Ursprung der Fragwürdigkeiten. Fahrlässigkeit wäre anzunehmen, wenn die Autoren sich auf nur unzureichend geprüfte Quellen gestützt hätten. Aber das ist wohl auszuschließen. Es gibt keine halbwegs glaubwürdige Darstellung, auf die sich die Autoren der Artikel irrtümlich stützen konnten. Mithin bleibt nur, daß die Autoren deutsche Schandtaten freihändig sowie schöpferisch erfunden haben und annahmen, daß der Amtschef des MGFA sie notfalls decken würde – was er tatsächlich auch tat. Man muß also konstatieren: ein Qualitätssprung des wissenschaftlichen Ethos.

Natürlich sind die beiden genannten Aufsätze bei isolierter Betrachtung unwichtig. Aber sie sind nur so unwichtig, wie es die Bewegung des Zeigers in einem Instrument ist – der Wichtiges anzeigt. Das MGFA ist das größte deutsche Geschichtsforschungsinstitut; Tendenzen dort zeigen also Wichtiges an. Der Einfluß des MGFA läßt sich, neben seiner Größe, auch aus der Verbreitung seiner Veröffentlichungen abschätzen: Die Zeitschrift *Militärgeschichte* wird bis zur Ebene Kompanie, Schiff beziehungsweise Staffel verteilt. Sie unterrichtet also unter anderen die gesamte deutsche Bundeswehr. Deshalb muß der Leser annehmen, daß nicht die persönliche Meinung eines unmaßgeblichen Historikers, sondern gesicherte Ergebnisse der Geschichtswissenschaft mitgeteilt werden, die vernünftigerweise nicht angezweifelt werden können.

Noch wichtiger ist, daß derartige Aufsätze weithin sichtbare Signale setzen. Die Historiker des MGFA sowie die Militärgeschichtslehrer an den Universitäten und Offizierschulen der Bundeswehr können deutlich erkennen, welche wissenschaftlichen Methoden beim MGFA angewendet werden und was sie zu lehren haben, um vorwärts zu kommen. Diese indirekte Wirkung derartiger Aufsätze dürfte nicht gering sein und dürfte sich bei den derart ausgebildeten – indoktrinierten? – Offizieren noch lange auswirken.

Eine weitere Wirkung könnte sich auf Dauer als die negativste erweisen. Noch einmal sei an die weitverbreitete Begeisterung für die Wehrmachtausstellungen erinnert, die sich schließlich nach heftigem Zögern das Urteil selbst sprechen mußten. Derartiges hat Folgen. „Wer einmal lügt, dem glaubt man nicht, und wenn er auch die Wahrheit spricht." Wer Schandtaten erfindet, darf sich nicht wundern, wenn das hieraus erwachsende Mißtrauen auch seine zutreffenden Darstellungen trifft.

Zum Schluß zwei Arabesken. Die erste: Der damalige Amtschef des MGFA hätte mühelos jede Kritik an jenen beiden Aufsätzen unterlaufen können, wenn er dem Verfasser geantwortet hätte, einer seiner Mitarbeiter habe einen Fehler gemacht. Das Fehlen dieses Eingeständnisses zeigt wohl, wie sicher das MGFA sich fühlte, daß niemand sich die Mühe machen würde, die Behauptung der deutschen Schandtaten „kritisch zu hinterfragen", daß, sollte jemand das doch tun, er kaum wagen würde, seinen Fund bekannt zu machen, und daß, sollte jemand auch das versuchen, er keinen Verleger finden würde.

Die zweite Arabeske: Der Chefredakteur der *Militärgeschichte*, unter dem die beiden hier dargelegten und ähnliche Aufsätze erschienen, wurde im Dezember 2004 befördert. Er wurde Amtschef des MGFA. Was darf man nun vom MGFA erwarten?

Zur Beurteilung dieser Vergangenheitsbewältigung

In diesem Zusammenhang kann interessieren, wie die deutsche Art der Vergangenheitsbewältigung im Ausland gesehen wird. Kein Zweifel: Die Kenntnis auch der dunklen Seiten der deutschen Geschichte ist notwendig.[17] Fraglich ist, wie die Vergangenheitsbewältigung betrieben wird oder betrieben werden soll. Schon Goethe und Schiller haben in den „Xenien" geklagt: „Daß der Deutsche doch alles zu seinem Äußersten treibet."[18] Den Deutschen hat Goethe zugerufen: „Ihr seht so recht manierlich aus", aber warnend hinzugefügt: „ kommt nur nicht absolut nach Haus". Das berechtigt zu der Frage, ob die Deutschen auch die Vergangenheitsbewältigung „absolut" und „zum Äußersten", also notfalls bis zur Erfindung neuer Schandtaten treiben.

Allerdings wird die deutsche Vergangenheitsbewältigung im Ausland auch positiv beurteilt. Diese Zeugnisse werden gern zitiert. Aber es gibt andere Stimmen, die freilich selten zitiert werden. Einige Beispiele:

Frankreich: Ein ehemaliger deutscher Jude, heute Franzose, Alfred Grosser, der als „Altmeister der historisch-politischen Aufklärung" (FAZ) gilt, schreibt 2005: „Die dumme [sic!] Behauptung, Hitler sei gewissermaßen die Krone des Baumes der deutschen Geschichte gewesen und nicht nur ein dicker Ast neben anderen, hat die deutsche Öffentlichkeit dazu geführt, den ganzen Baum mitsamt der Wurzeln zu fällen." An anderer Stelle spricht Grosser davon, daß die Auseinandersetzung um die nationalsozialistische Vergangenheit oft (!) „masochistische Züge annimmt".[19]

England: Unter dem Titel „Die russischen Kriegsromane der 1990er Jahre: Eine Frage der nationalen Identität" untersucht Professor Frank Ellis von der Universität Leeds in der *Salisbury Review*, also in einem Blatt des Deutschland und den Deutschen meist abgeneigten britischen konservativen Establishments, die neue russische Kriegsliteratur.[20] Nicht umsonst ist die Zeitschrift nach Robert Cecil, 3. Marquess of Salisbury, benannt, der von den späteren Bismarck-Jahren bis ins 20. Jahrhundert hinein die englische Außenpolitik als Außenminister oder Ministerpräsident bestimmte. Ein Amerikaner, Robert Langer, schreibt ihm eine „strong antipathy towards the German people as a whole" (eine starke Abneigung gegen das gesamte deutsche Volk) zu.[21] Dieser Hintergrund läßt erwarten, daß die deutsche Vergangenheitsbewältigung und das, was die heutige deutsche politische Klasse gern als „neue deutsche Bescheidenheit" rühmt, auch in der *Salisbury Review* positiv beurteilt wird. Doch die Erwartung täuscht.

Professor Ellis verweist einleitend darauf, daß viele Völker Schwierigkeiten mit dunklen Seiten ihrer Geschichte haben: „Die gaullistische Propaganda war auf den Mythos gegründet, die Franzosen hätten sich selbst befreit und allgemein der deutschen Besatzung Widerstand geleistet; so versuchte sie die Franzosen, Vichy verschweigend, in einen Sieger zu verwandeln ... In Deutschland schufen die edelmütigen und entschlossenen Bemühungen von Politikern der Rechten und der Linken, die Nazi-Vergangenheit zu bewältigen, unglücklicherweise einen psychologischen Terror, der ebenso widerlich ist wie alles, was Goebbels auferlegte. Auf allen Ebenen des Erziehungssystems und der deutschen Medien wird den Deutschen unaufhörlich das Gehirn gewaschen ... Daß Günther Grass' neue Novelle *Im Krebsgang*, die Deutsche als Opfer schildert, ein Tabu-Brecher wurde, bezeugt die Macht der Deutschland seit 1945 beherrschenden politisch korrekten Orthodoxie. Die Bereitschaft so vieler Deutscher, sich an endloser Selbstgeißelung zu beteiligen, und so zu denken, wie das Establishment bestimmt, ist geistesgeschichtlich ebenso unnormal wie der französische Bombast über Widerstand gegen Nazi-Besatzung und Selbstbefreiung."

Bemerkenswert ist an diesem Urteil, daß es in einer Zeitschrift und dort in einem Zusammenhang (russische Kriegsromane) erscheint, wo man es wahrlich nicht erwartet.

Griechenland: Gregor Manousakis, Politologe und ehemaliger Diplomat bei der griechischen Botschaft in Bonn, wertet mehrere Fälle der Vergangenheitsbewältigung (zum Beispiel den Fall Jenninger) als Beispiele eines „linken McCarthyismus", einer (Meinungs-)„Tyrannei", bei der „generell die Nation und ihre Geschichte diffamiert werden".

Estland: Lennart Meri, Staatspräsident von Estland von 1992–2001, warnte 1995 in Berlin vor dem Abgleiten in eine „Canossa-Republik" und urteilte, man könne einem Volk nicht trauen, das sich selbst nicht traut.

USA: Prof. Dr. Dennis Showalter, ein auch in der Bundesrepublik anerkannter (Militär-)Historiker, urteilt, es sei geradezu „ironic" (befremdlich), daß die ausgewogenste Beurteilung der militärischen Leistungen der Wehrmacht ausgerechnet von einem Israeli, nämlich Martin van Crefeld, geschrieben wurde. Hingegen konzentrierten sich die Historiker sowohl der DDR als auch der Bundesrepublik Deutschland im Dienst einer neuen Staatsordnung („new order") nur auf die Fehler und das Versagen deutscher Militärs. Das aber berge die Gefahr beträchtlicher Übertreibung und Verdrehung („overkill and distortion").[24]

Bleibt die Frage, was angesichts der geschilderten Seltsamkeiten zu tun ist. Vielleicht sollten wir uns an Erich Kästner halten:

> Was auch immer geschieht:
> Nie dürft Ihr so tief sinken,
> von dem Kakao,
> durch den man Euch zieht,
> auch noch zu trinken.

Das würde erfordern, allen Veröffentlichungen mindestens des MGFA mit ausgeprägter Skepsis zu begegnen. Dieses Mißtrauen haben sich die Spitzen des Amtes durch Veröffentlichungen zugezogen, für deren Mängel die hier angeführten Fragwürdigkeiten Beispiel sind.

Anmerkungen

[1] Friedrich Engels. *Herrn Eugen Dühring's Umwälzung der Wissenschaft* („Anti-Dühring"). zit. nach der Ausg.: Berlin, 1959. S. 154. – Karl Marx. *Das Kapital*. Teil I. [Ost-]Berlin, 1960. S. 323. – *Wissenschaftliche Weltanschauung*. 7 Bde. [Ost-]Berlin, 1959 ff.; Teil 1: *Dialektischer Materialismus*. Bd. 3: G. Klaus. *Das Verhältnis von Quantität und Qualität*. S. 32 ff. – *Grundlagen der marxistischen Philosophie*. hg. v. einem Autorenkollektiv d. Akademie der Wissenschaften der UdSSR, Institut für Philosophie. zit. nach der 4. Auflage in deutscher Sprache (Berlin, 1961), S. 255 ff. – Josef Stalin. *Über dialektischen und historischen Materialismus*. zit. nach der Ausg.: Moskau, 1947 f.

[2] Programm der Kommunistischen Partei der Sowjetunion, zit. nach: *Ostprobleme* Nr. 20 u. 25 (1961), S. 611 f.; *Wissenschaftliche Weltanschauung*, a.a.O. (s. Endnote 1 oben), Teil 2: *Historischer Materialismus*. Bd. 4. [Ost-]Berlin, 1960. – W. Eichhorn. *Klassen, Klassenkampf, Staat und Revolution*. S. 37 ff., 52 ff.; Ulrich Werner [Pseudonym für Franz Uhle-Wettler]. *Der sowjetische Marxismus*. 2., erw. Aufl. Darmstadt: Fundus, 1964. S. 51 ff.

[3] „Der Mythos Tannenberg: Eine deutsche Legende." In: *Militärgeschichte: Zeitschrift für historische Bildung*. hg. vom Militärgeschichtlichen Forschungsamt der Bundeswehr. 1/2004. S. 10 ff.

[4] Ebd., S. 13.

[5] *Vorwärts: Zentralorgan der Sozialdemokratischen Partei* vom 19. September 1927.

[6] Faksimile-Abdruck des Schreibens vom 3. Oktober 1932 bei: Léon Poliakov. *Das Dritte Reich und seine Diener*. Berlin: Arani, 1961. S. 531.

[7] *Hessische Zeitung* vom 20. September 1927.

[8] *Vorwärts* vom 19. September 1927; *Vossische Zeitung* vom 20. September 1927.

[9] Arthur Rosenberg. *Entstehung und Geschichte der Weimarer Republik*. hg. v. Kurt Kersten. 2 Bde. Frankfurt a.M.: Europäische Verlagsanstalt, 1955. *passim*.

[10] Gemeint waren vermutlich Freireligiöse, Baptisten, Methodisten, Altkatholiken, Pietisten, Zeugen Jehovas und so weiter. Zur Beurteilung der Parallelisierung der jüdischen mit anderen kleineren Glaubensgemeinschaften durch den Festausschuß: 1927 gab es in Deutschland etwa ein Prozent Juden. Dabei ist ungewiß, nach welchen Kriterien gezählt wurde. Falls die Zählung nach der Herkunft („Rasse") – also nicht nach der Religionszugehörigkeit – erfolgte, so dürfte die Zahl derjenigen jüdischen Tannenbergkämpfer, für die Dr. Lewin sprechen sollte, wegen der getauften Juden, der Freidenker und so weiter und so fort noch erheblich unter einem Prozent gelegen haben.

[11] Abdruck in: *Der Schild: Zeitschrift des Reichsverbandes jüdischer Frontsoldaten* vom 26. September 1927.

[12] Stellungnahme der Redaktion von *Der Schild* („kleinlicher Geist"), ebd.

[13] *Der Schild* vom 19. September 1927.

[14] Manfred Görtemaker. „Deutsche Kriegsziele im Ersten Weltkrieg." In: *Militärgeschichte*. hg. vom Militärgeschichtlichen Forschungsamt der Bundeswehr. 1/2004. S. 24 f.

[15] Zum Vergleich von Brest-Litowsk und Versailles siehe das Vorwort „Zur Bedeutung von Versailles" von Franz Uhle-Wettler in: *Das Versailler Diktat*. Kiel:

Arndt, 1999; sowie: Franz Uhle-Wettler. *Der Krieg: Gestern, heute – morgen?* Hamburg: Mittler & Sohn, 2001. S. 91 ff.

[16] Franz Uhle-Wettler. *Erich Ludendorff in seiner Zeit.* 2. Aufl. Berg: Verlagsgesellschaft Berg, 1996; zu Ludendorffs territorialen Kriegszielen vgl. ebd., S. 295 f., 301 ff., 306 ff.

[17] Der Verfasser hat in seinen Buchveröffentlichungen unter anderem auf den Kommissarbefehl verwiesen, den Barbarossabefehl, das Massensterben der sowjetischen Kriegsgefangenen, den Genozid an den Juden, Himmlers Posener Rede und so weiter; siehe unter anderem: F. Uhle-Wettler, *Der Krieg*, a.a.O. (s. Endnote 15 oben), S. 98 ff., 108 ff. sowie: ders. *Höhepunkte und Wendepunkte der deutschen Militärgeschichte.* Hamburg: Mittler & Sohn, 2000. S. 52 f., 60 f.

[18] Zit. nach: Wilhelm Mommsen. *Die politischen Anschauungen Goethes.* Stuttgart: Deutsche Verlags-Anstalt, 1948. S. 294.

[19] H. Köhler in der Rezension von: Alfred Grosser. „Wie anders ist Frankreich?" In: *FAZ* vom 29. September 2005.

[20] „The Russian War Novel of the 1990s: A Question of National Identity." In: *Salisbury Review*, Bd. 22, Nr. 1, Herbst 2003.

[21] William L. Langer. *The Diplomacy of Imperialism, 1890–1902.* 2 Bde. New York, NY: Alfred A. Knopf, 1935. S. 791 u. 793.

[22] Gregor M. Manousakis. *Irrationale Elemente deutscher Politik: Von Bismarck bis Schröder.* Athen: Verlag Tsoukatou, 2005. S. 90, 95 u. 100.

[23] Lennart Meri, Festansprache anläßlich des fünften Jahrestages der deutschen Teilwiedervereinigung am 3. Oktober 1995 in Berlin.

[24] Zit. bei: Stig Förster. „Operationsgeschichte heute." In: *Militärgeschichte*, hg. vom Militärgeschichtlichen Forschungsamt der Bundeswehr. 2/2002. S. 309.

Der Sinn der Geschichte

von Prof. Dr. Friedrich Romig

Im Judentum[1] kennt man das Sprichwort: „Es fällt kein Haar vom Haupte, es sei den[n es ist] Gottes Wille."[2] Gilt das auch für Auschwitz, Hiroshima, Nagasaki oder Dresden? Die beiden Weltkriege? Den Sowjetkommunismus und seine Millionen Opfer? Die Vertreibungen? Die völkerrechtswidrigen Aggressionskriege gegen Restjugoslawien, Afghanistan, Irak, den Libanon? Der Frage nach dem Sinn der Geschichte kann niemand ausweichen. Sie zielt nicht auf die Ursachen geschichtlicher Ereignisse, sondern fragt nach dem Grund. Die Sintflut mag durch einen Meteoriteneinschlag verursacht worden sein, doch das ist sekundär. Wie beim Feuersturm, der Sodom und Gomorra einschließlich ihrer Bewohner vernichtete, war es der Zorn Jahwes über die Lebensweise seiner Geschöpfe, der nach biblischem Befund die Katastrophen auslöste. „Gott ist der Herr der Geschichte" (Johannes Paul II.[3]) und die „Geschichte das Weltgericht". Wenn dem so ist, dann verlangt das von uns den Versuch, wenigstens zu wagen, die Geschichte mit den Augen und im Lichte Gottes zu sehen. Mag dieser Versuch auch mißlingen, er provoziert grundsätzliches Nachdenken über die Geschichte und läßt Zusammenhänge erkennen, die sonst verborgen blieben.

1. Seinem Wesen nach ist der Mensch ein Homo culturalis: Er ist geprägt von der Kultur, in der er lebt und die er durch sein Schaffen gestaltet. Leben, Prägung und Gestaltung sind geschichtliche Vorgänge, sie geschehen in der Zeit. Weltgeschichte ist darum immer Kulturgeschichte[4], Geschichte von Kulturen, Kulturkreisen, Völkern und Nationen, ihrer Entstehung, ihrer Entfaltung, ihrer Auseinandersetzung mit anderen Kulturen, ihrem Aufstieg und ihrem Verfall, ihrer Erneuerung oder auch ihrem Abtreten von der Bühne der Geschichte und ihrem Verenden.

2. Das Herz jeder Kultur ist ihre Religion. Schlägt dieses Herz kräftig, durchdringt die Religion alle Lebensbereiche, dann blüht eine Kultur auf, kommt es zu Störungen des Rhythmus, so wird die Kultur schwächeln, hört das Herz ganz zu schlagen auf, stirbt die Kultur. Wird einer Kultur ein anderes Herz eingepflanzt (zum Beispiel durch Missionierung), verändert sich die Kultur. Sie kann sich reformieren, neu formen, aber auch an der Transplantation zugrunde gehen (Joseph Ratzinger).[5] So sehen wir: Der Kern der Geschichte ist die Religionsgeschichte.[6] Das jedenfalls ist die Ansicht wohl aller großen Denker, die je über den Sinn der Geschichte nachgedacht haben.

3. „Die Achse der Religionsgeschichte ist die Judenfrage" (Nikolaj Alexandrowitsch Berdjajew,[7] Alexander Solschenizyn[8] und viele andere). „Das Heil kommt von den Juden" (Johannes 4,22). Zumindest seit zweitausend Jahren bestimmt die Judenfrage den Verlauf der Geschichte.

4. In der Retrospektive war das weltgeschichtlich entscheidende Ereignis die Menschwerdung Gottes. Durch die Geburt Christi, sein Leben und Werk, seinen Tod am Kreuz und seine Auferstehung sowie durch die Gründung seines Neuen Bundes wird die Geschichte über alle Kulturen, Völker und Nationen hinweg zum Vollzug der Menschwerdung Gottes (Leopold Ziegler,[9] Joseph Ratzinger[10]). Die Menschwerdung Gottes bezweckt die Gottwerdung des Menschen – „factus est Deus homo ut homo fieret Deus", heißt es bei den Kirchenvätern.[11] Durch diesen – ihren Zweck – ist alle Geschichte „Heilsgeschichte". Der Sinn der Geschichte ist die Ausbildung des „mystischen Leibes Christi" und die Vollendung des mit Christus als „Keim und Anfang" auf Erden angekommenen göttlichen Reiches.[12]

5. Infolge der Erbsünde stellt sich die Geschichte und damit „das ganze Leben der Menschen, das einzelne wie das kollektive, als Kampf dar, und zwar als ein dramatischer, zwischen Gut und Böse, zwischen Licht und Finsternis"[13]. Das zentrale Thema der Weltgeschichte ist „der Kampf zwischen der civitas Dei und der civitas terrena sive diaboli"* (Augustinus[14]). „Das eigentliche, einzige und tiefste Thema der Welt- und Menschengeschichte, dem alle übrigen untergeordnet sind, bleibt der Konflikt des Glaubens und des Unglaubens" (Johann Wolfgang von Goethe[15]).

6. Seit bald zweitausend Jahren wird dieser Kampf geprägt von der Auseinandersetzung des Christentums mit dem Judaismus. Was oben „die Judenfrage" genannt wurde, spiegelt diesen Kampf wider. „Vom Anfang seiner Sendung an hat es Konflikte zwischen Jesus und gewissen Gruppen von Juden seiner Zeit, darunter auch den Pharisäern, gegeben (vergleiche Mk. 2,1–11; 3,6 und so weiter). Es besteht ferner die Tat-

---

* Lat.: „Gottesstaat" und „Welt- oder Teufelsstaat".

sache, daß die Mehrheit des jüdischen Volkes und seine Behörden nicht an Jesus geglaubt haben. Diese Tatsache ist nicht nur historisch; sie hat vielmehr eine theologische Bedeutung, deren Sinn Paulus herauszuarbeiten bemüht ist (Röm. 9–11). Diese Tatsache, die sich mit der Entwicklung der christlichen Mission, namentlich unter den Heiden, immer mehr verschärfte, hat zum unvermeidlichen Bruch zwischen dem Judentum und der jungen Kirche geführt, die seither – schon auf der Ebene des Glaubens – in nicht aufzuhebender Trennung auseinanderstreben. ... Es kann nicht davon die Rede sein, diesen Bruch zu verringern oder zu verwischen" („Hinweise"[16]). Ganz in diesem Sinne unterstrich Benedikt XVI. am 19. August 2005 bei seinem denkwürdigen Besuch in der Synagoge von Köln, daß es im Dialog mit den Juden „ehrlicherweise nicht darum gehen kann, die bestehenden Unterschiede zu übergehen oder zu verharmlosen: Auch und gerade in dem, was uns aufgrund unserer tiefsten Glaubensüberzeugung trennt ...". Noch immer „ist das Christentum für die Juden ein Skandal" (1. Kor. 1,23). In der Auseinandersetzung mit dem Judentum aber ist unbedingt festzuhalten, daß „christlicher Antijudaismus und rassistischer Antisemitismus ... von der Idee her durch nichts miteinander verbunden" sind (Weihbischof Andreas Laun[17]).

7. Im 20. Jahrhundert verbindet sich der Judaismus mit dem Zionismus[18] und erringt politische Macht. Dadurch wurde das 20. Jahrhundert zum „Jewish century" (Yuri Slezkine[19]). Nach der Niederlage Deutschlands kam es zur Gründung des Staates Israel und zur engen Verbindung von Israel und den USA. Die Implosion der Sowjetunion ließ Amerika „als einzige Weltmacht"[20] zurück. Die USA wurden in den Augen der Juden anstelle Roms zum „Neuen Israel" (David Gelernter[21]) und zum „Zentrum des Zionismus" (Michael Collins Piper, Israel Shamir[22]).

8. Der seit dem 11. September 2001 – „Nine Eleven" – geführte „Krieg gegen den Terror" oder „Krieg gegen die Tyrannei" dient der Aufrechterhaltung und Erweiterung („Zionisierung") der amerikanisch-israelischen Hegemonie. Er ist der ab nun nie mehr endende „Krieg gegen die Feinde Israels" (Michael Ledeen[23]), in dem sich das von Augustinus aufgeworfene Zentralthema der Weltgeschichte heute fortsetzt. In diesen „vierten Weltkrieg"[24] sind alle Staaten, auch die europäischen Vasallen[25] und selbst die islamischen Staaten sowie Rußland und China, einbezogen. Durch diese Einbeziehung hat der Prozeß der Judaisierung oder Zionisierung die ganze Welt ergriffen und „zerstört planmäßig die traditionellen Gesellschaften" (Michael Ledeen[26]).

9. Die „einzigartigen" Verbrechen in Form der Genozide und Soziozide (Klassenvernichtung) seit der Französischen Revolution, auch jene, die durch National- und Internationalsozialismus oder Kommunismus sowie den amerikanisch-israelischen Zionismus verübt wurden, hängen

aus christlicher Sicht mit jener „lebensgefährlichen Erkrankung des menschlichen Geistes" zusammen, die man gemeinhin als „Aufklärung" bezeichnet (Joseph Ratzinger[27]). Die neuzeitliche Aufklärung führte zum neuerlichen Bruch mit Gott (Johannes Paul II.[28]). Die Aufklärung war das Projekt der Loslösung oder „Emanzipation" von Gott und schließlich von jeglicher Autorität, der väterlichen, der staatlichen und der kirchlichen, unter Rekurs auf die einzelmenschliche, „autonome" Vernunft. Dahinter steht das „Eritis sicut Deus"* des Verführers, Lügners und Menschenmörders von Anfang an (Johannes Paul II.,[29] Joseph Ratzinger[30]). Die in ihrer großen Mehrheit nichtjüdischen Vertreter der „Aufklärung" haben den gleichen „Vater" wie die nichtchristlichen Juden (vergleiche Joh. 8,44[31]).

10. Die „Aufklärung" bestreitet die Existenz Gottes (Agnostizismus, Atheismus), die Autochthonie des (göttlichen) Geistes und das Bestehen von objektiver, im Sein oder auf Offenbarung gegründeter Wahrheit.[32] Die Bestreitung der Wahrheit führt zur „Diktatur des Relativismus" (Joseph Ratzinger[33]). Dementsprechend werden Religion, Kirche und Lehramt abgelehnt. Für die Religionskritik ist Gott ein Geschöpf des Menschen (Ludwig Feuerbach,[34] Karl Marx[35]). Die Gesellschaftsauffassung der Aufklärung ist individualistisch (statt „organisch"),[36] ihre Gesellschaftsethik utilitaristisch,[37] ihre Individualethik hedonistisch.[38] Die Gesellschaft wird als „offen" betrachtet (Karl Raimund Popper[39]), Volk und Nation gelten als „willkürliche Konstrukte" (Anton Pelinka). Die gesellschaftlichen Beziehungen werden weitgehend nach dem rationalen Kalkül der Macht, des Nutzens und des Profits gestaltet.[40] Als regulatives Prinzip der Wirtschaft gilt der Wettbewerb (Marktwirtschaft, Freihandel, Globalisierung).[41] Als politische Ideologie herrscht der Liberalismus vor, als Staatsform die Republik, als Regierungsform die Demokratie. Durch die ihr eigene „Dialektik" führt die Aufklärung zu „Strukturen der Sünde" (Johannes Paul II.[42]), nämlich zur totalitären Diktatur, zur Destruktion der Umwelt (Kernspaltung, Naturzerstörung),[43] zur Verschwendung der Ressourcen[44] und zur Entfremdung des Menschen (Theodor Wiesengrund Adorno, Max Horkheimer)[45]. Die Aufklärung ist die Philosophie des Antichristen.[46] Insofern die Aufklärung antichristlich ist, macht sie mit dem zionistischen Judaismus[47] gemeinsame Sache.

11. Die Behauptung, die in der politischen Welt anzutreffenden „Werte" – wie Freiheit, Gleichheit, Demokratie, Kapitalismus, Marktwirtschaft, Sozialismus und Kommunismus – seien „Erfindungen" oder gar „Ausgeburten der jüdischen Ideologie" (so der jüdische Nietzsche-Übersetzer und -Verehrer Oscar Levy[48]), die den Juden zuerst Toleranz, dann Gleichstellung und schließlich die Vorherrschaft in der Welt eingetra-

---

* Lat.: „Ihr werdet sein wie Gott."

gen hätten (Mahatir[49]), trifft nur bedingt zu. Richtig ist, daß viele Juden diese „Erfindungen" zu ihrem Fortkommen in der Diaspora sowie später im Staate Israel und in den USA kraft ihrer vielfach überlegenen Intelligenz und ihres Zusammenhaltes vorzüglich zu nutzen verstanden. In den führenden Bereichen der Gesellschaft, wie Religionswissenschaft, Philosophie, Soziologie, Nationalökonomie, Politologie, Psychologie, Naturwissenschaften (insbesondere Atomtechnologie und Genforschung), Medizin, Kunst, Unterhaltungsindustrie, Medien, Jurisprudenz, in internationalen Gerichtshöfen, in politischen „Think tanks" und im internationalen Finanz- und Handelswesen geben nach Yuri Slezkine (*The Jewish Century*)[50] Juden heute vielfach den Ton an. Wie Werner Sombart in seinen sorgfältigen Untersuchungen über *Die Juden und das Wirtschaftsleben* bereits 1911 nachgewiesen hat, kommen die Anforderungen der modernen, liberalkapitalistischen Wirtschaft – rationales, rechenhaftes Denken, Hochschätzung des Gelderwerbs, Spekulation, Heimatlosigkeit des Kapitals, Grenzenlosigkeit der Handelsströme – der natürlichen Begabung der Juden entgegen: „Die Juden sind die geborenen Vertreter der liberalen Lebensauffassung."[51]

12. Die neuzeitliche „Aufklärung" trat nicht wie Athene „gewappnet aus dem Haupte des Zeus" hervor, sondern sie hat eine lange Vorgeschichte. Sie entstand durch den Zweifel[52] an dem von der Kirche gehüteten Glaubensschatz, dem Depositum fidei. Die Bindekräfte der Kirche erwiesen sich in der Geschichte als zu schwach, um die Zweifel am Glauben und an der Unfehlbarkeit beziehungsweise Autorität des Lehramtes der Kirche auszuräumen.[53] Die Folge waren immer neue Reformen, Abspaltungen und Sektenbildungen. In zahlreichen dieser Neubildungen lassen sich jüdische Einflüsse und Rückgriffe auf das Alte Testament (Hebrew Bible) feststellen.[54] Heute werden selbst die Werte des Amerikanismus, wie Freiheit, Gleichheit und Demokratie, auf die Hebrew Bible und den Judaismus zurückgeführt (David Gelernter[55]).

13. Der Versuch der Kirche, durch den aus arabisch-jüdischen Quellen übernommenen Aristotelismus den Glauben zu sichern, führte auf Dauer nicht zum Erfolg. Durch die Dogmatisierung und „Einsargung" des Glaubens mittels der Scholastik verlor die Kirche ihren Einfluß auf die Lebenswirklichkeit[56] und die Wissenschaft[57]. Heute gilt die Kirche in weiten Kreisen als „veraltet" (Benedikt XVI.) und als nicht mehr „gesellschaftsfähig" (vergleiche den Fall Roco Buttiglione[58]). Der Laizismus, die Trennung von Kirche und Staat, hat sich in der nichtislamischen Welt durchgesetzt, der apostolische Auftrag zur Errichtung der Civitas Dei ist kein politisches Thema mehr.

14. Dem Verlust der Einheit durch die Aufspaltungen und der anschließenden Marginalisierung der Kirche entspricht die Auflösung des

Heiligen Römischen Reiches Deutscher Nation. Unterstützt durch kirchliche Legisten wollten zuerst die Könige von Frankreich etwa ab dem 12. Jahrhundert „Kaiser sein in ihrem Staat". Damit schlug die Geburtsstunde des souveränen Staates (Friedrich August von der Heydte[59]). Die staatliche Souveränität gewann auf Kosten des Reiches im Laufe der Jahrhunderte zunehmend an Bedeutung. Der Prozeß endet mit der Niederlegung der Kaiserkrone am Beginn des 19. Jahrhunderts und der Abschaffung der drei wichtigsten Monarchien der einst Heiligen Allianz von Habsburgern, Hohenzollern und Romanows nach dem Ersten Weltkrieg. Das erleichterte ganz erheblich den Prozeß der Judaisierung Europas.

15. Vorangegangen ist der Auflösung des Imperium sacrum der Streit zwischen Papst und Kaiser, Kirche und Reich, geistlichem und weltlichem Schwert um Vorrang und Macht. Der Streit wurde zum Teil auch auf dem Rücken der Juden ausgetragen und trug zu noch engerem Zusammenschluß und zur Verselbständigung (Ausgrenzung, Ghettoisierung) der jüdischen Gemeinden unter Führung von Rabbinern bei, die zugleich als geistliche Führer, Gemeindevorsteher und Richter fungierten und größten Einfluß auf die Gemeindemitglieder ausübten. Dieser enge Zusammenschluß sicherte das Überleben der Juden als Volk in der Diaspora und war zugleich Ansporn zur Entwicklung einer ganz eigenen, jüdischen Kultur und Zivilisation von außergewöhnlicher Leistungskraft und Leistungsdichte, die zunehmenden Einfluß auf die Wirtskulturen ausübten und so den Prozeß der Judaisierung immens vorantrieben.

16. Seit dem Aufstieg der christlichen Religion zur Staatsreligion (391 neuer Zeitrechnung unter Theodosius) fehlte es nicht an Versuchen, ihr diese Stellung streitig zu machen. Wirklich gelungen ist dies wohl erst in der späten Neuzeit, nicht zuletzt aufgrund der „Machinationen" (Codex Iuris Canonici, § 1374) von Gruppierungen (Freimaurer, „Liberale") und (meist „linken") Parteien, die der Kirche und der christlichen Religion feindlich gesinnt waren. In ihnen nahm das jüdische Element oftmals bedeutende Positionen ein (zum Beispiel als „Volkskommissare" während der bolschewistischen Revolution)[60], zum Teil bis heute („Neokonservative" in den USA[61]). Hieraus den Schluß zu ziehen, daß es eine gegen die Monarchien und andere staatliche Autoritäten gerichtete „Verschwörung" gäbe, geht fehl. Soweit Juden an Umstürzen, Revolutionen, Bürgerkriegen, Subversionen, Schaffung von Instabilität, „Creative destruction"[*62] usw. beteiligt waren und noch sind, erfüllen sie ihre Sendung als das von Jahwe „auserwählte Volk". Jahwe ist kein dreifaltiger Gott, er kennt nicht den Wert der göttlichen

---

* Eng.: „Schöpferische Zerstörung".

Personen, er ist „Zentralist" und „Kollektivist", ein „National-Gott" des jüdischen Volkes, kein „universaler" Gott. Daher kann auch sein „auserwähltes Volk" die ihm übertragene Sendung, die übrigen Völker zusammen- und zur gemeinsamen Gottesverehrung auf Zion entgegenzuführen, nur durch Auflösung ihrer Traditionen und Verletzung ihrer Rechte ins Werk setzen. Globalisierung, europäische „Unionisierung", Natoisierung, Schaffung „gemeinsamer Märkte" sind alles Teile des Prozesses der „Judaisierung", „Zionisierung" oder „Israelisierung" der Welt. Die aus dem jüdischen Geiste entstehende „Eine Welt" ist noch für Benedikt XV. „unweigerlich mit einer noch nie dagewesenen Schreckensherrschaft verbunden" (Motu proprio vom 25. Juli 1925). Unter der Herrschaft der beiden Schurkenstaaten par excellence, USA und Israel (Noam Chomsky[63]), beginnt sie sich abzuzeichnen.

17. Bis heute haben die Juden als Volk nicht akzeptiert, daß mit dem „Einbruch" Gottes in die Geschichte durch die Epiphanie Christi ihre Sendung erloschen und auf den von Christus gestifteten Neuen Bund übergegangen ist. Die Gründung des Neuen Bundes wurde notwendig, weil der Alte Bund der Juden mit Gott seiner Sendung trotz aller Mahnungen und Strafen untreu wurde und Jahwe sich „nicht mehr um sie kümmerte" (Hebr. 8,9). Nach Gottes Willen sollte der Neue Bund den „veralteten, überlebten und zum Verschwinden bestimmten ablösen" (Hebr. 8,13). Durch die Nichtakzeptanz und „Verstockung" (Röm. 11,25) wurden die Juden (mit wenigen Ausnahmen, dem „Rest") zu einem „ungehorsamen und widerspenstigen Volk" (Röm. 10,2), das „nicht aus Gott ist" (Joh. 8,47). Deshalb wurden sie „ausgehauen" aus dem Olivenbaum Christi (vgl. Röm. 11,17–21), sie können seither nicht „die ewige Ruhe finden" (Hebr. 3,19; 4,2) und verkörpern nun den „Geist des Antichrist" (1 Joh. 4,3; 2 Joh. 7–11).

18. Der Triumph des Geistes des Antichristen in unserer Zeit ist nicht mehr zu übersehen, „Gott ist tot" (Friedrich Nietzsche[64]). „Es besteht offensichtlich kein Bedarf mehr an Gott und noch weniger an Christus", „das Reich Gottes scheint keine geschichtlich-politische Bedeutung [mehr] zu haben", die großen Kirchen stecken „in einer abgrundtiefen Krise", sie erscheinen „als etwas Veraltetes und ihre Angebote als unnötig", „die Leute scheinen uns nicht zu brauchen", es besteht „bei vielen Leuten der Eindruck, daß man ohne die Kirche leben könne", „so als ob es Gott nicht gäbe – etsi Deus non daretur". „Die westliche Welt scheint ihrer eigenen Kultur überdrüssig" (alle Zitate aus der Ansprache Benedikts XVI. vor Priestern der Diözese Aosta am 25. Juli 2005).

Der jüdische Antichrist Daniel Goldhagen[65] fordert die Eliminierung oder Neutralisierung von 450 „antisemitischen" Stellen des Bibeltextes durch eine ökumenische Weltkommission, die Auflösung des Vatikanstaates (des letzten Gottesstaates in Europa), die Demokratisierung der autoritären und hierarchischen Strukturen der Kirche, den Verzicht auf das Unfehlbarkeitsdogma, die Aufgabe ihrer imperialistischen Ambitionen (sprich: die Zusammenführung der Völker unter der Herrschaft des Christkönigs), die Anerkennung des Glaubenspluralismus und der Gleichwertigkeit aller Glaubensbekenntnisse, den Verzicht auf Heilsexklusivität, auf den Zölibat, auf die Diskriminierung der Frauen bei der Priesterweihe, eine päpstliche Enzyklika über die Sünden der Kirche bei der Behandlung der Juden und zur Klarstellung ihres künftigen Verhältnisses zum Judentum, die Umerziehung der Gläubigen zur Beseitigung ihrer antisemitischen Einstellungen und die entsprechende Korrektur der Osterliturgie, die Errichtung von Denkmälern für die Opfer des kirchlichen Antisemitismus sowie die politische Unterstützung des Staates Israel. Die weitgehende Akzeptanz dieser Forderungen im Umkreis der „politisch Korrekten" läßt erkennen, wie weit der geistige Prozeß der Judaisierung auch unter den Taufschein-Christen bereits fortgeschritten ist.

19. Vom Prozeß der Judaisierung war und ist das deutsche Volk, einst Träger des Heiligen Reiches, besonders betroffen. In seiner Funktion als Katechon* des Antichristen geriet es unter die Räder der Geschichte und nahm selbst immer mehr dessen Züge an. Bereits Friedrich II. (1212–1250) – eine durch und durch „faustische" Gestalt –, unter dem das Reich seine Hochblüte erlebt, verschleißt seine Kräfte im Kampf gegen den Papst und wird als „Antichrist" wahrgenommen (Ernst Hartwig Kantorowicz[66]). Sein unehelicher Sohn Enzio kann die Nachfolge nicht antreten, mit der Enthauptung seines Enkels Konradin (1268) endet die Herrschaft der Staufer. Als das Reich sich unter den katholischen Habsburgern wieder zu konsolidieren beginnt, spaltet es Luthers Protestantismus von innen. Vom 30jährigen Religionskrieg (1618–1648), einem europäischen Bürgerkrieg größten Ausmaßes, kann sich das Reich nie mehr erholen. Gestützt auf das herrscherliche Religionsbekenntnis („cuius regio, eius religio"**) gewinnt der Fürstenabsolutismus, der Vorläufer des Nationalismus, die Oberhand. In der und im Gefolge der Französischen Revolution (1789) siegt der bürgerlich-demokratische Antichrist[67] und bringt jene Terrorregime hervor, die das 20. Jahrhundert zum „Jewish Century" gemacht haben: vom Kommunismus bis zum zionistischen Amerikanismus. Der Antichrist, „ein Teil von jener Kraft, die stets das Böse will und doch das Gute schafft" (Johann Wolfgang von Goethe), wurde zur Geißel Gottes.[68] Kein Volk wurde von ihr verschont, am härtesten aber traf sie Deutsche, Juden und Russen.

---

* Als „Katechon" wird – nach dem 2. Brief des Paulus – der „Aufhalter" des Antichristen bezeichnet.
** Lat.: „Wessen Gebiet, dessen Religion".

20. Nach dem Zweiten Weltkrieg wurde den Deutschen mittels der Umerziehung „eine neue Seele eingeimpft"[69] und diese vollgestopft mit den „Ausgeburten der jüdischen Ideologie" (Oscar Levy[70]): Sie troff alsbald vor Humanität, Freiheit, Gleichheit, Menschenrechten, Demokratie, für Thomas Mann „Worte, die man nicht mehr ohne Ekel hören kann"[71]. Dadurch wurde das Kriegsziel erreicht: „Germany must perish" (Theodore N. Kaufman[72]), die Deutschen verloren weitestgehend ihre Identität. Nach Günter Rohrmoser wurde „das Deutsche Volk ausgetauscht gegen eine inhaltlose Mehrheitsgesellschaft"[73]. Der Innsbrucker Zeitgeschichtler Rolf Steininger vermutet, daß die Geschichte ihr Urteil über die Deutschen bereits gesprochen habe: „Schade, aber vorbei."[74] Er trifft sich hier mit Thomas Mann, der den Erzähler im *Doktor Faustus* sagen läßt: „Alles drängt und stürzt dem Ende entgegen, in Endes Zeichen steht die Welt – zumindest für uns Deutsche, deren tausendjährige Geschichte, widerlegt, ad absurdum geführt, als unselig verfehlt, als Irrweg erwiesen … ins Nichts, in die Verzweiflung, in einen totalen Bankrott ohne Beispiel, in eine von donnernden Flammen umtanzte Höllenfahrt mündet."[75] Die ganze Tragik des Versagens und Verratens der Deutschen Sendung, dem Antichristen zu widerstehen, kommt in diesen Worten auf tiefe Weise zum Ausdruck. 1871 schrieb Dostojewskij in sein Tagebuch: „Europa hat Christus verlassen. Deshalb stirbt Europa, einzig deshalb."[76] Jetzt will es ja nicht einmal in seinen Kindern weiterleben. Deutschland hielt den Antichristen nicht auf, es wurde selbst sein Werkzeug und verriet so seine Sendung in der Welt.[77] Ein Volk aber, das seine Mission verliert, hat keinen Platz mehr auf der Bühne der Geschichte, es tritt ab und wird, wie im Falle der Deutschen, zum ethnographischen Material des „ältesten noch existierenden Religionsvolkes der Erde, das im vielfältigen Ringen mit dem christlichen und konservativen Europa zum Vorkämpfer der Moderne geworden war …" (Ernst Nolte[78]). Denn „Modernization, in other words, is about everyone becoming Jewish"* (Yuri Slezkine[79]). Der malaysische Ministerpräsident Dr. Mahatir brachte den von Slezkine angesprochenen Sachverhalt in seiner 2003 gehaltenen Rede auf die Kurzformel: „Die Europäer haben sechs von zwölf Millionen Juden ermordet, doch heute beherrschen die Juden die Welt durch ihre Stellvertreter."[80]

21. Nichts hat nach Ansicht von Yuri Slezkine im 20. Jahrhundert die Judaisierung so befördert wie der Holocaust. „Hitlers attempt to put his vision into practice led to the canonization of the Nazis as absolute evil

---

* Eng.: „Bei der Modernisierung geht es anders ausgedrückt darum, daß jedermann jüdisch wird."

and the reemergence of the Jews as universal victims."[*][81] Für die meisten jüdischen Historiker und viele Rabbiner und Zionisten ist es heute keine Frage mehr, daß der Holocaust entscheidend zur neuerlichen Identitätsfindung des jüdischen Volkes, zur Gründung des Staates Israel und zur Positionierung des Judentums im Machtspiel der Geschichte beigetragen hat. Der Holocaust wurde zur neuen Weltreligion.[82] Das gilt in besonderer Weise für die Deutschen, die sich, ganz wie das jüdische Volk, jetzt durch den Holocaust definieren (Joseph Fischer[83]). Auch Jahwe, so scheint es, schreibt mitunter durchaus auf krummen Zeilen.

22. Besteht für die Christen noch „Hoffnung wider alle Hoffnung" (Röm. 4,18), oder zählt das Christentum gar nicht mehr, hat es seine „frontenbildende Kraft" verloren, ist die „christliche" Religion, wie manche Theologen meinen, gar keine Stiftung Christi, sondern lediglich „eine Fälschung des Apostels Paulus"?[84] Hat die fortschreitende Judaisierung der Kirche, wie wir sie seit „Nostra aetate" (Rom 1965), der im Volksmund als „Judendeklaration" bezeichneten „Erklärung des Zweiten Vatikanums über das Verhältnis der Kirche zu den nichtchristlichen Religionen", konstatieren können,[85] „das Kreuz um seine Kraft gebracht"? Hoffnung gibt es wohl nur noch für jene, die überzeugt sind, daß die Kirche und das durch sie repräsentierte Reich Gottes „von den Pforten der Hölle nicht überwältigt wird" (Mt. 16,18). Sie werden „die Waffenrüstung des Geistes anziehen, auf daß sie standhalten können wider die Ränke des Teufels" (Eph. 6,11) und „den guten Kampf kämpfen" (2 Ti. 4,7). Christus ist ja „nicht gekommen, den Frieden zu bringen, sondern das Schwert" (Mt. 10,34). Das Schwert wird geführt gegen den Antichristen. Es trennt jene, die für Christus, von jenen, die gegen Christus sind (vgl. Mt. 12,30), es schneidet gleichermaßen unter Heiden und Juden. Der Kampf wird dazu führen, daß auch manche Juden, „die nicht im Unglauben verharren", wieder zum Heil finden und „eingepfropft" werden in den Ölbaum (Röm. 11,23), damit am Ende der Zeiten, wenn der Sohn sein Reich dem Vater übergibt, „das Vollmaß" (Eph. 4,13) der Communio sanctorum** erreicht wird, in der „alle eins sind" (Joh. 17,11), um Gott gemeinsam anzubeten und zu verherrlichen (Lumen gentium, n. 9). Wer weiß, vielleicht ist diese Renovatio ad integrum*** gerade den Deutschen aufgetragen, um wiedergutzumachen, was sie einst verraten haben: die Einheit des Reiches und der Kirche.

---

*   Eng.: „Hitlers Versuch, seine Sicht [der Dinge] in die Tat umzusetzen, führte zur Kanonisierung der Nazis als dem absoluten Bösen und zum Wiederaufstieg der Juden als den universellen Opfern."
**   Lat.: „Gemeinschaft der Heiligen".
***   Lat.: „Vollständige Erneuerung / Wiedergeburt".

Anmerkungen

[1] Zum Begriff des Judentums vgl.: Nahum Goldmann. *Von der weltkulturellen Be-deutung und Aufgabe des Judentums.* München: F. Bruckmann, 1916. – Auf S. 9 heißt es dort: „So sei denn gleich zu Beginn betont, daß hier das Judentum nicht nur als Religion, nicht nur als Weltanschauung, sondern beides umfas-send und noch darüber hinausgehend, als ein nationales Kultursystem aufge-faßt wird, als die nationale Kultur des jüdischen Volkes."

[2] Ähnlich Mt. 10,30; Lk. 21,18

[3] Johannes Paul II., Begleitschreiben zu: *Wir gedenken: Eine Reflexion über die Shoah.* Rom, 1989.

[4] Samuel P. Huntington. *Der Kampf der Kulturen: Neugestaltung der Weltpolitik im 21. Jahrhundert.* München: Europa, 1996. – Auf S. 49 heißt es: „Die menschliche Geschichte ist die Geschichte von Kulturen." Dort angeführt zahlreiche Auto-ren gleicher Auffassung.

[5] Joseph Ratzinger. *Glaube – Wahrheit – Toleranz: Das Christentum und die Weltre-ligionen.* 3. Aufl. Freiburg: Herder, 2004. – 2. Kapitel: „Glaube, Religion und Kultur." (S. 46–65); siehe insbes. S. 49: „In allen bekannten geschichtlichen Kul-turen ist Religion wesentliches Element der Kultur, ja ihre bestimmende Mit-te; sie ist es, die das Wertgefüge und damit die innere Mitte der Kulturen be-stimmt."

[6] Jacob Burckhardt. *Weltgeschichtliche Betrachtungen.* Stuttgart: Kröner, 1978. – Auf S. 98 heißt es dort: „… ja die Religion ist eine Vorbedingung jeder Kultur, die den Namen verdient, und kann geradezu mit der einzig vorhandenen Kul-tur zusammenfallen."

[7] Nikolaj A. Berdjajew. „Christianstvo i antisemitizm." In: *Izdani Religiozno-filo-sofikoj akademii.* Paris, 1938. – Auf S. 4 f. heißt es: „Die jüdische Frage … ist die Achse, um die sich die Religionsgeschichte dreht."

[8] Alexander Solschenizyn. „*Zweihundert Jahre zusammen": Die Juden in der So-wjetunion.* München: Herbig, 2003. – Auf S. 449 schreibt Solschenizyn: „Die jü-dische Frage ist die Frage einer Nation, die seit 3.000 Jahren in aller Welt ver-streut und dabei im Geiste vereint eine einzigartige Existenz führt, im Wider-spruch zu allen Vorstellungen von Staatlichkeit und Territorialität lebt und dennoch auf lebendigste und stärkste Art und Weise auf die gesamte Weltge-schichte einwirkt, so daß die Juden auch ‚die Achse der Weltgeschichte' ge-nannt wurden."

[9] Leopold Ziegler. *Menschwerdung.* 2 Bde. Olten: Zumma, 1948.

[10] Vgl. Ratzinger, *Glaube – Wahrheit – Toleranz,* a.a.O. (s. Endnote 5 oben), S. 59.

[11] Ludwig Ott. *Grundriß der Dogmatik.* 10. Aufl. Freiburg: Herder, 1981. S. 310.

[12] Vgl. Vatikanum II: Lumen gentium, n. 5.

[13] Vatikanum II: Gaudium et spes, n. 15.

[14] Augustinus von Hippo. *De civitate Dei.* (Dt. *Vom Gottesstaat,* 2 Bde. 2. Aufl. München: DTV, 1985; insbes. Teil II: *Die Geschichte der beiden ‚Bürgerschaften': Gottesstaat und Weltstaat* (11–22).)

[15] Johann Wolfgang von Goethe. *Notizen und Abhandlungen zum besseren Ver-ständnis des west-östlichen Diwans: Israel in der Wüste.* In: ders. *Sämtliche Werke.* Bd. 3. Stuttgart: Cotta, o. J. S. 205.

[16] Vatikanische Kommission für die religiösen Beziehungen zum Judentum im Sekretariat für die Einheit der Christen (Hrsg.). *Hinweise für eine richtige Darstellung von Juden und Judentum in der Predigt und in der Katechese der katholischen Kirche.* Rom, 1985. n. 22.

[17] Andreas Laun. „Unsere älteren Brüder: Juden und Christen im Heilsmysterium." In: Franz Breid (Hrsg.). *Beten alle zum selben Gott?* Steyr: Ennsthaler Verlag, 1999. S. 264. – „Judaismus" definieren wir als das Festhalten am Alten Bund und die Bekämpfung des mit Christus auf Erden angekommenen, sich ausbreitenden und seiner Vollendung entgegenstrebenden Reiches Gottes, das in der katholischen Kirche und nur in dieser „subsistiert".

[18] Theodor Herzl. *Der Judenstaat.* [1. Aufl. 1896] Augsburg: Olbaum, 1996. [Neudruck]

[19] Yuri Slezkine. *The Jewish Century.* Princeton, NJ: Princeton University Press, 2004. (dt.: *Das jüdische Jahrhundert.* Göttingen: Vandenhoek & Ruprecht, 2006.)

[20] Zbigniew Brzezinski. *Die einzige Weltmacht: Amerikas Strategie der Vorherrschaft.* Weinheim/Berlin: Beltz, 1997.

[21] David Gelernter. „Americanism – and Its Enemies." In: *Commentary*, H. 1/2005, S. 41–48.

[22] Michael Collins Piper. *The New Jerusalem: Zionist Power in America.* 2. Aufl. Washington, DC: American Free Press, 2005. S. 8: „The fact is that the United States have become the center of Zionist power in the world today." (Eng.: „Es ist eine Tatsache, daß die Vereinigten Staaten das Zentrum der zionistischen Macht in der heutigen Welt geworden sind.") – Israel Shamir. *Blumen aus Galiläa.* Wien: Promedia, 2005. – Auf S. 148 schreibt Shamir: „Das Judentum hat das Gehirn Amerikas übernommen." Und auf S. 144: „Die USA sind Schwesterstaat Israels geworden."

[23] Michael Ledeen. *The War against the Terror Masters: Why It Happened, Where We Are, How We'll Win.* New York, NY: St. Martin's Press, 2002. – Auf S. 89 heißt es, daß ein Kampf gegen die Herren des Terrors unausweichlich einen Kampf gegen die Feinde Israels bedeute („… a fight against the terror masters inevitably meant a fight against the enemies of Israel …").

[24] Der „Krieg gegen den Terror" wird vielfach als „vierter Weltkrieg" bezeichnet. Auf die zwei Weltkriege von 1914 und 1939 (jeweils Beginn) folgte als dritter der „kalte Krieg", der bereits 1944 begonnen hat und bis 1989 dauerte.

[25] Brzezinski, *Die einzige Weltmacht*, a.a.O. (s. Endnote 20 oben), S. 89 ff. – Die Europäische Union und ihre Mitgliedsstaaten sind in den Augen Brzezinskis nichts weiter als ein Protektorat und Brückenkopf zum euroasiatischen Raum.

[26] Ledeen, a.a.O. (s. Endnote 23), S. 212 f.: In amerikanischer Tradition „we tear down the old order every day, from business to science, literature, art, architecture, and cinema, to politics and the law … we must destroy them [the traditional orders] to advance our historic mission." (Eng.: … „reißen wir jeden Tag die alte Ordnung ein, vom Geschäftsleben bis zu Naturwissenschaft, Literatur, Kunst, Architektur und Film, bis zu Politik und Gesetz … wir müssen sie [die traditionellen Ordnungen] zerstören, um unsere historische Sendung voranzubringen.")

[27] Ratzinger, *Glaube – Wahrheit – Toleranz,* a.a.O. (s. Endnote 5 oben), S. 208.

[28] Johannes Paul II. *Erinnerungen und Identität: Gespräche an der Schwelle zwischen den Jahrtausenden.* Augsburg, 2005. S. 22–28. – Für Johannes Paul II. folgt die-

ser Bruch aus dem kartesianischen Denkansatz, dem „cogito, ergo sum", durch den Gott zu einem Bewußtseinsinhalt, einer bloß subjektiven „Idee" und seiner Wesenseigenschaft, ein Ens subsistens zu sein, entkleidet wird: „Der Gott der Offenbarung hatte als Gott der Philosophen aufgehört zu existieren."

[29] Ebd., S. 27: Gott wird zu einem Geschöpf oder „Produkt des [menschlichen] Denkens".

[30] Ratzinger, *Glaube – Wahrheit – Toleranz*, a.a.O. (s. Endnote 5 oben), S. 192–200: Ratzinger bringt das „eritis sicut Deus" mit dem „sapere aude" Kants zusammen. Siehe dazu auch Immanuel Kants Beantwortung der Frage: „Was ist Aufklärung?" In: *Was ist Aufklärung?* Stuttgart: Reclam, 1974. S. 9 ff.

[31] Joh. 8,44: „Ihr habt den Teufel zum Vater und wollt die Gelüste eures Vaters tun. Jener war ein Menschenmörder von Anfang an und hatte in der Wahrheit keinen Stand, weil Wahrheit in ihm nicht ist. Wenn er die Lüge redet, dann redet er aus seinem Eigenen, weil er ein Lügner ist und der Vater der Lüge."

[32] Ratzinger, *Glaube – Wahrheit – Toleranz*, a.a.O. (s. Endnote 5 oben). Grundlegend das Kapitel 3.2 über „Freiheit und Wahrheit", S. 187–208.

[33] Joseph Ratzinger, Predigt während der Messe zur Wahl des römischen Pontifex vor Beginn des Konklaves (Rom, 2005): „Einen eindeutigen, dem kirchlichen Credo folgenden Glauben zu haben, wird häufig mit dem Etikett des Fundamentalismus belegt. … Es bildet sich eine Diktatur des Relativismus heraus, in der nichts als endgültig anerkannt wird und die als letzten Maßstab nur das eigene Ich und dessen Wünsche zuläßt."

[34] Ludwig Feuerbach. *Sämtliche Werke*. neu hg. v. W. Bolin u. F. Jodl. Stuttgart: Frommann, 1960–64. – Bd. 6, S. 297: „Der Mensch schuf Gott nach seinem Bilde."

[35] Karl Marx. *Frühe Schriften*. hg. v. H.-J. Lieber u. P. Furth. Bd. 1. Darmstadt: Wiss. Buchges., 1962. – Marx schreibt auf S. 488: „Die Religion ist der Seufzer der bedrängten Kreatur, das Gemüt einer herzlosen Welt, wie sie der Geist geistloser Zustände ist. Sie ist das Opium des Volks."

[36] Othmar Spann. *Gesamtausgabe*. Bd. 4: *Gesellschaftslehre*. hg. v. Walter Heinrich. 4., durchges. Aufl. Graz: Akad. Druck- und Verl.-Anst., 1969. S. 86, 125 u. 253 ff.

[37] Vom lat. *utilis*, „nützlich". In der Ethik diejenige Richtung, die den Zweck des menschlich-gesellschaftlichen Handelns in der Erzielung von Nutzen oder materieller Wohlfahrt sieht.

[38] Von grch. *hēdonē*, „Lust" abgeleitet, wird als „hedonistisch" jene Ethik bezeichnet, welche die sinnliche Lust, das Vergnügen, den Genuß als Motiv oder Ziel des sittlichen Handeln bezeichnet. Sie ist typisch für die heutige „Spaßgesellschaft".

[39] Karl Raimund Popper. *Die offene Gesellschaft und ihre Feinde*. übers. v. P. Feyerabend. 2 Bde. Bern: Francke, 1957/58. S. 234 ff. – Zur Kritik an Poppers Konzept der „offenen Gesellschaft" vgl.: Friedrich Romig. „Neopositivismus und Ganzheitslehre: Eine Auseinandersetzung mit K. Popper." In: *Festschrift Walter Heinrich: Ein Beitrag zur Ganzheitsforschung*. hg. v. J.H. Pichler. Graz: Akad. Druck- und Verl.-Anst., 1973. S. 79–105.

[40] Johannes Paul II. *Enzyklika Sollicitudo rei socialis*. Rom, 1987. n. 37: Zwei Verhaltensweisen kennzeichnen die heutigen „Strukturen der Sünde": „die ausschließliche Gier nach Profit und das Verlangen nach Macht", die beide „unlöslich verbunden sind" und „die wahre Natur des Bösen ausmachen".

[41] Pius XI. *Enzyklika Quadragesimo anno*. Rom, 1931. n. 88 u. nn. 105–109: „Die Wettbewerbsfreiheit … kann aber unmöglich regulatives Prinzip der Wirtschaft sein. Die Erfahrung hat dies, nachdem die verderblichen individualistischen Theorien in die Praxis umgesetzt wurden, bis zum Übermaß bestätigt."

[42] Johannes Paul II., s. Endnote 40 oben.

[43] Erwin Chargaff. *Das Feuer des Heraklit: Skizzen aus einem Leben vor der Natur*. Stuttgart: Klett-Cotta, 1979. – Dort heißt es: „Zwei verhängnisvolle Entdeckungen haben mein Leben gezeichnet: erstens die Spaltung des Atoms, zweitens die Spaltung des Zellkerns." Naturforschung erforscht nicht die Natur, „sie sprengt sie".

[44] John Kenneth Galbraith. *Gesellschaft im Überfluß*. München: Droemer-Knaur, 1970.

[45] Theodor Wiesengrund Adorno/Max Horkheimer. *Dialektik der Aufklärung*. Amsterdam: Querido, 1947. – Die „Aufklärung" ist historisch gescheitert, die Vernunft wurde zum Herrschaftsinstrument, die Rationalität führte zur Verdinglichung oder ‚Entfremdung' des Menschen.

[46] Durch den Bruch mit Gott. – Joh. 8,44: „Wer aus Gott ist hört die Worte Gottes. Deshalb hört ihr nicht, weil ihr nicht aus Gott seid." – 1. Joh. 4,3: „Und jeder Geist, der Jesus nicht bekennt, ist nicht aus Gott. Und das ist der Geist des Antichrist, von dem ihr gehört habt, daß er kommt." – 2. Joh. 7–11: „Denn viele Verführer sind ausgezogen in die Welt, die sich nicht zu Jesus Christus als im Fleische kommend bekennen. Das ist der Verführer und der Antichrist."

[47] Der Judaismus erkennt Christus nicht als den Messias an, daher trifft seine Vertreter das Verdikt des Johannes (s. Endnote 31 oben).

[48] Oscar Levy. *Nietzsche verstehen: Essays aus dem Exil 1913–1937*. hg. v. Steffen Dietzsch und Laila Kais. Band 1. Berlin: Parerga-Verlag, 2005. – Nach Levy sei der Judaismus „am Unglück aller und an allem schuld, am Bolschewismus und Kommunismus ebenso wie am Kapitalismus und Liberalismus, am materiellen wie spirituellen Ruin dieser Welt". – Vgl. dazu auch die Besprechung im Feuilleton der *FAZ* vom 12. Juli 2005 von Friedrich Niewöhner: „Gegen den Idealismus als Idiotie." – Ähnlich wie Oscar Levy urteilt Anton Orel in: *Judaismus und deutsche Romantik*. 2. Aufl. Wien: Vogelsang, 1921. S. 17. Orel schreibt: „Sie [die Juden] waren überall die eifrigsten Propagatoren jenes trügerischen Demokratismus, der sogenannten Volkssouveränität, des Parlamentarismus, des Judenrepublikanismus, der den festen Hort des Volkes, die romantische Autorität von Gottes Gnaden unterwühlte, aushöhlte, schließlich stürzte und dem Geldsack und dem Demagogentum, der jüdischen Weltherrschaft schutzlos auslieferte."

[49] Speech by Prime Minister Datuk Seri Dr. Mahathir Mohamad at the opening of the 10th Session of the Islamic Summit Conference on Oct 16, 2003. Der Originaltext ist auf Englisch im Weltnetz unter http://zionism.netfirms.com#/ (Stand: Dez. 2006) abrufbar. – Ausführlicher Kommentar der Rede in: *Zur Zeit*, Nr. 46/2003, S. 9.

[50] Vgl. Slezkine, a.a.O. (s. Endnote 19), S. 1 u. ö.

[51] Werner Sombart. *Die Juden und das Wirtschaftsleben*. [1. Aufl. 1911] Berlin: Duncker & Humblot, 1928. S. 318. – Nach Slezkine (s. Endnote 19 oben) ist die Rolle der „Merkurier" den Juden geradezu auf den Leib geschrieben…

[52] In Wolfram von Eschenbachs *Parzival* heißt es: „Ist Zwifel Herzens nachgebûr, da mouz der Seele werden sûr." Dem „Sauerwerden" der Seele entspricht die

Zerrüttung des Landes. In seiner berühmten Homilie vom 29. Juni 1972 über den „Rauch des Satans" führt Paul VI. die Kirchenkrise auf den Zweifel zurück, der das Vertrauen in die Kirche untergraben hat. Hinter dem Zweifel steht der Verwirrer, der Feind des Menschen, Satan (*Der Fels*, Oktober 1972, S. 393).

[53] Die Folgen des „Nominalismus" werden deutlich bei Marsilius von Padua (1275–1343). Die Lex æterna, das göttliche Naturrecht, wird geleugnet, die Kirche „demokratisiert" und damit zum Spielball von Mehrheitsmeinungen, die Bischöfe von der Gemeindeversammlung gewählt, die Kirchengewalt dem Staat unterstellt.

[54] Louis Israel Newman. *Jewish Influence on Christian Reform Movements*. Princeton, NJ: Columbia University Press, 1925. [Neudruck 1966.] – Newman behandelt die ikonoklastischen Auseinandersetzungen des 9. Jahrhunderts (Frage des jüdischen Bilderverbotes im katholischen Bereich), die Katharer, die Waldenser und die anderen judaisierenden Häresien („judaizing heresis") des 11., 12. und 13. Jahrhunderts; die hussitische Bewegung im 15. Jahrhundert, die Vorläufer der Reformation; den lutherischen Protestantismus in Deutschland sowie die von Zwingli angeführte schweizerische Revolte, beide während der Reformationsperiode; die von Michael Servatus angeführte unitarische Bewegung während des 16. Jahrhunderts und die puritanische Bewegung in England und Amerika, beide in der Nachreformationsperiode (vgl. S. IX). Bereits vorher hält Anton Orel, *Judaismus*, a.a.O. (s. Endnote 48), S. 16, fest: „Der Judaismus betätigte sich seit jeher als heftigstes Antichristentum. In den großen Kirchenverfolgungen der ältesten wie der neuesten Zeiten, bei allen großen Häresien und Spaltungen in der Christenheit, treffen wir den Judaismus und die Juden als direkte oder indirekte Inspiratoren und Organisatoren, bald führend, bald hetzend, immer schürend und nutznießend an. So war es auch … am Ausgang des Mittelalters, bei dem zweiten Sündenfall im großen Kulturbruch, der fälschlich so genannten Renaissance, insbesondere im jüngeren Humanismus. … Die unmittelbare Folge des Sieges des heidnisch-judaistischen Individualismus auf dem Gebiete der Geisteswissenschaften trat in der wieder von den Juden eifrigst geförderten und ausgenützten kirchlich-politisch-sozialen Revolutionsbewegung des 16. Jahrhunderts mit ihrer Glaubensspaltung, ihren einträglichen Kirchengütereinziehungen, ihren Verwüstungen zutage. Ihre Fortsetzung fand diese Entwicklung später in der sogenannten Aufklärung, in der modernen Freimaurerei, in dem von der modernen Literatur und Großpresse verbreiteten seichten Unglauben, in den sogenannten Kulturkämpfen, bei denen das Judentum stets hervorragend beteiligt war und ist."

[55] David Gelernter. „Antiamericanism – and Its Enemies." In: *Commentary*, Jan. 2005, S. 48.

[56] Erst im Jahr 1891 nahm sich die Kirche der brennenden Arbeiterfrage auf lehramtlicher Ebene an. Vgl.: Leo XIII.: *Enzyklika Rerum novarum*. Rom, 1891. – Vatikanum II (1963–1965) wurde von Johannes XXIII. in der Absicht einberufen, die Kirche zur Welt hin zu „öffnen" („aggiornamento").

[57] Walter Brandmüller. *Galilei und die Kirche: Ein „Fall" und seine Lösung*. Aachen: MM, 1994. – Brandmüller liefert eine ausgewogene Studie, die auch die

Gründe für die Entscheidungen der Kirche berücksichtigt. Sein Buch ist geeignet, zahlreiche Vor- und Fehlurteile des „Falles Galilei" zu berichtigen.

[58] Italien mußte 2004 die Nominierung von Roco Buttiglione zum Mitglied der Europäischen Kommission zurückziehen, weil dieser wegen seines Bekenntnisses zu den Lehren der Kirche bezüglich Homosexualität, Homo-Ehe und Abtreibung im Europäischen Parlament auf Widerstand stieß.

[59] Friedrich August von der Heydte. *Die Geburtsstunde des souveränen Staates: Ein Beitrag zur Geschichte des Völkerrechts, der allgemeinen Staatslehre und des politischen Denkens.* Regensburg: Habbel, 1952.

[60] Solschenizyn, a.a.O. (s. Endnote 7 oben); dort reiche Literaturangaben. – Johannes Rogalla von Bieberstein. *„Jüdischer Bolschewismus": Mythos und Realität.* Schnellroda: Edition Antaios, 2003.

[61] Ausgezeichnete Informationen über die Neokonservativen in Amerika sind im Weltnetz abzurufen. Zum Beispiel über Wikipedia, „the free encyclopedia".

[62] Ledeen, a.a.O. (s. Endnote 23). – Ledeen bringt die neokonservativ-zionistische Strategie klar zum Ausdruck: „Stability is an unworthy American mission. We do not want stability in Iran, Iraq, Syria, Lebanon, and even Saudi Arabia, we want things to change. The real issue is not whether, but how best to destabilize." (Dt.: „Stabilität ist eine Mission, die Amerikas nicht würdig ist. Wir wollen keine Stabilität im Iran, im Irak, in Syrien, im Libanon, ja nicht einmal in Saudi-Arabien, wir wollen, daß die Dinge anders laufen. Die eigentliche Frage lautet nicht, ob man, sondern vielmehr wie man am besten destabilisieren sollte." (S. 172.))

[63] Noam Chomsky. *War Against People: Menschenrechte und Schurkenstaaten.* 3. Aufl. Hamburg: Europa, 2001; ders. *Offene Wunde Nahost: Israel, die Palästinenser und die US-Politik.* Hamburg: Europa, 2003. – Shamir, *Blumen aus Galiläa,* a.a.O. (s. Endnote 22 oben).

[64] Friedrich Nietzsche. *Die Fröhliche Wissenschaft.* Frankfurt a. M.: Insel, 1982. S. 137 ff. – Nr. 125: Der tolle Mensch: „Gott ist tot!, Gott bleibt tot! Und wir haben ihn getötet! Wie trösten wir uns, die Mörder aller Mörder?"

[65] Daniel Goldhagen. *Die katholische Kirche und der Holocaust: Eine Untersuchung über Schuld und Sühne.* Berlin: Siedler, 2002. S. 331 ff.

[66] Ernst H. Kantorowicz. *Kaiser Friedrich der Zweite.* 4. Aufl. Stuttgart: Klett-Cotta, 1993. – Insbes. Kapitel 9: „Antichrist", S. 550 ff.

[67] Erik von Kuehnelt-Leddihn. *Die falsch gestellten Weichen; oder Der rote Faden 1789–1984.* Wien: Böhlau, 1985. S. 21–28 u. 430.; ders. *Gleichheit oder Freiheit?: Demokratie – ein babylonischer Turmbau?* Tübingen: Hohenrain, 1985.

[68] Auf Goethe beruft sich auch Johannes Paul II., um dem Gedanken Raum zu geben, „daß dieses Übel [das vom Nationalsozialismus und Kommunismus ausging] in irgendeiner Weise wohl nötig sein müsse für die Welt und für den Menschen". (Johannes Paul II., a.a.O. (s. Endnote 28 oben), S. 30.

[69] Alexandere Griesbach. „Den Deutschen eine andere Seele einimpfen." In: *Zur Zeit,* Nr. 34/2005, S. 18. – Über die jüdische Beteiligung an der Umerziehung der Deutschen bestehen kaum Zweifel. Sie war im wesentlichen ein „jüdisches Projekt". – Vgl. auch: Caspar von Schrenck-Notzing. *Charakterwäsche: Die Politik der amerikanischen Umerziehung.* München: Kristall/Langen-Müller, 1981.

[70] Levy, *Nietzsche verstehen*, a.a.O. (s. Endnote 48 oben).

[71] Thomas Mann. *Betrachtungen eines Unpolitischen*. Frankfurt a. M.: S. Fischer, 1985.

[72] Theodore N. Kaufman. *Germany Must Perish*. Newark, NY: [Selbstverlag], 1941. – Kaufman empfiehlt die Sterilisation aller Deutschen, um zu verhindern, daß sie weiter „kriegslustige" („warlust") Nachkommen zeugen können (siehe Abschnitt 7: „Death to Germany"). Sein Wunsch scheint jetzt auch ohne Sterilisation in Erfüllung zu gehen.

[73] Interview. Ztschr. *Eckart*. Wien, Juni 2005. S. 9.

[74] Rolf Steininger im Gespräch mit Moritz Schwarz. In: *Junge Freiheit*, Nr. 25, vom 13. Juni 2003, S. 3.

[75] Thomas Mann. *Doktor Faustus: Das Leben des deutschen Tonsetzers Adrian Leverkühn, erzählt von einem Freunde*. 35. Aufl. Frankfurt a. M.: S. Fischer, 2005. S. 597. – Dazu jetzt: Günter Rohrmoser. *Dekadenz und Apokalypse: Thomas Mann als Diagnostiker des deutschen Bürgertums*. Bietigheim: Ges. für Kulturwissenschaft, 2005.

[76] Angeführt bei: Henri de Lubac. *Über Gott hinaus: Tragödie des atheistischen Humanismus*. Einsiedeln: Johannes-Verlag, 1984. S. 210.

[77] Leopold Ziegler: „Wir sind es, wir selber, die zur Frist unserem Geschichtsauftrag abtrünnig wurden … Wir haben das ‚Reich' an das ‚Gegenreich' verraten." (Aus einem offenen Brief, geschrieben im Jahre 1946, abgedruckt bei: *Leopold Ziegler – Leben und Werk.* dargest. v. M. Schneider Faßbänder. Pfullingen: Neske, 1978. S. 227.)

[78] Ernst Nolte im Vorwort zu Rogalla von Bieberstein, „*Jüdischer Bolschewismus*", a.a.O. (s. Endnote 60 oben), S. 9.

[79] Slezkine, *Jewish Century*, a.a.O. (s. Endnote 19 oben), S. 1.

[80] Mahatir, a.a.O. (s. Endnote 49 oben)

[81] Slezkine, *Jewish Century*, a.a.O. (s. Endnote 19), S. 2.

[82] Die Generalversammlung der UNO beschloß im Oktober 2005 die Einführung eines „Holocaust-Gedenktages", der an jedem 27. Januar zu feiern ist. – Vgl. dazu: Friedrich Romig. „Der Holocaust, die neue Weltreligion." In: „Der 13te" (*Kirche und Welt*) vom 13. April 2006, S. 6 ff.: „Sie [die Holocaustreligion] gilt für ihre Befürworter als Sakrament oder ‚Heilsgut', welches Völkermorde verhindern soll. Sie versöhnt und trennt nicht, wie jene diversen monotheistischen Religionen, die alle zu mörderischen Religionskriegen geführt haben."

[83] Außenminister Joseph „Joschka" Fischer in der *FAZ* vom 11. Mai 2002: „Die fortgeltende historische Verantwortung Deutschlands für den Völkermord am deutschen und europäischen Judentum … ist der feste und zentrale Grundstein der Selbstbegründung der deutschen Demokratie nach 1945."

[84] „Vor ein paar Tagen hat ein ehemaliger evangelischer Dekan … geschrieben, das ganze Christentum sei ein Produkt der Fälschung. Und der, der es verfälscht hätte, bereits von Anfang an, sei Paulus gewesen. Paulus hätte aus dem Juden Jesus, der eigentlich die jüdische Religion erneuern wollte, den Christus gemacht und sei damit der Vater des Antisemitismus, und soweit das Christentum Jesus als Christus in Anspruch genommen hat, sei es eine Erfindung,

eine antisemitische Fiktion, eine Lüge und eine Fälschung, die Paulus in die Weltgeschichte gesetzt habe ... Die Konsequenz ... ist, daß wir das Christentum als eine Fälschung abtun und überwinden und uns zum Judentum bekehren müssen. Offenbar als letzten Reueakt für das einzigartige Verbrechen in der Geschichte [Anm.: gemeint ist der Holocaust] sollen wir das Christentum überwinden und zu dem ursprünglich von Jesus gemeinten Judentum zurückkehren." (Günter Rohrmoser. „Die Lunte brennt: Der Kampf der Kulturen – Europa hat schlechte Karten." In: *Zur Zeit*, Nr. 8, vom 24. Februar 2006, S. 15.) Wie man sieht, hat der Geist des Antichristen beileibe nicht nur bei Juden seine Anhänger!

[85] Léon de Poncins. II. *Vatikanum und Judenfrage*. Durach: Schmid, 1992. S. 80. – Dort heißt es: „Die Französische Bischofskonferenz hat diese Tatsache richtig gesehen: ‚Die Konzilserklärung beruht auf einer Rückkehr zu den biblischen Quellen. Sie stellt einen Bruch dar zur Haltung in der Vergangenheit. Sie ruft die Christen zu einer neuen Einstellung zum jüdischen Volk, nicht nur auf menschlicher Ebene, sondern auch auf der Ebene des Glaubens'." Vorbereitet wurde die „Judenerklärung" durch die bahnbrechenden Vorarbeiten von Jules Isaac: *Jésus et Israël* (Paris: Albin Michel, 1946 (Neuausg. 1959)); die deutsche Übersetzung *Jesus und Israel* ist mit einem Vorwort von Friedrich Heer 1968 (in Wien) erschienen. Isaac geht es um die Freisprechung der Juden vom „Gottesmord" und ihrer anschließenden „Verwerfung" oder „Verdammung". In seinem Buch *Genèse de l'Antisémitisme: Essai historique* (Paris, 1948, dt.: Wien, 1969) werden die Geschehnisse von Auschwitz mit der antisemitischen Tradition der christlichen Kirche in Verbindung gebracht. Den Kirchenvätern wirft er vor, „sich an dieser moralischen Steinigung [der Juden] beteiligt [zu] haben, so der heilige Hilarius von Poitiers, der heilige Hyronymus, der heilige Ephrem, der heilige Gregor von Nyssa, der heilige Ambrosius, der heilige Epiphanes (der Abstammung nach ein Jude), der heilige Cyrillus von Jerusalem und andere. Unter diesen illustren Männern, die sich in so vielem anderen als verehrungswürdig erwiesen, sollen jedoch zwei besonders hervorgehoben werden: der große griechische Prediger St. Johannes Chrysostomos ... und der heilige Augustinus ..." (S. 122). Für Chrysostomos ist die „Synagoge ein Bordell, ein Theater, eine Diebsunterkunft, ein Schlupfwinkel für wilde Tiere und unreine Tiere". „Nicht wird dort Gott angebetet, ein Ort des Götzendienstes ist sie" (S. 123). Ebenso steht der heilige Augustinus dem Judentum und den Juden feindlich gegenüber. „Seit der Offenbarung werde es [das Judentum] nur noch vom Satan inspiriert", die Juden haben „in der Person ihrer Väter Christus getötet" (S. 126), jetzt „leben sie weiter [fort] als Zeugen für die Wahrheit des Christentums" (S. 128). „Verstreut unter allen Völkern sind die Juden Zeugen ihrer Sünden und unserer Wahrheit", „[s]ie, die Jesus mit Füßen getreten haben, hat Gott der Schande ausgeliefert (er hat ihnen ihre Heimat genommen, ihre heilige Stadt, er hat sie verstreut" (S. 129).

Europa vor der islamischen Herausforderung

Ist Verantwortungspolitik noch möglich?

von Prof. Dr. Klaus Hornung

Die islamische Einwanderung nach Europa, die die Züge einer Landnahme angenommen hat – die türkische vor allem in Deutschland, die nordafrikanische in Frankreich, Italien und Spanien –, wird von der breiten Öffentlichkeit meist nicht in ihrem historischen Gewicht begriffen. Doch hin und wieder wird das meist kaschierte Thema von Blitzen erhellt. So hat kürzlich der französische Minister für Einwanderung, Integration und nationale Identität, Brice Hortefeux, in einer Podiumsveranstaltung in Frankfurt am Main vor aller Öffentlichkeit bekannt, daß in seinem Land die Integration „spektakulär gescheitert" sei, trotz Milliardenbeträgen, die der französische Staat dafür ausgegeben hat. Vor allem die dritte Generation der Eingewanderten habe sich in der Mehrheit einem militanten Islam zugewandt und sich in eine islamische Parallelgesellschaft zurückgezogen.

Die wiederkehrenden Unruhen in den Vorstädten von Paris, Lyon und Marseilles sind zum Wetterleuchten dessen geworden, was sich hier zusammenbraut. In Deutschland hat der hessische Wahlkampf und sein Ergebnis gezeigt, daß es der vereinigten Linken in Deutschland im trauten Bündnis mit der Mehrheit der Medien immer wieder gelingt, das unbequeme Thema unter der Decke zu halten und jeden Versuch, es in der Öffentlichkeit zu erörtern, mit den Propagandakeulen der Fremdenfeindlichkeit und des Rassismus niederzuknüppeln. Obwohl ein großer Teil der Wähler davon betroffen ist und das Thema für wichtig hält, dekretiert die

Linke in ihrem eigentümlichen Demokratieverständnis, es eigne sich nicht für Wahlkämpfe. Das dritte Blitzlicht war die Rede des türkischen Ministerpräsidenten Tayyip Erdogan vor 20.000 Anhängern in Köln, bei der der Stratege des Exports des türkischen Bevölkerungsüberschusses nach Deutschland kein Hehl aus seinem Ziel machte, in Mitteleuropa einen türkischen Parallelstaat zu errichten. Allein der demographische Automatismus der weiteren türkischen „Einwanderung über die Kreißsäle" wird die Mehrheitsverhältnisse hierzulande schon mittelfristig nachhaltig verändern, und den Rest besorgen die medialen Keulen des „Rassismus" und der „Fremdenfeindlichkeit" gegen noch immer renitente Deutsche.

Lange hat man bei uns der Öffentlichkeit vorgegaukelt, das Problem lasse sich durch „Integration" wie durch einen Zauberstab lösen, was immer darunter verstanden wird. An seinem Beginn stand das Interesse der boomenden deutschen Wirtschaft seit den 1970er Jahren an billigen Arbeitskräften, ohne sich über mögliche Langzeitfolgen Gedanken zu machen. Als dann die eigene Bevölkerung zu schrumpfen begann, wurde Einwanderung aus Ländern mit hoher Geburtenrate als Passe-partout, als Schlüssel und zur Kompensation auch dieses Problems angepriesen. Und schließlich verbanden sich handfeste wirtschaftliche Interessen an Globalisierung und weltweiter Migration mit den Moralvorstellungen linker Ideologen von den angeblichen Vorzügen einer multikulturellen Welt ohne Konflikte und Kriege und nicht zuletzt als Garantie gegen eine Wiederkehr deutscher Herrenmenschengelüste.

Selten in der Geschichte ist ein solcher Traum von Intellektuellen und einer gesinnungsethischen Politik an der Wirklichkeit binnen kurzer Zeit zerbrochen. Einmal mehr hat sich die Wirklichkeitsfremdheit gesinnungsethischer Politikkonzepte gezeigt, vor denen Max Weber in einem berühmten Vortrag „Der Beruf zur Politik" schon 1919, nach dem Ende des Ersten Weltkrieges, gewarnt hatte. Auch damals hatte sich eine gesinnungsethische Welle ausgebreitet, etwa mit der Botschaft des US-amerikanischen Präsidenten Woodrow Wilson „to make the world safe for democracy" (die Welt für die Demokratie sicher machen), die, gutgläubig oder heuchlerisch, auf die Güte und Rationalität der Menschen vertraute und gegen die Ungerechtigkeiten der alten Welt die Harmonie, Freiheit und Gleichheit einer neuen proklamierte. Aus dem Weltkrieg erwuchsen aber auch die neuen totalitären Heilslehren in ihrer Doppelgestalt des internationalen und des nationalen Sozialismus, auch sie mit dem hohen Anspruch, die Menschenrechte der Ausgebeuteten und Unterjochten oder der eigenen Nation durchzusetzen.

Max Webers Sensibilität erkannte schon damals, wie leicht der Gesinnungsethiker umschlagen kann in den „chiliastischen Propheten", der „soeben noch Liebe gegen Gewalt predigt" und „im nächsten Augenblick aufruft zur letzten Gewalt, die dann den Zustand der Vernichtung aller

Gewaltsamkeit bringen würde". Webers visionäre Warnung galt dem Aufstieg der totalitären Herrschaftssysteme im 20. Jahrhundert. Aber auch das gesinnungsethische Fortschrittsdenken der angelsächsischen Welt war von dem Paradoxon dieses Umschlags nicht gefeit. Als US-Präsident Harry S. Truman bei der Gründung der Vereinten Nationen im Juni 1945 die Hoffnung ausdrückte, jetzt, nach der Niederwerfung des Faschismus in der Welt, werde und müsse es möglich sein, „to stop war definitely" (den Krieg ein für allemal abzuschaffen), gab er wenige Wochen später den Befehl zum Atombombenabwurf auf Hiroshima und Nagasaki. Auch die zweite Hälfte des 20. Jahrhunderts wurde, auch ohne Faschismus, zu einer Geschichte der Kriege, Massenmorde und Katastrophen.

Trotz aller Erfahrungen mit dem totalitären Zeitalter erhob sich seit 1968 in Westdeutschland, kaum zwanzig Jahre nach der nationalsozialistischen Katastrophe, eine neuer Aufbruch eines vor allem gesinnungsethisch motivierten kulturrevolutionären Willens zur „Bewältigung der Vergangenheit", nicht nur der nationalsozialistischen, sondern der bürgerlich-„kapitalistischen" Welt schlechthin, ein Versuch, den Erwin Scheuch treffend als den von „Wiedertäufern der Wohlstandsgesellschaft" kennzeichnete. Und aus ihm erwuchs dann auch bald jene charakteristisch gesinnungsethische und hypermoralische Haltung zur Masseneinwanderung vor allem aus der islamischen Welt, sei es durch legalen Zuzug, sei es durch Asylbewerber, so daß sich der deutsche Bundestag, als die Asylantenwelle 1993 auf eine runde halbe Million im Jahr angeschwollen war, zur Notbremsung durch eine Änderung des Artikels 16 des Grundgesetzes entschloß. Gleichwohl erreichte die „liberale" deutsche Einwanderungspolitik dann jedoch in der Zeit der rotgrünen Koalition 1998–2005 einen neuen Höhepunkt. Auch das „Recht" auf Duldung abgelehnter Asylbewerber und großzügige Regelungen zum Familiennachzug hielten die Einwanderungstore weit offen. Obwohl das Ende des einstigen deutschen Wirtschaftswunders unter den Wirkungen des deutschen Vereinigungsprozesses und der Globalisierung schon vor aller Augen lag, ermöglichte die rotgrüne Einwanderungspolitik weiterhin den Zuzug von Hunderttausenden vor allem unqualifizierter Menschen, die direkt in die als immer noch grenzenlos leistungsfähig geltenden deutschen Sozialsysteme einwanderten.

Dieser Art angeblich fortschrittlicher Gesinnungs- und Moralpolitik war ihre moralische Zweideutigkeit auf die Stirn geschrieben. Es handelte sich um das stille Einverständnis zwischen dem türkischen Staat, der an der Entsorgung der unqualifizierten Teile seines rasanten Bevölkerungswachstums interessiert ist (die türkische Bevölkerung hat sich allein in den vierzig Jahren zwischen 1961 und 2001 mehr als verdoppelt, von 28 Millionen auf 68 Millionen), und der deutschen Linken, die sich durch die Verleihung des Staatsbürger- und Wahlrechts von der türkischen Einwanderung mittel- und längerfristig eine wesentliche Verstärkung ihres Wählerpotentials verspricht und ihre parteipolitischen Machtinteressen gesinnungsethisch verbrämt. Unterdessen sind die Sackgassen unserer Einwanderungspolitik immer deutlicher geworden. Sie war unter den Voraussetzungen der deutschen und europäischen Hochkonjunktur seit den 1960er und 1970er Jahren konzipiert worden, Rahmenbedingungen, die sich inzwischen fundamental geändert haben. Die Auswirkungen der Globalisierung haben dazu geführt, daß die Ideale einer multikulturellen Gesellschaft dahinschwinden mußten und der deutsche und europäische Arbeitsmarkt insbesondere der jungen unqualifizierten Einwanderungsgeneration keine Chancen und Perspektiven mehr bietet. Diese grundstürzend veränderte ökonomische Großwetterlage hat sich nicht zuletzt auch auf das kulturelle und mentale Bewußtsein der Zuwanderer ausgewirkt im Sinne einer verstärkten Rückbesinnung der Migrationsbevölkerung auf ihre eigenen Wurzeln, die eigene Gemeinschaft, Religion, Kultur und Ethnie, auf den verstärkten Rückzug in die eigene Parallelgesellschaft und bei der arbeits- und perspektivlosen Jugend als die wachsende Bereitschaft zu Gewalt und Kriminalität. Wieder einmal offenbart sich das geschichtlich-politische Grundgesetz der ungewollten Wirkungen.

Die Folgerungen für die deutsche und europäische Einwanderungs- und Ausländerpolitik liegen auf der Hand: Sie hat im Interesse aller Beteiligten, der Zuwanderer ebenso wie der eingesessenen Bevölkerung, entschieden umzusteuern von einer übertriebenen, vor allem gesinnungsethisch motivierten Richtung während der Jahrzehnte ökonomischer Hochkonjunktur in Europa zu einer nüchternen, realistischen Verantwortungspolitik, die die wirklichkeitsfremden Illusionen hinter sich läßt, die unsere Einwanderungspolitik jahrzehntelang so verhängnisvoll bestimmten. Es geht nicht zuletzt um den politischen Mut, die elementaren Tatsachen zur Kenntnis zu nehmen, auf die uns die Bevölkerungswissenschaft schon seit langem aufmerksam macht: die enorme Bevölkerungsrevolution in der Dritten Welt und zumal in den islamischen Ländern und die ebenso dramatische Bevölkerungsschrumpfung in großen Teilen Europas. An diese brutalen Grundtatsachen hat sich die Kenntnis und tabufreie Erörterung ihrer kulturellen, gesellschaftlichen, religiösen und geistigen Ursachen und Folgen anzuschließen, des gewachsenen religiösen und kulturellen Selbstbewußtseins in der islamischen Welt, aber auch die kritische Befassung mit den Tendenzen und Kräften der Selbstrelativierung in weiten Teilen Europas und in Deutschland zumal.

Friedrich Nietzsches Vision vom „letzten Menschen", der, gebunden an den „Pflock des Augenblicks", mit animalischem Behagen in die Sonne blinzelt, ist zum Menetekel der europäischen Entwicklung seit der Epoche des zweiten „Dreißigjährigen Krieges" der beiden Weltkriege geworden. Noch weigern sich viele, es als ein endgültiges Todesurteil über Europa, als ein historisches Fatum hinzunehmen. Der englische Historiker Arnold Toynbee hat am Ende des Zweiten Weltkrieges dem seine Analyse des historischen Prozesses im Sinne der Dialektik von „challenge and response" entgegengestellt, die jeweilige epochale Herausforderung und die notwendige und richtige Antwort. In unseren Tagen wird die europäische Antwort auf die Herausforderung der außereuropäischen Einwanderung zum zentralen Anwendungsfall der Toynbeeschen Dialektik. Mit anderen Worten: Es geht um nichts Geringeres als um die Frage, ob die Deutschen und die Europäer geschichtlich überleben wollen oder nicht. Die Antwort wird nicht zuletzt davon abhängen, ob sie zur Korrektur der bisherigen verbreiteten Gesinnungs- und Moralpolitik hin zu einer verantwortungsethisch geprägten Politik bereit und in der Lage sind, von der Max Weber 1919 sagte, daß sie fähig sein muß, die längerfristigen Folgen ihres Tuns zu kalkulieren und für sie „aufzukommen", während für eine blinde Gesinnungspolitik die alte geschichtlich-politische Erfahrung gilt, daß „gut gemeintes" Denken und Handeln in der Politik nicht auch automatisch gute Folgen zeitigt. Weber meinte mit der Unterscheidung nicht, daß verantwortungsethisch geleitete Politik etwa gesinnungslos sei, er bezweifelte jedoch, daß der reine Gesinnungspolitiker das ganze Gewicht der historisch-politischen Verantwortung für seine Entscheidungen zu ermessen vermag. Denn vorrangig gesinnungsethische Politik verharrt zumeist im Kalkül des Hier und Jetzt; sie konzentriert sich, „kurzsichtig" wie sie ist, auf das kurzfristige Wohl der Individuen in der Gegenwart des Tages und des Marktes. Verantwortungsethisch geprägte Politik denkt und handelt hingegen in langen Zeiträumen und sieht ihre historisch-politische Verantwortung gegenüber dem Gemeinwesen in der Kette der Generationen.

Die zentrale verantwortungsethische Frage im Blick auf unser Thema lautet daher, ob die Europäer und die Deutschen in der Lage sein werden, die Ursachen und Schwachpunkte einer jahrzehntelang fehlgelaufenen Einwanderungspolitik zu erkennen, ob sie eine zureichende Vorstellung von den hier lauernden Gefahren haben und, nicht zuletzt, ob sie wieder zu einem eigenen kräftigen kulturellen und historisch-politischen Selbstbewußtsein finden als erster Voraussetzung für die Meisterung der Gefahren.

Langsam, zögernd und ängstlich mag es auch in unserer etablierten Welt dämmern, wie gefährlich es ist, wenn die Menschen die rasch wachsenden Bedrohungen im Blick auf unsere Einwanderungs- und Ausländerpolitik nicht erkennen, Gefahren, die ihnen seit Jahren von unseren gesinnungsethischen meinungs- und politikmachenden Klassen als bloße Hirngespinste von populistischen Demagogen vorgeführt wurden. Immerhin ist jetzt etwa auch in der *Frankfurter Allgemeinen Zeitung* (von Frank Schirrmacher) zu lesen, das Beunruhigendste in unserer Einwanderungs- und Ausländerpolitik sei, „daß die Mehrheit keine Sprache für diese Bedrohung hat" und daß mit dem Mißtrauen gegen sich selbst, das besonders die heutigen deutschen Intellektuellen in weiten Teilen prägt, diese Probleme nicht zu lösen seien und ganz gewiß auch nicht die vielberufene „Integration".

Die zweite deutsche Demokratie wird zugrunde gehen, und die deutsche und europäische Geschichte insgesamt wird ihr Ende finden, wenn die heurigen Funktionseliten weiterhin den Kurs verfolgen, die schicksalhaften Probleme der Zuwanderung vor dem Volkssouverän zu verschleiern und die elementaren Lebensinteressen der eingesessenen Bevölkerung gering zu achten. Es ist für alle Beteiligten besser, die Probleme und Interessenlagen offen auf den Tisch zu legen und im Umgang mit der islamischen Herausforderung einige grundlegende Tatsachen und Bewertungen nicht zu verhüllen, sondern in aller Offenheit zur Kenntnis zu nehmen und daraus politische Konsequenzen zu ziehen:

1. Der Islam ist nach seinem Selbstverständnis nicht nur Religion, sondern ein umfassendes religiös-kulturelles Wertesystem in der unaufgebbaren Einheit von Religion, Gesellschaft und Politik mit einem gegenüber dem „ungläubigen" Westen proklamierten Herrschafts- und Überlegenheitsanspruch, der aus der Sicht der freiheitlichen Demokratie unverkennbar totalitäre Züge trägt. Er verneint in seinem Grundansatz die Freiheit der Person in ihrem abendländischen Verständnis, und er kann und will „sein Ziel nur erreichen durch ebenso tiefe wie breite Eingriffe in das gesamte gesellschaftliche und private Leben" – wie der sozialdemokratische Staatsrechtslehrer und Bundesverfassungsrichter Professor Martin Draht das Wesen des Totalitarismus 1958 treffend umrissen hat. Die von den Islamisten erstrebte Durchsetzung des islamischen Rechtssystems der Scharia ist mit der freiheitlichen Demokratie des Grundgesetzes unvereinbar, sie ist verfassungsfeindlich, und ihre Abwehr erfordert das Zusammenwirken von Gesetzgebung, Rechtsprechung, Politik, öffentlicher Meinung und Verwaltung, wie das auch gegenüber dem Links- und Rechtsextremismus üblich ist.

2. Moscheen sind im Islam nicht nur Gottes- und Gebetshäuser wie die christlichen Kirchen, sondern stets auch gesellschaftliche, politische und kulturelle Zentren entsprechend der im Islam gültigen engen Verknüpfung von Religion, Kultur, sozialem Leben und Politik. Die westliche Rechtsauffassung, es handle sich beim Moscheebau um die Erfüllung des selbstverständlichen liberalen Grundrechts der Religionsfreiheit, ist daher durchaus problematisch. Der Bau der Moscheen in Deutschland mit wesentlicher Unterstützung durch Regierungen islamischer Staaten wie der Türkei oder Saudi-Arabien ist aus islamischer Sicht Ausdruck und Symbol der Errichtung islamischer Exklaven und entsprechender islamischer Landnahme in den nichtislamischen Ländern, dem „dar al harb" (Haus des Krieges). Grundsätzlich sollte die Errichtung von Mo-

scheen in der nichtislamischen Welt in voller Gegenseitigkeit zur Errichtung christlicher Gotteshäuser in islamischen Ländern stattfinden.

3. Im Umgang mit dem Islam gilt es zu erkennen, daß seine Repräsentanten und Funktionäre der koranischen Lehre folgen, wonach die Muslime gehalten sind, sich der Mehrheitsgesellschaft so weit als möglich anzupassen, solange sie selbst in der Minderheit sind. Mit Recht sprach der hessische Verfassungsschutzbericht 2002 von der verbreiteten „Legalitätstaktik" der muslimischen Gemeinden und vieler ihrer Funktionäre zur Täuschung der Mehrheitsbevölkerung.

4. Die westlichen Staaten und Gesellschaften der liberalen Demokratie haben aus der islamischen Langzeitstrategie klare Folgerungen in Gesetzgebung, Rechtsprechung, Politik und Verwaltung zu ziehen, um der islamischen Offensive der schleichenden Veränderung der Kräfteverhältnisse in Europa zugunsten des Islam entgegenzutreten. Die Abwehrmaßnahmen haben sich vor allem gegen die aktivistischen und radikalen Wortführer zu richten, deren mehr oder weniger offen eingestandenes Ziel die Islamisierung Deutschlands und Europas ist. Dabei ist auch die Zusammenarbeit mit den friedlichen und rechtstreuen Teile der islamischen Bevölkerung nicht auszuschließen, sondern anzustreben in dem gemeinsamen Ziel, den mittel- und längerfristigen Gefahren von Kulturkämpfen bis hin zu Bürgerkriegen entgegenzutreten, auch wenn die historische Erkenntnis nicht mißachtet werden sollte, daß Revolutionen und Umstürze zumeist von aktivistischen Minderheiten ausgehen und getragen werden.

5. Auf beiden Seiten, bei der (noch) bestehenden Mehrheitsbevölkerung wie in den islamischen Gemeinden, ist eine weitaus bessere wechselseitige Information und Kenntnis über die beiderseitige Geschichte, Religion und Kultur dringend notwendig, die die Gegensätze nicht verwischt, aber auch nicht hysterisch überhöht. Die vielberufene „Integration" zumindest von Teilen der islamischen Bevölkerung in Europa bedarf des gleichen historisch-politisch-kulturellen Selbstbewußtseins der einheimischen Nationen wie es bei der islamischen Seite normal ist. Wenn überhaupt kann „Integration" nur unter dieser Voraussetzung gelingen.

Das Gespenst der Marneschlacht geistert vor Moskau

November bis Dezember 1941

von Dr. Heinz Magenheimer

Die folgenden Erörterungen sollen weniger der Darstellung von zwei entscheidenden Schlachten des 20. Jahrhunderts, als vielmehr den gewonnenen Erfahrungswerten und deren Geschichtsmächtigkeit dienen. Bekanntlich werden insbesondere von der deutschen Militärgeschichtsschreibung im Verlaufe der Schlacht an der Marne im September 1914 Siegeschancen ausgemacht, die aber durch Führungsfehler vertan worden seien, worauf man zum festgefahrenen Stellungskrieg habe übergehen müssen. Die Chance auf einen raschen Sieg im Westen war damit im Ersten Weltkrieg ein für allemal verspielt. – Beim deutschen Angriff auf Moskau im Oktober 1941 hingegen verlief zunächst alles plangemäß, die Angreifer konnten einen überwältigenden Erfolg erringen, und doch gelang es der Wehrmachtführung nicht, diesen Erfolg in einen entscheidenden Sieg umzusetzen. Den Charakter einer Entscheidungsschlacht erhielt das Geschehen aber erst dadurch, daß die Angreifer nicht rechtzeitig die Schlacht abbrachen. So konnte die sowjetische Seite einen Gegenangriff führen, der die Wehrmacht in einem Zustand arger Schwäche traf. Die Deutschen erlitten ihre erste große Niederlage im Verlaufe des Zweiten Weltkrieges. Gemeinsam mit den Rückschlägen an anderen Frontabschnitten kam es somit zur Kriegswende 1941/42.

I. Die Schlacht an der Marne, September 1914

Der Schlieffenplan und seine Folgen

Bekanntlich hat die behauptete Verwässerung des sogenannten Schlieffenplanes[1] zahlreiche Gemüter bewegt und schließlich zur These geführt, wonach das deutsche Westheer, falls es von Feldmarschall Alfred Graf von Schlieffen (gestorben am 4. Januar 1913) im Jahre 1914 geführt worden wäre, den Sieg errungen hätte. Der Schlieffenplan zielte auf die weiträumige Umfassung der französischen Hauptkräfte durch die Masse der deutschen Armeen von Norden ab, die den Gegner im Rücken fassen und schließlich aufreiben sollten. Dies hätte, so behaupten einige Militärhistoriker wie beispielsweise Hermann von Kuhl, ein „Siegesrezept" geboten, wäre der Plan nur konsequent und unbeirrt verwirklicht worden. Sieht man vom verständlichen Wunsch nach Apologetik ab, so kann diese These bei genauer Betrachtung nicht überzeugen. Wie noch zu zeigen sein wird, erwies sich trotz allem das Kräfteaufgebot auf dem Offensivflügel im Sinne von Schlieffens als zu schwach, um die französische Armee in Form einer riesigen Schwenkung westlich von Paris zu umfassen und einzuschließen.

Zunächst sei vermerkt, daß der „Schlieffenplan" entgegen der bisherigen preußischen Militärtradition eines von Clausewitz sich nicht mit grundsätzlichen Aufträgen begnügte, sondern viele Einzelheiten der vorgesehenen Operation von vornherein festlegte. Dies sollte sich im Sommer 1914 als abträglich erweisen. Außerdem beruhte dieser Plan – der lange vor 1914 und ohne die konkrete politische Lage zu kennen, die schließlich zum Kriege führte, aufgestellt worden war – grundsätzlich auf dem Vorrang einer Westoffensive gegenüber allen anderen Möglichkeiten. Die politische Führung der Mittelmächte Deutschland und Österreich-Ungarn hatte somit aufgrund der operativen und logistischen Festlegungen so gut wie keinen Spielraum für eine Alternative. Überdies gab es keinen übergeordneten Kriegsplan, der gemeinsam mit Reichsleitung und Seekriegsleitung entwickelt worden wäre. Man sollte hierbei nicht vergessen, daß der ältere Moltke (Helmuth Karl Bernhard Graf von Moltke) Pläne entworfen hatte, die ab 1880 eine strategische Defensive im Westen, äußerstenfalls sogar den Rückzug auf die Rheinlinie, hingegen eine gemeinsame Offensive mit den Armeen Österreich-Ungarns gegen Rußland vorgesehen hatten. Man kann daher bei der Beurteilung des Schlieffenplans von einer „ungeheuren Steigerung der Planmäßigkeit" sprechen, da Mobilmachung, Angriff und Schlacht *einen* großen Handlungsakt bildeten.

Der Schlieffenplan, dessen letzte Fassung vom Dezember 1905 stammte, sah vor, mit einem überaus starken rechten Flügel, der aus drei operativen Gruppen bestehen sollte, über belgisches und luxemburgisches Territorium nach Nordfrankreich vorzustoßen, Paris *westlich* zu umgehen und hierauf die französischen Hauptkräfte durch einen mächtigen Schwenk einzuschließen. Die endgültige Entscheidung sollte in einer großen Schlacht in der Champagne und in Lothringen fallen. Währenddessen sollte der Defensivflügel starke gegnerische Kräfte östlich der Mosel durch Angriff binden. Entlang der Vogesen war hingegen nur Verteidigung vorgesehen.

Die Kräfteverteilung sollte folgendermaßen aussehen:

Offensivflügel:

8 Kavalleriedivisionen, 25 aktive und 11 Reservekorps, 6 Ersatzkorps, die erst nach Mobilmachung in Erscheinung treten sollten, zusätzlich zahlreiche Landwehr- und Landsturmbrigaden. (Ein Korps umfaßte in der Regel zwei Divisionen.)

Defensivflügel:

3 Kavalleriedivisionen, 3 aktive Korps und ein Reservekorps, des weiteren 2 Ersatzkorps, die auf dem Umfassungsflügel eingesetzt werden sollten.

Das Verhältnis der Armeekorps zwischen den beiden Flügeln betrug unter Einschluß der Reservekorps 9 : 1, so daß ein überdeutliches Schwergewicht auf dem Offensivflügel geschaffen war.

So gut der Plan auch durchdacht war, barg er doch einige Schwächen: Man war gewissermaßen zu einem raschen Erfolg verurteilt, da eine längere Kriegsdauer im Westen eine Überführung starker Verbände in den Osten nach Rußland unmöglich machen würde. Der Zeitbedarf, um Frankreich zu besiegen, wurde von Schlieffen mit nur sechs Wochen veranschlagt, so daß man also unter extrem hohen Zeitdruck stand. Gelang es im ersten Ansturm nicht, die französische Armee entscheidend zu schlagen, so drohte ein Stellungskrieg mit ungewissem Ausgang. Die Armeen des rechten Flügels hatten ungleich längere Märsche als die anderen zurückzulegen, so daß ungleich härtere Strapazen drohten, je nachdem, welche Schwenkbewegungen erforderlich sein würden. Da alle Kräfte für den großen Angriff in der Hauptstoßrichtung festgelegt wurden, fehlte es an „strategischen Reserven", um Festungen einzuschließen, das Hinterland ausreichend zu sichern oder den Angriffsschwung zu nähren. Immerhin würde man allein sieben Armeekorps für die Umgehung der „Sphinx Paris" und sechs für die Belagerung der Festung benötigen. Schlieffen hatte auf „strategische Reserven" ausdrücklich verzichtet, da diese, wie er meinte, auf dem Angriffsflügel fehlen würden und letztlich für die Entscheidung zu spät kämen. Was würde aber geschehen, wenn die französische Armeeführung die Gefahr der Umfassung erkennen und sich dieser großräumig bis Paris und an die Seine entziehen würde?

Des weiteren mußte der Generalstabschef alle Armeen unmittelbar führen, da eine Zwischenebene in Form von Heeresgruppenkommandos fehlte. Gerade dieser Umstand sollte dramatische Behinderungen des Führungsvorganges im Sommer 1914 hervorrufen.

Auch politisch gesehen hatte der Operationsplan wesentliche Schwächen: Man setzte auf eine weitgehende Inaktivität Rußlands, das 1905 durch den Krieg mit Japan gebunden war, sowie darauf, daß Großbritannien die Verletzung der Neutralität Belgiens nicht als Kriegsgrund betrachten würde. Geschähe dies trotzdem, sollten Kräfte aus dem äußersten Umfassungsflügel abgezweigt werden, um zunächst das britische Expeditionskorps zu schlagen, bevor sie ihren Vormarsch nach Süden fortsetzen sollten. Jedenfalls hat der Schlieffenplan die Verletzung der belgischen Neutralität bedenkenlos in Kauf genommen. Aber, was viel schwerer wog: Die politische Führung in Berlin hatte keinerlei Alternative und war im kritischen Sommer 1914 vom einzig vorhandenen Feldzugsplan abhängig. Schlieffen aber setzte auf einen kurzen Waffengang und schloß einen länger dauernden Krieg grundsätzlich aus. Das hieß im Klartext: Mißachtung des Primats der Politik.[2]

Versucht man, zu einer ausgewogenen Einschätzung zu kommen, so muß man nicht so weit gehen wie Gerhard Ritter, der den Schlieffenplan als „kühnes, ja ein überkühnes Wagnis, dessen Gelingen von vielen Glücksfällen abhing", bezeichnet hat. Allerdings steht außer Zweifel, daß in Anbetracht des drohenden Zweifrontenkrieges und eines möglichen Kriegseintritts Englands ein hohes Risiko eingegangen wurde. Bei fehlerfreier Ausführung des Planes und ohne Verstrickung in Widrigkeiten sprach aber viel für einen großen strategischen Erfolg. Jedenfalls hatte von Schlieffen einen enormen Einfluß auf seine Umgebung, und seine Konzeption bildete die militärische Richtlinie bis zum Kriegsausbruch 1914. Ob ein Gelingen des Schlieffenplanes allerdings den Krieg im Westen politisch hätte beenden können, steht auf einem anderen Blatt. Da ein Alternativkonzept für den östlichen Kriegsschauplatz fehlte, hing alles vom Erfolg des Westfeldzuges ab.

Aufmarsch und Durchführung

Generaloberst von Moltke der Jüngere (Helmuth Johannes Ludwig von Moltke) veränderte 1909 den Plan dahingehend, daß er im Elsaß und in Lothringen zwei Armeen aufstellte, obwohl ursprünglich nur eine vorgesehen war. Als Begründung wurde eine erkannte Angriffsabsicht der Franzosen gegen Lothringen angeführt, die man schon im Vorfeld von Kriegshandlungen zunichte machen wollte. Somit umfaßten die deutsche 6. und 7. Armee auf dem Defensivflügel mehr als acht Armeekorps gegenüber nur vier Korps in der ursprünglichen Planung. Schlieffen hingegen hätte womöglich einen gegnerischen Angriff in Lothringen notfalls in Kauf genommen, da ein solches Verhalten die eigenen Chancen auf dem Umfassungsflügel erhöht hätte.

Vergleicht man die 1905 im Aufmarschplan vorgesehenen Kräfte mit den 1914 tatsächlich eingesetzten Truppen, so ergibt sich folgendes Verhältnis:

1905:
54 Divisionen auf dem Umfassungsflügel zwischen Aachen und Metz;
 8 Divisionen auf dem Defensivflügel in Elsaß-Lothringen;
10 Divisionen in Ostpreußen.

1914:
54 Divisionen auf dem Umfassungsflügel;
16 Divisionen auf dem Defensivflügel in Elsaß-Lothringen;
10 Divisionen in Ostpreußen.

Moltke hat also den Defensivflügel mit Hilfe von Neuaufstellungen, nicht aber auf Kosten des Umfassungsflügels verdichtet. Berechnet nach Divisionen veränderte sich also das Stärkeverhältnis von 6,75 : 1 auf 6,75 : 2. Dennoch hätte sich von Anfang an eine Stärkung der Umfassungskräfte auf Kosten des Defensivflügels angeboten: Selbst ein einziges zusätzliches Armeekorps im September 1914 an der Marne hätte die Entscheidung zu deutschen Gunsten bringen können. Daß ausreichende Reserven auf dem Umfassungsflügel fehlten, sollte letztlich fatale Folgen haben. So betrachtet, hat Moltke den Schlieffenplan „verwässert", ohne an seinem Grundgedanken zu rütteln. Moltke gedachte außerdem, die Entscheidungsschlacht im Gegensatz zu Schlieffen je nach dem gegnerischen Verhalten anzulegen, da jeder Kampf aus der Wechselwirkung von Aktion und Reaktion besteht.

Der spätere Mißerfolg des Westfeldzuges 1914 war weniger das Ergebnis eines fehlerhaften Planes, als vielmehr einer halbherzigen, unentschlossenen Durchführung, die auf den Einsatz aller Reserven auf dem Offensivflügel verzichtete. Außerdem fehlte ein Lenkungsgremium auf höchster Ebene, das die Aktionen von Heer und Marine koordinierte. So hatte man zum Beispiel die Kriegsmarine nicht über den bevorstehenden Einmarsch in Belgien informiert. Ergänzend sei noch der Gedanke Wilhelms II. erwähnt, in Anbetracht der russischen Mobilmachung und abweichend vom Schlieffenplan mit der Masse des Heeres im Osten aufzumarschieren. Der Generalstabschef bestand aber darauf, das äußerst komplizierte Räderwerk des Aufmarsches nicht zu stören.

Der Angriff des Umfassungsflügels, der aus der 1. bis 5. Armee bestand, begann am 18. August 1914 gegen die Maaslinie zwischen Lüttich und Diedenhofen. Die 6. Armee unter dem Kronprinzen Rupprecht von Bayern wollte aber ein französisches Vorgehen gegen die Reichslande Elsaß-Lothringen nicht abwarten, sondern schritt ebenfalls zum Angriff, der sich in der

Folge nur zu einem frontalen Zurückdrängen des Gegners entwickelte. Für diese Aktion dürfte das dynastische Interesse motivierend gewesen sein, die Reichslande nach glücklichem Kriegsende Bayern anzugliedern.

Die Grenzschlachten endeten alle zu deutschen Gunsten, die französischen Armeen erlitten schwere Verluste durch schonungslos vorgetragene Infanterieangriffe ohne Artillerieunterstützung, und die belgische Armee wurde im Raum Antwerpen eingeschlossen. Am 25. August hatte der deutsche Vormarsch durch Belgien und Luxemburg alle für die erste Phase gesteckten taktischen Ziele erreicht. Die Befehlshaber der 1. und 2. Armee am äußersten rechten Flügel, der die Entscheidung herbeiführen soll, befohlen rastlose Verfolgung. Aber immerhin hatte man den deutschen Angriffsflügel bereits schwächen müssen: Zwei Armeekorps brauchte man zur Belagerung Antwerpens, eines zweigte man zur Belagerung von Maubeuge ab, und zwei weitere Korps wurden zur Verteidigung Ostpreußens abtransportiert.

Am 27. August ergeht der Befehl von Moltkes für die Verfolgung an alle fünf Armeen des Offensivflügels und die Einleitung der Entscheidungsschlacht. Die 1. Armee (von Kluck) als stärkste Stoßkraft soll westlich an Paris vorbeimarschieren und dann nach Osten einschwenken, um den äußersten linken Flügel des Gegners aufzurollen. Die 2. Armee (von Bülow) hat zwischen Oise und Marne von Nordosten her auf Paris anzugreifen, während die 3. Armee (von Hausen) östlich davon beiderseits von Chateau-Thierry über die Marne gehen soll. Die 4. und 5. Armee sollen westlich und östlich von Verdun nach Süden vorstoßen, um möglichst viele Kräfte zu binden und damit das Vorkommen der 6. und 7. Armee (von Heeringen) zu erleichtern. Es wird aber bereits angekündigt, daß starker gegnerischer Widerstand ein frühzeitiges Eindrehen der Angriffsarmeen aus südwestlicher Richtung nach Süden erfordern könnte. Damit droht bereits ein erhebliches Abweichen vom Schlieffenplan. Schon daraus ist ersichtlich, daß der äußerste rechte Flügel über zu geringe Kräfte verfügte, um Paris zu umgehen und gleichzeitig einzuschließen.

Der Befehl trifft obendrein erst 12 Stunden nach Erteilung bei den Armeekommandos ein. Das war auf die völlig überlastete Hauptfunkstation auf dem rechten Flügel, die obendrein von Paris aus gestört wurde, zurückzuführen: eine arge Schwäche des Führungsapparates. Die Armeebefehlshaber waren also in kritischen Lagen auf ihr eigenes Lagebild angewiesen und sollten außerdem den Ansuchen der Nachbararmeen entsprechen. Ein weiterer Schwachpunkt betraf den Verzicht auf ein zwischengeordnetes Oberkommando für den Angriffsflügel. Moltke konnte sich auch nicht entschließen, das Große Hauptquartier zu verlassen, um solcherart seine Befehlsstelle hinter den Angriffsflügel zu verlegen, da er in der Nähe des Kaisers bleiben wollte. Alles in allem fehlte es also an straffer Führung, die gerade in dieser Phase notwendig gewesen wäre.

Auf der anderen Seite hatte General Joseph Joffre, der französische Generalstabschef, die Wucht und Stoßrichtung des deutschen Angriffs durch Belgien anfangs unterschätzt. Er kann nur für einen geordneten Rückzug und den Zusammenhalt der einzelnen Heereskörper sorgen. Die ständigen Verluste und Rückzugsbewegungen zehren an der Substanz der Armeen und belasten die Kampfmoral. Dies drückt sich unter anderem an zahlreichen weggeworfenen Waffen und Ausrüstungstücken aus, die den Deutschen auf ihrem Vormarsch in die Hände fallen. Aber noch ist der Zusammenhalt der Truppe intakt. Auch die britische Armee mit drei Armeekorps unter Feldmarschall John French hat erhebliche Verluste erlitten und befindet sich in vollem Rückzug auf Paris. French will erst wieder den Kampf aufnehmen, wenn die Truppe ihre Erschöpfung überwunden hat. Auf Vorhaltung Joffres willigt er jedoch ein, seine Verbände in den Raum östlich von Paris zu führen, um den Anschluß an die französischen Kräfte zu wahren.

Am 25. August ergeht von General Joffre die Weisung, eine neue Stoßgruppe bei Paris zu konzentrieren, die aus den Trümmern geschlagener Korps sowie aus Neuaufstellungen gebildet wird. Sie untersteht dem Stadtkommandanten von Paris, General Joseph Gallieni, und wird kurz darauf als 6. Armee in den Kampf eingreifen. Joffre befiehlt Anfang September den allgemeinen Rückzug bis hinter die Seine und die Aube, wo endlich energisch Widerstand geleistet werden soll.

In der Nacht zum 31. August nimmt die deutsche 1. Armee unter General Alexander von Kluck eine erhebliche Richtungsänderung vor: Sie strebt nicht mehr die Umfassung von Paris, sondern die Einschließung der französischen und britischen Kräfte *östlich* von Paris im Zusammenwirken mit der 2. und 3. Armee an. Damit dreht die 1. Armee nach Süden und Südosten ein, läßt Paris, wo sich gerade die 6. französische Armee unter General Michel-Joseph Maunoury formiert, rechts liegen und bietet somit dem Gegner die offene Flanke. Wird dieser seine Chance nutzen?

Ohne von diesem Abschwenken zu wissen, hat von Moltke einige Stunden zuvor die bisher gültige Vormarschrichtung bekräftigt, wogegen sich das Kommando der 1. Armee in seiner aktuellen Absicht bestätigt sieht. Dem Einverständnis Moltkes liegt also ein schweres Mißverständnis zugrunde! General von Kluck schwenkt nun nach Südosten und überschreitet die Marne, um endlich den Gegner in der Flanke zu packen. Die Oberste Heeresleitung beugt sich der neuen Entwicklung und befiehlt am 2. September, den Gegner nach Südosten abzudrängen, wobei jedoch die 1. Armee tief gestaffelt den Flankenschutz gegen die als schwach beurteilten Kräfte vor Paris übernehmen soll. Man wollte also anstelle der großen Umfassung westlich um Paris herum nun unter Abdeckung der tiefen Flanke die *kleine* Umfassung in der Richtung Meaux–Provins–Troyes einleiten. Diese Operation hätte noch immer zur Einkreisung von drei bis vier gegnerischen Armeen geführt. Allerdings machten sich bereits ernsthafte Versorgungsschwierigkeiten bemerkbar. Gegenüber den tatsächlich vorhandenen 17 Korps wären – bei Beibehaltung der ursprünglichen Strategie – nur mehr 12 Korps nördlich der Marne voll zu versorgen gewesen.

Was jedoch der Obersten Heeresleitung zunächst verborgen blieb, war der Abtransport französischer Kräfte vom Ostflügel und deren Verschiebung auf den äußersten Westflügel, wobei General Joffre eine Umfassung des deutschen Angriffsflügels in nördlicher Richtung im Auge hatte. Als Moltke dies endlich erkannte, erließ er am 5. September neue Befehle. Demnach sollten die 1. und 2. Armee ihren Vormarsch einstellen und eine Defensivfront gegen den Raum Paris errichten, während die 3. Armee einen Durchbruch durch das französische Zentrum in Richtung Troyes–Vendeuvre wagen sollte. Noch bestand eine Siegeschance!

Jetzt gestaltet sich die Lage an der Marne höchst dramatisch. General von Kluck mißachtet die Weisung, läßt nur schwache Deckungstruppen gegenüber Paris zurück und macht sich ungestüm an die Verfolgung des zurückweichenden Gegners. Als er den Flankenangriff der 6. Armee erkennt, der sein schwaches IV. Reservekorps trifft, läßt er den Angriff einstellen und wirft am 6. September die Masse seiner Armee, nämlich vier Korps, in Eilmärschen nach Norden. Er will nämlich selbst den Gegner in seiner tiefen Flanke umfassen und läßt an der so entstehenden Lücke, die zirka 40 Kilometer breit ist, nur zwei Kavalleriekorps zur Sicherung zurück. Obwohl General Karl Wilhelm von Bülow, dem auch die 1. Armee unterstellt ist, schwere Bedenken gegen die Öffnung dieser Lücke und den Abmarsch nach Norden äußert, bereitet von Kluck den Angriff gegen die französische 6. Armee vor. Tatsächlich wird diese am 9. September vormittags umfaßt und stellenweise zurückgeworfen. Gleichzeitig gehen Franzosen und Engländer nur sehr zögernd in der Lücke an der Marne vor.

Zu diesem Zeitpunkt findet die Mission des Oberstleutnants Richard Hentsch statt, obwohl sie nicht die entscheidende Bedeutung besitzt, die man ihr oft zugemessen hat. Hentsch hatte von Moltke keine Vollmacht erhalten, den Rückzug zu befehlen, wie dies später behauptet wurde; er sollte sich nur „orientieren" und darüber dem Generalstabschef berichten. Nur für den Fall, daß sich die 1. Armee nicht vor Paris würde behaupten können, sollte er den Rückzug in Richtung Soissons anordnen. Hentsch schätzt die Lage, ohne sich an Ort und Stelle informiert zu haben, bei der 1. Armee von vornherein sehr pessimistisch ein, wo sich aber inzwischen ein bedeutender Erfolg anbahnt. Als Hentsch das Hauptquartier der 2. Armee besucht, gibt er fahrlässigerweise diese pessimistische Beurteilung an General von Bülow weiter, der sich sehr verstimmt zeigt. Immerhin greift der linke Flügel seiner Armee gemeinsam mit der 3. Armee an, die nahe vor dem Durchbruch durch das Zentrum der Armee des Generals Ferdinand Jean-Marie Foch steht.

Doch von Bülow, der über die Lage seines rechten Nachbarn in große Sorge geraten ist und nichts von dessen Erfolg weiß, bricht am 9. September knapp vor 12 Uhr selbständig die Schlacht ab, ohne vorher Kontakt mit dem Nachbarn aufgenommen zu haben. Inzwischen ist Hentsch nach mühsamer Fahrt auf dem Gefechtsstand der 1. Armee in den Mittagsstunden eingetroffen und erfährt zu seiner Überraschung, daß sich die Armee voll im Angriff auf den weichenden Gegner befindet, diesen in der Flanke gepackt hat und daß ein Sieg winkt. Doch noch immer äußert Hentsch schwere Bedenken wegen der scheinbar gefährlichen Lage auf dem Umfassungsflügel. General von Kluck wird unsicher, schwankt, verliert schließlich die Nerven und bricht den Angriff seiner Armee ab; auch er verzichtet auf die fernmündliche Beratung mit der Nachbararmee. Seine Begründung lautet, daß man der scheinbar drohenden Isolierung vorbeugen müsse.

Es sind also Führungsfehler, Unkenntnis der Lage und vor allem Mangel an Selbstvertrauen, aus denen das „Wunder an der Marne", der Abbruch des deutschen Angriffs, hervorgeht. Die Maßnahmen vom 9. September deutscherseits bedeuten die Wende in der Schlacht. Am 11. September gibt Moltke den Befehl zum Rückzug des gesamten Umfassungsflügels, nachdem die 2. Armee die unrichtige Meldung abgesetzt hat, daß ein französischer Durchbruch beim linken Nachbar bevorstünde – eine Fehlentscheidung, wie Moltke später bekannte. Damit wurde auch die fast schon vollzogene Einschließung Verduns aufgegeben, ein Schritt, den man später schwer bereute. Was folgt, ist der sogenannte „Wettlauf ans Meer" und zu den Kanalhäfen Flanderns und schließlich der Übergang zum Stellungskrieg im November 1914. Welche Faktoren waren nun für das Scheitern des Schlieffenplans und für dieses sogenannte „Wunder an der Marne" ausschlaggebend?

1. Militärstrategische Fehler:
   Abweichung vom Schlieffenplan in der Verteilung der Kräfte und im Verzicht auf eine „strategische Reserve"; Abzug von zwei wertvollen Korps aus der Angriffsfront nach Ostpreußen, obwohl diese ohnehin zu spät an der Ostfront eintrafen; Mangel an Reserven bei den beiden Flügelarmeen auf dem Höhepunkt der Schlacht am 8. und 9. September; diese Reserven hätten die „abnehmende Kraft des Angriffs" ausgleichen können.
2. Führungstechnische Fehler:
   Verzicht auf Heeresgruppenkommandos; mangelhafte Koordination der einzelnen Armeen durch die Oberste Heeresleitung; überfordertes Fernmelde- und Nachrichtenwesen; fehlender Gedankenaustausch zwischen den Befehlshabern der 1. und 2. Armee in der kritischen Lage am Vormittag des 9. September.
3. Menschliche Schwächen:
   Eigenmächtigkeit des Generals von Kluck, der den riskanten Vormarsch seiner 1. Armee bei Paris ohne Rücksicht auf Flankendeckung befahl; der realitätsfremde Eingriff von Oberstleutnant Hentsch verschärfte die

Krise, und die Nervenschwäche Moltkes, von Klucks und von Bülows besiegelte den Fehlschlag.

Letztlich war es die psychische Labilität der maßgeblichen Persönlichkeiten in den Stäben der 1. und 2. Armee, die zu einer übertrieben pessimistischen Lagebeurteilung führte; daraus resultierte das mangelnde Vertrauen in den jeweiligen Nachbarn und der Entschluß zum Abbruch der Schlacht. Die Truppe hatte ihr Letztes gegeben und fühlte sich schon als Sieger. Bei einer besseren Führung hätten die Deutschen gegen Abend des 9. September die Schlacht für sich entscheiden können.

Zwischenbetrachtung

Die Schlacht an der Marne erlangte bald überragende Bedeutung in der Militärliteratur und in der Generalstabsausbildung. Sie sollte sehr unterschiedliche Wirkungen auf die Kriegsgeschichte ausüben. So hatten Offiziere wie Halder, von Bock und von Rundstedt, die während des Zweiten Weltkrieges in führende Positionen aufsteigen sollten, diese Schlacht als junge Offiziere in Generalstabsverwendung erlebt[3] und daraus ihre Lehren gezogen.

Eine dieser Lehren bestand darin, daß die deutsche oberste Führung im Winter 1940 aufgrund der schlechten Erfahrungen mit dem Schlieffenplan ein völlig neues Angriffskonzept gegen Frankreich entwickelte und trotz des hohen Risikos – insbesondere angesichts der langen offenen Südflanke – ab dem 10. Mai 1940 siegreich in die Tat umsetzte. Dieser sogenannte „Sichelschnittplan" (Winston Churchill) baute auf die überraschende Wirkung eines massiven Angriffs der Heeresmitte mit starken Panzertruppen, unterstützt durch Sturzkampfverbände, worauf ein kühner Vorstoß bis zur Kanalküste folgte, um die nördlich davon stehenden alliierten Kräfte einzukreisen und zu vernichten. Der Generalstab des Heeres verzichtete in dieser Phase bewußt auf eine Umfassung aller sonstigen französischen Kräfte gemäß Schlieffenplan, und sparte dieses Vorhaben für die zweite Feldzugsphase auf, nachdem man in Belgien und Nordfrankreich volle Operationsfreiheit erlangt hatte. Bekanntlich glückte dieses Konzept dank der überlegenen Panzer- und Fliegerwaffe sowie der überragenden neuen Taktik.

Auf der anderen Seite aber hatte das „Wunder an der Marne" dramatische Auswirkungen im Führungsdenken deutscher Befehlshaber während der Schlacht um Moskau im Spätherbst 1941.

II. Die Schlacht um Moskau, Oktober bis Dezember 1941

Die Bereitstellung der Heeresgruppe Mitte zum Angriff auf Moskau erfolgte erst Ende September 1941, da aus operativen Erwägungen zunächst die starken sowjetischen Kräfte, die zwischen den inneren Flügeln der Heeresgruppe Mitte und Heeresgruppe Süd standen, beseitigt werden mußten. Dies geschah in der riesigen Kesselschlacht bei Kiew, die mit der Vernichtung von fünf russischen Armeen und der Gefangennahme von 665.000 Mann, also einem überragenden Sieg, endete. Außerdem wollte man zunächst die enge Einschließung von Leningrad vollziehen, um die sowjetischen Armeen in der Nordflanke aufzureiben, sich mit den Finnen zu vereinigen und um wichtige Panzerkräfte, die bei der Heeresgruppe Nord eingesetzt waren, freizumachen. Erst nach den deutschen Siegen in Nord- und Südrußland hatte die Heeresgruppe Mitte ausreichend Handlungsfreiheit für den Angriff auf Moskau. Es war jedoch nicht Hitler, der auf diese Operation drängte, sondern vor allem der Generalstabschef des Heeres, Generaloberst Franz Halder, und der Oberbefehlshaber der Heeresgruppe Mitte, Feldmarschall Fedor von Bock.

Obwohl die Jahreszeit schon weit vorangeschritten war und in Bälde der Herbstregen drohte, entschloß sich das Oberkommando des Heeres (OKH) zum Großangriff, um die militärische Entscheidung noch in diesem Jahr zu erzwingen. Man rechnete damit, daß mit der Einkesselung der sowjetischen Armeen, die Moskau verteidigten, und mit dem Fall der Hauptstadt selbst ein so überwältigender Sieg errungen wäre, daß der Gegner moralisch zusammenbrechen würde. Damit wäre sicherlich auch ein politischer Erfolg zu erreichen. Immerhin war Moskau der wichtigste Verkehrsknotenpunkt des riesigen Landes, wo elf Eisenbahnlinien zusammentrafen, sowie ein wichtiges Rüstungszentrum und nicht zuletzt der Regierungssitz. Man durfte also erwarten, daß Stalin hier seine letzten Reserven einsetzen würde. Im Gegensatz zur Marneschlacht bildete aber nicht der Kräftemangel, sondern der enorme Zeitdruck das Hauptproblem! Doch der Generalstab fühlte sich nach dem Sieg in der Ukraine sogar stark genug, um drei Divisionen in den Westen abgeben zu können. Damit verstieß man aber gegen den Grundsatz der Kriegsführung, daß man im Schwerpunkt niemals stark genug sein kann.

Die Heeresgruppe Mitte ging mit 72 Divisionen und zwei Brigaden in die Schlacht,[4] wobei allein 14 Panzerdivisionen von insgesamt 19 zum Einsatz kamen. Das Oberkommando des Heeres setzte seine letzten Reserven ein. Die Luftwaffe unterstützte die Operation mit zwei Flieger- und zwei Flak-Korps. Die Rote Armee konnte zwar drei Fronten, gegliedert in 15 Armeen, mit 95 Divisionen und 13 Brigaden aufbieten, doch die meisten von ihnen besaßen aufgrund der bisherigen Verluste nur mehr geringe Kampfkraft, nämlich nur 50 bis 60 Prozent ihrer Sollstärke. Das Kräfteverhältnis betrug rund 1,5 : 1 zugunsten der Deutschen.[5]

Die am 30. September 1941 mit der deutschen Panzergruppe 2 und am 2. Oktober mit der Masse der Heeresgruppe Mitte begonnene Doppelschlacht von Wjasma–Brjansk brachte einen überragenden Sieg. Die Rote

Armee erlitt ihre bisher schwerste Niederlage ihrer Geschichte: Sie verlor nach deutscher Zählung 673.000 Soldaten als Gefangene und die Masse ihrer Ausrüstung, darunter rund 1.200 Panzer. Fünf sowjetische Armeen waren vollständig vernichtet, fünf weitere zum größten Teil aufgerieben worden. Viele Divisionen, die mit Mühe und Not der Einschließung entronnen waren, zählten nur mehr rund 1.500 Mann. Selbst wenn man Fehler in der Zählung berücksichtigt, so kann man von mindestens 850.000 Mann an Gefangenen, Gefallenen und Schwerverwundeten ausgehen. Drei Armeebefehlshaber gerieten in Gefangenschaft.

Die Siegeseuphorie in den deutschen Führungsstellen und in Berlin erreichte ihren Höhepunkt. Die Zuversicht war so groß, daß man die gesamte Panzergruppe 3 und Teile der 9. Armee nach Norden einschwenken ließ, um die sowjetische Nordwestfront von der Flanke her anzugreifen und aufzurollen. Außerdem wurde ein Armeekorps, das später bitter fehlen sollte, herausgezogen und nach Westen abtransportiert. Bis Mitte Oktober erreichten die Angriffsspitzen Kalinin–Borodino–Kaluga und standen damit nur mehr 100 Kilometer weit vor Moskau.

Doch Mitte Oktober setzte dann der Herbstregen mit voller Wucht ein und machte die Straßen und Wege nahezu unpassierbar. Panzer, Artillerie und schweres Gerät versanken im Schlamm und konnten meist nur im Schrittempo oder mit Hilfe von Zugmaschinen vorankommen. Die Truppe quälte sich mühsam, oft nur wenige Kilometer pro Tag, durch den Morast voran. Schließlich kam der Vormarsch 62 Kilometer weit vor Moskau zum Erliegen. Man hatte zwar die 1. und 2. Moskauer Schutzstellung durchstoßen, doch die katastrophalen Bedingungen und der zunehmende Feindwiderstand hatten die Kräfte der Truppe erschöpft. Damit war die große Chance vertan, nach der siegreichen Kesselschlacht von Wjasma–Brjansk die praktisch schutzlose Hauptstadt im kühnen Vorstoß zu nehmen.

Nun beginnt ein hochdramatischer Abschnitt des Ostfeldzuges, nämlich das Ringen um den richtigen Führungsentschluß, wobei die Erinnerung an die Schlacht an der Marne eine bedeutsame Rolle spielen sollte. Generaloberst Halder, aber auch andere wie etwa von Bock, Generaloberst Heinz Guderian, der die Panzergruppe 2 führte, und General Hermann Geyer, der Befehlshaber des IX. Armeekorps, wollen eine letzte Kraft- und Willensanstrengung unternehmen. Moskau soll doch noch vor Einbruch des Winters erobert werden, obwohl Hitler das Betreten der Stadt untersagt hat. Bock erkannte zwar die Schwächen der eigenen Truppe, glaubte aber, daß es dem Gegner noch schlechter gehen und daß jetzt der stärkere Wille entscheiden müsse. Alle Armeen hatten erhebliche personelle und materielle Verluste erlitten, mehr als 20 Bataillone wurden von Oberleutnanten geführt, und die Bevorratung war nicht ausreichend.[6]

Als ab dem 5. November der Frost einsetzt, will von Bock möglichst bald zum Angriff antreten, doch die logistischen Vorbereitungen zwingen zum Aufschub, der eindeutig dem Verteidiger zugute kommt. Die Lagebeurteilung von Bocks lautet, daß man bestenfalls Moskau eng einschließen, sich jedoch wahrscheinlich mit dem Gewinnen des Moskau-Wolga-Kanals und des Wolgaverlaufs südlich von Moskau begnügen müsse. Daß damit im Hinblick auf das Endziel nichts gewonnen wäre, sondern die Truppe einen weit überdehnten, ungünstigen Frontverlauf erhielte, der die Versorgung zudem sehr erschweren würde, kommt ihm offenbar nicht zu Bewußtsein. Trotz dieser sehr begrenzten operativen Möglichkeiten hält er am Angriff fest.

Am 13. November fliegt Halder nach Orscha am Dnjepr und berät mit den Stabschefs der Heeresgruppen und Armeen das weitere Vorgehen. In der Meinung, noch sechs Wochen leidlich brauchbares Wetter erwarten zu dürfen, tritt Halder für eine weitgesteckte Zielsetzung, nämlich die Linie Wologda–Stalingrad–Maikop ein – eine aus heutiger Sicht völlig unrealistische Beurteilung der Lage. Die Stabschefs der Heeresgruppen Nord und Süd plädieren für die Einstellung der Operationen, um die Schlagkraft der Truppe zu erhalten, die bereits unter schweren Ausfällen und Erschöpfung zu leiden hat. Die meisten Armeebefehlshaber der Heeresgruppe Mitte glauben jedoch, noch an Moskau herankommen zu können, aber auch sie sind der Ansicht, daß von einer Einschließung keine Rede sein könne. Halder und von Bock aber sind der Auffassung, daß man den Gegner noch vor Eintritt des Schneewinters kräftig schädigen müsse, um eine günstige Ausgangslage für das Jahr 1942 zu schaffen. Auf jeden Fall müßten im Ostraum nach Einstellung der Operationen viel mehr Kräfte belassen werden, als ursprünglich dafür vorgesehen waren. Man dachte sogar an eine Auflösung von 15 Divisionen, um Personalersatz für andere Verbände zu gewinnen.[7]

Damit wurde aber eingestanden, daß der Feldzug des Jahres 1941 trotz aller Erfolge *keine* siegreiche Beendigung zu versprechen schien und daß man die Entscheidung auf das nächste Jahr würde vertagen müssen. Auch Hitler erwartete keinen gegnerischen Zusammenbruch in absehbarer Zeit. Der Kulminationspunkt der Operationen war überschritten.

Die Konsequenz aus dieser Einsicht hätte der Übergang zur Verteidigung, die Begradigung exponierter Frontabschnitte, der Ausbau einer Winterstellung und die Auffrischung der Truppe sein müssen. Mitte November wäre dazu der letzte passende Zeitpunkt gewesen. Der Entschluß zur Fortsetzung der Offensive bedeutete hingegen ein enorm hohes Risiko: Ohne Ersatzzuführung, ohne ausreichende Versorgung, ohne Winterausrüstung, ohne nennenswerte Reserven[8] und ohne Auffangstellung sollte dem Gegner noch einmal das Gesetz des Handelns aufgezwungen werden. Offenbar erfaßten die maßgeblichen Personen nicht den Ernst der Lage. Genaugenommen geisterte nun, Anfang November, offensichtlich das Gespenst der Marneschlacht in den Köpfen von Halder und Bock – doch war dies der militärischen Lage nicht angemessen, das Gespenst geisterte nicht in den Schneefeldern vor Moskau.

Der Angriff beginnt gestaffelt zwischen dem 15. und 19. November nordwestlich von Moskau. Halder und von Bock sind sich einig, daß es um „die letzte Kraftanstrengung" gehen und daß „der härtere Wille" recht behalten würde.[9] Man meinte also, die fehlenden personellen und materiellen Voraussetzungen allein durch Willenskraft wettmachen zu können.

Rasch schwand die Kampfkraft dahin. Einzelne Kompanien sind nur mehr 30 Mann, einzelne Regimenter nur mehr 300 Mann stark. Jetzt fällt der ausdrückliche Hinweis auf die Marneschlacht durch den Chef des Generalstabes: Es darf „kein zweites Wunder an der Marne" geben![10] Hat er etwa die tragische Rolle Moltkes und das Zaudern der Armeeführer von Kluck und von Bülow vor Augen, will er aus den Führungsfehlern von 1914 die richtige Lehre ziehen? Es gelte, so behauptet Halder, das letzte verfügbare Bataillon heranzuziehen, das die Entscheidung bringen könne. Es gelte, keine Schwäche zu zeigen. Offenbar wollen Halder und von Bock Nervenstärke behalten, an der Moltke letztlich gescheitert war, und die Schlacht nicht abbrechen, solange noch ein Funken Hoffnung besteht, dem Gegner eine Niederlage beibringen zu können.

Die 2. Panzerdivision stößt zwar Anfang Dezember bis auf 18 Kilometer an den nördlichen Stadtrand Moskaus heran, aber die Angriffstruppe ist völlig erschöpft und abgestumpft. Die Temperaturen fallen auf minus 30 Grad Celsius, und starker Schneefall erschwert jede einzelne Bewegung. Erst am 4. Dezember erlaubt Halder der Heeresgruppe, den Angriff abzubrechen. Es ist aber zu spät, um noch rechtzeitig in günstige Winterstellungen auszuweichen, solche sind weder erkundet, geschweige denn vorbereitet. Denn erst am 23. November hatte sich Halder mit der Frage einer rückwärtigen Stellung beschäftigt, ohne daß aber wenigstens zu diesem Zeitpunkt ein Ausbau begonnen hätte.[11] Am 6. Dezember gehen die Sowjets zur Großoffensive über, wobei allein die Westfront unter Armeegeneral Georgij Schukow zehn Armeen, von denen einige erst vor kurzem aufgestellt worden sind, zum Einsatz bringt. Dieser Gegenangriff trifft die Deutschen vor Moskau und an den Flanken im Moment größter Schwäche, und was folgt, ist der Kampf um die nackte Existenz in Eis und Schnee.

Schlußbetrachtung

Man steht also vor dem Phänomen des Nachwirkens historischer Erfahrungen, die sich den handelnden Personen so stark eingeprägt hatten, daß sie eine irrationale Handlungsmotivation bildeten. Ein von historischen

Erfahrungen unbelasteter Generalstabschef oder Oberbefehlshaber hätte es sicher leichter gehabt, die real wirkenden Faktoren besser einzuschätzen und dementsprechend zu handeln. Das Beispiel der Marneschlacht war nämlich, wie gezeigt werden konnte, kaum auf die Lage vor Moskau im November und Dezember 1941 anzuwenden, da nur zwei vergleichbare Elemente vorlagen, nämlich das Kräfteverhältnis und der Entscheidungszwang.

Beide Gegner waren sich zwar zahlenmäßig ungefähr ebenbürtig, doch die Deutschen litten 1941 mehr unter den Witterungsverhältnissen als die mit dem russischen Winter vertraute und entsprechend ausgestattete Rote Armee. Die Angreifer konnten den Vorteil rascher Bewegungen und ihre Überlegenheit bei der Panzertruppe überhaupt nicht nutzen. Auch die Luftwaffe konnte angesichts des widrigen Wetters ihre Vorzüge nicht zur Geltung bringen, und obendrein wurde ein ganzes Fliegerkorps nach Sizilien verlegt, um die Armee Rommels zu unterstützen. Was noch schwerer wog: Die Deutschen wurden viel ärger vom Nachschubmangel getroffen als der Gegner, der sich auf sein gutes Eisenbahnnetz vor Moskau stützen konnte und über die bessere Ausrüstung verfügte. Die Rote Armee erhielt laufend Verstärkungen aus dem Landesinneren durch neu aufgestellte Verbände, so daß sie ihre Verluste viel leichter ausgleichen konnte als die Angreifer. Der Erschöpfungsquotient begünstigte somit eindeutig die sowjetische Seite. Was im Fall der Marneschlacht Standfestigkeit und Führungskunst bei Sonnenschein bewirkt hätten, erwies sich vor Moskau bei Schnellfall und klirrender Kälte als fatal auswirkende Illusion.

Immerhin hat dieses Beispiel die uralte Frage, ob man aus der Geschichte Lehren ziehen könne, neu aufgeworfen und auch beantwortet: Letztlich hängt die Auswertung der Geschichte von der richtigen Fragestellung ab.

Anmerkungen

[1] Zusammenfassend: Gerhard Ritter. *Der Schlieffenplan: Kritik eines Mythos: Texte und Darstellung*. München: Oldenbourg, 1956. – Jürgen von Crone. *Wie es zur Marneschlacht 1914 kam*. Stuttgart: Selbstverlag, 1971.

[2] Es läßt sich nicht mehr feststellen, inwieweit Kaiser Wilhelm II. und führende Politiker überhaupt vom Schlieffenplan Kenntnis gehabt haben, da nur Militärs an der Planung beteiligt gewesen sind.

[3] Generaloberst Franz Halder durchlief ab Kriegsbeginn 1914 verschiedene Verwendungen im Generalstab, ab dem 9. August 1915 als Hauptmann; Generalfeldmarschall Fedor von Bock diente ab September 1914 als Hauptmann und 1. Generalstabsoffizier im Gardekorps und wurde am 30. Dezember 1916 zum Major befördert; Träger des Ordens Pour le Mérite.

[4] Unter Einschluß der Sicherungstruppen standen 76 Divisionen und 3 Brigaden zur Verfügung.

[5] Gemessen an der Kopfzahl standen 1,929 Millionen Deutsche 1,253 Millionen Rotarmisten gegenüber. (Klaus Reinhardt. *Die Wende vor Moskau*. Stuttgart: Dt. Verl.-Anst., 1972. S. 57 u. 61.)

[6] Am 11. November erreichte die Transportleistung nur 23 Züge, was nicht ausreichte, um die Versorgung der Heeresgruppe für den letzten Angriff auf Moskau zu gewährleisten (Fedor von Bock. *Zwischen Pflicht und Verweigerung: Das Kriegstagebuch*. hg. v. Klaus Gerbet. München: Herbig, 1996. S. 313).

[7] Bis zum 13. November hatte das Ostheer 700.000 Mann an Gefallenen, Vermißten und Verwundeten verloren, das waren 21,9 Prozent der Durchschnittsstärke von 3,2 Millionen Mann.

[8] So stand hinter der 900 Kilometer langen Front der Heeresgruppe Mitte nur eine einzige Infanteriedivision (23.) in Reserve.

[9] Franz Halder. *Kriegstagebuch*. Bd. 3: *Der Rußlandfeldzug bis zum Marsch auf Stalingrad: 22. Juni 1941–24. September 1942*. bearb. v. Hans-Adolf Jacobsen. Stuttgart: Kohlhammer, 1964. S. 294. – Eintragung vom 18. November 1941.

[10] Ebd., S. 303. – Eintragung vom 22. November 1941.

[11] v. Bock, *Zwischen Pflicht und Verweigerung*, a.a.O. (s. Endnote 6 oben), S. 328.

Polen – unser Nachbarstaat

von Prof. Dr. Eberhard Windemuth

Will man über unseren Nachbarstaat Polen und über das deutsch-polnische Verhältnis schreiben oder sprechen, so kann man, um objektiv zu sein, auch die weniger erfreulichen Aspekte nicht auslassen. Zunächst ein kurzer Blick in die Geschichte Polens: Zur Zeit der Napoleonischen Ära wurde das damalige Polen infolge von Streitigkeiten innerhalb des polnischen Adels, der sogenannten Szlachta, zunehmend unregierbar. Es wurde daher Opfer einer in mehreren Schritten erfolgten Aufteilung, die schließlich durch den „Wiener Kongreß" im Jahre 1814 als die polnische Teilung sanktioniert wurde. Das gesamte polnische Gebiet wurde aufgeteilt auf das zaristische Rußland, auf die damalige Großmacht Österreich und auf Preußen.

Über hundert Jahre lang war Polen somit von der Landkarte verschwunden. Damals entstand im Untergrund die Nationalhymne „Noch ist Polen nicht verloren".

Es waren 1916/17 – also mitten im Ersten Weltkrieg – die Mittelmächte Deutschland und Österreich-Ungarn, die einen polnischen Staat wieder aufrichteten. Nach der Kapitulation der deutschen Armee im Spätherbst 1918 wurde aufgrund des „Versailler Diktatfriedens" Polen auf Kosten deutschen Landes vergrößert um die Provinzen Posen, Westpreußen und den sogenannten Korridor.

Danzig wurde unter die Oberhoheit des Völkerbundes (heute etwa mit der UNO gleichzusetzen) gestellt, sollte jedoch von Polen verwaltet werden. Während Danzig eine rein deutsche Stadt mit zirka 400.000 Einwohnern war, wurden die anderen Gebiete von insgesamt etwa der Größe Bayerns in der Mehrheit von Deutschen bewohnt.

Die vom amerikanischen Präsidenten Wilson lauthals ausgerufene Zusicherung, jeder Volksteil könne in freiem Volksentscheid seine Zugehörigkeit selbst bestimmen, war der bei weitem wichtigste Grund zur Kampfeinstellung unserer Armee gewesen. Doch mit einemmal war 1919 im „Versailler Vertrag" davon nicht mehr die Rede. Der weitaus wichtigste Punkt im Versailler Diktat war der, daß Deutschland die Alleinschuld am Ersten Weltkrieg anerkennen mußte. Klar, denn wenn man das „besiegte" Volk als den alleinigen bösen Schurken hinstellen kann, hat man auch gegenüber der Weltöffentlichkeit eine gewisse moralische Rechtfertigung zur Ausplünderung des besiegten Staates, zur Demontage seiner Industrie, zu mörderischen Maßnahmen gegenüber dem Volk, zum Raub von Territorium und für vieles andere mehr. Und so kam es dann auch.

Militärisch sollte Deutschland abrüsten auf ein Hunderttausend-Mann-Heer mit Kavallerieeinheiten (eine absolute Lächerlichkeit, denn zu jener Zeit führte man den Krieg zu Lande bereits mit Panzern); schwere Waffen wurden verboten, die Kriegsflotte und die Kampfflugzeuge mußten verschrottet werden. Allerdings verpflichteten sich die Mächte der Entente, im Anschluß an die Abrüstung Deutschlands dies ebenfalls zu tun.

Das deutsche Volk war damals, als der Inhalt des Vertragspapieres noch vor Unterzeichnung bekannt wurde, einhellig empört. Der deutsche Außenminister Philipp Scheidemann (SPD) hob im Reichstag die Schwurhand: „Ehe ich dieses Schandwerk unterzeichne, möge mir die Hand verdorren." Es nutzte nichts – unter der Drohung der Fortsetzung des Krieges seitens der Alliierten fügte man sich, denn die deutsche Armee hatte zu diesem Zeitpunkt schon die Waffen niedergelegt. Quer durch alle deutschen Parteien ging damals der Ruf nach Aufhebung des „Schandvertrages". Man dachte damals noch in Ehrbegriffen gegenüber seinem Volk und Vaterland. Und heute?

Es gab auch damals schon viele prominente warnende Stimmen. Während der französische Ministerpräsident Georges Clemenceau – ein bekennender Deutschenhasser übrigens – seine Ambitionen im allgemeinen durchsetzte, drückte der britische Premierminister David Lloyd George seine Kritik an dem „Vertrag" folgendermaßen aus: „Bei dieser Demütigung des deutschen Volkes werden wir in 20 Jahren einen neuen Krieg haben, der möglicherweise noch blutiger wird." Dies waren gleichsam prophetische Worte – denn von 1919 bis 1939 sollten genau 20 Jahre vergehen.

Der polnische Staat war kaum wieder erstanden, und schon wachten wieder – wie das ja auch aus früheren Zeiten hinlänglich bekannt war – die Annexionsgelüste auf: Da der Nachbarstaat im Osten zu dieser Zeit unter der russischen Revolution gewaltig zu leiden hatte, schien dieser als der schwächere Nachbar den Polen zum Landraub geeignet.

Eine polnische Armee marschierte in die junge Sowjetunion hinein und bemächtigte sich 1920/21 weiter Gebiete der Ukraine, Weißrußlands und Litauens.

Insgesamt waren es etwa sieben Millionen Fremde, die sich als neue Minderheit der polnische Staat einverleibte. Ich weise darauf hin: Das, was man später als „Ostpolen" bezeichnete, hat es im Grunde nie gegeben; es war samt und sonders in den Jahren 1920/21 geraubtes Gebiet.

Auch nach Deutschland fiel die polnische Armee ein, vor allem in Schlesien, aber auch in Ostpreußen und anderswo. Deutsche Frontkämpferverbände aus dem Weltkrieg, sogenannte Freikorps, fügten sich zusammen und warfen mit Billigung der deutschen Regierung die Polen wieder hinaus.

Polen war jetzt ein neuer „Minderheitenstaat": Nahezu sieben Millionen Ukrainer, Weißrussen und Litauer im Osten des Landes, zweieinhalb Millionen Deutsche (sogenannte Volksdeutsche) im westlichen Teil; dazu lebten dort noch ein bis zwei Millionen Juden, die übrigens bei den Polen verhaßt waren und etliche Pogrome erleiden mußten mit Tausenden von Toten. Damit waren 35 bis 40 Prozent der Bevölkerung Nichtpolen.

Obwohl Polen sich in den Pariser Verträgen verpflichten mußte, seine völkischen Minderheiten gerecht und human zu behandeln (die sogenannten Minderheitenabkommen), setzte eine üble Drangsalierung und Entrechtung dieser Minderheiten ein. So wurden insgesamt bis zum Jahre 1934 zirka eine Million Volksdeutscher aus Polen vertrieben. Diesen Menschen muß allerhand zugestoßen sein, denn wer verläßt schon freiwillig seine angestammte Heimat, sein Haus und seinen Hof?

Mittlerweile war in Deutschland eine neue Regierung an der Macht. Außenpolitisch war es deren vorrangiges Bestreben, das deutsche Volk von den Fesseln von Versailles zu befreien.

Das Saarland kehrte aufgrund einer Volksabstimmung, zu der sich Frankreich verpflichtet hatte, nach Deutschland zurück, die Besetzung des Ruhrgebietes und die Sonderauflagen für das Rheinland endeten auf dem Verhandlungswege. Mit der Abrüstung sah es anders aus. Deutschland hatte gemäß den Versailler Bestimmungen brav abgerüstet; die alliierten Mächte hatten jedoch gar nicht daran gedacht, ihren Verpflichtungen nachzukommen. England, Frankreich, Polen, die Tschechoslowakei und in unbeschreiblichem Maß die Sowjetunion vergrößerten vielmehr ihre Rüstungsanstrengungen. Militärische Bündnisverhandlungen zwischen Polen und Tschechen einerseits und Frankreich andererseits ließen eine Einkreisungspolitik Deutschlands erkennen. Einer militärischen Konfrontation stand Deutschland damals völlig hilflos gegenüber.

Auf Betreiben des Reichskanzlers Hitler wurde 1935 eine Abrüstungskonferenz in Genf zusammengerufen, in welcher Hitler die europäischen Nachbarstaaten auf deren Abrüstungsdefizit hinwies. Diese weigerten sich jedoch, ihre militärischen Anstrengungen aufzugeben. Koloniale Rücksichten und ähnliche Dinge wurden ins Spiel gebracht, abrüsten würde man jedenfalls nicht. Daraufhin erklärte der Reichskanzler, daß sich dann auch Deutschland nicht mehr an die Versailler Übereinkunft gebunden fühle. Man könne nicht verlangen, daß Deutschland als ein militärisches Vakuum inmitten einer hochgerüsteten, feindlich gesonnenen Welt ohne entsprechende Wehr bleibe. Es erfolgte dann ab 1935 die Aufstellung der Wehrmacht mit der Ankurbelung der Rüstungsindustrie und der Einführung der allgemeinen Wehrpflicht.

Ebenfalls im Jahre 1935 schloß die Reichsregierung mit Polen ein militärisches Beistandsabkommen. Hitler in einer Rede vor dem deutschen Volk: „Der Vertrag, den Marschall Pilsudski und ich geschlossen haben, ist für den europäischen Frieden von größter Bedeutung. Es könnte der Augenblick kommen, in dem unsere beiden Staaten gezwungen sein werden, sich gegen eine aus dem Osten kommende Invasion zu verteidigen."

Daraus ist ersichtlich, daß Hitler gegenüber Polen keine aggressive Politik verfolgte. Er hatte offensichtlich neben einem gutnachbarlichen Auskommen zwei Ziele im Auge: eine Front gegen den Bolschewismus aufzubauen und die schrecklichen Vertreibungen Volksdeutscher aus Polen einzudämmen.

Letzteres gelang nur in begrenztem Maße; die Drangsalierungen gingen zurück, fanden jedoch kein Ende. Derweil war der Anschluß Österreichs an das Reich durchgeführt worden; neben einer jubelnden Zustimmung der Österreicher selbst – bei einer international kontrollierten Abstimmung waren 99 Prozent derselben für den Anschluß – äußerte sich auch das Ausland im allgemeinen zustimmend. Und auch das Sudetenland, wo zirka dreieinhalb Millionen Deutsche durch das Versailler Diktat unter tschechische Herrschaft und Knute gekommen waren, wurde mit Zustimmung der Alliierten (Münchner Konferenz 1938) dem Deutschen Reich angegliedert. Nunmehr wandte sich Hitler dem letzten Territorialproblem zu, das durch Versailles verursacht worden war: dem polnischen Korridor und der Freien Stadt Danzig.

Folgende Verhandlungsvorschläge formulierte die Reichsregierung zur Lösung des Danzig-Korridor-Problems:

1. Die Freie Stadt Danzig kehrt zum Deutschen Reich zurück;
2. durch den polnischen Korridor wird eine exterritoriale, zu Deutschland gehörende Autobahn und eine mehrgleisige Eisenbahnstrecke gebaut;
3. Polen erhält im Gebiet von Danzig ebenfalls eine exterritoriale Autobahn und Eisenbahn sowie einen Freihafen;
4. Polen erhält im Gebiet von Danzig eine Absatzgarantie für seine Waren;
5. die beiden Staaten erkennen ihre gemeinsame Grenze an;
6. die Geltungsdauer des deutsch-polnischen Vertrages wird von bisher zehn auf künftig 25 Jahre verlängert.

Erlebniszeugen werden sich noch erinnern, welchen Schikanen deutsche Reisende seitens der polnischen Grenzbehörden ausgesetzt waren, wenn sie nach Ostpreußen hinein- bzw. aus Ostpreußen ausreisen wollten. Aber Hitler stellte nicht nur die beiden in Punkt 1 und 2 erhobenen Forderungen zur Debatte; er kam auch den polnischen Interessen weitgehend entgegen, indem er die Grenzziehung nach dem Versailler Diktat anerkennen wollte, also den Raub deutschen Landes sanktionierte. Jede Regierung vor ihm hätte angesichts dieses großzügigen Angebotes an die Polen die Unterstützung im Volke verloren. Hitler glaubte jedoch, dank seiner Beliebtheit bei den Deutschen und seiner bisherigen außenpolitischen Erfolge sich dieses leisten zu können. Auch im Ausland sah man dieses Angebot als höchst akzeptabel für Polen an.

Die Verhandlungsvorschläge wurden leider von den Polen dem Papierkorb zugeführt. Dennoch war die Reichsregierung in der folgenden Zeit bemüht, mit Polen ins Gespräch zu kommen – vergeblich.

Als dann gar im März 1939 die Briten den Polen eine Garantieerklärung, treffender: einen Freibrief zukommen ließen, die für den Fall einer militärischen Verwicklung Polens mit einem anderen Staat unverzügliche Hilfe versprach, wurde ganz Polen von einer unfaßbaren Kriegsbegeisterung und Kriegslüsternheit erfaßt. Die Presse schwadronierte vom „Marsch nach Berlin", von einem unabänderlichen Krieg; die Armee wurde teilmobilisiert, die Grenzzwischenfälle an der deutsch-polnischen Grenze nahmen zu, und die Drangsalierung der Volksdeutschen erreichte einen neuen Höhepunkt: Den gesamten Monat August über mußten wieder Hunderte von Volksdeutschen ihr Leben lassen. Dennoch wurden bis zum 31. August 1939 deutscherseits auch unter Einschaltung des neutralen Auslandes noch Versuche unternommen, um eine gewaltsame Auseinandersetzung zu vermeiden. Alles umsonst – Polen fühlte sich durch England im Rücken gestärkt und lehnte jede friedliche Vereinbarung ab. Der polnische Außenminister drohte Deutschland offen mit Krieg.

Es ergibt sich die Frage: Welcher Staat wird es wohl dulden, daß derartig mit ihm umgesprungen wird, daß Hunderte seiner Mitbürger jenseits der Grenze ermordet, Hunderttausende vertrieben werden? Am 1. September 1939 kam es zum Einmarsch der deutschen Armee in Polen.

Es ist auch hier die Rolle der Engländer und Franzosen zu untersuchen. Der den Polen offerierte Freibrief überantwortete den Polen die Entscheidung für oder gegen den Krieg. Er sollte die Gelegenheit herbeiführen, einen schon längst erwünschten Krieg gegen das Deutsche Reich, das mittlerweile wieder ein unangenehmer Wirtschaftskonkurrent geworden war, zu entfesseln, denn es war klar, daß Polen infolge der britisch-französischen Rückendeckung erst recht jeden Verhandlungsweg vermeiden würde. Wollte das Deutsche Reich das Gesicht wahren, mußte es zum Krieg kommen, zumindest zu einer lokalen Auseinandersetzung zwischen Deutschland und Polen, die vom Ausland dann in Anbetracht der Beistandsabkommen leicht ausgeweitet werden konnte.

Es steht fest, daß die deutsche Armee stark genug war, um Polen militärisch zu schlagen. Eine europäische Auseinandersetzung, also einen Zweifrontenkrieg nach Osten und nach Westen, hätte Deutschland damals nicht überstanden. Allerdings rührten weder die Engländer noch die Franzosen einen kleinen Finger zu einer polnischen Hilfsaktion trotz ihrer vollmundigen Versprechungen. Nur so konnte Polen innerhalb von zirka drei Wochen niedergerungen werden. Es wurden teilweise sehr harte Kämpfe ausgefochten, war die polnische Armee doch hochgerüstet und seit längerem mobilisiert.

Es ist in diesem Zusammenhang die Politik der Sowjetunion von Interesse. Zwölf Tage nach dem deutschen Einmarsch von Westen fiel eine sowjetische Heeresgruppe von Osten her in Polen ein. Hier kann man eher von einem „Überfall" sprechen, wie das den Deutschen ja heute stets vorgeworfen wird, um damit den bösen Kriegsverursacher zu kennzeichnen, denn es wurden weder über Monate hin Verhandlungsversuche gemacht, noch hatten die Polen den Sowjets im Jahre 1939 eine Ursache für ihren Einmarsch geliefert.

Das Ergebnis dieser Vorgänge war für Polen niederschmetternd. Basierend auf einer Vereinbarung zwischen Hitler und Stalin kam es zu einer erneuten Teilung des polnischen Staates: Stalin nahm sich das zu Beginn der 1920er Jahre von den Polen geraubte „Ostpolen" zurück; das Deutsche Reich annektierte die in Versailles nur wenige Jahre zuvor entrissenen deutschen Gebiete Posen (Warthegau), Westpreußen und Danzig. Das ehemals als Zentralpolen bezeichnete Gebiet wurde bis zu einem künftig zu erwartenden Friedensvertrag als „Generalgouvernement" von Deutschland besetzt gehalten.

Und die Rolle der Westmächte? Diese hatten nicht nur ihre vollmundig den Polen versprochene Hilfe versagt, als nach Beendigung des Krieges und Deutschlands Zusammenbruch 1945 die Gelegenheit zu einer Hilfeleistung gegeben war, wurde der polnische Staat mit leichter Hand dem brutalen Diktator Stalin überlassen. –

Ich komme zu einem der furchtbarsten Kapitel in dem deutsch-polnischen Verhältnis: Der polnische Landraub deutscher Provinzen, die Vertreibung der Deutschen aus ebenjenen Gebieten sowie der damit verbundenen Schrecknisse im Anschluß an den deutschen Zusammenbruch im Zweiten Weltkrieg.

Hinter die entsetzlich wütende sowjetische Armee, die sich in die deutschen Länder Schlesien, Ostpreußen, Brandenburg und Pommern ergoß, hatten sich unheimliche polnische Milizen gehängt, die plündernd und mordend durch das deutsche Land zogen, um das, was von der Roten Armee noch übriggeblieben war, an sich zu reißen oder zu vernichten.

In Jalta auf der Krim im Februar 1945 und hernach in Potsdam vom 17. Juli bis zum 2. August 1945 trafen sich die obersten Repräsentanten der USA, der UdSSR und Englands; in Jalta stießen noch Repräsentanten Frankreichs hinzu (Warum eigentlich Frankreich? War denn das auch eine „Siegermacht"?): Roosevelt beziehungsweise dessen Nachfolger Truman, Stalin, Churchill beziehungsweise dessen Nachfolger Attlee und der französische Außenminister. Hier wurde auch die polnische Frage aufgeworfen. Eine polnische Regierungsdelegation wurde zu den entsprechenden Sitzungen ab dem 24. Juli hinzugezogen. Da Stalin das sogenannte „Ostpolen" mit einer gewissen Berechtigung für sich beanspruchte und völlig unnachgiebig war, behaupteten die Vertreter Polens, ihr Land müsse für diesen Verlust entschädigt werden durch Ausdehnung nach Westen auf Kosten deutschen Bodens bis zu einer Grenze, die durch die Flüsse Oder und Neiße gebildet würde. Das sei ohnehin „urpolnisches Land", die Deutschen seien auch bereits freiwillig daraus entlaufen, und Polen brauchte Ersatz zur Umsiedlung seiner Bevölkerung aus „Ostpolen".

Dazu ein Kommentar: In dem sogenannten „Ostpolen" lebten neben Ukrainern, Weißrussen und Litauern noch zirka eineinhalb Millionen Polen. Weitere eineinhalb Millionen Polen waren schon von den Sowjets unter anderem in Katyn ermordet oder nach Sibirien verschleppt worden und waren dort verschollen. Der polnische Anteil der Bevölkerung wäre leicht in den von den Deutschen verlassenen Gegenden Zentralpolens unterzubringen gewesen; eine „Ausdehnung" nach Westen war also keineswegs notwendig und entsprang reiner polnischer Habgier. Daß zudem die deutschen, ehemals blühenden Landesteile keineswegs „urpolnisch" gewesen sind, braucht hier nicht näher untersucht zu werden.

Über die furchtbaren Ereignisse und über die Leiden der allein aus Polen vertriebenen Deutschen, von denen weit über eine Million der dort Ansässigen ermordet worden sind, über die scheußlichen Folterungen und die unmenschliche Behandlung in den polnischen Konzentrationslagern möchte ich hier nicht weiter sprechen. Es sträubt sich beim Aufschreiben die Feder; auch kann man es kaum mit Worten auch nur einigermaßen realistisch schildern.[1]

Es handelt sich zweifelsohne um die größte und furchtbarste Vertreibung der Moderne. Sollten wir Deutsche nicht Anlaß in ausreichendem Maße haben, uns der Leiden dieser unserer Mitbürger zu erinnern, ihrer mit Teilnahme zu gedenken?

Leider ist jedoch das alles weitgehend in Vergessenheit geraten – warum eigentlich? Zunächst waren es wohl die Siegermächte, die uns einen Schuldkomplex überstülpten, denn sie hatten ja Grund genug, ihre eigenen Untaten im Ersten wie Zweiten Weltkrieg zu verbergen und von ihnen abzulenken. Sodann haben gewisse Kreise deutscher Politiker sich diesen Komplex wohl aus opportunistischen Gründen zu eigen gemacht. Symptomatisch für diese Haltung war die kollektive Verdammung der

Wehrmacht einhergehend mit der Verhinderung jeglicher öffentlicher Trauerbekundung für die genannten Opfer seit den 1960er Jahren.

Demgegenüber kann man heute in nahezu jeder Gemeinde Schuldmäler finden, ja, in den Großstädten wie Berlin häufen sich diese derart, daß man ihnen fast nicht mehr ausweichen kann. Hier wird uns eine Kollektivschuld aufgeladen, die gar nicht besteht, als solche auch nicht bestehen kann.

Zu Recht fordert der Bund der Vertriebenen seit langem ein öffentliches, an zentraler Stelle zu errichtendes Mahnmal. Müssen wir eigentlich für die Errichtung eines solchen Mahnmals erst die Vertreiberstaaten fragen, ob wir das wohl dürfen? Hat uns denn zum Beispiel die britische Regierung gefragt, ob wir als die eindeutigen Opfer damit einverstanden sind, daß in London an herausragender Stelle ein Denkmal für den Massenmörder an deutschen Frauen, Kindern und Greisen aus der Luft, dem Luftmarschall Arthur Harris, aufgestellt wurde? Die vielen Fremden, die heute in unserem Land herumlaufen, lachen doch über unsere Unterwürfigkeit, unsere Demut und die maßlose Toleranz, die sie vorfinden, und legen diese als Schwäche aus.

Und was das derzeitige Verhältnis Polen–Deutschland betrifft? Sicherlich wird dieses nicht verbessert, wenn der polnische Präsident Lech Walesa droht: Und wenn Deutschland wieder Unruhe in Europa erzeugen sollte, dann soll man es „von der Landkarte ausradieren",[2] zumal es gerade die Polen waren, die beim Eintritt in die Europäische Union durch ihre Abstimmungsansprüche erhebliche Unruhe entstehen ließen.[3]

Und wenn, wie erst kürzlich geschehen, der polnische Präsident eine „Expertise" anführt, in der für die erlittene Besatzung im Krieg eine „noch ausstehende Wiedergutmachung in Höhe von einer Billion Euro" von Deutschland eingefordert wird,[4] so sollten wir ihm mit Fug und Recht eine Gegenrechnung aufmachen, die an das Hundertfache herankommen kann.

Hinzu kommt noch, daß bei jeglicher Erwähnung eines Vertriebenendenkmals die Täter-Opferrolle uns gegenüber böswillig und zynisch verdreht wird: „Ihr Deutschen seid die Täter und wir die Opfer; ihr habt gar kein Recht, ein Opfermal zu errichten."

All das ist selbstverständlich für ein gutnachbarliches Zusammenleben nicht gerade förderlich. Uns Deutschen bleibt allerdings, das Trauma vom bösen Deutschen abzustreifen und unsere wiedergewonnene Stärke zu zeigen. Besinnen wir uns auch wieder darauf, daß wir ein Volk mit einer großen Kultur sind, das eine lange und bedeutende Geschichte hinter sich weiß, das sich seines Wertes auch bewußt ist und stolz darauf sein kann.

Anmerkungen

[1] Als weiterführende Literatur hierzu können dienen: *Der Tod sprach polnisch: Dokumente polnischer Grausamkeiten an Deutschen 1919–1949*. Kiel: Arndt, 1999. S. 46–56. – Bolko von Richthofen u. Reinhold Robert Oheim. *Die polnische Legende: Polens Traum vom Großreich; Polens Marsch zum Meer; Die polnische Legende*. [3 Bücher in einem Band.] Kiel: Arndt, 2007.

[2] „Ich schrecke selbst nicht vor einer Erklärung zurück, die mich in Deutschland unpopulär macht. Wenn die Deutschen erneut Europa in der einen oder anderen Art destabilisieren, sollte man nicht mehr zu einer Aufteilung Zuflucht nehmen, sondern dieses Land einfach von der Landkarte ausradieren. Der Osten und der Westen besitzen die notwendigen fortgeschrittenen Technologien, um diesen Urteilsspruch durchzuführen." – Lech Walesa, damaliger polnischer Ministerpräsident, in der niederländischen Zeitschrift *Elsevier* vom 7. April 1990, S. 45.

[3] Die Internetpräsenz *Tagesschau* informierte am 22. Juni 2007 über die in einem Rundfunkinterview artikulierte Forderung des polnischen Ministerpräsidenten Jaroslaw Kaczynski, daß auch die polnischen Bevölkerungsverluste im Zweiten Weltkrieg bei der Stimmverteilung bei Abstimmungen auf EU-Ebene mit einzubeziehen seien. Er berief sich auf demographische Berechnungen, nach denen Polen ohne den Krieg von 1939 bis 1945 heute eine Bevölkerung von 66 Millionen hätte. „Die polnische Regierung ist mit ihrer Forderung, bei der künftigen Gewichtung der Stimmen in der EU auch die polnischen Opfer während des Zweiten Weltkrieges zu berücksichtigen, auf tiefes Unverständnis gestoßen. Der österreichische Kanzler Alfred Gusenbauer sagte im *Morgenmagazin* von ARD und ZDF, der Vorstoß habe auf dem Gipfeltreffen in Brüssel ‚Kopfschütteln auf allen Seiten hervorgerufen'. Es handele sich um eine ‚absurde Bemerkung'. Er wies die polnische Regierung darauf hin, daß die Europäische Union selbst eine Reaktion auf die Schrecken des Zweiten Weltkrieges sei. Er halte es für wenig sinnvoll, die Gräben der Vergangenheit wieder aufzureißen, um Fragen der Zukunft zu lösen." Hingegen warb „EU-Kommissar Günther Verheugen … für Verständnis für die polnische Haltung. In Deutschland würden ‚die politischen Eliten immer noch nicht richtig verstehen, wie sensibel und wenig belastbar das deutsch-polnische Verhältnis ist', sagte Verheugen der *Berliner Zeitung*. Die deutsche Politik unterschätze die polnischen Befürchtungen einer deutschen Dominanz in Europa." (www.tagesschau.de/ausland/meldung19820.html)

[4] Die als konservativ und nationalistisch geltende Zeitung *Wprost* stellte lapidar fest: „Eine Billion Dollar schulden die Deutschen den Polen für den Zweiten Weltkrieg." (23. September 2003, S. 16.) In einem Gutachten, das im Auftrag des Außenministeriums entstand, soll aber ein derartiges Ansinnen als aussichtslos bezeichnet worden sein mit der Begründung, daß dafür jegliche rechtliche Grundlage fehlen würde (zur Information vgl. *Rzeczpospolita* vom 23. Januar 2004, S. 3).

In rechtspopulistischen Organen wurde zum damaligen Zeitpunkt unter anderem auf eine weitere Expertise verwiesen, denn im „November 2004 legte eine Expertengruppe im Auftrag der Stadt Warschau eine Aufstellung der Schäden vor, die von den deutschen Besatzern während des Zweiten Weltkrieges zu verantworten seien. Die Summe wurde nach heutigen Immobilienwerten auf 45,3 Milliarden US-Dollar veranschlagt." (Information der polnischen Zeitung *Rzeczpospolita* vom 16. November 2004, S. 4, zit. nach: Thomas Urban: „Historische Belastungen der Integration Polens in die EU." In: *Politik und Zeitgeschichte*, 5-6/2005. Quelle: http://www.bpb.de/publikationen/M680RU.html) In außenpolitische Gespräche der Jahre 2004/2005 wurde diese Expertise allerdings nicht mit einbezogen. Im Jahre 2006 aber nahm der polnische Präsident Kaczynski erneut Bezug auf die Studie und bezeichnete sich nun offen als deren Initiator: „Der polnische Präsident verwies darauf, daß er im Jahr 2003 als Warschauer Bürgermeister vorsorglich eine Untersuchung zu den von den deutschen Besatzern im Zweiten Weltkrieg angerichteten Schäden in der polnischen Hauptstadt eingesetzt hatte. Die zuständige Kommission war auf eine Schadenssumme von 45 Milliarden Euro gekommen." (*FAZ.NET* vom 15. Dezember 2006).

Die Zahl acht in der jüngeren Geschichte Österreichs

von Prof. Dr. Reinhard Rudolf Heinisch

Runde oder auch nur „ovale" Jubiläen unserer Geschichte – und selbstverständlich meine ich mit Österreich im Titel auch Deutschland, dem es ja durch mehr als ein Jahrtausend hindurch auf das engste verbunden gewesen ist und das als Heiliges Römisches Reich Deutscher Nation von 1438 (damals schon eine schicksalsträchtige Acht!) bis 1806 fast durchgehend ein habsburgisches Königs- beziehungsweise Kaisertum erlebt hat – sind vor allem in Zeiten wie diesen (Anschluß von 1938!) zu wahren Festakten hochstilisiert worden, wobei sich Politiker, Journalisten und leider auch (Zeit-)Historiker oft in Übertreibungen, Verzerrungen, in gebetsmühlenartigen Schuldzuweisungen, aber auch ganz banal durch bewußte oder unbewußte Halb- und Unwahrheiten übertreffen. Neben dem schon erwähnten Jahr 1938 bietet sich 2008 eine Reihe weiterer Gedenktage beziehungsweise -jahre an: 1848, 1878, 1908, 1918, 1968, also eine auffällige Häufung der Zahl acht! Ein Zahlenspiel oder ein seltsamer und unerklärlicher Rhythmus historischer Abläufe? Jedenfalls Grund genug, sich rückblickend und auch korrigierend mit diesen Ereignissen zu beschäftigen.

Was bedeutet diese Zahl acht, die ja nur ein Symbol in der Reihe anderer Zahlen darstellt, in den verschiedenen Kulturkreisen? Das Wort „acht" hat sich aus dem althochdeutschen *ahto* entwickelt und entstammt einer indogermanischen Wurzel, wobei die beiden Hände mit je vier (ohne die Daumen) ausgestreckten Fingern zum Zählen verwendet worden sind.

Tatsächlich ist diese Zahl im Natur- und Geistesleben vielfach bestimmend: So gibt es acht Hauptrichtungen der Windrose, das Sonnensystem hat in der astronomischen Auffassung seit dem Jahre 2006 acht Planeten; das Oktogon (grch. „Achteck") ist eine wichtige Bauform der christlich-sakralen Architektur. Nach dem Vorbild von San Vitale in Ravenna wurden wichtige Kirchen wie die Pfalzkapelle des Aachener Doms entworfen; sie und das apulische Castel del Monte Kaiser Friedrichs II. gelten bis heute als Inbegriff von Reich und Kaisertum.

Die Acht hat in Mythologie und Religion vieler Bereiche eine Rolle gespielt: Der Morgenstern, das Zeichen für die antike Göttin Ischtar oder Venus, wurde achtstrahlig dargestellt, nach der Götterlehre der ägyptischen Hermopolis herrschten vor der Entstehung der Welt acht Gottheiten als personifizierte Urkräfte, die Etrusker sprachen von acht Weltzeitaltern, christliche Gnostiker von acht Himmelssphären, der hinduistische Gott Viṣṇu hat acht weltumspannende Arme, und auch in Mythos, Sage und Märchen spielt die Acht eine Rolle – etwa bei Sleipnir, dem achtbeinigen Pferd Odins. Im Christentum werden aus der Arche Noah acht Menschen gerettet, in der christlichen Zahlensymbolik des Mittelalters ist die Acht die Zahl des glücklichen Anfangs, des Neubeginns, der geistigen Wiedergeburt, Symbol des Neuen Bundes und des Glücks. Mit dem achten Tag beginnt eine neue Woche, eine neue Zeit, bei den Kirchenvätern Symbol für den Tag der Auferstehung des Herrn und der Neuschöpfung in der Taufe, wobei die oktogonale Form der altchristlichen Baptisterien bewußt diese Sinngebung aufgreift. Im Judentum findet am achten Tag nach der Geburt die Beschneidung statt, am achten Tag nach Beginn der Monatsblutung gilt die jüdische Frau wieder als rein, das Chanukka-Fest dauert acht Tage, die Chanukkia ist ein achtarmiger Leuchter, und im Buddhismus führt der achtfache Pfad aus Saṃsāra heraus zur Befreiung, das Dharmacakra ist ein achtspeichiges Rad. Die acht Unsterblichen sind Heilige der chinesischen Mythologie und des Daoismus, dessen Göttin Doumu meist mit acht Armen dargestellt wird. Das achtspeichige Rad ist nicht nur bei antiken Kampfwagen zu sehen, sondern ist auch das Jahresrad germanischer Völker und im Mittelalter der Fortuna. Im Chinesischen ist die Acht eine Glückszahl!

Wenn schon nicht allgemein mit Glück verbunden, so stellt die Zahl acht dennoch überwiegend Positives dar. Wie sah es nun damit beim ersten der oben angesprochenen historischen Daten aus: bei der Revolution von 1848? Selbstverständlich war hier am Beginn eine gewaltige positive Aufbruchsstimmung beim Kleinbürgertum, bei den Studenten und bei der Arbeiterschaft zu beobachten, die sich gegen den fürstlichen Absolutismus und die autokratische Obrigkeit wandten und für Konstitution, also einen Parlamentarismus mit freien Wahlen, für Meinungs-, Rede- und Versammlungsfreiheit (sie hätten heute wieder reichliches Betätigungsfeld!)

eintraten. Vor allem war es insofern eine positive Revolution, als sie im Gegensatz zur großen Französischen Revolution von 1789 kein Blutbad anrichtete und keine Art von Terror à la Robespierre entwickelte. „Im Jahr 1848 wurde kein König geköpft und keine Prinzessin ausgeweidet, nur wenige Grafen gelyncht und das, was von der Bauernbefreiung noch zu tun war, in bürokratischer Manier in die Wege geleitet", wie Prof. Lothar Höbelt vor zehn Jahren in seinem interessanten Buch *1848 – Österreich und die deutsche Revolution* gemeint hat.

Und doch gingen die revolutionären Umtriebe auch 1848 wieder von Frankreich aus, wo vom 22. bis 24. Februar 1848 Studenten, Arbeiter und Nationalgarde die Abdankung des Bürgerkönigs erzwangen. Noch im Mai und Juni gab es Massenaufmärsche radikaler Sozialisten und einen Arbeiteraufstand, bis im Dezember Louis Napoléon als Prinz-Präsident bestellt wurde, der 1852 Kaiser der Franzosen wurde und zwei Jahrzehnte später unfreiwillig zur Gründung des zweiten Deutschen Reiches beitrug. Auch im zerrissenen Italien folgten auf die Aufstände in Messina und Reggio (1847) ein Jahr später die Unruhen in Palermo, Mailand und Venedig; von März bis August 1848 bestimmte der „Guerra Santa" Karl Alberts von Piemont-Sardinien und italienischer Freiwilliger die politische Landschaft, in die auch Österreich hineinwirkte. Und auch im gesamtdeutschen Raum standen die Zeichen auf Sturm: Viel zu groß war die Enttäuschung breiter Bevölkerungskreise nach der Neuordnung Europas durch den Wiener Kongreß von 1814/15, die deutsche Mitte des Kontinents war in eine Unzahl von kleinen und kleinsten Duodezfürstentümern zersplittert, von der erträumten Einigung Deutschlands war keine Rede mehr, und alle nationalen Bestrebungen waren seit dem Wartburgfest von 1817 und dem Hambacher Fest von 1832 unterdrückt worden; im Deutschen Bund herrschte Fürstenwillkür, und der so gar nicht aufgeschlossene, reaktionäre Rheinländer Klemens von Metternich beherrschte nicht nur das habsburgische Österreich des „Vormärz", sondern gewann als „Kutscher Europas" traurige Berühmtheit.

Die französischen Februarunruhen griffen rasch auf Deutschland über: In Demonstrationen forderten die Menschen Vereins- und Pressefreiheit, Schwurgerichte und eine Volksmiliz, radikale Kleinbürger und Bauern strebten am Rhein, in Baden, Sachsen und Schlesien eine demokratische Republik an, das liberale Besitz- und Bildungsbürgertum begnügte sich mit gemäßigten Petitionen, aber der Wunsch nach nationaler Einheit war allen gemein. Rasch beugten sich die Fürsten diesen „Märzforderungen" und beriefen liberale „Märzministerien", Reformpläne des Bundestages kamen allerdings zu spät – die Revolution erfaßte die deutschen Großstaaten Österreich und Preußen. Am 13. März 1848 lösten Studenten den ersten Aufstand in Wien aus, fünf Tage später folgte der Barrikadenaufstand in Berlin, der 230 „Märzgefallene" kostete. König Friedrich Wilhelm

IV. versprach eine Nationalversammlung zur Beratung einer Verfassung und die Lösung der nationalen Frage. Am 18. Mai wurde die verfassunggebende Nationalversammlung in der Frankfurter Paulskirche eröffnet, in der Österreich eine bestimmende Rolle spielen sollte: Der in seiner Heimat im Volk überaus beliebte Habsburger Erzherzog Johann, ein wirklich bedeutender Kopf im Gegensatz zu manchem seiner Verwandten, wurde zum Reichsverweser gewählt; unter den Abgeordneten ragten Persönlichkeiten wie Arndt, Jahn, Grimm, Uhland oder Bischof Ketteler heraus. Das Ergebnis der bis März 1849 dauernden Beratungen erfüllte die Erwartungen nur punktuell: Bezüglich der Konstitution gab es eine Gewaltenteilung zwischen Reichstag und Erbkaisertum, in der nationalen Frage spaltete sich die Nationalversammlung in Groß- und Kleindeutsche unter Habsburgischer beziehungsweise Hohenzollernscher Führung; eine später verhängnisvoll werdende Entwicklung bis zum deutschen Katastrophenjahr 1866.

In der Donaumonarchie hatte der Märzaufstand der Studenten und Bürgerwehren den verhaßten Metternich gestürzt, der nach England floh. Sein politisches Ende förderte in allen Kronländern nationale Erhebungen, vor allem bei den Tschechen, Ungarn, Italienern und nicht zuletzt bei den Deutschen, die die revolutionäre Trikolore Schwarz-Rot-Gold in Wien gehißt haben. (Symbolisch ist diese Fahne noch 1989 bei der deutschen Wiedervereinigung am Wiener Rathaus aufgezogen worden, und zwar vom sozialdemokratischen Bürgermeister Helmut Zilk, der damit seinen Genossen nicht nur reine Freude beschert hat!) Nachdem ein Verfassungsentwurf des Hofes abgelehnt worden war, folgte im Mai ein zweiter Aufstand mit der darauf folgenden Einberufung eines verfassunggebenden Reichstages, der auf den Antrag des Deutschböhmen Hans Kudlich die endgültige Bauernbefreiung beschloß; sie blieb das einzige positive Ergebnis des Revolutionsjahres 1848! Im Oktober folgte in der Habsburgermonarchie ein dritter Aufstand. Es kam zu Barrikadenkämpfen, zur Plünderung des Wiener Zeughauses und zur Ermordung des Kriegsministers Theodor Graf Baillet von Latour, der Hof floh nach Olmütz, Feldmarschall Alfred Fürst zu Windisch-Graetz kämpfte die Nationalgarde nieder, deren Führer – wie der Paulskirchenvertreter Robert Blum – erschossen wurden; Ban* Joseph Jelačić von Kroatien besiegte später die aufständischen Ungarn. Der Reichstag wurde nach Kremsier verlegt, der geistesschwache Kaiser Ferdinand I. wurde durch den blutjungen Kaiser Franz Joseph I. ersetzt.

In Böhmen war der Historiker František Palacký, unter dessen Leitung im Juni 1848 in Prag ein Slawenkongreß zusammentrat, für eine Gleich-

---

* Seit dem 14. Jahrhundert bezeichnet der Titel „Ban" den höchsten Repräsentanten des Staates Kroatien und Stellvertreter des Monarchen.

berechtigung der Slawen innerhalb der Monarchie eingetreten, also für einen Austro-Slawismus; in Kroatien wurde der Plan eines erst 1918 verwirklichten südslawischen Reiches aufgegeben, im habsburgischen Oberitalien kämpfte der legendäre Feldmarschall Josef Wenzel Graf Radetzky von Radetz im Heiligen Krieg, und die ungarischen nationalen Aufstände unter Persönlichkeiten wie József Eötvös, Lajos Kossuth, dem Dichter Sándor Petőfi und Ferenc Deák kulminierten im Frühjahr 1849 mit der Absetzung der Habsburger als ungarische Könige. Mit russischer Hilfe wurde der magyarische Widerstand schließlich im August 1849 bei Világos (Hellburg) gebrochen, das darauf folgende Strafgericht mit der Erschießung ungarischer Freiheitskämpfer hat die Österreicher schwer diskreditiert.

Insgesamt kann die gesamtdeutsche Revolution von 1848/49 als mißlungen bezeichnet werden. Nach radikalen Volkserhebungen im März 1849 im Rheinland, in Berlin, in Dresden (mit Michail A. Bakunin und Richard Wagner!), in Baden und in der Pfalz, nach Standgerichten mit Massenerschießungen, nach der Abdankung Erzherzog Johanns als Reichsverweser im Dezember 1849 zeigte sich die Angst der Bürger vor revolutionärem Radikalismus; Feigheit des bürgerlichen „Spießertums" paarte sich mit Mangel an politischer Erkenntnis, die Obrigkeitstreue und -hörigkeit taten ein übriges. Der nationale Wunsch nach Einheit der deutschen Nation – der Traum vom Reich – blieb zwar in manchen Kreisen, vor allem im burschenschaftlich organisierten Studententum und im Jahnschen Turnen, erhalten, das enttäuschte Bürgertum wandte sich hingegen wirtschaftlichen Interessen zu. Geschwächt wurden die Ideen des Jahres 1848 auch durch Massenauswanderungen vor allem in die USA: Neben 80.000 Badenern wurden von ihnen auch berühmte Revolutionäre wie Hans Kudlich, Carl Schurz oder Ferdinand Freiligrath erfaßt.

Brachte also in dieser Beziehung die Zahl acht keine „Fortune" im Sinne Friedrichs des Großen, so trifft das für die Jahreszahlen 1878 und 1908 noch weniger zu. Sie betreffen neben dem Eisernen Kanzler Otto von Bismarck im 1871 neugegründeten Deutschen Reich vor allem die österreichisch-ungarische Monarchie, die sich seit dem 17. Jahrhundert immer mehr auf den Balkanraum konzentriert hatte. Das stetige Zurückdrängen der Osmanen, des „Kranken Mannes am Bosporus", hatte zur Befreiung einiger Länder in oft verlustreichen Aufständen geführt. In den Jahren 1875 und 1876 war es in den türkischen Balkanprovinzen mit christlicher Bevölkerung, vor allem in Bulgarien, wieder zu Empörungen gekommen, die in einen serbisch-türkischen Krieg mündeten. 1877/78 folgte ein russisch-türkischer Krieg, der mit einem Sieg des Zaren endete. Österreich konnte in dieser Situation nicht untätig bleiben; der von Rußland im Frieden von San Stefano vom März 1878 geplanten Neuordnung auf dem Balkan, die eine Vergrößerung der Balkanstaaten auf Kosten der Türkei vorgesehen hatte, widersetzten sich diplomatisch neben Österreich, England und dem Deutschen Reich, dessen Kanzler Bismarck als „ehrlicher Makler" den im Juni und Juli 1878 tagenden Berliner Kongreß vermittelte. Die Verhandlungen führten zur letzten umfassenden friedlichen Lösung europäischer Fragen vor dem Ersten Weltkrieg. Unter anderem erhielt Österreich-Ungarn die Verwaltung über die Provinzen Bosnien und Herzegowina mit ihrer sprachlich und konfessionell völlig uneinheitlichen Bevölkerung. Die orthodoxen Serben machten rund 40 Prozent aus, den über 30 Prozent Muslimen, von denen besonders die großgrundbesitzenden Begs die politische und wirtschaftliche Macht innehatten, standen etwa 25 Prozent katholische Kroaten gegenüber, die als einzige einen Anschluß an das Habsburgerreich befürworteten, während Montenegro und vor allem Serbien naturgemäß auf das Gebiet Ansprüche erhoben, hinter denen das panslawistische und orthodoxe Rußland stand.

Entgegen durchaus optimistischen Voraussagen erforderte die Okkupation von Bosnien und der Herzegowina 1878 ein bedeutendes militärisches Aufgebot: Es kam zu heftigen Kämpfen mit islamischen Freischärlern vor allem bei Jajce und Banja Luka. Nach der Überwindung dieser anfänglichen Schwierigkeiten kam es aber zu einer vorbildlichen Verwaltung durch österreichische militärische und zivile Behörden, die die Mehrzahl der Bevölkerung mit den Habsburgern versöhnen konnte. Es gab nach 1878 eine bedeutende wirtschaftliche Entwicklung mit der Förderung der Infrastruktur im Eisenbahn- und Straßenbereich, bei zahlreichen Bauten der Verwaltung und der Wohnhäuser, die bis heute das Stadtbild von Sarajewo oder Mostar bestimmen; Österreichs Kulturleistungen wurden durch ein außerordentlich leistungsfähiges Schul- und Sanitätswesen ergänzt. Trotzdem blieb die Okkupation nicht ungetrübt: zwar wurde der Frieden erhalten, aber Rußland war verstimmt; es kam zu einer deutsch-russischen Entfremdung, zu einer Verschärfung des österreichisch-russischen Gegensatzes auf dem Balkan und daher folgerichtig zu einer deutsch-österreichischen Annäherung, die bereits ein Jahr später im Zweibund ihre Entsprechung fand. Die echten nationalen Probleme des Balkans blieben ungelöst.

Dreißig Jahre später, im Oktober 1908 – am 5. April dieses Jahres wurde in Salzburg der weltberühmte Dirigent Herbert von Karajan geboren –, gerieten Bosnien und die Herzegowina erneut in den Strudel der historischen Ereignisse, die wieder einmal fast zu einem europäischen Krieg geführt hätten: die Rede ist von der vom österreichischen Außenminister Alois Graf von Ährenthal geplanten Annexion der beiden Balkanprovinzen anstelle der bisherigen Okkupation, also die Einverleibung dieser Länder auch de jure in die Habsburgermonarchie. Schon die österreichische Absicht einer Saloniki-Eisenbahn über den strategisch wichtigen Sandschak Novipazar hatte in Rußland zu großen Erregungen geführt, nun waren für Wien die Pläne der jungtürkischen Revolutionäre entscheidend für das Eingreifen, weil diese auch in Bosnien-Herzegowina, das ja formell der Oberhoheit des Sultans unterstand, das parlamentarische System einführen und Wahlen abhalten wollten, was Österreich nicht zulassen wollte. In Rußland und Serbien rasselten die Säbel, natürlich protestierte die Türkei, England reagierte sehr unfreundlich und sogar die Bündnispartner Deutschland und Italien waren verstimmt. Der Krieg wurde vermieden, das Osmanische Reich mit einer Geldentschädigung getröstet, der Frieden noch einmal gerettet; Rußland hatte sich noch nicht von Fernostkrieg und Revolution erholt, Deutschland hielt treu zur Doppelmonarchie, das am stärksten involvierte Serbien mußte den Rückzug antreten.

Der Balkan aber blieb das Pulverfaß Europas, die serbische und russische Politik steuerte nach 1908 im Verein mit Österreich-Ungarn auf das Inferno des Ersten Weltkrieges zu, der mit den unheilvollen Schüssen von Sarajewo auf den Thronfolger Franz Ferdinand und seine Gattin am 28. Juni 1914, dem für Serbien heiligen Veitstag (nach orthodoxem Kalender, also dort 15. Juni) als Erinnerung an die Schlacht auf dem Amselfeld von 1389, seinen Ausgang nahm und nach einem mehr als vierjährigen Ringen zwischen den Mittelmächten und der Entente im November 1918 sein Ende fand. Und dieses Jubiläumsjahr hat nun überhaupt nichts mit der positiv besetzten oder gar Glückszahl zu tun; 1918 wurde tatsächlich zu einem Katastrophenjahr unserer Geschichte. Nachdem im Frühherbst die Rückführung der deutschen Truppen auf die „Siegfriedstellung" erfolgt war, verlangten die Heerführer Paul von Hindenburg und Erich Ludendorff ein Waffenstillstandsangebot, das am 3./4. Oktober 1918 unter dem Reichskanzler Prinz Max von Baden an den US-Präsidenten Woodrow Wilson auf der Basis seiner 14 Punkte gerichtet wurde. Nach der Meuterei der deutschen Hochseeflotte in Wilhelmshaven Ende Oktober 1918, der Ausbreitung der Revolution und der Bildung von Arbeiter- und Soldatenräten kam es am 7. November 1918 zur Flucht des letzten Königs der Wittelsbacher und zwei Tage später zur Bekanntgabe des Thronverzichts Kaiser Wilhelms II.; die Republik wurde ausgerufen, die Sozialdemokraten Philipp Scheidemann und Friedrich Ebert beherrschten die Politik. Endlich wurde am 11. November 1918 der Waffenstillstand unterzeichnet.

Ähnlich erging es dem Bundesgenossen Österreich-Ungarn: Nach dem Scheitern der letzten Offensive an der Piave-Mündung im Juni 1918 und der Ablehnung einer Friedenskonferenz durch Wilson stimmte die österreichische Regierung dem deutschen Waffenstillstandsangebot zu. Dann ging es Schlag auf Schlag: Am 17. Oktober versprach der letzte Kaiser Karl I. viel zu spät den Völkern der Donaumonarchie einen föderativen Staatsaufbau, Wilson verlangte die Anerkennung der Selbständigkeitsbestrebungen der Nationen und Nationalitäten in Österreich-Ungarn. Die Monarchie zerfiel: Die südslawischen Völker und das Königreich Ungarn lösten sich aus dem Staatsverband, am 28. Oktober wurde eine tschechoslowakische Republik proklamiert, am 3. November schließlich der Waffenstillstand unterzeichnet.

Die Verluste Deutschlands und Österreichs waren gewaltig, sie wurden in den Friedensdiktaten von 1919 festgelegt. Der Vertrag von Versailles sah nach erzwungener Annahme von deutscher Seite eine ungeheuerliche Demütigung des Deutschen Reiches vor: Verlust der Kolonien und wichtiger deutsch besiedelter Gebiete wie Elsaß-Lothringen, wo die Franzosen mit den ersten Vertreibungen des 20. Jahrhunderts begannen, Posen und Westpreußen, das Memelgebiet, Danzig, das zur Freien Stadt erklärt wurde; in Eupen-Malmedy, Nordschleswig, Teilen Ostpreußens und Oberschlesiens fanden Abstimmungen statt, die allerdings zuungunsten Deutschlands revidiert wurden. Für 15 Jahre wurde das Saarland unter die Verwaltung des Völkerbundes gestellt, die Kohlengruben fielen Frankreich zu, das linke Rheinufer wurde besetzt; das gesamte Kriegsmaterial mußte ausgeliefert werden, Deutschland wurde nur noch ein Berufsheer von einhunderttausend Mann belassen. Angebliche „Kriegsverbrecher" wie Kaiser Wilhelm II. hätten ausgeliefert werden sollen. Die unsinnige Festlegung der alleinigen deutschen Kriegsschuld diente als Begründung für die ungeheuren Reparationen von 269 Milliarden (!) Goldmark, die in 42 Jahresraten bezahlt werden sollten; daneben waren auch enorme Sachleistungen (Fischfangflotte, Vieh, Kohle, Eisenbahnmaterial, Maschinen und so weiter) vorgesehen.

Natürlich kam auch Österreich nicht viel besser weg: Alle nichtdeutschen Nationen mußten in die Souveränität entlassen und die sogenannten Nachfolgestaaten anerkannt werden; bis heute schmerzlich bleibt der Verlust des rein deutschen Südtirol, des Kanaltales, der Untersteiermark, der sudetendeutschen Gebiete in Böhmen und Mähren, wo man genau sehen konnte, daß das Wilsonsche Selbstbestimmungsrecht der Völker für alle europäischen Nationen zu gelten hatte, nur nicht für die Deutschen. Ausnahmen bildeten dabei nur Deutsch-Westungarn, das als „Burgenland" (allerdings ohne die natürliche Hauptstadt Ödenburg) zu Österreich kam, sowie die südlichen Teile Kärntens, die nach einem tapferen Abwehrkampf gegen die einfallenden Truppen des südslawischen Staates und nach der Volksabstimmung vom 10. Oktober 1920 bei „Deutschösterreich" – so die offizielle Bezeichnung des Staates, die von den Siegern ebenso verboten wurde wie der Anschluß an das tief darniederliegende Deutsche Reich – verblieben.

Und damit stößt man auf eine historische Tatsache, die heute so gerne von der veröffentlichten Meinung in unserem Land unter den Teppich gekehrt wird, vor allem bei den Anhängern der linken Reichshälfte und den prononcierten „Österreich-Tümlern", die trotz Europäischer Union Berührungsängste zu allem Deutschen haben. 1918 sah die Welt zwischen Bregenz und Wien aber noch ganz anders aus: Es war nicht nötig, sich in

Österreich als Deutscher zu bekennen, man war es eben, wie das alle
Volkszählungen in der Habsburgermonarchie bis 1910 klarerweise zum
Ausdruck gebracht haben. Diese Überzeugung war Allgemeingut, und so
darf man sich nicht darüber wundern, daß die in Österreich politisch Verantwortlichen schon kurz vor der militärischen Niederlage im Herbst 1918
ganz in diesem Sinne die Neugestaltung des Staates in Angriff nehmen
wollten.

Nachdem Ende Oktober die früheren Reichsratsabgeordneten aus den
deutschen Wahlkreisen der Monarchie im Niederösterreichischen Land-
haus in Wien – eine der Kulissen der revolutionären Ereignisse von 1848
– zusammengetreten waren, gab es in den Diskussionen kaum Zweifel
über die politische und verfassungsrechtliche Zukunft des Landes. Die
Provisorische deutsch-österreichische Nationalversammlung beschloß am
12. November 1918 das Gesetz über die Staats- und Regierungsform: „Artikel 1: Deutschösterreich ist eine demokratische Republik. Artikel 2:
Deutschösterreich ist ein Bestandteil der Deutschen Republik." Dabei war
die Handschrift der Sozialdemokraten – neben den nationalen und bürgerlichen Gruppierungen – nicht zu übersehen. Vor allem der sudeten-
deutsche Staatskanzler Dr. Karl Renner zeigte sich – wie übrigens auch
1938 – als besonderer Verfechter der großdeutschen Idee. Noch am selben
12. November erklärte er: „Notwendig ist dieser Beschluß besonders in
seinem Artikel 2 …, notwendig ist er im Verhältnis zu unserem Stamm-
volke. Unser großes Volk ist in Not und Unglück. Das Volk, dessen Stolz
es immer war, das Volk der Dichter und Denker zu heißen, unser deutsches Volk des Humanismus, unser deutsches Volk der Völkerliebe, unser
deutsches Volk ist im Augenblick tief gebeugt. Aber gerade in dieser Stunde, wo es so leicht und so bequem und vielleicht auch so verführerisch wäre, seine Rechnung abgesondert zu stellen und vielleicht auch von der List
der Feinde Vorteile zu erhaschen, in dieser Stunde soll unser Volk in allen
Gauen wissen: Wir sind ein Stamm und eine Schicksalsgemeinschaft."
Worte, die stürmischen und lang anhaltenden Beifall sowie stehende Ova-
tionen zur Folge hatten. Ähnlich äußerte sich auch Renners Parteifreund
Otto Bauer, der Sohn eines jüdischen Textilfabrikanten und 1918 Staatssekretär des Äußeren: „Durch diesen Beschluß seiner provisorischen Vertretung hat Deutschösterreich seinen Willen kundgetan, sich mit den anderen deutschen Stämmen, von denen es vor 52 Jahren" – gemeint ist das
Ausscheiden aus dem Deutschen Bund 1866 nach der Schlacht bei König-
grätz – „gewaltsam getrennt wurde, wieder zu vereinen."

Diesen Anschluß Österreichs an Deutschland versuchte man wenig später in die Praxis umzusetzen, nachdem auch im Reich in zahlreichen Bekundungen positiv darauf reagiert wurde. In der reichsdeutschen Presse
hieß es etwa am 17. Januar 1919: „Der Wille Deutschösterreichs ist auch
der unsrige. Wir grüßen unsere Brüder in Deutschösterreich … als Bürger

Großdeutschlands [!]. Sie gehören nach Namen und Art zu uns und wollen mit uns durch ein ewiges Band eng verbunden bleiben." Von derartigen Bekenntnissen ist heute in beiden Staaten nichts mehr zu hören, weder in Schulbüchern noch im akademischen Studium, sie werden ebenso verdrängt wie der Umstand, auf den das verdienstvolle Werk von Nikolaus von Preradovich *Großdeutschland 1938: Traum – Wirklichkeit – Tragödie* (Leoni: Druffel, 1987) aufmerksam gemacht hat: Der deutsche Reichsaußenminister Ulrich Graf von Brockdorff-Rantzau und Otto Bauer führten vom 27. Februar bis 2. März 1919 in der Reichshauptstadt Berlin Verhandlungen, als deren Ergebnis das „Berliner Protokoll" unterzeichnet wurde. In sieben Artikeln einigten sich beide Politiker auf einen Staatsvertrag, durch den Deutschösterreich als Gliedstaat in das Reich eintreten sollte, wenn auch mit besonderen Vorrechten. Wien wäre zweite Hauptstadt des Reiches geworden, in der der Reichspräsident und der Reichstag zeitweise zu amtieren hätten; eine Reihe von politischen und kulturellen Behörden wäre dauernd nach Wien zu verlegen gewesen!

Wie erwähnt, haben die Siegermächte dem ein baldiges Ende gesetzt und später sogar eine Zollunion zwischen den beiden deutschen Staaten verhindert: Trotzdem blieb in der Ersten Republik Österreich der Anschlußgedanke lebendig, mit Ausnahme der Monarchisten und Kommunisten hatten die politischen Parteien – bis Sommer 1933 auch die Sozialdemokraten – den Willen zum Anschluß in ihren Programmen. Und wie sehr der Anschlußgedanke in der Bevölkerung verankert blieb, zeigen die privat organisierten Volksabstimmungen von 1921 in Tirol und Salzburg, die eine überwältigende Zustimmung erbrachten; am 29. Mai ergab eine von der Bundesregierung in Wien untersagte „Privatveranstaltung" in Salzburg bei einer Beteiligung von 73 Prozent der Stimmberechtigten fast 100.000 Ja-Stimmen für den Anschluß gegenüber nur rund 900 Nein-Stimmen. Und schließlich traten zu den großdeutschen bald auch die ersten nationalsozialistischen Gruppierungen, die Ende der zwanziger und Anfang der dreißiger Jahre einige Wahlerfolge erringen konnten. Mit dem Wählen war es dann allerdings in Österreich bald vorbei, als nach der Wirtschaftskrise unter den vielen diktatorischen und autoritären Regimen Europas auch in der Alpenrepublik Engelbert Dollfuß und Kurt von Schuschnigg den Austrofaschismus etablierten, der linke und rechte Parteien nicht nur verbot, sondern deren Anhänger auch hinter Gitter brachte.

Damit sind wir schon bei der nächsten Acht im Jahre 1938, das zentrale Jubiläum des Jahres 2008. Für Millionen Deutsche war diese Jahreszahl von der Erwartung und vom Glauben an eine glückliche Zukunft positiv besetzt – und das muß doch auch einmal zu sagen gestattet sein –, auch wenn dieser Aufbruch von jenem schrecklichen Jahr 1945 überschattet wurde, jenem Jahr 1945, das nach der Ansicht von Fritz Dickmann zu den katastrophalsten der deutschen Geschichte gehört. Was ist nicht in den vergangenen Jahrzehnten alles an Unsinnigkeiten zu den diversen Jubiläen des Jahres 1938 in den Medien, in politischen und (quasi-)intellektuellen Gremien geheuchelt und geschmiert worden! Was hat man nicht alles in der schulischen und universitären Ausbildung an Dummheiten über den Anschluß gehört: War es vorher die SS, die die Menschenmassen auf den Wiener Heldenplatz „getrieben" hat, so waren es später „nur einige wenige Uneinsichtige", die Hitler zugejubelt haben.

Erst das Jubiläum 2008 hat – wenigstens teilweise – neue Akzente gesetzt. Sogar renommierte Zeithistoriker wie Gerhard Botz und Stefan Karner, die sich bisher recht brav an die veröffentlichte Meinung gehalten und sie umgekehrt auch geprägt haben, sprechen jetzt offen von einer begeisterten Mehrheit der Österreicher, die sich im Jahre 1938 für den Anschluß ausgesprochen hat. Es war nicht nur die katastrophale wirtschaftliche und soziale Lage der dreißiger Jahre in Österreich, sondern auch und besonders die alte Reichsidee, die ja auch in der Propaganda des Ständestaates zum Ausdruck kam, der immer als der zweite deutsche, der bessere deutsche Staat bezeichnet wurde. Der Einmarsch der jungen deutschen Wehrmacht soll zwar, aus militärischem Blickwinkel betrachtet, einige Pannen gezeitigt und angeblich 27 Todesopfer gefordert haben, war aber ein reiner und oft beschworener „Blumenfeldzug", über den es unzählige Augenzeugenberichte gibt, auch diesen: „Bei dem folgenden Durchmarsch durch die Stadt [Salzburg] wurde ich von der begeisterten Menge mit meinem Pferd fast von der Salzachbrücke hinuntergedrängt – der Weitermarsch des Regiments wurde ein einziger Blumenkrieg … Allenthalben reicher Flaggenschmuck … mit und ohne Hakenkreuz. Bevölkerung in hellen Scharen auf den Straßen, hochgehende Begeisterung, freudigste, nicht enden wollende Zurufe."

Was machte es da aus, daß von allen zivilisierten Ländern der Welt nur die Sowjetunion und Mexiko gegen den Anschluß votierten. War schon die sowjetische Ablehnung nicht gerade eine Empfehlung im Hinblick auf die bolschewistisch-stalinistischen Greuel der vergangenen zwei Jahrzehnte, so wurde der mexikanische Protest nach 1945 wenigstens mit einer Platzbenennung – allerdings in einem eher obskuren Stadtviertel Wiens – honoriert. Auch der umtriebige Otto (von) Habsburg konnte mit seinen ehrgeizigen Plänen, die während des Krieges dann sogar dem US-Präsidenten Roosevelt unterbreitet wurden, an den vollendeten Tatsachen nichts mehr ändern: Hitler erstattete am 15. März vor Hunderttausenden von jubelnden Menschen die „größte Vollzugsmeldung vor der Geschichte, den Eintritt meiner Heimat in das Deutsche Reich". Offensichtlich hatte sich Hitler ja erst durch den beeindruckenden Jubel in Linz für den „totalen Anschluß" entschieden.

Man hat sich oft gefragt, wie diese Stimmung zustande gekommen ist. Zweifellos hat es auch 1938 die üblichen Wendehälse gegeben, die „Märzveilchen", die sich in diesen Tagen in die NSDAP geradezu gedrängt haben, um dann 1945 selbstverständlich immer dagegen gewesen zu sein. Wahr ist aber doch, daß die sozialdemokratische Arbeiterschaft durch den Aufruf ihres früheren Staatskanzlers Karl Renner gewonnen wurde, der auch jetzt sein „freudiges Ja" zu dieser „Wiedervereinigung" – wie sie offiziell im Hinblick auf 1918 bezeichnet wurde – abgab. Renner hat übrigens auch 1945 wieder die politische Verantwortung für das neue Österreich übernommen; erst vor kurzem hat man Notizen gefunden mit damaligen Äußerungen des späteren ersten Bundespräsidenten, die von seinen Parteifreunden heute nicht gerade goutiert werden: „Leider müssen wir uns von der großdeutschen Idee verabschieden." Auch der bekannte österreichische Bildhauer und bekennende Kommunist Alfred Hrdlicka hat sich noch unlängst als Großdeutscher bekannt. Neben Renner durfte für die gläubigen Katholiken auch das Episkopat Österreichs nicht zurückstehen: Am 18. März 1938 wurde der bekannte Hirtenbrief von Kardinal Theodor Innitzer und seinen Amtsbrüdern veröffentlicht, der sich nicht nur eindeutig für den Anschluß aussprach, sondern auch die Leistungen des Nationalsozialismus im Reich vor allem in sozialen Belangen hervorhob.

Für die Volksabstimmung im Altreich, in das vice versa österreichische Soldaten umjubelte „Einmärsche" unternahmen, und in Österreich war der 10. April 1938 vorgesehen. Natürlich erfolgte ein ungeheurer Propagandaaufwand, ein interessantes Tondokument bezeugt die durchaus modernen Werbemethoden, wobei aber Hitler die reichsdeutschen Propagandisten ausdrücklich davor warnte, aus den Österreichern Preußen machen zu wollen! Auf die natürlich suggestive Frage bei der Wahl: „Bist Du mit der am 13. März 1938 vollzogenen Wiedervereinigung Österreichs mit dem Deutschen Reich einverstanden und stimmst Du für die Liste unseres Führers Adolf Hitler?" stimmten im Altreich 99,08 Prozent mit „Ja", in Österreich sogar 99,73 Prozent! In den Bereich der Ammenmärchen muß der immer wieder erhobene Vorwurf verwiesen werden, es wäre nur offen abgestimmt worden, und es hätte keinen Kreis mit „Nein" bei der Abstimmung gegeben; die Abstimmungszettel sind ja erhalten!

Natürlich erfolgte auch in Österreich eine Gleichschaltung – wie heute in der EU –, fast jedes Bundesland wurde ein eigener Gau, was allerdings den Wünschen der Bevölkerung im Sinne eines „Los vom Wasserkopf Wien" entsprach, wie der Zeithistoriker Ernst Hanisch gemeint hat. Natürlich haben für ihre Aufgaben oft nicht qualifizierte Funktionäre von Staat und Partei, und es war nicht nur Josef Bürckel, für Unmut und Enttäuschung gesorgt, vielleicht auch die Umbenennung der Donauländer in Ober- und Niederdonau und andere Unzulänglichkeiten, die sich nach 1939 vor allem durch den Krieg und seine immensen Belastungen ergeben haben. Gerade lächerlich ist es aber, von einer bewußten Zurückdrängung des „Österreichertums" zu sprechen, wie das oft geschehen ist. Wohl zu keiner Zeit sind Wien und Österreich etwa im deutschen Film dieser Zeit dermaßen rezipiert, verlieblicht und auch verkitscht worden wie in den sieben Jahren von 1938 bis 1945. Und man komme nicht immer wieder mit der auch 2008 ausposaunten Unwahrheit, etwa die weltberühmte Wiener Staatsoper hätte durch den Abgang jüdischer Künstler das hohe Niveau verloren. Da warnte schon der spätere Gauleiter Baldur von Schirach vor, der in Konkurrenz zur unter dem Protektorat des Dr. Joseph Goebbels stehenden Berliner Oper viele namhafte Künstler verpflichten konnte: Da sangen während des Krieges eine Hilde Konetzni, eine Irmgard Seefried, der Slowene Anton Dermota, die Kroatin Sena Jurinac, Elisabeth Schwarzkopf, Julius Patzak und viele andere, die ihre großartigen Karrieren auch im neuentstandenen Österreich fortsetzten.

Neben den Sudetendeutschen, die im selben Jahr 1938 aus der systematischen Diffamierung und Unterjochung unter den Tschechen befreit wurden (und das im wahrsten Sinne des Wortes), haben auch die Österreicher oder „Ostmärker" während der langen Kriegsjahre bis zum bitteren Ende in oft ausweglosen Situationen ihren Mann gestanden, haben sich durch eine oft überdurchschnittliche Einsatzbereitschaft auch hinsichtlich der Freiwilligenmeldungen zu hoffnungslosen Einsätzen ausgezeichnet, und an der „Heimatfront" haben auch die Frauen ihren Mann gestanden. Immerhin sind von den 27 mit dem Ritterkreuz mit Eichenlaub, Schwertern und Brillanten dekorierten Soldaten des Zweiten Weltkrieges auch zwei Österreicher gewesen: Oberst Gordon Gollob und Major Walter Nowotny, dessen Ehrengrab am Wiener Zentralfriedhof erst in der letzten Zeit Ziel von Angriffen schwarz-rot-grüner „Demokraten" war, samt den damit verbundenen Maulkorbmaßnahmen… Als eine Art Nachlese zum Anschluß von 1938 sei am Rande erwähnt, daß sich noch 1948 (auch hier unsere Zahl acht!) in Salzburg 43,2 Prozent der Bevölkerung für den Nationalsozialismus aussprachen, eine höhere Zustimmung als in Wien und Linz, wie erst vor wenigen Jahren Heinz Dopsch in seiner kleinen Salzburger Geschichte, allerdings ohne Belegstelle, ausgeführt hat.

Auch bei den Sudetendeutschen ist 1938 die gleiche Euphorie wie in Österreich zu verzeichnen gewesen. Daß die seit 1918/19 bestehende Unterdrückung des Deutschtums in der Tschechoslowakei in politischer, rechtlicher und kultureller und vor allem schulischer Hinsicht eine Tatsache war, ist nicht nur vom englischen Sondergesandten Lord Runciman erkannt worden. Aber es war eine der ausschlaggebenden Persönlichkeiten, aufgrund deren Einsatzes es im Herbst dieses Jahres zum Anschluß des Sudetenlandes an das Reich gekommen ist: Ein eigener Reichsgau ist nach dem Münchner Abkommen vom 29. September 1938, das nicht nur von Adolf Hitler und Benito Mussolini, sondern auch von den Vertretern demokratischer Staaten wie Sir Neville Chamberlain und Edouard Daladier international garantiert worden ist, in Nord- und Westböhmen entstanden; deutsche Landstriche wurden an Nachbarterritorien wie Ober- und Niederdonau angeschlossen. Auch hier jubelten rund drei Millionen Deutsche über das neuentstandene Großdeutschland, von dem schon die 1848er geträumt hatten. Auch hier verhallte der Jubel rasch in den mörderischen Ereignissen des Krieges und verlor sich endlich total in den grauenhaften Nachkriegsverbrechen der Tschechen – sie sitzen heute trotzdem in der „Wertegemeinschaft" der EU; mit fast einer Viertelmillion Toten und über drei Millionen auf brutale Weise Vertriebenen – hauptsächlich nach Österreich und Bayern – mußten sie einen viel zu hohen Preis für den hoffnungsvollen Glauben von 1938 zahlen.

Wenn man diesbezüglich von einer historischen Bestrafung der Untaten gerade der Tschechen sprechen will, so ergeben sich damit zwei weitere Achter-Anniversarien, die zu unserem Thema gehören: Nachdem man 1945 nicht nur durch den Prager Mai-Aufstand die bisherige Kollaboration mit dem Deutschen Reich blutig aufgekündigt hatte, wurde der extrem antideutsche Politiker Eduard Benesch Staatspräsident der Tschechoslowakei, deren erste Wahlen 1946 mit einem Sieg der Kommunisten (38 Prozent!) endeten. Zwei Jahre später erfolgte dann konsequenterweise der kommunistische Staatsstreich unter Klement Gottwald und Antonín Zápotocký: in der nunmehrigen ČSSR und dem späteren Mitglied des Warschauer Militärpaktes haben Tschechen (und Slowaken) nicht nur wirtschaftlich und sozial gebüßt; auch das war eine Art „Temno" (Dunkelheit) für sie! Einem menschlicheren Weg zum Sozialismus, wie er Mitte der sechziger Jahre einem Alexander Dubček vorschwebte, stellten sich 1968 – schon wieder diese Zahl! – die kommunistischen Bundesgenossen entgegen: Im August walzten die einmarschierenden Warschauer-Pakt-Staaten diesen „Prager Frühling" nieder, wobei die „DDR"-Volksarmee vom winzigen Rest Sudetendeutscher wieder einmal „blumig" empfangen worden sein soll. Sowohl 1948 als auch 1968 haben tschechische Emigranten das Wiener Tschechentum gestärkt.

Im selben Jahre 1968 spielte sich ein anderer, weitaus folgenschwererer Vorgang ab, der seine krankhaften Spuren bis heute hinterlassen hat: die Revolte linker Studenten und sogenannter Intellektueller, die seither ihren „Marsch durch die Institutionen" angetreten haben und deren ungeistige Kinder und Kindeskinder heute auf verschiedenen Ebenen und in diversen Bereichen ihr Unwesen treiben. Ausgehend von der „Frankfurter Schule" eines Theodor Wiesengrund Adorno, Jürgen Habermas, Herbert Marcuse und Genossen stand die 68er-Bewegung fest auf dem Boden des menschenverachtenden Kommunismus, dessen blutiger Hintergrund bewußt ausgeklammert wurde; die Heroisierung des Marxismus reinster Prägung stand auch im Programm großer Verlage wie etwa Suhrkamp. Es kam zur Frauenemanzipation und zur „sexuellen Befreiung" der Jugend

– alles gespielt auf der Klaviatur der „NS-Schuld". Forciert wurde die Bildung von Kommunen, die auf die Zerstörung der Familie abzielten; heute verzeichnen wir bereits 20 Prozent uneheliche Geburten. Der auf Friedrich Engels zurückgehende radikale Feminismus mit den Gallionsfiguren Simone de Beauvoir oder Alice Schwarzer schwätzte von Flucht aus der Sklaverei der Mutterschaft, und noch kürzlich hörte man, daß man „ja nicht mehr Kinder für den Führer gebären" müsse! So kam es vor allem von seiten sozialdemokratischer Politik und ohne nennenswerten Widerstand der christlichen Kirchen zur „Fristenlösung"; es erschien ein Kinsey-Report, dessen Autor Mißbrauch von Jugendlichen angelastet wurde, und bald waren auch Geschlechtsumwandlungen „in"…

Es waren, wie gesagt, rote und grüne „Eliten", die diesen Schwachsinn – und ich bekenne mich zu dieser Bezeichnung – in den Druckmedien, in Film und Fernsehen, im Rechtsleben, an den Universitäten und in der Politik vertraten; zu letzteren gehörten Leute wie ein Gerhard Schröder, ein Otto Schily und ein Joseph „Joschka" Fischer, der sich vom Straßenrandalierer zum bundesdeutschen Außenminister mauserte und nach Umfragen angeblich sogar zum beliebtesten Politiker der BRD mutierte, womit die neudeutsche Würdelosigkeit kaum mehr zu überbieten ist. Das alles hat die derzeitige „Spaßgesellschaft" geprägt; heute wird nicht nur die Jugend von ständigen, natürlich kostspieligen „events" verfolgt, zu den bestimmenden Schlagworten gehört „Gender", eine sich zunehmend „outende" Lobby predigt Homosexualität als Lebensstil nunmehr bereits in Kindergärten und Schulen. Rot-grün Karierte empfinden das Dagegengerichtete als „Homophobie", als diskriminierend, und stellen es auf eine Stufe mit Ausländerfeindlichkeit, Rassenhaß und Antisemitismus. Sogenannte Antidiskriminierungsgesetze von UNO und EU bringen es mit jenen obskuren Gruppierungen zu dem, was wir heute bereits sind: eine kranke Gesellschaft!

Alles in allem Achter-Zahlenspiele mit historischem Hintergrund und überwiegend mit einer wahrlich nicht positiv besetzten Zahl acht. Aber was dem Verfasser dieser Zeilen wichtig war: Festgefahrene historisch-politische Klischees wird man doch wohl noch – auch in Zeiten wie diesen – korrigieren dürfen… Man lasse endlich die Drohung mit der „Faschismuskeule" beiseite!

Eine Vielvölkerarmee

Die Multinationalität
der Waffen-SS

von Dr. Günther Deschner

Soldaten aus mehr als 30 Nationen standen im Zweiten Weltkrieg unter Deutschlands Fahnen. Ihr Glaube, im Kampf gegen den Bolschewismus ein neues Europa aufzubauen, erwies sich jedoch als Illusion. Aufbau und Einsatz der größten Freiwilligenarmee, die es je gegeben hat, sind eines der spannendsten Themen in der Geschichte des Zweiten Weltkrieges.

Es ist der 28. Juli 1944. In Heinrich Himmlers Sonderzug „Heinrich", der in der Nähe des Truppenübungsplatzes Grafenwöhr abgestellt ist, wartet jemand auf den Reichsführer-SS – ein Zivilist. Er ist gerade siebzig Jahre alt geworden. Es ist der flämische Schriftsteller, Theaterdichter und Philosoph Cyriel Verschaeve – und auch er trägt den schwarzen Rock. Aber nicht die Uniform der SS, sondern das Dienstgewand der Geistlichkeit. Denn der Greis ist Priester, Abt in Flandern.

Seit Monaten hat er auf ein Gespräch mit dem Reichsführer-SS gehofft, wochenlang hat er nachgesucht. Als einer der geistigen Wortführer der traditionell mit Deutschland verbundenen Flamen hat der Priester mit dem Reichsführer-SS etwas zu bereden, was diesen nicht freuen wird. Mehr als 20.000 Flamen kämpfen als Freiwillige in der Waffen-SS. Und nicht wenige von ihnen haben sich beim Heimaturlaub in Flandern oder in Briefen von der Front bei dem Priester ausgeweint. Viele von ihnen hatten sich freiwillig gemeldet, um den „Erzfeind des christlichen Abendlandes", den Bolschewismus, zu bekämpfen. Und da kam ihnen das bei der SS weithin gepflegte germanische Neuheidentum wie eine kalte Dusche vor. Wie, für Christus sollte man kämpfen, mit diesen Antichristen der SS? „Über Flandern und das Christentum", so notierte Verschaeve in sein Tagebuch, sollte nun, am 28. Juli 1944, zwischen ihm und dem Reichsführer-SS geredet werden.[1]

Himmler, der sich Verschaeves Klagen in Ruhe anhört, wiegelt ab: Atheismus werde in der SS nicht geduldet. Wer nicht an den Herrgott glaube, „den Uralten", sei dort am falschen Platze. Dennoch verspricht Himmler, alle Führer und Einheiten noch einmal eindringlich zu ermahnen: Kein Flame solle hinfort daran zu zweifeln haben, daß er in Narwa oder Galizien und überall sonst an der Ostfront für vieles kämpfe: Für Flandern, für das Reich, für die germanische Schicksalsgemeinschaft, für Europa, und, wenn er wolle, auch für das Christentum.

Freilich waren jene Männer, die das Christenkreuz im Herzen und das Hakenkreuz am Stahlhelm trugen, unter den 800.000 Mann der Waffen-SS zu jener Zeit in einer schwierigen Lage. Im harten Kern der SS, der alten Verfügungstruppe und den Totenkopfverbänden, waren zwischen 50 und 69 Prozent der Männer und Offiziere aus den christlichen Kirchen ausgetreten.

Und so war schließlich Himmlers Nachgiebigkeit, die ihn im übrigen nicht viel kostete, im Falle der katholischen Flamen kein Zeichen der weltanschaulichen Umkehr, sondern ein deutliches Indiz dafür, daß das Reich und die Waffen-SS es sich in diesem letzten Kriegsjahr nicht mehr leisten konnten, Freiwillige zu verprellen – gleichgültig, woher sie kamen und was sie glaubten. Denn die ausländischen Freiwilligen stellten das einzig nennenswerte Reservoir, aus dem die Werber des Schwarzen Ordens noch schöpfen konnten.

War noch zu Ausbruch des Rußlandkrieges die Zahl der Nichtdeutschen in der Waffen-SS verschwindend gering gewesen, hatte sich gegen Ende des Krieges das Verhältnis radikal umgekehrt: Von den 38 Waffen-SS-Divisionen, die im Frühjahr 1945 bestanden, war keine einzige ausschließlich aus Reichsdeutschen zusammengesetzt. In exakt der Hälfte aller Verbände hatten die ausländischen Mannschaften das Übergewicht.

Außer den Germanen und im weiteren Sinne den Nord- und Westeuropäern – also Flamen und Niederländern, Wallonen und Franzosen, Dänen, Norwegern, Schweden, Schweizern und Finnen – und außer den Volksdeutschen der südosteuropäischen Länder dienten zu jener Zeit auch Esten, Litauer und Letten, aber auch Ukrainer und Russen, Ungarn und Albaner, Kroaten, Serben und Bosniaken, Rumänen, Bulgaren und Italiener unter der schwarzen Fahne.

Auch konfessionell war der Bogen weit gespannt. Bald war das germanische Neuheidentum in verschwindend geringer Minderheit, und das wenigstens nominelle Bekenntnis zu christlichen Konfessionen aller Schattierungen hatte die Oberhand: Evangelische, römische und orthodoxe Christen jeder Provenienz waren die Regel. Zehntausende von Muslimen schließlich machten jeden Versuch, ein verbindliches heidnisch-religiöses Profil der Truppe zu konstruieren, zur Illusion.

Begonnen hatte dies alles im Sommer 1940 und den darauffolgenden Monaten. Noch vor Beginn des Ostfeldzugs hatten sich im besetzten und besiegten West- und Nordeuropa ein paar tausend europäische Freiwillige bei den deutschen Werbebüros gemeldet. Aus Niederländern konnte das Regiment „Westland", aus Norwegern und Dänen das Regiment „Nordland" gebildet werden. Zusammen mit deutschem Stammpersonal, mit 400 Finnen und kleineren Kontingenten aus Schweden und der Schweiz bildeten sie die 5. SS-Panzergrenadier-Division „Wiking" unter dem SS-General Felix Steiner, dem Mann, der die Waffen-SS nach seinen modernen Reformideen schuf. Die Motive jener Freiwilligen hat Steiner selbst beschrieben. Wenn er jedoch meint, das stärkste Motiv sei der gemeinsame Antikommunismus gewesen, dann traf das jedenfalls für jene Freiwilligen der „Wiking" nicht zu. Denn sie hatten sich gemeldet zu einer Zeit, in der Berlin und Moskau zusammenarbeiteten und in der der Hitler-Stalin-Pakt noch von niemandem öffentlich in Frage gestellt wurde.

Himmler hatte bereits 1938, als der Krieg noch nicht unmittelbar bevorstand, den Entschluß gefaßt, auch im Ausland Freiwillige „germanischen Blutes" zu werben. So wie der Soldatenkönig einst seine Werber durch ganz Europa geschickt hatte, um die „Langen Kerls" für seine Potsdamer Garde zusammenzusuchen, so suchte Himmler nun Rekruten für seine Regimenter. Aber erst der Krieg gab ihm dazu die Möglichkeit. Und ein erstes Ergebnis jenes Fischzugs nach germanischen Rekruten waren nun die beiden als Regimenter bezeichneten Ausländerverbände der „Wiking"-Division. Bei der Werbung hatte Himmlers oberster Freiwilligen-Werber, der SS-Gruppenführer General Gottlob Berger, geschickt die politischen Gemeinsamkeiten und Differenzen von flämischen und holländischen Nationalisten instrumentalisiert. In Flandern beispielsweise standen sich zwei Hauptrichtungen nationalistisch inspirierter Kräfte in scharfer Konkurrenz gegenüber: Während Staf de Clercqs „Vlaams Nationaal Verbond" (VNV) auf die Schaffung einer holländisch-flämischen, also gesamtniederländischen Union abzielte, die mit dem Großdeutschen Reich eine Partnerschaft begründen sollte, ließ sich Jef van de Wieles „Deutsch-Flämische Arbeitsgemeinschaft" (DEVLAG) vom Gedanken einer späteren Einverleibung wenigstens Flanderns in das Großdeutsche Reich leiten. Dementsprechend fuhr Berger seinen Werbefeldzug auf zwei Gleisen. Den großniederländischen Idealisten Staf de Clercq wußte er durch das Versprechen eines gemischten flämisch-holländischen Verbandes zu gewinnen, während er den reichsorientierten Flamen Jef van de Wiele mit der

Aussicht auf eine eigene flämische Truppe im Rahmen eines deutschen Großverbandes lockte.

Dennoch setzte die große Freiwilligenwelle erst nach dem Beginn des Rußlandkrieges ein. Noch im Juni 1941 stimmte Hitler den Vorschlägen der Waffen-SS, nationale Legionen zum Kampf gegen den Bolschewismus aufzustellen, zu. In jedem der Länder West- und Nordeuropas, in die die Deutschen einmarschiert waren, sollte eine dieser Legionen gebildet werden; auch die politisch befreundeten Staaten wie Spanien und Kroatien wollte man um die Entsendung von eigenen Freiwilligenverbänden bitten. Am 29. Juni 1941 brachte die Tageszeitung *Völkischer Beobachter* auf ihrer Titelseite fast ausschließlich Nachrichten über die hohe Meldebereitschaft in vielen Ländern des Kontinents: So gab der in Norwegen residierende Reichskommissar Josef Terboven in Oslo bekannt, „daß der Führer den Wunsch des norwegischen Volkes erfüllt und der sofortigen Aufstellung einer norwegischen Legion zugestimmt" habe. In Dänemark rief die Führung des aus dänischen Berufsoffizieren gebildeten Komitees für ein „Freikorps Dänemark" alle militärisch ausgebildeten waffenfähigen Männer ebenfalls zur Meldung für den „Kampf gegen den Bolschewismus" auf. In Spanien waren die Meldebüros regelrecht gestürmt worden. Allein am ersten Einschreibungstag, dem 27. Juni, hatten sich über 40.000 Mann gemeldet. „In den Schlangen vor den Musterungsstellen", so berichtete der *Völkische Beobachter*, „finden sich alle Klassen und Altersstufen bis zu alten Männern von 60 Jahren, die hoffen, sich irgendwo nützlich machen zu können".

Zunächst sollten alle diese Legionen unter der Schirmherrschaft der Waffen-SS entstehen und geführt werden, aber nach mehreren Konferenzen zwischen Vertretern von SS, Wehrmacht und Auswärtigem Amt einigte man sich auf einen Kompromiß. Himmler, der getreu den weltanschaulichen Grundsätzen der Schutzstaffel mehr an Germanen interessiert war, sollte Legionen aus Norwegern, Dänen und Schweden, aus Niederländern und Flamen im Rahmen der Waffen-SS aufstellen, während das Heer die Einheiten aus Franzosen, Spaniern und Kroaten organisierte.

Sauber durchgeführt wurde diese Trennung allerdings nicht. Das zeigt das Beispiel der Wallonischen Legion. Nach ihrer Gründung durch die Waffen-SS im Jahre 1941 wurde sie vorübergehend zum Dienst in der Wehrmacht überstellt, um erst 1943, zusammen mit der Französischen Freiwilligenlegion, wieder in die Waffen-SS zurückzukehren. Und während man die Wallonen allenfalls noch geschichtlich als Germanen deklarieren konnte, konnte dies bei dem Werbeversuch der Waffen-SS im Frühjahr und Sommer 1941 in Griechenland nicht propagandistisch aufgegriffen werden. Und doch wurde dort ein Büro eröffnet, in dem für eine griechische Legion der Waffen-SS geworben wurde. Erst nach einem Bombenattentat kommunistischer Terroristen auf ein Rekrutierungszentrum in

Athen, das 72 griechische SS-Bewerber das Leben kostete, wurden die Werbemaßnahmen eingestellt und wegen der weiteren politischen Entwicklung in Griechenland auch später nicht wieder aufgenommen.

Durch das Versprechen, die nationalen Legionen als geschlossene Verbände unter eigener Führung einzusetzen, bekam die Werbung nun den richtigen Schwung. Über die Norwegische Legion hieß es beispielsweise in Aufrufen, sie werde „als einheitlicher und geschlossener Verband unter ausschließlich norwegischer Führung im Kampf gegen Sowjetrußland" eingesetzt. Nun gewann bei vielen die freiwillige Meldung an Attraktivität, die sich vorher bei der Meldung für einen gemischt-nationalen Verband unter deutscher Führung, wie etwa der Division „Wiking", vom Odium des Landesverrats und der schrankenlosen Unterordnung unter den Sieger hatten schrecken lassen.

In Dänemark hatte der Chef der 5. Artillerieabteilung des dänischen Heeres, der Oberstleutnant Christian Peder Kryssing, bis zum Juli 1941 die ersten 500 Mann aufgestellt. Die Hälfte von ihnen waren Berufssoldaten der dänischen Armee. Der dänische König stiftete eigens einen Orden für diese Einheit. In den Niederlanden hatte der ehemalige Heeres-Oberst Strooink 25 Angehörige des holländischen Offizierkorps und etwa tausend Mann geworben, und gleichzeitig trafen die ersten norwegischen Waffen-SS-Legionäre unter dem Befehl des Hauptmanns Jorgen Bakke in Kiel ein. Die ersten 600 Mann der Legion Flandern standen auf dem Truppenübungsplatz Debica im Generalgouvernement in Ausbildung. Das Rahmenpersonal wurde für alle vier Legionen von den inzwischen vollausgebildeten Freiwilligen der ersten Stunde, die in der Division „Wiking" dienten, gestellt.

Just bei der Ausbildung aber traten nun die ersten Mißhelligkeiten auf, die die Zusammenarbeit von Deutschen und germanischen Ausländern auf lange Zeit gefährden sollten. Aufgrund von Reibereien zwischen den deutschen Ausbildern und den ausländischen Rekruten, von politischen Streitereien zwischen europäischen Nationalsozialisten etwa und ihren innenpolitisch scharf antinationalsozialistisch eingestellten Konkurrenten kam es zu Konflikten, die die Truppe lähmten. So verließ beispielsweise der niederländische Legionschef Strooink mit fünf von seinen Offizieren schon nach wenigen Wochen die Legion. Und als Himmler sich Ende 1941 erkundigte, warum die Dänische Legion noch immer nicht als einsatzbereit gemeldet sei, mußte er hören, der dänische Kommandeur Kryssing sei ein Gegner des Nationalsozialismus und täte nichts, das Freikorps für den Kampf vorzubereiten. Streitereien zwischen ihm und den dänischen Nationalsozialisten des Korps seien an der Tagesordnung. Erst die Ablösung Kryssings durch den ehemaligen dänischen Offizier Christian von Schalburg, der bislang bei der „Wiking" als Obersturmbannführer (entspricht dem Heeresdienstgrad Oberstleutnant) diente, schaffte hier Abhilfe. Er machte aus dem Freikorps in wenigen Monaten einen ausgezeichneten und zuverlässigen Eliteverband.

Die größten Schwierigkeiten gab es ausgerechnet bei den als besonders reichsfreundlich geltenden Flamen. Von ihren deutschen Ausbildern wurde ihnen „belgischer Schlendrian" vorgeworfen. Die flämischen Rekruten umgekehrt nahmen die scharfe Ausbildung als Schikane wahr. Ein flämischer Legions-Freiwilliger, der den ganzen Krieg bis zum Schluß mitgemacht hatte, konnte sich noch in seinen 1970 erschienenen Erinnerungen über solche „Erniedrigungen" wie Eßgeschirrappelle und Sauberkeitskontrollen an Zahnbürsten aufregen. Erbittert beschwerte sich im März 1942 einer ihrer politischen Führer, de Clerq, über die schlechte Behandlung seiner Landsleute. Ausbilder hätten sie vor versammelter Mannschaft als „dummes Volk" oder „Drecksvolk" heruntergeputzt.

Aufgrund dieser Ereignisse, die natürlich in den jeweiligen Heimatländern erregt diskutiert wurden, kam die Freiwilligenwerbung zunächst ins Stocken. Zur Jahreswende 1941/42 waren, von den West- und Nordeuropäern der „Wiking" abgesehen, kaum 6.000 Freiwillige in den vier Legionen: 2.559 Niederländer, 1.218 Norweger, 1.164 Dänen und schließlich – als Schlußlicht – 875 Flamen.

Ungeachtet all der bestehenden Querelen kamen jedoch die Legionen schon während der Winterkrise der deutschen Front, zum Teil noch nicht hinreichend ausgebildet, zum Einsatz. Die umstrittenen Flamen wurden kompanieweise bei der Abwehr der sowjetischen Wolchow-Offensive vom Januar 1941 in den Kampf geworfen. Einer ihrer politischen Führer, der Untersturmführer (Leutnant) Reimond Tollenaere, fiel in den ersten Tagen. Im März wurde die Legion im Verband der SS-Polizeidivision und der spanischen „Blauen Division" bei der Schließung des Wolchowkessels eingesetzt, bewährte sich beim Durchbruch durch eine sowjetische Bunkerlinie und wurde daraufhin ausführlich im Wehrmachtbericht erwähnt.

Die Verluste freilich waren so hoch, daß sie durch den zur Verfügung stehenden Ersatz kaum noch zu decken waren. Die germanische Freiwilligenbewegung drohte im Gestrüpp von gebrochenen Versprechungen und Vorurteilen, von politischem Unverstand und mangelnder militärischer Qualität zu verenden. Erst Ende 1942 hatte die SS-Führung ein neues Konzept parat, das die erkannten Mängel zu beseitigen versprach.

SS-Werber Berger hatte bei Himmler durchgesetzt, daß deutsche Ausbilder und Kommandeure erst an einem „Orientierungslehrgang" (heute würde man sagen: „für ethnische Kompetenz") teilzunehmen hatten, der sie mit den nationalen Eigentümlichkeiten und dem politischen und psychologischen Hintergrund des jeweiligen Freiwilligenkontingents bekanntmachen sollte. Gut ausgebildete ausländische Führer sollten wenigstens die unteren und mittleren Ränge des Offizierkorps besetzen. Die ersten Ausländer rückten in die Offizierschule Bad Tölz als Junker ein. Die von der vorzeitigen Verwendung an der Ostfront schwer angeschlagenen Legionsverbände wurden zu einer eigenen Division gruppiert, die den Namen „Nordland" erhielt (später: 11. SS-Panzergrenadierdivision „Nordland"). Die Reste des Freikorps Dänemark, der Legion Norwegen und der Legion Niederlande wurden zu je einem Panzergrenadierregiment umgeformt. Durch Versetzungen von der „Wiking" und mit neuen Freiwilligen aus den germanischen Ländern – die jedoch keine Legions-Freiwilligen waren – wurde auf Kriegsstärke aufgefüllt. Der neue Geist schlug in der Namensgebung durch: Die drei Panzergrenadierregimenter hießen nun in jeweils nationaler Schreibweise „Nederland", „Danmark" und „Norge". 1943 war das Jahr der stärksten Entfaltung dieser germanischen Waffen-SS. Trotz der schlechten Entwicklung der Kriegslage für Deutschland meldeten sich in den west- und nordeuropäischen Ländern immer mehr Freiwillige für den Dienst in der Waffen-SS. Als ein französisches Gesetz im Juli 1943 den Eintritt von französischen Freiwilligen auch in die Waffen-SS gestattete – und nicht nur in die „Legion Volontaire Française" (LVF) der Wehrmacht – meldeten sich monatlich rund 600 Franzosen für die SS, für die LVF hingegen nur 150.

Ende 1943 löste das SS-Führungshauptamt aufgrund der Freiwilligenzahlen das niederländische Regiment aus der Division „Nordland" wieder heraus, die nun eine deutsch-skandinavische Einheit wurde. Die Niederländer stellten fortan die 23. Freiwilligen-Panzergrenadierdivision „Nederland". In ihren Reihen wurde als erster Soldat der europäischen Freiwilligeneinheiten der erst 18jährige Sturmmann (Gefreiter) Gerardus Mooyman mit dem Ritterkreuz ausgezeichnet. Bei einem Abwehrkampf südlich des Ladogasees hatte er mit seiner Pak an einem Tag dreizehn sowjetische Panzer abgeschossen.

Nacheinander entstand nun aus einer neuaufgestellten und vergrößerten flämischen „SS-Sturmbrigade Langemarck" die 27. SS-Freiwilligen-Panzergrenadierdivision gleichen Namens. Aus den französischen und wallonischen Regimentern, die bislang im Rahmen der Wehrmacht gedient hatten, erwuchsen die 28. SS-Freiwilligen-Grenadierdivision „Wallonie" und die 33. Waffen-Grenadierdivision der SS „Charlemagne". Während etwa der amerikanische Historiker Harry Stein für das Aufblühen der Freiwilligenbewegung die Angst prodeutscher und faschistischer Kreise vor der zu erwartenden alliierten Invasion verantwortlich machte („Vielen dieser Männer schienen die unbestimmten Gefahren der Ostfront weniger erschreckend als die sehr realen Gefahren zuhause"), bekundeten die Freiwilligen selber eine andere Motivation: Jedenfalls in ihren Nachkriegsmemoiren nannten sie – von dem vor allem auf den eigenen Erfahrungen in Rußland gründenden Antibolschewismus abgesehen – die „europäische Orientierung" als wesentliche Triebfeder ihres Handelns.

„Die letzten echten Söhne des Kriegsgottes, welche die Erde gesehen hat"[2] – so Franz Schönhuber in den Worten Noltes – seien ausgezogen, um ein „Neues Europa" zu schaffen. Einer ihrer Regimentskommandeure, der wallonische Politiker und SS-Gruppenführer (General) Léon Degrelle, beschrieb das im spanischen Nachkriegsexil mit folgenden Worten: „Ein gleicher Wille einte uns alle: Ruhmvoll unser Volk inmitten der dreißig Völkerschaften zu vertreten, die zum Kampf herbeigeströmt waren. Unsere Pflicht dadurch zu erfüllen, daß wir für Europa kämpften. Für unser Vaterland einen ehrenvollen Platz in der Gemeinschaft des Kontinents, die aus dem Kriege hervorgehen mußte, zu erringen und schließlich Kampftruppen zu schaffen, deren Gewicht für die Schaffung sozialer Gerechtigkeit bürgte, wenn wir nach dem Ende der Feindseligkeiten endgültig in unser Land zurückkehren würden."[3]

Der französische Historiker Henri Landemer sah die Freiwilligenbewegung in verschiedenen Motivations-Wellen sich entfalten: Nach einer ersten Welle germanischer Freiwilliger des Jahres 1940 und einer zweiten Welle antikommunistischer Meldungen nach dem Beginn des Rußlandfeldzuges ist ihm die dritte Welle der Jahre 1943 und 1944 die „europäischste" von allen: „Während des Winters 1943/44 vollendet die Waffen-SS ihre große Wandlung. Ihre Soldaten kommen aus mehr als dreißig Nationen, und der alte nationale Hochmut ist im Begriff, zugunsten des Neuen Reiches vom Erdboden zu verschwinden. Das Reich ist nicht mehr Deutschland sondern Europa."[4]

Jeder Schritt jedoch, den die größte Freiwilligenarmee, die die Geschichte je gesehen hat, in Richtung auf eine vorerst nur vage erkennbare, aber leidenschaftlich angestrebte Europa-Konzeption tat, brachte sie in Gegensatz zu ihrem Reichsführer-SS. Zwar hatte Himmler zugestanden, in der zukünftigen europäischen Neuordnung solle jede Nation ihren Platz entsprechend ihrem im Kriege geleisteten Beitrag zugewiesen erhalten; aber jenes Europa, das ihm vorschwebte, war dennoch nur denkbar mit dem Großdeutschen Reich als dominierender Zentralmacht an der Spitze. Flandern, Wallonien und die Niederlande waren ihm nicht anders als mehr oder weniger autonome Reichsgaue vorstellbar. Und die germanischen Nachbarn im Norden sollten das Großdeutsche zu einem Germanischen Reich überhöhen.

Gerade ihre Herkunft aus meist nationalistischen Bewegungen machte es den Freiwilligen unmöglich, trotz aller Verachtung, die sie für den Parlamentarismus mitbrachten, ihr nationales Empfinden preiszugeben. Der immer härter werdende Krieg, die immer schwieriger werdende Personallage und nicht zuletzt die Erfolge eines eher europäisch eingefärbten Werbekonzepts der Waffen-SS vertagten jedoch die aufkeimende Auseinandersetzung über den richtigen europäischen Weg auf die Zeit nach dem siegreichen Ende des Krieges. Die Waffen-SS wurde weiter europäisiert –

wenigstens im Bewußtsein ihrer eigenen Führer und Soldaten, die sich eigene Symbole schufen: Die Junkerschule Bad Tölz wurde in eine „europäische Militärakademie" für die internationalisierte Waffen-SS umgewandelt. Noch lange nach dem Krieg erzählte ihr Kommandeur, SS-Sturmbannführer (Major) Richard Schulze-Kossens, stolz: „Vor dem Tor wehten die 32 Flaggen aller vertretenen Nationen neben der deutschen."[5]

Immer weiter wurde nun von Himmler und seinem Personalchef Berger der europäische Bogen gespannt. Berger, dem der Ostfeldzug ein neues Rekrutenreservoir zu eröffnen schien, propagierte die Überwindung der „Untermenschen"-Philosophie, die Teile der SS-Führung vertraten, und plädierte für die Aufnahme auch „ostvölkischer" Freiwilliger in die SS, die sich vehement um Aufnahme bemühten. So brach er Stück für Stück die Vorbehalte seines Reichsführers-SS gegen Freiwillige der „Ostvölker" nieder.

Den Anfang machte das Baltikum. Der Grimm gegen die Sowjets, die erst 1940 die baltischen Länder annektiert hatten, ließ Esten, Litauer und Letten den deutschen Einmarsch 1941 als eine Befreiung empfinden. Gleich im Juli 1941 hatten sich die ersten baltischen Freiwilligen zum Kampf gegen den Bolschewismus gemeldet. Zuerst als „Schutzmannbataillone" im Polizeidienst eingesetzt, wurden diese Freiwilligen in den Folgejahren zusammen mit acht estnischen Freiwilligenbataillonen der Wehrmacht zu eigenen Legionen und Divisionen formiert.

Diese Verbände kämpften in den Abwehrschlachten des Jahres 1944 verzweifelt um ihre Heimat und dann bis zum Ende des Krieges in Pommern, Schlesien und Böhmen. Hatte Himmlers Mißtrauen gegen „rassenfremde" Verbände bei den Esten und Letten keine Nahrung gefunden, griff es bei den Russen und Ukrainern um so stärker. Schon im April 1941, noch vor dem Ostfeldzug, hatte Berger damit begonnen, ukrainische Freiwillige aus dem geschlagenen Polen anzuwerben, war aber von Himmler gebremst worden. Erst im Frühjahr 1943 stimmte Himmler Bergers Ansinnen zu. Er bestand jedoch darauf, das Wort „Ukraine" nicht in den Namen der Division aufzunehmen. So wurde der Aufruf für eine „galizische" Division erlassen. Trotz dieser Demütigung des ukrainischen Stolzes war der Erfolg überwältigend: 100.000 Freiwillige trugen sich sofort in die Werbelisten ein, knapp 30.000 wurden angenommen. Die daraus formierte 14. Waffen-Grenadierdivision der SS (galizische Nr. 1) wurde 1944 in Abwehrkämpfen eingesetzt und schlug sich unter hohen Verlusten hervorragend. Erst im Januar 1945 wurde ihre Umbenennung in „ukrainische Nr. 1" gestattet.

Mit der Anwerbung von Ukrainern war die Slawenskepsis der SS-Führung endgültig überwunden. Nun konnten auch russische SS-Verbände in Betracht gezogen werden. Zwei Russendivisionen sollten aufgestellt werden, gerieten jedoch über Regimentstärke nicht hinaus und bildeten bald den Grundstock für die erste Division der sogenannten Wlassow-Armee.

Namensgeber der Armee war der in Rußland als Retter Moskaus legendär gewordene Sowjetgeneral Andrej Andrejewitsch Wlassow. Er war der erste russische General, dem es gelungen war, die blitzkrieggewohnte Wehrmacht zum Stillstand zu bringen. Im Sommer 1942 jedoch, bei der völligen Zerschlagung des Wolchowkessels, hatten ihn Zweifel aufgrund der menschenverachtenden und eigensinnigen Politik Stalins überkommen. Nachdem er in deutsche Kriegsgefangenschaft geraten war, hatte er sich als Führer einer antibolschewistischen russischen Befreiungsbewegung dem Deutschen Reich zur Verfügung gestellt.

Die Voraussetzungen für eine solche Bewegung waren günstig. Denn parallel zu den in der Waffen-SS aufgefangenen Freiwilligenkontingenten hatten sich immer mehr Soldaten aus den Völkern der Sowjetunion zum Dienst in der ideologisch unbefangeneren Wehrmacht gemeldet. Neben Legionen von Kaukasiern, Turkmenen und Kosaken hatten auch mehr als 70 Bataillone Russen die graue Wehrmachtuniform angezogen. Bis zum Kriegsende hatte ihre Zahl fast die Millionengrenze erreicht.

Das Mißtrauen Hitlers in eine mit deutschen Waffen ausgerüstete russische Armee jedoch, nicht zuletzt aber auch der Kompetenzkampf verschiedenster deutscher Stellen um ihre rußlandpolitischen Pfründe verhinderte die Aufstellung einer Wlassow-Armee bis Ende 1944. Zwei Kosakendivisionen, die unter dem deutschen General Helmuth von Pannwitz zum 1. Kosakenkorps zusammengefaßt waren, hatten schon vorsichtig ihre Unterstellung unter Wlassow sondiert, sich dann aber, „um mehr Waffen zu erhalten" (so der Wlassow-Biograph Sven Steenberg), dem SS-Hauptamt unterstellt.[6]

Auch Wlassow selber mußte feststellen, daß ihn Verhandlungen mit der SS-Führung eher an das Ziel seiner Hoffnungen bringen konnten als die zermürbenden Diskussionen mit der Wehrmacht. Der SD-Offizier und Chefredakteur der SS-Zeitung *Das Schwarze Korps*, Gunter d'Alquen, brachte Wlassow im September 1944 mit Himmler zusammen. Der Reichsführer-SS hörte sich bei diesem Treffen widerspruchslos Wlassows Abrechnung mit den begangenen deutschen Fehlern an. Als man auseinanderging, war die Aufstellung von wenigstens zwei Divisionen einer russischen „Befreiungsarmee" und die Bildung einer russischen Gegenregierung, beide unter Wlassows Führung, beschlossene Sache. Am 16. Februar 1945 konnte die erste Wlassow-Division ihrem Befehlshaber übergeben werden. Aber über allem stand ein „zu spät" und ein „zu wenig". Die Division kam nicht mehr zum Einsatz.

In der Schlacht um Berlin hingegen setzten europäische Freiwillige ihrer Idee noch ein letztes Denkmal: Die Trümmer der Reichskanzlei wurden von Männern im kleingefleckten Kampfanzug der Waffen-SS verteidigt. Es waren Männer der französischen Division „Charlemagne", Reste von „Norge" und „Danmark", Splitter einer lettischen Division und einzelne Flamen.

Anmerkungen

1 Verschaeves Gespräch mit Himmler ist dokumentiert in: Cyriel Verschaeve. *Verzameld Werk*. Bd. 8. Brugge: Vereeniging „Zeemeeuw", [1934–40]. S. 678 ff. [In flämischer Sprache.]
2 Franz Schönhuber. *Ich war dabei*. München: Langen-Müller, 1982. S. 21.
3 Léon Degrelle. *Denn der Haß stirbt…: Erinnerungen eines europäischen Kriegsfreiwilligen*. München: Universitas, 1992.
4 Henri Landemer. *La Waffen-SS*. Paris: Balland, 1972.
5 Richard Schulze-Kossens im Gespräch mit Günther Deschner am 8. Dezember 1981 in Bonn.
6 Die Informationen über Wlassow stammen aus: Sven Steenberg. *Wlassow – Verräter oder Patriot?* Köln: Verlag für Wissenschaft und Politik, 1968.

Multikulturalismus als Alternative?

von Ferdinand Fürst von Bismarck

Sowenig es eine Alternative zur Familie gibt, sowenig läßt sich eine solche zum Volk als Basis des modernen Staates erkennen. Jahrelang hat man verkündet, daß der Rückgang und die Überalterung der Bevölkerung folgenlos bleiben würden, weil die Konsequenzen durch Zuwanderung aufzufangen seien. Mittlerweile ist klar, daß die Migration den Alterungsprozeß bestenfalls verzögern, aber nicht verhindern könnte. Selbst bei einer Zuwanderung von 250.000 Menschen jährlich wäre die deutsche Bevölkerung bis zum Jahr 2100 von heute rund 80 Millionen Menschen auf etwa 51 Millionen geschrumpft.

Bei allen Rechenmodellen bleibt aber unbeachtet, wie die kulturellen und psychologischen Folgen massenhafter Einwanderung kalkulierbar bleiben sollen. Hans-Ulrich Klose, einer der wenigen Sozialdemokraten, die diesem Problem frühzeitig Aufmerksamkeit gewidmet haben, bemerkte dazu treffend: „Zu glauben, man könne die demographische Delle … ausschließlich durch Zuwanderung lösen, ist ein Irrglaube, weil das die eigene Gesellschaft nicht akzeptiert."

Auf die Akzeptanz der Gesellschaft kommt es in einer Demokratie aber ganz entscheidend an, und an der mangelt es in Deutschland für diesen Fall, weil sich die Mehrheit der Bevölkerung nicht damit anfreunden kann und wird, daß das eigene Gebiet zum Ziel fremder „Landnahme" (Irenäus Eibl-Eibesfeldt) wird.

Darin unterscheidet sich Deutschland ganz deutlich von einem klassischen Einwanderungsland wie den Vereinigten Staaten von Amerika: Ursprünglich ein weithin menschenleeres Territorium von fast kontinentalen Ausmaßen, so ungeheuer groß, daß sich in seiner Weite fast alle europäischen Klimate finden, Anziehungspunkt für Engländer, Skandinavier und Deutsche, Franzosen, Iren und Italiener, Russen und Juden, Völkerschaften aus allen Teilen Europas und der weiten Welt. Sie kamen dorthin, um ihr Glück zu finden, um als Pioniere in Besitz zu nehmen, was als Niemandsland brachzuliegen schien. Es begann mit einigen Segelschiffen, später kamen jedes Jahrzehnt Millionen, alle auf der Suche nach Arbeit, Wohlergehen, Lebensraum und Lebensglück.

Die Schwarzen sind die einzige Gruppe, die nicht freiwillig nach Amerika migrierte. Seit dem 18. Jahrhundert war im Südosten der Vereinigten Staaten eine Pflanzerkultur entstanden, deren Plantagenbesitzer für ihre Baumwolle Arbeitskräfte brauchten. Weiße und Indianer waren dieser Arbeit nicht gewachsen. Also holte man sich geeignete Arbeitskräfte: In Afrika gab es diese Leute, hitzegewohnt und körperstark. Sie wurden wie Vieh zu Millionen in die Neue Welt transportiert. Viele starben, und weitere wurden herbeigeschafft und als Sklaven eingesetzt. Im Jahre 1861 kam es zum Sezessionskrieg. Abraham Lincoln führte ihn, wie er selbst sagte, um die Einheit der Union zu wahren. Die Befreiung der Neger war mehr ein Nebenprodukt, jedenfalls nicht die Hauptsache aus der Sicht des Nordens, der seine eigenen „Sklaven" in Iren und Asiaten hatte, die man bei Hungerlöhnen für jede schmutzige, gefährliche und schwierige Arbeit einsetzte. Die meisten Schwarzen sind noch heute in einem Teufelskreis aus ärmlichen Verhältnissen, instabilen Ehen, schlechter Schulbildung und Kriminalität gefangen. Keine der später in großer Zahl eingewanderten nichtweißen Gruppen, die Chinesen und Japaner, die Puertorikaner, Kubaner und Mexikaner, die Koreaner und Vietnamesen und neuerdings wieder die Hispanier haben ein den Schwarzen vergleichbares Problem der Integration, allerdings sind auch sie nicht einfach in dem vielgerühmten Schmelztiegel der amerikanischen Gesellschaft, dem Meltingpot, aufgegangen. Der hat sowieso immer nur in der Phantasie seiner Propagandisten existiert: Die USA, das waren weiße Europäer, die europäische Kultur und Religion nach Übersee getragen hatten. Dieses offizielle Amerika, bestimmt von der weißen, angelsächsischen, protestantischen Elite des Landes, war das einzige, das von außen wahrgenommen wurde, nicht die Reservate der Indianer, die Slums der Schwarzen, der Puertorikaner oder der russischen und polnischen Juden, nicht die China-Towns.

Erst seitdem der weiße Anteil an der Gesamtbevölkerung deutlich sinkt – schon in diesem Jahrhundert wird er die Fünfzig-Prozent-Marke unterschreiten –, ist auch den Außenstehenden deutlicher geworden, daß sich in den Vereinigten Staaten keine neue Einheit gebildet hat, sondern ein Mosaik aus Völkern, Rassen, Religionen, Sprachen besteht, oder genauer gesagt: sich gegen die bisher von den Weißen dominierte Kultur durchsetzt. Seitdem der alte Zwang, sich dieser Kultur anzupassen, nachläßt, werden die Ausbrüche von Konflikten heftiger. Die Riots („Unruhen") vom Mai 1992, an denen neben Schwarzen vor allem Mexikaner aus der Unterschicht beteiligt waren, richteten sich nicht allein gegen die Weißen und ihre Institutionen, wie etwa die Polizei, sondern auch gegen die wirtschaftlich erfolgreichen Asiaten, vor allem die Koreaner. Die Notwendigkeit, die schwerbewaffnete Nationalgarde einzusetzen, um die am Ende bürgerkriegsartigen Unruhen zu unterdrücken, hat einen tiefen Schock bei der tonangebenden Klasse, den weißen Amerikanern, ausgelöst.

Was das Beispiel USA lehrt, ist, daß sich in einem Einwanderungsland die Herkunft und Kultur der Einwanderer nicht einfach verlieren. Das bleibt solange relativ problemlos, als man genug Platz hat, und tatsächlich könnten sich die Individuen wie die ethnischen Gruppen in den USA ganz gut aus dem Wege gehen: Nur 27 Menschen bevölkern dort im Schnitt einen Quadratkilometer, wohingegen es in Deutschland mehr als 200 sind. Dennoch erklären die US-Behörden seit geraumer Zeit, daß das „Boot" voll sei. Mehr Migranten könne und wolle man nicht aufnehmen, allenfalls kleine, genau festgelegte Kontingente aus bestimmten Ländern, und auch das nur, wenn diese Leute eine Bereicherung für die USA darstellten. Das ist wörtlich gemeint: Die Leute sollen in gesuchten Berufen qualifiziert sein, Geld mitbringen und es in den USA investieren. Ansonsten gilt eine rigide Abschottung. Vor einigen Jahren erklärte Newt Gingrich, der Sprecher des Repräsentantenhauses: „Alles Illegale ist per definitionem falsch. Wir stellen uns gegen illegale Drogen, gegen illegale Gewaltanwendung, gegen illegale Einwanderung. Es ist gegen das Gesetz und muß abgewehrt werden. Jede Nation hat die absolute Verpflichtung, ihre souveräne Grenze zu verteidigen."

Um nicht mißverstanden zu werden, was die Möglichkeiten für eine sinnvolle Einwanderung anbetrifft, soll hier noch auf ein eigentlich näherliegendes, aber bei der aktuellen Diskussion bezeichnenderweise immer übergangenes Beispiel hingewiesen werden: das Beispiel Preußens. Der dort lebende deutsche „Stamm" war von Anfang an ein Mischprodukt aus deutschen Siedlern, slawischer und baltischer Bevölkerung, aber im Laufe der Zeit, als die älteren Bestandteile längst verschmolzen waren, kamen neue Migranten hinzu, um das wenig bewohnte Land zu „peuplieren". So die aus Frankreich vertriebenen Calvinisten, die „Hugenotten", die nach der Aufhebung des sogenannten Edikts von Nantes in Europa herumirrten und schließlich durch den Großen Kurfürsten Aufnahme in Brandenburg-Preußen fanden. Es gab wohl Reibereien zwischen den Neuankömmlingen und den Eingesessenen wegen deren fremder Sprache, aber die Hugenotten waren evangelisch wie die Einheimischen und damit „Religionsgenossen", und es gab nicht den geringsten Zweifel, daß ihr Dank an das Aufnahmeland fortan in unverbrüchlicher Treue bestehen würde. Zahlreiche bedeutende hugenottische Namen in der Geschichte Preußens legen davon Zeugnis ab. Theodor Fontane ist nur einer von vielen. Ein ganz ähnlicher Fall wie die Hugenotten waren auch die österreichischen Protestanten, die durch den Salzburger Erzbischof Firmian bei

Todesstrafe aus ihrer Heimat gewiesen wurden, und die der preußische König aufnahm, um sie im von der Pest entvölkerten Ostpreußen anzusiedeln. Auch hier war die Gemeinsamkeit der Religion, dazu eine große Nähe von Sprache und Kultur gegeben, und auch hier konnte davon ausgegangen werden, daß die neuen Landeskinder unbedingte Loyalität zu ihrem Aufnahmestaat halten würden, der ihnen das Überleben ermöglichte.

Das Erfolgsmodell des Einwanderungslandes Preußen erklärt sich also aus der relativen Begrenztheit der Migration und der Bereitschaft der Migranten, sich zu assimilieren. Es spricht wenig für die Annahme, daß sich diese Bedingungen gegenüber dem 17., 18. und 19. Jahrhundert grundlegend verändert haben. Vielmehr ist davon auszugehen, daß dieselben Voraussetzungen wie damals auch heute für das gedeihliche Zusammenleben von Alteingesessenen und Neuankömmlingen gelten. Aber diese Voraussetzungen bestehen bei der großen Zahl der Migranten nicht, die heute nach Deutschland kommen. Was die meisten von ihnen – auch die Mehrzahl der wirklich oder angeblich Asylsuchenden – hierhertreibt, sind wirtschaftliche Erwägungen. Sie wollen ein besseres Leben führen können. Bezogen auf den Einzelnen ein völlig verständliches Interesse; er wäre dumm, wenn er nicht versuchen würde, auch von dem Kuchen, der da so großzügig verteilt wird, ein schönes Stück zu bekommen. Aber es ist ja kein Einzelner, der kommt. Es kamen erst Zehntausende in den achtziger Jahren, und schon damals wurde gesagt, nun sei die Schwelle der Erträglichkeit langsam überschritten. Nichts geschah. Dann kamen Hunderttausende. Und irgendwann flogen die Brandflaschen. Plötzlich sahen sich die verantwortlichen Politiker zum Handeln genötigt. Nach einer so gut wie möglich in die Länge gezogenen Feilscherei um die Änderung der Asylgesetzes wurden halbherzige Maßnahmen verabschiedet. Vorübergehend nahm der explosionsartig gewachsene Zuwanderungsdruck ab. Doch längst steigen die Zahlen wieder, sind neue Tricks insbesondere illegaler Zuwanderung gefunden, um die juristischen Barrieren außer Kraft zu setzen.

Wohin dieses Sich-Abfinden mit Räumen, in denen die oben apostrophierte „Landnahme" tatsächlich stattgefunden hat, führen kann, zeigt die Resignation der Sicherheitskräfte gegenüber bestimmten Formen des religiösen oder politischen Extremismus unter Ausländern, vor allem unter ausländischen Jugendlichen. Auch die Kriminalstatistik spricht eine deutliche Sprache: Der ehemalige Innenminister Kanther erklärte vor einigen Jahren, daß in der Bundesrepublik Banden aus 86 verschiedenen Ländern ihr Unwesen treiben. Der Anteil von Ausländern an der Begehung von Straftaten in Deutschland beträgt rund ein Drittel, obwohl ihr Gesamtanteil an der Bevölkerung gerade bei zehn Prozent liegt. Unter den Ausländern wiederum weisen die Asylanten eine erheblich erhöhte kriminelle

188

Energie auf. In vielen Großstädten ist der Drogenhandel zu über 90 Prozent in ihrer Hand, oft auch der Einbruchdiebstahl, der zunehmend als Raub mit Waffen ausgeführt wird. In erster Linie muß aber auf den Bereich der organisierten Kriminalität hingewiesen werden: 1996 gab es in Berlin 86 Verfahren in diesem Zusammenhang, dabei wurden 3.344 Einzeltäter festgestellt, unter ihnen 70,4 Prozent Nichtdeutsche. Der Leiter der Abteilung Organisierte und Allgemeine Kriminalität im Wiesbadener Bundeskriminalamt gab für 2.355 Ermittlungsverfahren gegen mafiaähnliche Gruppen 7.922 Tatverdächtige, unter ihnen 63,6 Prozent Ausländer, an. „Das ganze Ausmaß der Brutalisierung durch die organisierte Kriminalität in Berlin steht im offensichtlichen Zusammenhang mit dem überproportional hohen Anteil nichtdeutscher Straftäter", unterstrich der Berliner Polizeichef. Auf deutschem Boden würden zunehmend auch Rivalitäten zwischen den einzelnen Verbrecherbanden ausgefochten.

Wir stehen dem nicht hilflos gegenüber: Nur wird unsere Geduld und Toleranz als Schwäche mißverstanden. Deshalb muß der Staat hier seine Autorität unter Beweis stellen. Wer die Gesetze seines Gastlandes nicht akzeptieren will, ist auszuweisen. Das ist im Interesse der deutschen Bevölkerung wie auch der seit längerem hier ansässigen Ausländer, die einer legalen Beschäftigung nachgehen und deren Kriminalitätsrate nicht höher liegt als die der Deutschen. Diesem Teil der Bevölkerung ist auch längst klargeworden, daß das Sozialsystem, von dem man profitiert, durch die dauernde Zuwanderung unerträglich belastet wird. Die Zahl ausländischer Sozialhilfeempfänger hat sich in den letzten zehn Jahren versechsfacht, ein Drittel aller Sozialhilfeempfänger sind Ausländer, davon wieder die Hälfte Asylbewerber und Bürgerkriegsflüchtlinge. Der Großteil dieser Ausländer spricht und schreibt kein Deutsch und ist ohne jede Berufsausbildung. Nur 10 Prozent der als Asylbewerber ins Land kommenden werden anerkannt. Aber nicht einmal 10 Prozent der Scheinasylanten werden abgeschoben. Dabei sieht schon das Ausländergesetz (§ 46, Ziffer 6) als Ausweisungsgrund den Bezug von Sozialhilfe vor. In der Tat schaffen die Zuwanderer erhöhte finanzielle Lasten und damit zusätzliche Arbeitslosigkeit und Wohnungsknappheit. Der Staat hat hier nicht nur das Recht, sondern die Pflicht zur Abwehr, er muß als Staat seinen Bürgern stabile und sichere Verhältnisse garantieren. Niemand wird dagegen sein, daß individuell politisch Verfolgte in Deutschland auf begrenzte Zeit eine Zuflucht finden. Aber wenn Zehntausende ausländische Kriminelle auf unseren Straßen tun, was sie wollen, von Zigarettenschmuggel über Hütchenspielen bis zu Drogenverkauf oder Schießereien in Fußgängerzonen, dann ist das absolut unerträglich.

Deutschland also kein Einwanderungsland? Die relative Homogenität des Nationalstaats ist in Deutschland schwer errungen und blutig bezahlt. Einheit und Rechtsstaatlichkeit wurden den weltlichen und geistlichen Potentaten, den staatlichen und überstaatlichen Mächten in Jahrhunderten abgerungen: Noch 1866 schlugen sich im deutschen Bruderkrieg Preußen und Hannoveraner, Bayern und Österreicher. Wir wollen nicht zu Zuständen zurück, die blutige innere Konflikte heraufbeschwören. Uns sollten die ewig gleichen Fernsehbilder aus Bosnien oder Tschetschenien genügen, die sich nur durch den Schauplatz von denen unterscheiden, die wir aus Ruanda und Beirut, aus Israel, Sri Lanka und Los Angeles kennen, und die im Kern alle darauf zurückzuführen sind, daß es die Verschiedenartigkeit von Völkern und Religionen schwierig oder unmöglich macht, sie auf engerem Raum miteinander leben zu lassen, es sei denn, sie sind bereit, sich weitgehend zu assimilieren.

Es liegt im wohlverstandenen Eigeninteresse jedes Nationalstaates, sich nicht fahrlässig in einen Nationalitätenstaat zu verwandeln, aber in Deutschland hat kaum jemand ein gutes Gewissen, wenn er dieses wohlverstandene Eigeninteresse in Anspruch nimmt. Schon mein Urgroßvater Otto von Bismarck mußte feststellen: „Nun haben wir gerade in Deutschland an nationalem Empfinden und nationaler Lebendigkeit keinen erheblichen Überschuß; ich möchte sagen, wir sind in der Richtung einigermaßen blutarm…" Er nahm dabei Bezug auf die Leichtigkeit, mit der die Deutschen, wenn sie auswanderten, aber auch wenn sie in Gebieten mit gemischter Bevölkerung lebten, ihr patriotisches Bewußtsein aufgaben. Die „Blutarmut", von der er sprach, ist wohl, wie dargelegt, historisch bedingt und insofern konstitutiv, aber sie hat sich in der jüngeren Geschichte des Patienten dramatisch verschlimmert und könnte in naher Zukunft sein Ableben zur Folge haben, es sei denn, der Staat steuerte endlich dagegen.

Der Historiker Adolf Bocheński und die polnische Monroe-Doktrin

von Dr. Stefan Scheil

„Oto walczymy!" – „Dafür kämpfen wir!" Unter diesem Titel gab im Jahre 1942 der polnische Untergrundstaat, der auf vielen Feldern präsent war und unter anderem auch einen eigenen Postdienst aufgebaut hatte, einen Briefaufkleber heraus. Auf ihm war die Landkarte eines siegreichen Staates Polen nach dem Krieg zu sehen. Auch im hart umkämpften Jahre 1942 gestalteten sich die bei dieser Gelegenheit formulierten Ansprüche alles andere als gering. Ein Polen von Meer zu Meer, also von der Ostsee bis zum Schwarzen Meer, sollte es sein. Es würde Deutschland bis zu Oder und Neiße umfassen, die Slowakei, Litauen, Weißrußland, die westliche Ukraine, aber auch den früheren deutschen Kolonialbesitz in Kamerun und Ostafrika, außerdem noch das bisher französische Madagaskar. Die großen Erwartungen, mit denen Polen 1939 in den Krieg gezogen war, hatten sich durch die bisherigen Niederlagen nicht vermindert.

Um dem polnischen Offensivgeist und Anspruchsdenken eine derartige Festigkeit zu verleihen, daß sie selbst in der schwierigen Situation von 1942 nicht nachließen, dazu war jahrelange Vorkriegsagitation nötig. Zu denjenigen polnischen Historikern, die in diesem Sinne politisierende Basisarbeit leisteten, wenn es um das Verhältnis der Republik Polen zu ihrer Außenwelt ging, gehörte Adolf Maria Bocheński (1909–44). Er ließ Mitte der dreißiger Jahre eine ganze Reihe programmatischer Schriften zu diesem Thema erscheinen, darunter 1937 einen längeren Essay über Polens Lage „Zwischen Deutschland und Rußland". Hier erging sich Bocheński ausführlich zu den deutsch-polnischen Beziehungen. Er sah sie wie so viele andere polnische Publizisten als unrettbar vergiftet an. Obwohl geographische Gegebenheiten seiner Ansicht nach nicht zur Begründung staatlicher Politik herangezogen werden könnten, sei das Verhältnis zwischen diesen beiden Staaten durch die Versailler Grenzziehung unrettbar beschädigt. Aber, so tröstete er sich, man wisse dies in Polen zum Glück: „Die Zahl der Polen, die sich einbilden, daß bei den jetzigen territorialen Verhältnissen die Haltung Deutschlands Polen gegenüber dieselbe sein wird wie zum Beispiel die Schwedens Dänemark oder Frankreichs Spanien gegenüber ist so gering, daß wir keinen Grund haben, uns mit diesem Problem zu beschäftigen."

Nicht einmal Władysław Studnicki, einer der wenigen Vertreter deutschpolnischer Zusammenarbeit überhaupt, sei dieser Ansicht, behauptete Bocheński. Dies traf insofern nicht zu, als Studnicki ausdrücklich die Vereinigung Österreichs und der Sudetengebiete mit Deutschland unter aktiver polnischer Unterstützung befürwortete und sich für diesen Fall eine Anerkennung der bestehenden deutsch-polnischen Grenzen versprach, denn der Korridor sei für ein Großdeutschland „keine große Sache" mehr. In der Tat kam nach dem Münchner Abkommen und dem Abschluß dieser Projekte im Oktober 1938 aus Deutschland der Vorschlag für einen solchen Ausgleich, aber Studnickis Analyse bestimmte nicht die polnische Politik und die Reaktion auf diese Vorschläge. Vielmehr steuerte Warschau unter anderem unter dem Einfluß Bocheńskis einen anderen Kurs.

In jedem Falle müsse man, so prognostizierte Bocheński 1937 weiter, für die Zukunft mit einer Verschlechterung der Beziehungen Polens sowohl zu Deutschland als auch zu Rußland rechnen und als Folge dessen mit einer Zusammenarbeit beider Staaten in diesen Fragen. Es war sein Anliegen, eine Strategie für diesen Fall zu entwickeln. Bisher sei der Gegensatz zwischen den beiden großen Nachbarstaaten Polens, wie er seit dem Regierungsantritt der Nationalsozialisten in Deutschland bestehe, die Ursache für die „günstige politische Konjunktur" der letzten Jahre, repräsentiert durch die Amtszeit des polnischen Außenministers Józef Beck im Brühlschen Palais, der Residenz des Ministeriums. Diese Situation könne sich ändern, wobei Bocheński ausdrücklich betonte, Staatsräson stehe überall vor ideologischer Gemeinsamkeit: „Den schönen Augen des Antisemitismus und Antiliberalismus Polens kann Hitler sehr viel opfern, aber nichts vom nationalen Interesse Deutschlands."

Um Pomerellen, also den polnischen Korridor wiederzugewinnen, werde man in Berlin auch Josef Dschugaschwili („Stalin") die Hand reichen, meinte Bocheński im Gegensatz zu Studnicki feststellen zu können. Die 1937 aktuelle Politik Polens hätte unter diesen Voraussetzungen laut Bocheński zwar die Aufgabe, den deutsch-russischen Gegensatz nach Möglichkeit zu fördern, hätte sich aber langfristig trotzdem auf dessen Überwindung einzustellen. Daraus folge, Polen müsse sich als „revisionistischer Staat" verstehen, denn nur die Überwindung der Versailler Ordnung durch zusätzlichen polnischen Machterwerb könne die Machtverhältnisse im Dreieck Deutschland–Polen–Rußland so verändern, daß Polen gesichert sei. Hier sah Bocheński als „positiven Weg" den Imperialismus, „zum Beispiel durch die Annexion von Minsk, Königsberg oder [dem damals zur Tschechoslowakei gehörigen; der Verfasser] Uzhorod". Man müsse der Sache aber ein Ziel geben und sich für eine Richtung entscheiden. Ganz unzureichend sei es, etwa den Ausführungen des Nationaldemokraten Jędrzej Giertych zu folgen, der „Minsk, Dünaburg und Königsberg zugleich haben möchte". Dieser Ansicht schien sich Giertych später wenigstens teilweise angeschlossen zu haben, denn in einer Artikelserie im Sommer 1939 erklärte er Königsberg als nicht mehr ausreichendes Ziel polnischer Expansion: „Nach dem bevorstehenden Krieg … sollte Polen Danzig, Ostpreußen, Ober- und Zentral-Schlesien einschließlich Breslau und Zentral-Pommern einschließlich Kolberg annektieren; Polen sollte außerdem eine Reihe von Pufferstaaten unter seiner Protektion und Herrschaft entlang von Oder und Neiße gründen."

Die polnische Niederlage im September 1939 unterbrach unter anderem auch Giertych bei der Abfassung seiner Artikelserie, änderte jedoch nichts an seinen radikalen Ansichten, für die er nun im Londoner Exil Werbung betrieb. In ähnlichen Bahnen, was die Aufteilung von Nachbarstaaten betraf, dachte 1937 bereits Adolf Bocheński. Er nannte dies die Möglichkeit des „Relativismus", also die Auflösung der Nachbarstaaten in kleinere politische Einheiten, wodurch die Macht Polens logischerweise „relativ" anwachsen würde. Bocheński neigte entschieden zu diesem Konzept, wollte es 1937 aber wegen der Stärke der nationalen Gegensätze etwa in der Ukraine zunächst gegen Sowjetrußland richten. Wie bei anderen polnischen Publizisten gehörte allerdings die Idee zu seiner Grundausstattung, daß hinter den deutschen Grenzen ein unterdrücktes Slawentum auf seine Befreiung durch polnische Herrschaft warte. Letztlich stellte Bocheński drei Grundsätze einer „polnischen Monroe-Doktrin" auf, eine Wortwahl, die zu den weitgespannten Absichten der polnischen Führung und ihrer intellektuellen Zuarbeiter paßte:

- kein Quadratmeter Boden der polnischen Republik nach den Verträgen von Versailles und Riga darf aufgegeben werden,
- die Republik Polen darf den Erhalt ihrer Integrität in keinem Falle der Hilfe eines ihrer Nachbarn verdanken,
- die Aufsaugung der kleinen Staaten und Völker durch die großen Imperialismen steht im Widerspruch zum Interesse der Republik.

Diese Grundsätze, die von Außenminister Beck in den Folgejahren nur teilweise befolgt wurden, brachten Polen zielsicher in einen politischen Gegensatz zu den beiden großen Nachbarstaaten. Die Weigerung, sich von Deutschland in irgendeiner Form die bestehenden Grenzen garantieren zu lassen und die polnische Beteiligung an der Zerschlagung der Tschechoslowakei, sowie die selbst betriebene Schwächung Litauens, ließen als Verbündete schließlich nur noch die Westmächte übrig. Formal umfaßte das im Frühjahr 1939 unterzeichnete englisch-französisch-polnische Bündnis-system auch die Lizenz für einen polnischen Angriffskrieg gegen Deutsch-land. Die Warschauer Regierung ließ der polnischen Presse in den Som-mermonaten freien Lauf, eine solche Offensive zu fordern. Allerdings stell-te sich bald nach Kriegsbeginn heraus, daß diese formalen Zusagen von den Westmächten nicht eingelöst wurden, jedenfalls nicht sofort. Polens Traum vom Ostimperium plus afrikanischem Kolonialbesitz starb deswe-gen aber keineswegs. Er ging in den wohlorganisierten Untergrund und lebte im Exil weiter. Daß es vielleicht nicht einfach werden würde, hatte Bocheński bereits vorhergesehen und so hob er zum Schluß hervor: „Wenn unsere Generation etwas wirklich Großes in der Geschichte der Republik vollbringen will, wenn unsere Generation nicht nur die von Piłsudski ge-leistete Wiederherstellung des 18. Jahrhunderts, sondern auch das 17. Jahr-hundert wiederherstellen will, so muß sie sehen, daß sie zu großen Er-gebnissen nur durch Opfer gelangen kann."

In dieser Forderung nach Offensive, Opfer und Größe lag das Hauptziel von Bocheńskis erfolgreicher Agitation. Es versteht sich leider in diesen Tagen offenbar von selbst, daß ein vom sächsischen Kultusministerium 2007 für Bildungszwecke herausgegebener Band mit dem Titel *Geschichte verstehen – Zukunft gestalten* und ergänzenden Unterrichtsmaterialien für Geschichte zu den deutsch-polnischen Beziehungen 1933–49 seitenweise aus „Zwischen Deutschland und Rußland" zitieren kann, ohne diesen Of-fensivgeist oder die angeblich „schönen Augen" des polnischen Vor-kriegsantisemitismus mit einem einzigen Wort zu erwähnen. Für die Er-kenntnis historischer Zusammenhänge scheinen manchmal alte Briefauf-kleber wichtiger zu sein als neue Lehrbücher.

„Eine bemerkenswerte agitatorische Initiative der Genossen"

Wie aus einem Massengrab ein deutsches Kriegsverbrechen wurde

von Hans-Joachim von Leesen

Es ist in Deutschland – jedenfalls bei an der Geschichte interessierten kritischen Menschen – zu einem fast schon banalen Allgemeingut geworden, daß der Sieger die Geschichte schreibt. Die überlegene Macht hat den Krieg erst dann wirklich gewonnen, wenn die Besiegten die vergangenen Ereignisse durch die Brille der Sieger sehen und sie im Sinne der Sieger beurteilen und deuten. Nach dem Zweiten Weltkrieg war eines der einschneidendsten Ereignisse, um die Deutungshoheit der Sieger zu zementieren, der „Prozeß gegen die Hauptkriegsverbrecher vor dem Internationalen Militärgerichtshof", allgemein bekannt als Nürnberger Prozeß, in dem die Siegermächte gegen die führenden Persönlichkeiten des unterlegenen Deutschland zu Gericht saßen und sie – zu einem erheblichen Teil aufgrund nachträglich von ihnen selbst konstruierten Gesetzen – verurteilten. Später wurde die gleiche Prozedur gegenüber der Führungsschicht des besiegten Japan angewendet. Daß es bei diesen Prozessen nicht darum ging, von einer höheren Warte aus die allgemeinen Gesetze der Menschlichkeit wieder in Kraft zu setzen, geht schon allein daraus hervor, daß kein einziges Kriegsverbrechen, kein Verbrechen gegen den Frieden oder gegen die Menschlichkeit geahndet wurde, für das einer der Siegerstaaten verantwortlich war. Ein weiterer Beleg für diese These ist darin zu sehen, daß es sich keineswegs um ein internationales Gericht gehandelt hat, obgleich es sich selbst irreführend so nannte und wie es auch heute noch häufig in Veröffentlichungen heißt. Wäre das der Fall gewesen, hätten beispielsweise auch Richter und Ankläger aus neutralen Staaten wie Schweden, der Schweiz, der Türkei, Spanien, Portugal und Afghanistan zum Gerichtshof gehören müssen. Es handelte sich um ein interalliiertes Gericht, also um ein Gericht der Sieger. Im übrigen haben die Urteilssprüche gegen die deutschen und japanischen politischen und militärischen Angeklagten keine weiteren Folgen im Verlauf der internationalen Rechtsgeschichte gehabt.

Wie die Siegermächte die Ereignisse des Krieges darstellten und deuteten, war nicht nur für die Siegerstaaten verbindlich, sondern auch für die besiegten Staaten. Wie die Deutschen, Italiener, Ungarn, Finnen und all die anderen, die auf deutscher Seite gekämpft hatten, die Zeitgeschichte zu deuten hatten, das wurde ihnen zunächst durch die von den alliierten Besatzungsmächten kontrollierten Zeitungen und Zeitschriften und über den Rundfunk vermittelt, wobei alle anderen Deutungen verboten wurden. Als dann die Militärregierungen die Zeitungen mit Hilfe eines Lizenzsystems in die Hände deutscher Verleger gab, wurden sie danach ausgesucht, ob sie die Linie der Alliierten weiterverfolgten. Die neuen Schulbücher, die allesamt durch die Filter der Besatzungsmächte gepreßt worden waren, wurden ebenfalls zu einem wirkungsvollen Instrument der Umdeutung der deutschen Geschichte. 1949 entstanden im Rahmen des Kalten Krieges aus den westlichen Besatzungszonen die Bundesrepublik Deutschland und östlich der Elbe aus der sowjetischen Besatzungszone die „Deutsche Demokratische Republik", die auch die Aufgabe hatten, ihre jeweilige Bevölkerung im Sinne der nun zum Gegner gewordenen anderen Siegermacht zu prägen, und dazu gehörte bevorzugt die Vermittlung der Geschichte aus der Sicht des jeweiligen Siegers. Das geschah mit Hilfe von sehr schnell etablierten Institutionen, die nun nicht mehr „Ministerium für Volksaufklärung und Propaganda" hießen, sondern sich Bezeichnungen gaben, wie sie in Demokratien – seien es Volksdemokratien, seien es parlamentarische Demokratien westlicher Provenienz – üblich waren (zum Beispiel „Presse- und Informationsamt der Bundesregierung", „Bundes- und Landeszentralen für politische Bildung", parteinahe Stiftungen und so weiter).

Allerdings wirkten sie in den ersten Jahrzehnten nach dem Kriege nur sehr begrenzt. Zum einen hatten die damaligen Deutschen selbst erlebt, was sich nun durch die Brillen der Besatzungsmächte ganz anders darstellte. Zudem war diese Propaganda oft grobschlächtig, wenn zum Beispiel Reichskanzler Adolf Hitler in Zeitungen als Geisteskranker dargestellt wurde, der in Teppiche biß und eine weltberühmte Filmregisseurin nackt vor sich tanzen ließ. Da bildeten sich die meisten Deutschen bald ein eigenes Urteil.

Das Instrumentarium der Umerziehung aber wurde verfeinert und zunehmend intensiver angewendet. Personen, die sich auch durch massive

Bemühungen von außen nicht von den eigenen, auf Werten beruhenden Erkenntnissen abbringen ließen, wurden aus einflußreichen Positionen entfernt und ersetzt durch solche, die sich eher nach den Wünschen der Siegermächte und der sich allmählich unter ihrem Einfluß entwickelnden öffentlichen Meinung richteten und sich – auch mit Rücksicht auf ihre Karriere – um Anerkennung von außen bemühten. (Nebenbei bemerkt: Der amerikanische Soziologe David Riesman hat diese beiden Menschentypen treffend als „innengeleitet" und „außengeleitet" definiert, wobei die außengeleiteten stets deutlich in der Überzahl sind.)

Nach der allgemeinen Betrachtung sei an einem Beispiel, dem sich dieser Beitrag im folgenden widmet, demonstriert, wie sich die mentale Herrschaft der Sieger auch heute noch bis in kleinste Details der deutschen Geschichte auswirkt.

Gingen die Sieger anfänglich davon aus, daß sie gemeinsam mittels eines in Berlin residierenden Alliierten Kontrollrats das besetzte Deutschland beherrschen wollten, wobei ein Konzept über das Ziel dieser Herrschaft jedoch fehlte, änderte sich diese Absicht mit dem Zerbrechen der unnatürlichen Koalition. Aus der sowjetischen Besatzungszone im ehemaligen Mitteldeutschland wurde die weiterhin von der Sowjetunion dominierte „Deutsche Demokratische Republik", während Briten, US-Amerikaner und Franzosen aus ihren westlichen Besatzungszonen die Bundesrepublik Deutschland formten. Beide Staatengebilde wurden in die gegeneinander gerichteten Militärblöcke eingegliedert. Unverändert aber blieben die Bestrebungen der Umerziehung der Deutschen und damit auch die Umdeutung der deutschen Geschichte.

Da die Siegerseite die Kollektiv- und Alleinschuld der Deutschen zementieren wollte – Schuld sowohl am Ausbruch des Krieges als auch an nahezu allen Kriegsverbrechen –, war es nicht in ihrem Sinne, daß von deutscher Seite auf alliierte Kriegsverbrechen hingewiesen werden konnte. So lange Militärregierungen herrschten und so lange die Bundesrepublik nur teilsouverän war, konnten solche Regungen der Deutschen, die nach dem Rechtsprinzip des *tu quoque** argumentierten, verhindert werden. Und so dauerte es auch länger als zehn Jahre seit Kriegsende, bis im Westen das erste Buch über den systematisch gegen die Zivilbevölkerung geführten und also völkerrechtswidrigen Luftkrieg der Briten und später auch der Amerikaner unter dem Titel *Das war der Bombenkrieg* von dem Feuerwehrfachmann Hans Rumpf erschien. Das gilt genauso für andere Kriegsverbrechen und Verbrechen gegen die Menschlichkeit, die auf das Konto der Besatzungsmächte gingen; über sie ist auch heute noch in vielen Fällen der Mantel des Schweigens gedeckt.

---

* *tu quoque* = Rechtsprinzip des „Auch du!"; gleiche Handlungen sind rechtlich mit gleichem Maß zu messen.

In der sowjetischen Besatzungszone und später in der „DDR" galt das gleiche für die Verbrechen der sowjetischen Sieger. Es sei erinnert an den organisierten Raub von Kunstwerken, Bibliotheken, kostbaren Museumsstücken, über den viele informiert waren, niemand aber sprechen durfte. Mit Schweigegebot belegt war auch die Tatsache, daß sowjetische und unter ihnen kämpfende polnische Militäreinheiten beim Einmarsch in Deutschland entsetzliche Greueltaten an der deutschen Zivilbevölkerung in riesigem Umfang begingen. Zwar lebten die Zeitzeugen noch zu Millionen, doch drohten ihnen drakonische Strafen, wenn sie ihr Schweigen brachen. Flüchtlinge und Vertriebene hießen nun offiziell „Umsiedler". Aus sowjetischen Soldaten, die Verbrechen unglaublichen Ausmaßes begangen hatten, wurden „Befreier" und „Freunde". In dem Gebiet der sowjetischen Besatzungszone, der späteren „DDR", wurden die Opfer des sowjetischen Einmarsches umgelogen zu Opfern der „deutschen Faschisten". Und kein Überlebender wagte zu widersprechen.

Nach der Wiedervereinigung wollte ein in West-Berlin lebender, aus dem östlichen Sachsen stammender Richter die Spur seines Vaters, der in den letzten Kriegswochen als Volkssturmmann als verschollen gemeldet worden war, aufnehmen. Er hat seine Erfahrungen niedergelegt in dem Buch *Kriegsverbrechen in Sachsen: Die vergessenen Toten von April/Mai 1945* (Leipziger Universitätsverlag 2005). Der Autor ist Dr. Theodor Seidel. Zwar gab es in der „DDR" Literatur über die kriegerischen Ereignisse im Gebiet von Ostsachsen, doch wurde darin behauptet, die vielen Toten, die man nach den Kampfhandlungen gefunden hatte, Männer, Frauen und Kinder sowie erschossene deutsche Kriegsgefangene, seien Opfer der „Faschisten" gewesen. Theodor Seidel, der, wie das Vorwort in seinem Buch ausweist, durchaus in den gängigen Vorstellungen befangen war – zum Beispiel hätten vor allem die Deutschen Kriegsverbrechen begangen –, mußte bei seinen Untersuchungen in dem Gebiet, in dem sein Vater vermutlich das Leben verloren hatte, bald feststellen, daß die Angaben über die Täter in den bisherigen Darstellungen den Tatsachen offenbar nicht entsprachen. Die noch vorhandenen Kirchenbücher jener Zeit, in die die Pfarrer die Toten in ihren Gemeinden mitsamt den Todesursachen getreulich vermerkt hatten, wiesen die wahren Täter aus und schilderten, unter welchen entsetzlichen Umständen die Frauen, Mädchen, alten Männer, aber auch gefangengenommene deutsche Soldaten von sowjetischen und polnischen Soldaten ums Leben gebracht worden waren. Berichte von Zeitzeugen, die er noch angetroffen hatte, bestätigten die Eintragungen.

Seidel erfaßte in seinem Buch alle von ihm besuchten Gemeinden und berichtete, was er in den Kirchenbüchern gefunden hatte. Aus den von Seiten der „DDR" den reichsdeutschen Streitkräften vorgeworfenen Greueltaten ragt die angebliche Erschießung von über einhundert sowjetischen und polnischen Gefangenen bei Uhyst/Spree (Kreis Hoyerswerda) hervor.

Die „DDR"-Unterlagen über diese Vorkommnisse sowie über das Massengrab, das die Opfer des angeblichen deutschen Kriegsverbrechens birgt, findet man jetzt im Bundesarchiv. Aus ihnen geht die aufschlußreiche Geschichte hervor, wie man deutsche Kriegsverbrechen erfindet.

Am 1. November 1962, der Kalte Krieg auch zwischen der „DDR" und der Bundesrepublik Deutschland war in vollem Gange, fertigte die Nationale Volksarmee/Institut für deutsche Militärgeschichte über das bei Uhyst gefundene Massengrab ein Gutachten an, in dem im damals für die „DDR" typischen Jargon die angeblichen Ereignisse in jenem Gebiet dargestellt wurden. Danach stießen im April 1945 angreifende sowjetisch-polnische Truppen auf „organisierten Widerstand" der „Hitler-Faschisten". Es soll sich um das Panzerkorps „Großdeutschland" gehandelt haben. Diese Soldaten seien jedoch „nicht mehr bereit (gewesen), gegen die Sowjets vorzugehen, woraufhin das Korpskommando gegen diese Soldaten rigorose Strafmaßnahmen verhängt" habe. In dem hin- und hergehenden Kampf geriet „eine gewisse Zahl polnischer und sowjetischer Gefangener … in die Hand der faschistischen Truppen. … Man muß annehmen, daß die bei Uhyst aufgefundenen ermordeten Soldaten aus den vorausgegangenen Gefechten stammten", so das Gutachten der NVA. Wie die zahlreichen aufgefundenen Überreste deutscher Soldaten zu erklären sind, darüber spekuliert das Gutachten: „Der Tatsache, daß in den Massengräbern auch deutsche Soldaten aufgefunden wurden, gebührt besondere Aufmerksamkeit. In erster Linie wird es sich dabei um Soldaten handeln, die versucht hatten, sich dem verbrecherischen Hitler-Krieg zu entziehen oder die nach erfolglosen Gegenangriffen wegen angeblicher Feigheit zum Tode verurteilt wurden." Die NVA-Verfasser ließen ihrer Phantasie freien Lauf, als sie schrieben, es solle doch „auf die Möglichkeit hingewiesen werden, daß in Uhyst neben ihren sowjetischen und polnischen Kampfgefährten auch Männer des ‚Nationalkomitees Freies Deutschland' als hervorragende Patrioten unserer deutschen Nation den faschistischen Mördern zum Opfer gefallen sind." Der „Mitarbeiter Ernst Stenzel" schloß sein überwiegend auf Vermutungen aufgebautes Gutachten mit der Beschwörung der „von der Soldateska der Nazi-Wehrmacht" begangenen, nunmehr aufgedeckten „Massenmorde".

Dieses Gutachten ist elf Jahre später offenbar in die Hände von polnischen Journalisten geraten. Am 4. August 1973 berichtete über das angebliche deutsche Kriegsverbrechen bei Uhyst an der Spree, begangen an polnischen Soldaten in der Sowjetarmee, die Zeitung *Za Wolnwsc i Lud*. Sogleich nahm sich der „Leitende Oberstaatsanwalt" in Düsseldorf der in dem Bericht genannten angeblichen Tatsachen an, konnte es sich doch um ein deutsches Kriegsverbrechen handeln. Er wandte sich an die „Zentralstelle für die Bearbeitung von nationalsozialistischen Verbrechen bei dem Generalstaatsanwalt der Deutschen Demokratischen Republik", zu Händen von Herrn Staatsanwalt Wieland, in Ost-Berlin. Der Düsseldorfer Oberstaatsanwalt wollte ein Ermittlungsverfahren wegen der Erschießung polnischer Kriegsgefangener durch deutsche Soldaten einleiten und bat den Ost-Berliner Kollegen um Unterlagen, die die Behauptungen der polnischen Journalisten bestätigen konnten. Seine Bemühungen, Beweise für die angeblichen deutschen Greueltaten durch Befragung von jetzt in der Bundesrepublik lebenden ehemaligen Bewohnern von Uhyst zu bekommen, hatten keinerlei verwertbare Ergebnisse gebracht.

Den jetzt im Bundesarchiv liegenden, seinerzeit internen „DDR"-Akten ist zu entnehmen, daß zum damaligen Zeitpunkt bei den zuständigen Stellen offenbar Ratlosigkeit ausbrach. Der „DDR"-Staatsanwalt Wieland wandte sich an die Nationale Volksarmee / Deutsches Militärarchiv Potsdam und bat um nähere Informationen, hatte doch die NVA das ausführliche Gutachten über das angeblich deutsche Kriegsverbrechen verfaßt. Die NVA antwortete dem Genossen Staatsanwalt: „Das Militärarchiv der DDR besitzt über das obige Auskunftsersuchen keine Quellen." Sie verweist auf das Kriegstagebuch des Oberkommandos der Wehrmacht, in dem von wechselvollen Kämpfen in jenem Gebiet berichtet wird, und fährt fort: „Durch diese wechselvollen Kämpfe können auch Angehörige der Roten Armee und der polnischen Armee in Gefangenschaft geraten sein, doch ist das nicht zu belegen."

In den amtlichen Papieren befinden sich noch interne Notizen und Aktenvermerke, die von zunehmender Verwirrung und Unsicherheit sprechen, weil offenbar niemand in der Lage war, auch nur den geringsten konkreten Hinweis auf das behauptete deutsche Kriegsverbrechen zu liefern. Schließlich blieb der NVA nichts anderes übrig, als am 3. Oktober 1975 in einer internen Mitteilung an den Stellvertreter des Generalstaatsanwalts der „DDR", Genossen Borchert, zu offenbaren, was es mit diesem Kriegsverbrechen auf sich hat. Die Aktennotiz beginnt mit dem Satz: „Dieser Vorgang ist sozusagen eine vom ehemaligen Cottbuser Bezirksstaatsanwalt Kieper stammende unangenehme Erbschaft", denn die Geschichte von dem deutschen Kriegsverbrechen ist einer früheren Dokumentation *Verjährung – niemals!* entnommen, die 1965 der Cottbuser Bezirksstaatsanwalt veröffentlicht hatte. Ihr wird bescheinigt, daß sie „eine bemerkenswerte agitatorische Initiative der Cottbuser Genossen darstellte, deren juristischer Wert allerdings recht begrenzt war". Allerdings, so fährt der Verfasser dieser Aktennotiz fort, „ist es unbedingt erforderlich, das BRD-Rechtshilfeersuchen zu beantworten. Schließlich handelt es sich um eine von der Staatsanwaltschaft der DDR veröffentlichte Dokumentation, deren Wahrheitsgehalt absolut außer Frage zu stehen hat".

Daraufhin mußte nun der „DDR"-Generalstaatsanwalt seinem Kollegen in Düsseldorf gegenüber einen Eiertanz aufführen. In seinem Brief vom 9. Oktober 1975 schrieb er: „Zur vorstehend erwähnten Angelegenheit sende ich Ihnen anliegend den Auszug »Die Mordtaten der faschistischen Feldgendarmerie in Uhyst, Kreis Hoyerswerda, und Wuischke, Kreis Bautzen« aus der in der Anlage Ihres Schreibens vom 20. 5. 1975 erwähnten Dokumentation, deren übriger Inhalt zum Gegenstand Ihres Ermittlungsverfahrens in keinerlei Beziehung steht, so daß ich von der Übersendung der gesamten Dokumentation Abstand genommen habe... Ich betrachte damit Ihr Rechtshilfeersuchen als abschließend beantwortet. Mit vorzüglicher Hochachtung – im Auftrage Wieland, Staatsanwalt".

Wie die deutschen, polnischen und sowjetischen Soldaten, deren Gebeine in Massengräbern bei Uhyst und so weiter gefunden wurden, zu Tode gekommen sind, ist bis heute nicht geklärt. Es kann sich um die eilig beerdigten Gefallenen der Kämpfe in jener Gegend handeln. Aber aus der Existenz eines Massengrabes ein deutsches Kriegsverbrechen herzuleiten, war nichts als Agitation, in deren Folge ein weiteres deutsches Verbrechen in die Geschichte eingegangen wäre, wenn nicht ein Privatmann auf der Suche nach der Grabstätte seines Vaters auf die Akten der „DDR"-Staatsanwaltschaft gestoßen wäre. Eigentlich wäre ein solches Vorgehen Sache staatlicher deutscher Stellen der Bundesrepublik Deutschland, die sich jedoch – im Gegensatz zu allen Regierungen der Weimarer Republik – nicht veranlaßt sehen, Vorwürfe gegen die deutsche Seite kritisch zu prüfen, um sie gegebenenfalls zurückzuweisen.

Die Legende vom friedlichen Weg zum Sozialismus

von Prof. Dr. Klaus Motschmann

Die öffentliche Meinung in Deutschland wird seit der sogenannten Wende von 1989 in zunehmendem Maße von dem Irrglauben bestimmt, daß mit den realsozialistischen Herrschaftssystemen auch die marxistische Herrschaftsideologie zusammengebrochen sei. Sieht man einmal von einer relativ kurzen Phase der Irritationen in den sozialistischen Parteien und ihrer linksintellektuellen Gefolgschaft ab, so kann davon überhaupt keine Rede sein. Auf allen Ebenen des politischen und gesellschaftlichen Lebens hat sich eine Wiedergeburt des marxistischen Sozialismus vollzogen, die man nach dem treuherzigen Eingeständnis dieser Kreise nicht für möglich gehalten hätte; erst recht nicht die breite Masse unseres Volkes.

Die Wahlerfolge der zur „Linken" mutierten SED/PDS; die weitgehende Behauptung der im Laufe des „Langen Marsches" durch die Institutionen eroberten „Kommandohöhen" in unserer Mediokratie; die Schüsselpositionen in Gesellschaft und Politik sowie die Großdemonstrationen zu Gedenktagen führender Sozialisten (zum Beispiel am 15. Januar, dem Todestag Rosa Luxemburgs) liefern die stets aktuellen Beweise. Erich Honeckers vielbelächelte Erinnerung an das Bebel-Wort: „Den Sozialismus in seinem Lauf halten weder Ochs noch Esel auf!" wenige Wochen vor dem Zusammenbruch der „DDR" scheint sich doch zu bewahrheiten.

Die Legende von der vermeintlichen „Entartung" des Sozialismus

Eine maßgebliche Rolle zur Erklärung dieser Entwicklung spielt die Legende von der „Entartung" des Sozialismus. Es besteht bislang kein Einvernehmen darüber, wer für diese Entwicklung verantwortlich sein soll: Lenin oder Stalin, die Kominternpolitik der zwanziger Jahre, die antifaschistische Volksfront in den dreißiger Jahren und nach dem Zweiten Weltkrieg oder die Politik der „DDR"-Führung. Dagegen besteht weitgehende Übereinstimmung, daß Karl Marx und Friedrich Engels, Rosa Luxemburg und Karl Liebknecht auf gar keinen Fall zu den Urhebern einer vermeintlichen „Entartung" gezählt werden dürfen. Ihr Ziel war es angeblich, „alle Verhältnisse umzuwerfen, in denen der Mensch ein erniedrigtes, ein geknechtetes, ein verlassenes, ein verächtliches Wesen ist"[1].

Wer möchte sich dieser Erfüllung eines „Menschheitstraumes" grundsätzlich widersetzen? Wer es dennoch tut, setzt sich bis heute sehr schnell dem Verdacht aus, ein Feind humanistischer Ideale zu sein – mit allen sich daraus ergebenden Konsequenzen.

Dabei wird übersehen, aber so ist es, wenn man sich in der Traumwelt der „philosophischen Phantasie"[2] bewegt, daß eine zuverlässige Diagnose noch keine Garantie für eine erfolgreiche Therapie ist – es sei denn, man empfiehlt die Guillotine ernsthaft als ein zuverlässiges und todsicheres Therapeutikum gegen Kopfschmerzen. Bereits Karl Marx und Friedrich Engels haben zeit ihres Lebens die politisch verhängnisvolle Neigung der deutschen Linksintelligenz, also ihrer Parteigänger und Sympathisanten, beklagt, „dem Sozialismus eine höhere, ideale Wendung zu geben"[3]. Sie haben dazu – unter Berufung auf Heinrich Heine – festgestellt, daß sie „Drachenzähne gesät und Flöhe geerntet haben"[4].

Marx und Engels zur tatsächlichen Entartung des Sozialismus

Diese sogenannten utopischen Sozialisten „verwerfen alle politische, namentlich alle revolutionäre Aktion. Sie wollen ihr Ziel auf friedlichem Wege erreichen und versuchen, durch kleine, natürlich fehlgeschlagene Experimente, durch die Macht des Beispiels, dem neuen gesellschaftlichem Evangelium Bahn zu brechen"[5]. Sie haben, um eine Kernaussage des Marxismus zu zitieren, „die Welt nur verschieden interpretiert – es kommt aber darauf an, sie zu verändern".[6] Lenin, einer der legitimen Vollstrecker der sozialistischen Ideologie, hat diese Einschätzung der „Nachkläffer" des Marxismus bestätigt: „Sie alle nennen sich Marxisten, fassen aber den Marxismus unglaublich pedantisch auf. Das Entscheidende im Marxismus haben sie absolut nicht begriffen: nämlich seine revolutionäre Dialektik. Sogar die direkten Hinweise von Marx meiden sie und gehen um sie herum wie die Katze um den heißen Brei"[7]. Wenn in der Auseinandersetzung mit dem Sozialismus von Entartungen die Rede ist, dann sollten diese von den Klassikern des Sozialismus beklagten Entwicklungen endlich zur Kenntnis genommen werden.

Die Geschichte lehrt, so Marx und Engels, daß es keine friedlichen Lösungen sozialer Probleme gibt. Friedrich Engels kommt am Ende seiner umfangreichen Untersuchung zur *Lage der arbeitenden Klasse in England* (1845) – eine der ersten umfangreichen Arbeiten des wissenschaftlichen Sozialismus – zu dem Schluß, daß es zu spät für friedliche Lösungen sei. „Ein kleiner Anstoß wird bald hinreichen, um die Lawine in Bewegung zu setzen. Dann wird der Schlachtruf durch das Land schallen: ‚Krieg den Palästen, Friede den Hütten!' Dann wird es aber zu spät sein, als daß sich die Reichen noch in acht nehmen könnten."[8]

Mit der gleichen Entschiedenheit, mit der Marx und Engels immer und immer wieder betont haben, daß es für Kommunisten keine friedlichen Lösungen politischer und sozialer Probleme geben kann, haben sie zur Vermeidung von Fehldeutungen offen erklärt – und zwar im *Kommunistischen Manifest,* nicht gerade eine unbedeutende Belegstelle –, „daß ihre Zwecke nur erreicht werden durch den gewaltsamen Umsturz aller bisherigen Gesellschaftsordnung. Mögen die herrschenden Klassen vor einer kommunistischen Revolution zittern"[9]. Der Lauf der Geschichte werde nun einmal allein durch „zwei entscheidende Mächte bestimmt: die organisierte Staatsgewalt, die Armee und die unorganisierte, elementare Gewalt der Volksmassen"[10].

Ablehnung des Parlamentarismus

Der Parlamentarismus gehört demnach nicht zu den entscheidenden Mächten in der Politik. Marx und Engels haben diese Feststellung immer wieder mit dem Versagen der Frankfurter Paulskirchenversammlung von 1848/49 begründet, für sie eine „carbonaristische Räuberhöhle"[11]. Die in ihr versammelten „Nationalgimpel und Geldmacher"[12] hatten keinen Sinn für die politischen Notwendigkeiten dieser Zeit. „Während die Professoren die Theorie der Geschichte machten, ging die Geschichte ihren stürmischen Lauf und kümmerte sich wenig um die Geschichte der Herren Professoren"[13]. Konkret hieß das, daß der Lauf der Geschichte fortan wegen des schmählichen Versagens der Paulskirche von der „organisierten Staatsgewalt Preußens" bestimmt wurde. Marx und Engels haben diese Politik Bismarcks ausdrücklich gewürdigt – bis zur Reichsgründung 1871.[14]

Aus der harten Kritik am Parlamentarismus sollte aber nicht der Schluß gezogen werden, daß die Kommunisten nicht unter bestimmten Voraussetzungen, aus rein taktischen Gründen, zeitweilig zur „Mitarbeit" im Parlament bereit sind, sofern sie sich dabei ein „möglichst klares Bewußtsein über den feindlichen Gegensatz von Bourgeoisie und Proletariat"[15] bewahren und das politische Endziel – „die Diktatur des Proletariats" – im

Auge behalten. Entsprechendes gilt für die Zusammenarbeit mit revolutionären Bewegungen, mit denen die Kommunisten theoretisch nicht unbedingt übereinstimmen müssen.

„Die Kommunisten unterstützen überall jede revolutionäre Bewegung gegen die bestehenden gesellschaftlichen und politischen Zustände."[16] Dabei ist nicht nur an bestimmte sozialistische Gruppen zu denken, sondern auch an „progressive Kräfte" der Bourgeoisie, „die in der Geschichte eine höchst revolutionäre Rolle gespielt hat. ... Sie hat alle feudalen, patriarchalischen, idyllischen Verhältnisse zerstört"[17] und damit entscheidende Voraussetzungen für eine sozialistische Revolution geschaffen. In mustergültiger Klarheit zu diesem nur scheinbaren Widerspruch im Verhältnis zur Bourgeoisie hat sich Friedrich Engels bereits 1847 geäußert: „Wir sind keine Freunde der Bourgeoisie. Das ist bekannt. Aber wir gönnen ihr ihren Triumph. ... Kämpft also nur mutig fort, ihren gnädigen Herren vom Kapital! Wir haben euch vorderhand nötig, wir haben sogar hie und da eure Herrschaft nötig. Ihr müßt uns die Reste des Mittelalters und die absolute Monarchie aus dem Wege schaffen. Ihr sollt Gesetze diktieren, ihr sollt euch sonnen im Glanz der von euch geschaffenen Majestät, ihr sollt euch bankettieren im königlichen Saal und die schöne Königstochter freien, aber vergeßt nicht: ‚Der Henker steht vor der Tür.'"[18]

Die Eindeutigkeit dieser Aussagen läßt nur wenig Spielraum für relativierende Interpretationen. Dennoch wird seit jeher viel darüber diskutiert, insbesondere im Hinblick auf den vermeintlichen Humanismus des Marxismus, ob und wieweit diese Äußerungen zur Rolle der Gewalt in der Durchsetzung sozialistischer Politik wörtlich genommen werden dürfen – oder ob sie nicht „parabolisch" verstanden werden müßten. Darüber ließe sich lange und trefflich streiten. Für diesen Zusammenhang soll nur daran erinnert werden, daß Marx und Engels in ihren späteren Schriften keinerlei Zweifel daran gelassen haben, wie sie verstanden werden sollten. Man ist also keineswegs auf Mutmaßungen angewiesen!

Die Pariser Kommune als Vorbild

Aus der Fülle von Belegen für das marxistische Revolutions- und Staatsverständnis sei auf die Schriften des Dioskuren des Sozialismus zur Pariser Kommune 1871 verwiesen, die sich im Laufe der Belagerung von Paris durch deutsche Truppen während des Deutsch-Französischen Krieges (1870/71) gebildet hatte.*

---

* Die Pariser Kommune wurde am 18. März 1871 gebildet, ihre Mitglieder nannten sich *communards* (Kommunarden). Die Kommunarden verstanden sich – unterstützt durch den Sieg sozialistischer und kommunistischer Politiker bei den Pariser Gemeinderatswahlen vom 26. März – de facto als ein Kriegsgremium, das die in Versailles reside-

Marx und Engels haben diese Entwicklung zunächst sehr zurückhaltend beurteilt, denn sie entsprach nicht den Vorstellungen vom gesetzmäßigen Verlauf der Geschichte. Insbesondere hatte das Proletariat in Paris noch nicht den für eine erfolgreiche Revolution erforderlichen „Reifegrad" erreicht. Von einer „sozialistischen" Revolution kann deshalb keine Rede sein, sehr wohl aber davon, daß sich das französische Volk bewußt geworden war, doch noch die Revolution von 1789 zu vollenden.[19] Dazu zählten vor allem folgende Maßnahmen:
- Auflösung des stehenden Heeres und Bildung eines Volksheeres,
- Wählbarkeit und Absetzbarkeit aller Bediensteten und damit Abschaffung des Berufsbeamtentums und der Unabhängigkeit der Justiz,
- Einführung des sogenannten Imperativen Mandats für alle Volksvertreter und damit Abschaffung eines Grundprinzips der repräsentativen Demokratie,
- Abschaffung der Pressefreiheit und der Privattheater und damit Kontrolle der öffentlichen Meinung,
- Verbannung der Religion „in die Stille des Privatlebens" und damit Abschaffung des Religionsunterrichtes und aller kirchlichen Privilegien,
- Anwendung von Terror gegen alle sogenannten konterrevolutionären Kräfte, die sich den Maßnahmen dieser „Neuordnung" widersetzten.

Obwohl sich diese Maßnahmen wegen der kurzen Dauer des Bestandes der Kommune von nur zwei Monaten nicht voll entfalten konnten, deuteten sich für Marx und Engels sowohl der wesentliche Unterschied zu allen bisherigen Revolutionen als auch die Konturen der angestrebten sozialistischen Neuordnung der Gesellschaft an. Die Kommune war demnach „keine Revolution gegen diese oder jene – legitimistische, konstitutionelle, republikanische oder kaiserliche – Form der Staatsmacht. Sie war eine Revolution gegen den Staat selbst, gegen diese übernatürliche Fehlgeburt der Gesellschaft"[20]. Bislang haben Revolutionen die „Staatsmaschinerie" immer nur weiter vervollkommnet; es kommt aber nach einem Kernsatz des Marxismus darauf an, sie zu zerbrechen.[21] Dieser Prozeß vollzieht sich nach allen Erfahrungen der Geschichte aber nicht friedlich. Er kann nur nach einer Periode der „revolutionären Umwandlung" der kapitalistischen in die kommunistische Gesellschaft vollzogen werden. Dem entspricht auch eine „politische Übergangsperiode, deren Staat nichts anderes sein kann als die revolutionäre Diktatur des Proletariats"[22].

---

rende französische Regierung mit Waffengewalt stürzen wollte. Anfang April kam es in Paris zu gewalttätigen Auseinandersetzungen zwischen Kommunarden und der Nationalgarde, die in den Straßen- und Barrikadenkämpfen der „Blutigen Maiwoche" (21.–28. Mai 1871) gipfelten. Der Aufstand forderte – die anschließenden Exekutionen inbegriffen – etwa 30.000 Todesopfer. Die Pariser Kommune bestand bis zum 28. Mai und galt weiteren Räteregimes (frz. *commune*, „Rat") als Vorbild.

Notwendigkeit politischen Terrors

Dazu gehört als wesentliche Voraussetzung einerseits die „strengste, diktatorische Zentralisation"[23] der revolutionären Gewalt, andererseits die entschlossene und schonungslose Anwendung des revolutionären Terrors gegen die bislang herrschenden Klassen und Institutionen.

Die naheliegende Frage lautet: Wie lange dauert die Übergangsperiode? Die Antwort lautet: bis zur Sicherung der Herrschaft des revolutionären Proletariats durch die Vernichtung aller konterrevolutionären Kräfte. Das kann, wie die Geschichte lehrt, mehrere Jahrzehnte dauern.

Marx und Engels haben den Terror der Kommune, dem zirka 450 Bürger aus Paris als unschuldige Geiseln zum Opfer fielen, nicht nur gerechtfertigt, sondern beide haben ausdrücklich bedauert, daß er nicht energisch und umfassend genug praktiziert worden sei, um die errungene Macht zu behaupten.

Trotz dieses schweren Fehlers, der bei künftigen Revolutionen beachtet werden sollte (und auch tatsächlich beachtet wurde, zum Beispiel von Lenin), wurde und wird die Pariser Kommune überschwenglich gefeiert. In einer Adresse des Generalrates der 1864 gegründeten Internationalen Arbeiter-Assoziation (auch: Erste Internationale) vom 30. Mai 1871 anläßlich des Zusammenbruchs der Kommune lauten die Schlußsätze: „Das Paris der Arbeiter mit seiner Kommune wird ewig gefeiert als der ruhmvolle Vorbote einer neuen Gesellschaft. Seine Märtyrer sind eingeschreint in dem großen Herzen der Arbeiterklasse. Seine Vertilger hat die Geschichte schon jetzt an jenen Schandpfahl genagelt, von dem zu erlösen alle Gebete ihrer Pfaffen unmächtig sind."[24] Ganz in diesem Sinne hatte August Bebel (SDAP) bereits wenige Tage zuvor im Reichstag verkündet, „daß der Kampf in Paris nur ein kleines Vorpostengefecht ist, daß die Hauptsache in Europa uns noch bevorsteht und daß, ehe wenige Jahrzehnte vergehen, der Schlachtruf des Pariser Proletariats ‚Krieg den Palästen, Friede den Hütten, Tod der Not und dem Müßiggang!' der Schlachtruf des gesamten europäischen Proletariats werden wird."[25]

Damit wurde unmißverständlich und eindeutig ein Ziel kommunistischer Politik markiert – gemäß der Devise des *Kommunistischen Manifests*: „Die Kommunisten verschmähen es, ihre Ansichten und Absichten zu verheimlichen."[26]

Es handelt sich bei diesen Erklärungen also nicht um eine spontane Reaktion auf die blutige Niederwerfung der Pariser Kommune im Mai 1871, die zirka 30.000 Menschen das Leben kostete, sondern um eine Demonstration der Entschlossenheit, das Vermächtnis der Kommune zu erfüllen und dabei die Lehren der Kommune zu berücksichtigen. Dazu gehörte, wie bereits erwähnt, die Entschlossenheit zur Gewaltanwendung und die klare Fixierung auf die „endlich entdeckte politische Form"[27] der Befreiung der Arbeiterklasse.

Diese notwendige Entschlossenheit bestand in der deutschen Arbeiterbewegung aber nicht – weder im Hinblick auf das Ziel der Errichtung der Diktatur des Proletariat noch im Hinblick auf den Weg zu diesem Ziel.

Offenkundig wurde dieser Dissens an der scharfen Kritik, die Karl Marx 1875 anläßlich der Vereinigung des Allgemeinen Deutschen Arbeitervereins (Lassalleaner) mit der Sozialdemokratischen Arbeiterpartei (Eisenacher) zur Sozialistischen Arbeiterpartei Deutschlands an dem Programm dieser neuen Partei übte. Es war „trotz allen demokratischen Geklingels durch und durch vom Untertanenglauben der ‚Lassalleschen Sekte' an den Staat verpestet oder, was nicht besser, vom demokratischen Wunderglauben"[28]. Dazu gehörten ganz allgemein eine grobe Mißachtung der Lehren der Pariser Kommune; im besonderen, daß der Staat „doch nur eine vorübergehende Einrichtung ist, deren man sich im Kampf, in der Revolution bedient, um seine Gegner gewaltsam niederzuhalten. ... Solange das Proletariat (nach einer Revolution, Karl Marx) den Staat noch gebraucht, gebraucht es ihn nicht im Interesse der Freiheit, sondern der Niederhaltung seiner Gegner"[29].

Kampf dem Revisionismus und Opportunismus

Obwohl die Kritik von Marx und Engels keinen Niederschlag im Gothaer Programm gefunden hat, weil die Mehrheit der Delegierten der „Lassalleschen Sekte" angehörte, ist es den beiden dank einer beharrlichen innerparteilichen Auseinandersetzung gelungen, die Strategie und Taktik der Parteiarbeit an der marxistischen Generallinie zu orientieren und den sich ausbreitenden Revisionismus zurückzudrängen. Das Ergebnis dieser zielstrebigen Kaderarbeit dokumentieren Verlauf und Ergebnisse des Dresdner Parteitages der SPD von 1903, in dessen Mittelpunkt der Kampf gegen den Revisionismus stand. Das Hauptreferat, das August Bebel hielt, gipfelte in dem programmatischen Bekenntnis: „Solange ich atmen und schreiben und sprechen kann, soll es nicht anders werden. Ich will der Todfeind dieser bürgerlichen Gesellschaft und dieser Staatsordnung bleiben, um sie in ihren Existenzbedingungen zu untergraben, und sie, wenn ich kann, zu beseitigen."[30]

Die Resolution zur Verurteilung des Revisionismus und zum Bekenntnis des unversöhnlichen Klassenkampfes wurde mit 288 : 11 angenommen.

Dieser Klassenkampf muß allerdings nicht unbedingt und in jedem Falle auf der „Barrikade" ausgefochten werden wie 1871 in Paris. Es muß nur die Bereitschaft dazu vorhanden sein. Friedrich Engels hat bereits gegen Ende seines Lebens angesichts der veränderten gesellschaftlichen und politischen Verhältnisse in Deutschland aus rein taktischen Gründen auch einen „friedlichen" Weg für möglich gehalten, sofern er nur an das Ziel der Errichtung einer sozialistischen Gesellschaft heranführt. Das kann auf dem Wege der gewaltsamen „Zerschlagung" geschehen, aber auch auf dem Wege einer kaum spürbaren, allmählichen „Zersetzung", des „Untergrabens", wie Bebel sich ausdrückte. Dabei sollte allerdings von allen Sozialisten eine sehr einprägsame „Faustregel" beachtet werden, an die Friedrich Engels August Bebel erinnert hat: „Man kann die eiserne Faust im samtenen Handschuh fühlen lassen, aber man muß sie fühlen lassen."[31]

Lenin und Stalin, Luxemburg und Liebknecht, Thälmann und Ulbricht, KPD, SED und DKP haben diese „Faustregel" im Sinne kommunistischer Doppelstrategie immer wieder erfolgreich beachtet, nicht nur gegenüber ihren Feinden, sondern auch gegenüber ihren zeitweiligen Bundesgenossen, Koalitionspartnern und intellektuellen, bürgerlichen Sympathisanten.

Wann werden diese die Faust im Samthandschuh endlich spüren? Nach den reichen Erfahrungen der Geschichte des Kommunismus erst dann, wenn sie erbarmungslos zuschlägt.

Anmerkungen

[1] Karl Marx. „Zur Kritik der Hegelschen Rechtsphilosophie." [1844] In: Karl Marx u. Friedrich Engels. *Werke.* hg. vom Institut für Marxismus-Leninismus beim ZK der SED. 39 Bde. Ost-Berlin: 1956 ff. (fortan: *MEW*).

[2] Karl Marx/Friedrich Engels. „Manifest der kommunistischen Partei." [1848] In: *MEW*, Bd. 4, S. 486.

[3] Karl Marx an Friedrich Adolph Sorge am 19. Oktober 1877. In: *MEW*, Bd. 34, S. 303.

[4] Karl Marx u. Friedrich Engels. „Die deutsche Ideologie." [1846] In: *MEW*, Bd. 3, S. 398.

[5] Vgl. ebd., Anm. 2.

[6] Karl Marx. „Thesen über Feuerbach." [1847] In: *MEW*, Bd. 3, S. 535.

[7] Wladimir Iljitsch Lenin. *Werke.* hg. vom Institut für Marxismus-Leninismus beim ZK der SED. 40 Bde. dt. Übersetzung d. 4. russ. Ausg. Ost-Berlin: 1956 ff. – Hier: Bd. 33, S. 462.

[8] Friedrich Engels. „Die Lage der arbeitenden Klasse in England." [1845] In: *MEW*, Bd. 2, S. 506.

[9] Vgl. ebd., S. 493, Anm. 2.

[10] Friedrich Engels. „Die Rolle der Gewalt in der Geschichte." [1888] In: *MEW*, 21/431.

[11] Friedrich Engels. „Der preußische Fußtritt für die Frankfurter." [1849] In: *MEW*, 6/459.

[12] Friedrich Engels in: *Neue Rheinische Zeitung* vom 29. April 1849. In: *MEW*, Bd. 6, S. 448.

[13] Karl Marx in: *Neue Rheinische Zeitung* vom 23. November 1848. In: *MEW*, Bd. 6, S. 43.

[14] Vgl. dazu ausführlich: Klaus Motschmann. *Sozialismus und Nation: Wie deutsch ist die „DDR"?* München: Langen-Müller-Herbig, 1979. bes. S. 75 ff.

[15] Vgl. ebd., S. 493, Anm. 2.

[16] Ebd.

[17] Ebd., S. 464.

[18] Friedrich Engels. „Die Bewegungen von 1847." [1848] In: *MEW*, Bd. 4, S. 503.

[19] Karl Marx, Erster Entwurf zu: „Bürgerkrieg in Frankreich." [1871] In: *MEW*, Bd. 17, S. 582.

[20] Ebd., S. 541.

[21] Karl Marx. „Der achtzehnte Brumaire des Louis Bonaparte 1852." In: *MEW*, Bd. 8, S. 197.

[22] Karl Marx. „Kritik des Gothaer Programms." [1875] In: *MEW*, Bd. 19, S. 28.

[23] Friedrich Engels, Einleitung zu: „Der Bürgerkrieg in Frankreich." [1891] In: *MEW*, Bd. 17, S. 623.

[24] Karl Marx. „Der Bürgerkrieg in Frankreich: Adresse des Generalrates der Internationalen Arbeiter-Assoziation." [1871] In: *MEW*, Bd. 17, S. 358.

[25] Übernommen aus: *Sachwörterbuch der Geschichte Deutschlands und der deutschen Arbeiterbewegung.* Bd. 2: *L–Z.* hg. v. e. Autorenkollektiv. Ost-Berlin: Dietz, 1970. S. 249.

[26] Vgl. S. 493, Anm. 2.

[27] Vgl. ebd., S. 342, Anm. 24.

[28] Vgl. ebd., S. 31, Anm. 22.

[29] Friedrich Engels an August Bebel am 18./28. März 1875. In: *MEW*, Bd. 34, S. 129.

[30] *Geschichte der deutschen Arbeiterbewegung: Chronik.* hg. vom Institut für Marxismus-Leninismus beim ZK der SED. Bd 1. Ost-Berlin: Dietz, 1965. S. 211.

[31] Friedrich Engels an August Bebel am 18. November 1884. In: *MEW*, Bd. 36, S. 241.

Im Fluß der verlorenen Zeiten

Das Schicksal des Deutschtums im Donauraum

von Dr. Tomislav Sunic

Heutzutage sind Opfer nicht gleich Opfer. Es hat sich vielmehr eine Hierarchie der Opfer herausgebildet; die einen müssen Vorrang vor den anderen haben. Und es ist keineswegs Zufall, daß in der heutigen Zeit jeder europäische Historiker verpflichtet ist, die Opfer der außereuropäischen Völker ausgiebig zu studieren und öffentlichkeitswirksam zu thematisieren. Ein ebensolches Ritual ist es geworden, die Opfer des eigenen Volkes ausblenden zu müssen, um ein einträgliches, akademisches Amt bekleiden zu dürfen. Keinesfalls aber – so scheint es – kann man in dieser Hinsicht den Bogen überspannen. Die auf alle Zeiten festgeschriebene Schuld des deutschen Volkes und Bußhaltung aller Europäer den Nichteuropäern gegenüber ist ein sakrosanktes Topos moderner politischer Philosophie geworden. Das macht stutzen – denn einerseits wird man geradezu erschlagen von den Tiraden über antikoloniale, antifaschistische und antieuropäische Opfer, andererseits aber werden die gigantischen Verbrechen der Kommunisten und ihrer Schergen an den Völkern Europas gar nicht thematisiert. Wer gedenkt heute der Opfer des Kommunismus, die sich tunlichst als solche nicht profilieren sollen? Wer erinnert sich denn heute noch etwa an das Leid der Donaudeutschen und die Topographie ihres Todes? Wenn Opfer es verdienen, aufgrund des immensen Leides, das sie erfahren mußten, in den Blickpunkt der Öffentlichkeit gerückt zu werden, dann gehören zu ihnen zweifellos jene Millionen und Abermillionen Deutsche, die während des Zweiten Weltkrieges und nach 1945 in Osteuropa lebten.

Deutschland, dieses Land, das mit der Gründung als eine geeinigte Nation den anderen europäischen Nationen hinterherhinkte, verschiebt seit Jahrhunderten stets aufs neue seine politischen Grenzen. Die heutigen Grenzen der Bundesrepublik Deutschland entsprechen in keiner Weise den kulturellen und Volkstumsgrenzen der Deutschen.

Seit der Reichsgründung 1871 ändern sich durchschnittlich alle vierzig Jahre die Grenzen Kerndeutschlands massiv. Und je enger sich die Grenzen Deutschlands zusammenziehen, desto mehr „Volksdeutsche" gibt es außerhalb dieser Grenzen. Und innerhalb dieser Grenzen wird es zukünftig, wenn der demographische Niedergang sich fortsetzt, nur noch vereinzelte Grüppchen Volksdeutscher geben – diejenigen nicht eingeschlossen, die zwar einen deutschen Paß, aber auch einen sogenannten „Migrationshintergrund" aufweisen.

Einhergehend mit dem Zuzug solcher Ausländer in Millionenzahl, die der deutschen und europäischen Tradition fremd gegenüberstehen, wird es darauf hinauslaufen, daß die wenigen Volksdeutschen in ihrem eigenen Land eine Ghettoisierung erleiden werden.

Wie einst ihre Vorfahren aus Ost- und Mitteleuropa werden auch sie zerstreut in kleinen Enklaven in ständige Konflikte mit nichtdeutschen Völkerschaften verwickelt sein. Jede abstrakte Vielvölkerstaatsromantik mündet in der Wirklichkeit früher oder später in große Katastrophen, wie es etwa der Zusammenbruch des ehemaligen „multikulturellen" Jugoslawien und der Sowjetunion deutlich zeigt.

Nach dem Dreißigjährigen Krieg und den nachfolgenden Katastrophen, deren Urheber die Franzosen und die Türken waren, mußten viele deutschsprachige Bauern und Bürger aus dem verwüsteten Bayern, Hessen und Sachsen des Heiligen Römischen Reiches Deutscher Nation anderswo seßhaft werden, um überleben zu können.

In diesem Heiligen Römischen Reich des 17. Jahrhunderts – wie auch in der späteren supranationalen k.u.k. „Vielvölker"-Monarchie – galten die deutschen Neuankömmlinge aus dem Norden keineswegs als „Volksdeutsche": Sie waren, ungeachtet ihrer Volkszugehörigkeit, Bürger – wie alle anderen Ansässigen auch – und in der Minderheit. Erst Jahrhunderte später, als die jungen osteuropäischen Staaten die autochthone deutsche Bevölkerung als zweitrangige Bürger diskriminierten, wurden sie als „volksdeutsch" bezeichnet und zugleich stigmatisiert. Viele dieser diskriminierten Mitbürger siedelten jedoch schon weit länger als die neuen Machthaber in diesen ehemaligen Reichsgebieten, die sich von Krain (Kranj) im heutigen Slowenien über Siebenbürgen bis zur Küste des Schwarzen Meeres ausdehnten. Nach der Katastrophe des Jahres 1945 und der darauffolgenden Neustrukturierung Europas wurden dann mehr als zwölf Millionen Deutsche aus den neuen kommunistischen Staaten Ost- und Mitteleuropas vertrieben. Wie die Geschichte lehrt, geht die Machtübernahme einer neuen politischen Elite häufig mit ethnischen Säuberungen oder großangelegten Vertreibungen einher. Die Gebiete im Donauraum, die einst dicht von Deutschen besiedelt waren, sind heute Regionen verschiedener Staaten mit ganz anderen Völkerschaften und einer Geschichtsschreibung, die das deutsche Urelement verschweigt.

Wenden wir uns dieser alten Zeit einmal zu: Schon um die Jahrtausendwende siedelten deutsche Bauern in den Donaugebieten,[1] und eine Wanderbewegung hob an, die, sich zeitlich in mehreren Etappen vollziehend, über das 17. Jahrhundert unter Kaiser Leopold und über das 18. Jahrhundert Kaiserin Maria Theresias hinweg bis weit in das 19. Jahrhundert unter Kaiser Joseph und Kaiser Karl andauern sollte.

Derweil bedrohte die Türkengefahr unheilvoll das Abendland, das als Ganzes um seine Existenz kämpfen mußte – die Türkenfront war in das Reichsgebiet eingebrochen. Nach der Vernichtung des ungarischen und kroatischen Heeres bei Mohacz im Jahre 1526 und der ersten – wenngleich vergeblichen – Belagerung Wiens 1529 durch die Türken entschied sich das Reich für die Bildung einer „Festung Europa" beziehungsweise für den Schutz der europäischen Grenze durch bewaffnete Soldaten – ein Antemuralis christianitatis. Diese Schutzgrenze dehnte sich von der kroatischen Adriaküste (Senj) bis nach Siebenbürgen im heutigen Rumänien aus und hatte damit eine Gesamtlänge von mehr als eintausend Kilometern. Die Aufgabe war, die abendländische Kultur vor den Türken zu schützen.

Schon bald wurde das Donaugebiet zur Kornkammer Südosteuropas. Während der Kriege mit den Türken war es unbedingt notwendig, Kampfhandlungen oder Unruhen von dieser Region fernzuhalten. Deshalb entschied man sich in der Reichshauptstadt Wien, diejenigen, die Haus und Hof im Zuge der kriegerischen Auseinandersetzungen verloren hatten, als Schützer und Behüter der Grenze in dem Gebiet entlang der bosnisch-türkischen Grenze anzusiedeln. Diese Entscheidung sollte eine Hinterlassenschaft für die dort lebenden Volksgemeinschaften bereithalten, die den Keim des Unterganges in sich trug und ihre Wirkung bis ins 20. Jahrhundert hinein zeigt.

Die Türken jedoch konnten nach ihrer zweiten – ebenfalls erfolglosen – Belagerung Wiens 1683 endgültig von europäischem Gebiet vertrieben werden – die deutschen Siedler im Donaugebiet hatten daran maßgeblichen Anteil und waren in diesem Sinne die tapfersten Beschützer des Abendlandes. Nach der Rückeroberung der Donaugebiete durch deutsche Heerführer wie Prinz Eugen, Max von Bayern und andere in den Jahren 1699 bis 1720 waren Südungarn, die Batschka, der Banat, Syrmien und Ost-Slawonien von den Gegnern verwüstet zurückgelassen worden und nur mehr dünn besiedelt.

Zu Anfang des 20. Jahrhunderts spielte dann die k.u.k. Monarchie Franz Josephs I. die entscheidende Rolle in der Abwehr der Türkeninvasion in Bosnien und Herzegowina: Die abendländischen, meist reichsdeutschen Soldaten haben entscheidend dazu beigetragen, daß Wien, Zagreb, Budapest und Belgrad auch heute noch westlich-christlich geprägte Metropolen sind und man dort heute noch den Geist des alten Europa spürt – weit mehr als in der heutigen Vielvölkerstadt Berlin.

Die französischen Könige seit der Zeit Franz' IV. und Ludwigs XIV. jedoch pflegten im Verbund mit ihren katholischen Geistlichen seit Jahrhunderten – und auch zu Zeiten der Belagerung Wiens durch die Türken – gute diplomatische und militärische Beziehungen zum muslimischen Osmanischen Reich; denn aufgrund ihrer imperialistischen Interessen favorisierten sie eine Schwächung Mitteleuropas und nahmen dafür auch eine Zusammenarbeit mit europafeindlichen Mächten in Kauf.

Die Schwächung des Reichsgedankens durch die Politik Frankreichs zeigte Wirkung: Nicht nur der blutige Konflikt zwischen Serben und Kroaten sowie zwischen Serben und bosnischen Muslimen – der nach dem Zusammenbruch Jugoslawiens 1991 zahllose Opfer forderte – kann auf die Schwächung des Reichsgedankens zurückgeführt werden; ebenso wirkte das Gift dieser Zersetzung 1918 und trug wesentlich zum Zusammenbruch der k.u.k. Monarchie bei. Auch heute noch ist in diesem Gebiet das Verhältnis der benachbarten Ethnien der Kroaten, Bosniaken und Serben von einem nahezu pathologischen Mißtrauen geprägt.

Nach der Zerschlagung der k.u.k. Monarchie (1918) und dem Versailler „Vertrag" (1919) wurden anderthalb bis zwei Millionen Deutsche unter drei neugegründeten Staaten aufgeteilt: Im Königreich Jugoslawien lebten nun zirka 550.000 Volksdeutsche; während in Ungarn und Rumänien fast anderthalb Millionen Deutsche heimisch waren. Doch diese Aufgliederung sollte nur den Beginn einer langen Reihe von wiederholten Zersplitterungen und „Völkertransfers" markieren.

Nach dem Zusammenbruch des ersten Jugoslawien im April 1941 etwa lebten im neugegründeten deutschfreundlichen Kroatien zirka 190.000 Volksdeutsche, von denen die meisten in harmonischem kulturellen Austausch mit den Kroaten standen, denn diese hatten schon seit Jahrhunderten enge Beziehungen zum Reich gepflegt. Auch die Volksdeutschen im Osten des Landes beziehungsweise in Slawonien pflegten unbehelligt ihre Kultur und Tradition – und auch in der Zeit der nationalsozialistischen Herrschaft gestaltete sich das Zusammenleben der verschiedenen Ethnien mit den Deutschen konfliktlos.

Aber die lokalen Kriege zwischen den verschiedenen Ethnien Jugoslawiens – Kroaten, Serben, Bosniaken –, die in der Mitte des Zweiten Weltkrieges losbrachen, tobten mit grausamen Folgen. Ende 1943 hatten sich die angloamerikanischen Alliierten mit den kommunistischen Tito-Anhängern solidarisiert und schon selber Pläne entwickelt, wie die Reichsidee in diesem Teil Europas am wirkungsvollsten zu bekämpfen sei. Ein Jahr nach der Eroberung Belgrads durch die Sowjets und die jugoslawischen Tito-Partisanen trat aufgrund der Entscheidung der neuen kommunistischen Regierung vom 21. November 1944 offiziell das Gesetz „Beschluß über den Übergang des feindlichen Vermögens in das Staatseigentum"* in Kraft. Den Volksdeutschen wurde die jugoslawische Staatsbürgerschaft aberkannt. Ihr ganzes Vermögen wurde beschlagnahmt.

Die deutschen Bevölkerungsverluste im kommunistischen Jugoslawien in den Jahren 1944 bis 1948 sind ein Teil der Topographie des Todes, die das Grauen von Königsberg in Ostpreußen bis Kragujevac in Südserbien widerspiegelt.[2] Insgesamt beträgt die Zahl der ermordeten Volksdeutschen im ehemaligen kommunistischen Jugoslawien fast 98.000 Personen, das entspricht 20 Prozent der volksdeutschen Bevölkerung im ehemaligen Jugoslawien. Davon waren 28.948 Soldaten und 68.664 Zivilisten. Die meisten Opfer wurden erschossen oder sind in den vielen kommunistischen Lagern verhungert, die beispielsweise in der Batschka, im Banat und in Ost-Slawonien – also den unterschiedlichsten Regionen Jugoslawiens – wie Pilze aus dem Boden schossen.[3] In Molidorf (Molin), Rudolfsgnad (Knicanin), Backi Jarek, Gakowo, Krndija (Kerndia) usw. sind Zehntausende volksdeutsche Zivilisten verhungert oder erschlagen worden. In den folgenden Jahrzehnten war es in Jugoslawien streng verboten, das unendliche Elend der Volksdeutschen zu thematisieren.

Die heutige politische Klasse in Deutschland trägt eine Mitschuld an der Spirale des Schweigens, die sich aufgebaut hat. In der Bundesrepublik ist es gang und gäbe, Menschen anderer Völker zu Opfern zu stilisieren, nicht aber die Opfer der eigenen Volksgenossen aufzugreifen, und allzuoft wird diesen Opfern immense finanzielle Unterstützung gewährt, die vom deutschen Steuerzahler – oft ohne, daß sich dieser dessen bewußt ist – aufgebracht wird.

Über die Katastrophen und das Leid, das die Volksdeutschen im kommunistischen Jugoslawien und anderen Regionen Osteuropas erfahren haben, spricht man heute nur selten oder nur verklausuliert – entweder aus neurotischem Schamempfinden oder aus bizarrer Unterwürfigkeit.

Die deutschen Kinder von heute lernen den deutschen Schuldkult und zugleich die forcierte Wahrnehmung aller anderen Völker in ihrer Op-

---

* „Odluka o prelazu neprijateljske imovine u drzavnu svojinu"; Wortlaut abgedruckt im Amtsblatt *Sluzbene novine* vom 6. Februar 1945.

ferrolle als etwas Selbstverständliches, Natürliches und Angemessenes kennen. Dies mag eine Hypothek sein, die diese nächste Generation teuer zu bezahlen hat.

Sonnenuntergang;
schwarze Wolken zieh'n,
o wie schwül und bang,
alle Winde flieh'n,
o wie schwül und bang!

Durch den Himmel wild
jagen Blitze bleich;
ihr vergängliches Bild
wandelt durch den Teich,
ihr vergängliches Bild.

Wie Gewitter klar
mein' ich Dich zu seh'n
und Dein langes Haar
frei im Sturme weh'n,
frei im Sturme weh'n!

(Nikolaus Lenau, 1802–1850)

Anmerkungen

[1] Anton Scherer u. Manfred Straka. *Kratka povijest podunavskih Nijemaca* (Abriß zur Geschichte der Donauschwaben). Graz: Leopold Stocker / Zagreb: Pan Liber, 1999.

[2] *Verbrechen an den Deutschen in Jugoslawien, 1944–48.* hg. v. d. Donauschwäbischen Kulturstiftung. München, 1998. – *Weißbuch der Deutschen aus Jugoslawien, 1944–48.* 2 Bde. München: Universitas, 1992 / 93.

[3] Otto Kumm. *Vorwärts, Prinz Eugen!: Die Geschichte der 7. SS-Freiwilligen-Division „Prinz Eugen".* Coburg: Nation Europa, 1995.

Die unsichere Nation

Wie souverän ist Deutschland?

von Dr. Bruno Bandulet

Die Souveränität des Staates, in dem wir leben, war und ist ein flüchtiges Phänomen. Mehr als einmal nach dem Weltkrieg glaubten die Deutschen, souverän zu sein, und mußten hinterher feststellen, daß sie es noch nicht oder immer noch nicht ganz waren. Und wenn wir die Geschichte der Bundesrepublik Deutschland seit den 1950er Jahren Revue passieren lassen, drängt sich der Eindruck auf, daß der Film seit der Wiedervereinigung rückwärts zu laufen droht, daß außenpolitischer Spielraum erst mühsam erkämpft und dann wieder preisgegeben wurde.

Ein historischer Wendepunkt war ohne Zweifel der Oktober 1954, als in der französischen Hauptstadt die sogenannten Pariser Verträge unterzeichnet wurden. Sie traten 1955 in Kraft und beendeten das Besatzungsregime in Westdeutschland. In Protokoll C dieser Verträge hieß es scheinbar unmißverständlich: „Die Bundesrepublik wird demgemäß die volle Macht eines souveränen Staates über ihre inneren und äußeren Angelegenheiten haben."

Nicht ganz so eindeutig sah es der britische Außenminister Anthony Eden. Er sprach am 19. Oktober 1954 vor dem Unterhaus lediglich von einem „großen Maß" („wide measure") an Souveränität für Westdeutschland. Carlo Schmid von der SPD bestritt, daß die Pariser Verträge dazu berechtigen würden, die Bundesrepublik „souverän" zu nennen. Und der damalige SPD-Fraktionsvorsitzende Erich Ollenhauer meinte gar, es bestehe überhaupt kein Anlaß zum Feiern.

Dreieinhalb Jahrzehnte später, am 12. September 1990, wurde bekanntlich mit dem Abschluß des Zwei-plus-Vier-Vertrages (gemeint waren die BRD, die „DDR" und die vier Siegermächte) ein Schlußstrich unter die sogenannte deutsche Frage gezogen. Wieder hieß es, diesmal in Artikel 7: „Das vereinigte Deutschland hat demgemäß die volle Souveränität über seine inneren und äußeren Angelegenheiten."

Auch das war nicht ganz richtig, denn erst am 29. März 1998 trat ein Abkommen vom 18. März 1993 in Kraft (das Abkommen zur Änderung des Zusatzabkommens zum NATO-Truppenstatut), mit dem die Privilegien der früheren Besatzungstruppen stark eingeschränkt wurden. Noch wichtiger war, daß die Bundesregierung 1998 erstmals die Möglichkeit bekam, die Stationierung ausländischer Truppen auf deutschem Boden mit einer zweijährigen Frist zu kündigen.

Damit wurde Deutschland noch einmal und jetzt erst richtig souverän. Denn auch ein souveräner, dem Völkerrecht unmittelbar unterworfener Staat kann selbstverständlich ausländische Truppen auf sein Territorium einladen. Er muß allerdings das Recht haben, die Stationierung wieder zu kündigen.

Aber selbst das Abkommen von 1998, das einen großen Fortschritt darstellte, brachte keine vollständige Gleichberechtigung. Die US-Militärpolizei darf weiterhin auf öffentlichen Wegen und in öffentlichen Verkehrsmitteln auf Streife gehen und in den Verkehr eingreifen. Während Bundeswehrsoldaten im verbündeten Ausland auf Verlangen Personalausweis und Marschbefehl vorzuweisen haben, entfällt diese Vorschrift für die ausländischen Truppen in Deutschland. Bemerkenswert ist auch, daß nicht nur Mitglieder der Stationierungstruppen in Deutschland Waffen tragen dürfen, sondern auch Zivilisten in deren Gefolge.

Hinzu kommt, daß verschiedene Bestimmungen des Überleitungsvertrages vom 26. Mai 1952 (in der Fassung vom 23. Oktober 1954) laut Vereinbarung vom 27./28. September 1990 zwischen der BRD und den drei Mächten in Kraft geblieben sind. Zum Beispiel haben deutsche Staatsangehörige kein Recht, Anspruch auf ihr früheres Eigentum zu erheben, das auf dem Markt auftaucht, sofern dieses Eigentum nach 1945 von den Siegermächten konfisziert wurde. Generell sind Klagen in Bezug auf frühere Enteignungen durch die Siegermächte nicht zulässig. Das alles sind Restbestände des Besatzungsrechtes, über die in der Öffentlichkeit nicht gesprochen wird, die man nicht unbedingt überbewerten muß, die hier aber nicht einmal vollständig aufgezählt wurden.

Ich war nicht wenig erstaunt, als ich gleich am Beginn von Artikel 120 GG auf folgenden Satz stieß: „Der Bund trägt die Aufwendungen für Besatzungskosten und die sonstigen inneren und äußeren Kriegsfolgelasten…" Besatzungskosten? Die darf es doch in einem souveränen Staat gar nicht geben. Und der Satz stammt wohlgemerkt nicht aus einer alten Fassung des Grundgesetzes, sondern ist auf dem Stand von September 2006. Eine Freudsche Fehlleistung? Ein redaktioneller Lapsus? Darüber kann man nur rätseln.

Etwas anderes ist mir bei meinen Recherchen aufgefallen: Bekanntlich wurde der gesamte deutsche Fernsprechverkehr einschließlich E-Mail und Telefax bis zum Frühjahr 2005 von einer Anlage des amerikanischen Geheimdienstes National Security Agency in Bad Aibling abgehört. Nachdem in der Presse kritische Kommentare erschienen waren, wurde der Stützpunkt geschlossen. Statt dessen wird seit 2005 von Griesheim bei Darmstadt aus abgehört. Welche rechtlichen Grundlagen gibt es dafür?

An dieser Stelle müssen wir kurz darauf eingehen, was unter staatlicher Souveränität überhaupt zu verstehen ist. Allgemein üblich ist die Unterscheidung zwischen äußerer, das heißt völkerrechtlicher, und innerer, das heißt staatsrechtlicher Souveränität.

Unbestritten ist, daß Westdeutschland bis 1968, als die Notstandsgesetze in Kraft traten, keine innere Souveränität besaß. Richtig ist auch, daß Deutschland seit 1955 bzw. seit 1991 (als der Zwei-plus-Vier-Vertrag in Kraft trat) unmittelbar dem Völkerrecht unterworfen und damit Völkerrechtssubjekt ist.

Offen bleibt allerdings die Frage, wie groß der Handlungsspielraum der deutschen Außenpolitik in Wirklichkeit ist, und inwieweit die Bundesregierung unabhängig von fremdem Staatswillen agiert oder agieren kann oder agieren will. Wie Sie sehen, definiere ich den Begriff der Souveränität nicht nur rechtlich, sondern auch politisch, was übrigens auch Bundeskanzler Dr. Konrad Adenauer (CDU) getan hat. Seitdem er 1949 auf dem Petersberg ungeniert den Fuß auf den roten Teppich der Alliierten setzte, stand der Kampf um die Wiedergewinnung von Souveränität und nationaler Freiheit im Mittelpunkt seiner Politik – und darunter verstand er ganz konkret Handlungsspielraum und Vertretung der eigenen Interessen.

Dazu ein bezeichnendes Beispiel, das bereits in die Zeit nach dem Rücktritt Adenauers fällt: Als Ludwig Erhard (CDU) Kanzler war, bat Washington um die Entsendung der Bundeswehr nach Vietnam – Erhard lehnte ab. Als Gerhard Schröder (SPD) Kanzler war und Washington deutsche Soldaten für Afghanistan anforderte, glaubte er, sich ein Nein nicht leisten zu können. Es kommt eben auch darauf an, ob eine Regierung von der gegebenen Souveränität Gebrauch macht oder nicht. Und die Freiheit, Nein zu einem Kriegseinsatz sagen zu können, ist doch wohl eine Minimalbedingung tatsächlicher völkerrechtlicher Souveränität.

Es ist heute schon fast wieder in Vergessenheit geraten – jedenfalls seitdem aus der Achse Paris–Berlin–Moskau nichts wurde, mit der Gerhard Schröder für kurze Zeit liebäugelte –, daß die deutsche Außenpolitik grundsätzlich verschiedene Optionen, das heißt Wahlmöglichkeiten, haben könnte. Wir hören aus Berlin immer wieder, es gäbe zur gegenwärtigen Außenpolitik keine Alternative – weder zur NATO noch zum amerikanischen Bündnis noch zur EU in ihrer jetzigen Form.

Mit Einschränkungen mag das so sein. Es ist richtig, daß die geographische Mittellage Deutschlands in Europa Experimente verbietet und dies eine große Vorsicht erfordert. Es stimmt aber auch, daß die Größe des Landes, seine wirtschaftliche Potenz und sein Ansehen in der Dritten Welt Deutschland zu einem begehrten Partner machen, der sich – jedenfalls unter Angela Merkel – unter seinem Wert verkauft.

1963 versuchten Adenauer und de Gaulle, gegen den erbitterten Widerstand aus Washington und Moskau, eine deutsch-französische Achse zu zimmern. Der Plan scheiterte, weil der proamerikanische Flügel in der CDU opponierte und dem am 22. Januar unterzeichneten Elysée-Vertrag mit Hilfe eines Zusatzprotokolls die Zähne zog. Adenauer und de Gaulle konnten nicht durchsetzen, was sie sich vorgenommen hatten. Im Oktober 1963 mußte Adenauer zurücktreten.

Nach der Wiedervereinigung umwarben die USA Deutschland als bevorzugten Juniorpartner in Europa – auch daraus wurde nichts. Und erst vor zwei Jahren zeigte Kanzlerin Merkel dem russischen Präsidenten Putin die kalte Schulter, als er eine enge langfristige Zusammenarbeit auf dem Gebiet der europäischen Energieversorgung vorschlug. Merkel fürchtete, die Polen und die Amerikaner, die seit einiger Zeit auf einen antirussischen Kurs eingeschwenkt sind, zu verärgern.

Adenauer war sich dieser Alternativen der deutschen Außenpolitik – dieser drei Optionen, die nicht immer in der Praxis, aber prinzipiell zur Verfügung standen – durchaus bewußt. Mit den drei Optionen sind gemeint: Frankreich bzw. Westeuropa, die USA bzw. die NATO und Rußland bzw. Gesamteuropa im Sinne de Gaulles. Noch im Mai 1950 meinte Adenauer, wenn der Kalte Krieg einmal nachlasse, könne einem vereinten Europa als „dritter Kraft" eine Vermittlerrolle in der Weltpolitik zukommen. Heute ist von einem Europa als dritter Kraft keine Rede mehr, jedenfalls nicht in Berlin.

Als dann 1954 die „Europäische Verteidigungsgemeinschaft" (EVG) am Nein der französischen Nationalversammlung scheiterte, setzte Adenauer auf die USA, um das Besatzungsregime baldmöglichst zu beenden. Stalins Angebot eines neutralisierten, wiedervereinigten Deutschlands – das übrigens nicht an Bonn, sondern an die Westmächte gerichtet war – hatte er 1952 abgelehnt. Nicht unbedingt, weil er es für einen Trick hielt, sondern weil er davon ausging, daß die Amerikaner dieser Lösung nicht zustimmen würden. Diese Einschätzung war richtig. Schließlich war die Bundesrepublik damals noch ein besetztes Land ohne Souveränität. 1990, als im Zuge der Wiedervereinigung der Austritt aus der NATO wahrscheinlich machbar gewesen wäre und zunächst von Moskau auch verlangt wurde, wurde er von Helmut Kohl überhaupt nicht in Erwägung gezogen.

Adenauer spielte immer wieder einmal mit alternativen Konzepten. 1957 ließ er einen Geheimplan zur Wiedervereinigung ausarbeiten, der zur Folge gehabt hätte, daß Deutschland von fremdem Militär frei geworden wäre. 1962 offerierte er der Sowjetunion, ohne die Westmächte davon zu unterrichten, eine Art von Burgfrieden und äußerte gegenüber dem deutschen Botschafter in Moskau, Hans Kroll, die Bundesrepublik brauche „eine Bremse gegenüber den Plänen des Westens". Jedenfalls ging Adenauer in den 1960er Jahren zunehmend auf Distanz zu den USA (er nannte die Amerikaner einmal „böse Kinder") und favorisierte – wie auch Franz Josef Strauß – einen deutsch-französischen Zusammenschluß.

Daß Strauß den Atomwaffensperrvertrag bekämpfte und Zugang zu Atomwaffen suchte (zeitweise mit Hilfe Amerikas, dann über ein Bündnis mit de Gaulle), war durchdacht und logisch. Strauß hatte erkannt, daß der Status einer Atommacht ein wesentliches Souveränitätsmerkmal war und bleiben sollte und daß der vertragliche Verzicht darauf Deutschland auf Dauer in die zweite Liga verbannen würde.

Beide, Adenauer und Strauß, waren weit entfernt von einer nationalistischen Linie. Sie waren überzeugte Europäer, aber doch eher Verfechter eines deutsch-französischen Kerneuropa. In seinem 1966 erschienenen Buch *Entwurf für Europa* schrieb Strauß, durch einen Atomwaffensperrvertrag würden die entscheidenden Voraussetzungen für eine Selbstverteidigung Europas auf der Basis einer späteren europäischen Atommacht zunichte gemacht. Und er plädierte für ein Europa, das eine „eigene Rolle" in der Weltpolitik spielen könne, und zwar mit einem „gleichgewichtigen Verhältnis zu den USA".[1] Davon sind wir heute weiter entfernt denn je. Die überdehnte, weltpolitisch impotente EU, die längst ihr Optimum überschritten hat, ist dazu nicht in der Lage. Sie ist ein bürokratisches Monstrum, sie diskreditiert die europäische Idee, sie ist derart undemokratisch konstruiert, daß sie selbst nicht in die EU aufgenommen werden dürfte.

Wie eigentlich paßt die Frage nach der deutschen Souveränität, die wir anfangs gestellt haben, in den Kontext der europäischen Integration? Die Antwort ist vielschichtig, weil diese Integration mit der Zeit – auf dem Weg von der EWG zur EG und zur EU – ihren Charakter geändert hat und weil schließlich etwas ganz anderes herausgekommen ist, als man in den 1950er oder 1960er Jahren ahnen konnte.

Ganz am Anfang war die Motivation, vor allem die französische, eine antideutsche. Daher die ziemlich fragwürdige und überflüssige Konstruktion der 1951 vereinbarten „Europäischen Gemeinschaft für Kohle und Stahl", auch Montanunion genannt. Die sechs beteiligten Länder bildeten den Kern der späteren EWG, der Europäischen Wirtschaftsgemeinschaft. Warum war die Montanunion eigentlich überflüssig? Weil Europa ja nicht unter Kohle- oder Stahlüberschüssen litt – ganz im Gegenteil. Je mehr davon produziert wurde, um so besser. Dazu bedurfte es keiner neuen Bürokratie. Die Beseitigung der Wettbewerbshindernisse hätte vollauf genügt.

In Wahrheit wollte Frankreich mit Hilfe der Montanunion den deutschen Nachbarn unter Kontrolle nehmen. Das läßt sich unschwer aus einem Memorandum herauslesen, das Jean Monnet – der Erfinder der Montanunion – der Pariser Regierung am 3. Mai 1950 vorlegte. Das war übrigens derselbe Monnet, der in beiden Weltkriegen glänzende Geschäfte mit Kriegslieferungen gemacht hatte, der vor 1945 zum Kreis um Roosevelt zählte und der im Mai 1948 zusammen mit dem undurchsichtigen polnischen Sozialisten Joseph Retinger in Den Haag einen Europakongreß organisierte, auf dem die Schaffung eines Vereinten Europa als entscheidender Schritt „zur Schaffung einer Vereinten Welt" bezeichnet wurde. Schon damals also gab es das Konzept der „One World" – eine Chiffre für eine Art von Weltdiktatur.

Es war auch kein Versprecher, als François Scheer, der französische Botschafter in Bonn, auf einem Kolloquium in Paris im Mai 1997 verriet, die Franzosen hätten 1950 mit Europa einen „Trick" erfunden, um der Perspektive eines vereinigten Deutschland Herr zu werden.

Damit will ich keineswegs andeuten, daß die europäische Zusammenarbeit nicht im deutschen Interesse liegen könnte. Das Gegenteil ist richtig. Denn die europäischen Nationalstaaten bringen spätestens seit dem Zweiten Weltkrieg zu wenig Gewicht auf die Waage, um auf sich allein gestellt ihre weltwirtschaftlichen und geopolitischen Interessen vertreten, geschweige denn durchsetzen zu können.

Allerdings tauchte die negative, 1950 von Monnet formulierte Motivation des europäischen Projekts später wieder aus der Versenkung auf. Und zwar nach dem Fall der Mauer 1989, als Paris und London monatelang gegen die deutsche Wiedervereinigung opponierten und intrigierten. Um Mitterrand und die anderen europäischen Bedenkenträger ruhigzustellen, machte Helmut Kohl zwei Zugeständnisse: Er willigte ein, daß die EG zu einer riesigen Umverteilungsmaschine auf deutsche Kosten umfunktioniert wurde, und er opferte die Deutsche Mark und damit das wichtigste Souveränitätsmerkmal der Bundesrepublik.

Kohl verzichtete auf die monetäre Führungsrolle, die der Bundesbank mit der Zeit in Westeuropa zugefallen war – übrigens auch auf dem Balkan, wo eine regelrechte DM-Zone entstanden war. Mit der Abschaffung der Deutschen Mark und der Entmachtung der Bundesbank schwächte Kohl den deutschen Nationalstaat und generell den Einfluß Deutschlands ganz wesentlich. Als Gegenleistung verlangte er eine politische Union Europas – aber die bekam er nicht, was er vorher hätte wissen müssen.

Gleichzeitig wurden die deutschen Staatsfinanzen durch die massiven Transfers nach Brüssel empfindlich geschwächt, ausgerechnet in einer Zeit, da die Wiedervereinigung enorme finanzielle Belastungen mit sich brachte. Nach zuverlässigen Berechnungen des Heidelberger Professors Franz-Ulrich Willeke (zuerst erschienen im *DeutschlandBrief*) zahlte Deutschland im Zeitraum 1990 bis 2004 netto 315 Milliarden Mark an die EG beziehungsweise die EU.[2] Netto bedeutet: unter Abzug aller von Brüssel erhaltenen Überweisungen. Und ein Ende ist nicht abzusehen. Allein Rumänien kann seit dem Beitritt mit 30 Milliarden Euro rechnen, was nichts anderes heißt, als daß die Verlagerung von Arbeitsplätzen und der Aufbau der Konkurrenz in Osteuropa von uns maßgeblich mitfinanziert wird.

Der Beitritt zur EU und der Zugang zu einem großen Markt verschafft den Osteuropäern derartige Vorteile, daß man sich fragen muß, warum dafür noch einmal extra gezahlt werden muß. Die Amerikaner jedenfalls, die zusammen mit Kanada und Mexiko eine Freihandelszone gegründet haben, denken nicht im Traum daran, aus der NAFTA einen Umverteilungsapparat zu machen.

An diesen Beispielen wird blitzartig deutlich, daß die Fragen der Souveränität und der nationalen Interessen, mit denen sich die deutsche Öffentlichkeit grundsätzlich nicht beschäftigt, keineswegs akademischer Natur sind. Es geht immer um Geld, um sehr viel Geld, das der Steuerzahler aufbringen muß und das den nationalen Wohlstand mindert. Und dabei sind die schätzungsweise 500 Milliarden Dollar, die nach heutiger Kaufkraft seit 1945 von den Siegermächten aus Deutschland herausgezogen wurden, noch gar nicht berücksichtigt.

Um es zu wiederholen: Nicht die europäische Zusammenarbeit ist das Problem, sondern die Art und Weise, wie sie sich mit der Zeit entwickelt hat: nicht als Europa der Vaterländer, sondern als ein schwer definierbares, zwischen Staatenbund und Bundesstaat angesiedeltes Gebilde; nicht als Bündnis freier Nationen, die weder einen europäischen Haftbefehl noch schikanöse Anti-Diskriminierungsgesetze benötigen, sondern als Subventionsgemeinschaft; nicht als gleichberechtigter Partner der USA, sondern – um den US-amerikanischen Politikwissenschaftler Zbigniew Brzezinski zu zitieren – als „amerikanisches Protektorat" ohne selbstbestimmte Außen- und Sicherheitspolitik.

Verfügt diese EU über einen geopolitischen Handlungsentwurf, über eine Geostrategie? Ist sie fähig, europäische Interessen zu definieren und diese von amerikanischen Interessen abzugrenzen? Das kann niemand ernsthaft behaupten. Die EU bietet keinen Ersatz für das, was man „deutsches Souveränitätsdefizit" nennen könnte. Mit der Ausnahme der Handelspolitik ist diese EU im Verhältnis zu den USA weit entfernt von einem gleichgewichtigen, gleichberechtigten Status. Es kann keine Rede davon sein, daß die NATO auf zwei Säulen ruht, auf einer europäischen und einer amerikanischen. Ihre Streitkräfte stehen unter dem Oberbefehl eines Amerikaners, und der NATO-Generalsekretär (besonders der derzeitige, nämlich Jaap de Hoop Scheffer seit dem 1. Januar 2004) ist unbestritten ein Mann der Amerikaner.

Die amerikanischen Behörden erhalten die persönlichen Daten europäischer Passagiere, die in die USA fliegen, während umgekehrt die EU ein derartiges Zugriffsrecht nicht hat. Die Amerikaner überwachen die elektronische Kommunikation innerhalb der EU – umgekehrt ist das nicht denkbar. Amerikanische Truppen stehen in Europa, aber keine europäischen in den USA.

Und das amerikanische Finanzministerium hat Einsicht in die Überweisungsdaten des in Belgien ansässigen Finanzdienstleisters Swift, über den täglich Geldtransaktionen im Gegenwert von rund 6.000 Milliarden Dollar abgewickelt werden. „Wir geben nur heraus, wozu uns Amerika zwingt", rechtfertigte sich ein Direktor von Swift. Daß der „Große Bruder" alles sieht und alles liest, was er mitlesen möchte, ist keine Übertreibung. Auch nach dem Ende des Kalten Krieges hat sich an der US-Hegemonie über Westeuropa praktisch nichts geändert; sie wurde sogar nach Osten, auf Gebiete der früheren Sowjetunion, ausgedehnt.

Das alles ist Ergebnis und Lohn einer langfristig angelegten, konsistenten amerikanischen Geostrategie. Ihr Begründer war Alfred Thayer Mahan (1840–1914),[3] der zeitweilig Präsident des Naval War College (Akademie für Seekriegsführung) war und 1906 zum Rear Admiral (Konteradmiral) befördert wurde. Dank Mahan gelangte eine Reihe von Begriffen europäischer Provenienz in den US-amerikanischen Sprachgebrauch: national interest, national security, political strategy und so weiter. Mahan postulierte, daß

a) Seeherrschaft und Weltherrschaft identisch seien,
b) die Verteidigung Amerikas möglichst weit entfernt von der eigenen Küste erfolgen müsse, und zwar am besten durch die politische und militärische Kontrolle der Gegenküsten in Europa und Asien, und
c) zur Vorbereitung eines Krieges gegen Japan maritime Stützpunkte im Pazifik erworben werden müßten.

Mahan erfand übrigens auch den Begriff „Middle East", womit er den Raum vom östlichen Mittelmeer bis zum Kaukasus und bis Persien meinte – ein Raum, den die USA heute mit Ausnahme des Iran und Syriens kontrollieren oder im Falle Afghanistans und des Irak zu kontrollieren versuchen.

Die Arbeit von Mahan wurde weiterentwickelt von Nicholas Spykman (1893–1943), dessen Gegenküstenkonzept bis heute der amerikanischen Weltpolitik zugrunde liegt.[4] Er propagierte die gegenteilige Theorie zu derjenigen, die im 19. Jahrhundert von dem britischen Geographen Sir

Halford Mackinder entwickelt worden war: Während Mackinder in Zentralasien das „Herzland" (Heartland) der Welt und den „Drehzapfen der Weltgeschichte" sah (daher auch der damalige Einmarsch der Briten in Afghanistan!), verkündete Spykman, wer die europäische und pazifische Gegenküste Amerikas (die Rimlands) beherrsche, beherrsche auch das Herzland Eurasiens. Konsequenterweise forderte Spykman, Deutschland und Japan nach dem Sieg im Zweiten Weltkrieg in den US-amerikanischen Herrschaftsbereich einzugliedern.

Dieser „Grand Design" (Große Plan) liegt der amerikanischen Geopolitik bis heute zugrunde. Neu ist allerdings, daß der amerikanische Machtbereich nach dem 11. September 2001 unter dem Vorwand der Bekämpfung des Terrorismus in einem Umfang ausgedehnt wurde, den sich Mahan und Spykman wohl kaum vorstellen konnten.

Die USA besetzten Afghanistan und den Irak, sie errichteten Militärstützpunkte in den zentralasiatischen Nachfolgerepubliken der Sowjetunion, sie dehnten die NATO bis an die Grenzen Rußlands aus, und geplant sind Stützpunkte in Bulgarien, Polen und Rumänien und übrigens auch ein Raketenabwehrsystem in Polen und der Tschechischen Republik.

In Europa werden damit diese Effekte erzielt: Der Zusammenhalt und die Politikfähigkeit der Europäischen Union werden unterminiert, Polen dient als Trojanisches Pferd, und der Ring um Rußland wird enger gezogen. De facto ist der EU die Aufgabe zugedacht, die osteuropäische Klientel der USA zu finanzieren. In der Jahresendausgabe 2005 kommentierte *Foreign Affairs*, das Organ des einflußreichen Council on Foreign Relations (Gremium für Auswärtige Beziehungen): In Bulgarien und Rumänien werde die Aussicht auf US-Militärbasen stark unterstützt, und viele Leute dort sähen in den Stützpunkten ein wichtiges politisches Gegengewicht gegen den Einfluß der EU. Nebenbei bemerkt: Rumänien und Bulgarien wurden im Januar 2007 in die EU aufgenommen.

Die immense Gefahr für die Deutschen und die Europäer liegt darin, daß sie in Konflikte und Kriege hineingezogen werden, an deren Entstehung sie nicht beteiligt waren, deren Ablauf sie nicht mitbestimmen, deren Ende (wie zum Beispiel ein späterer Abzug aus Afghanistan) in Washington entschieden werden und die nicht in ihrem Interesse liegen. Seit den 1990er Jahren wird die NATO planmäßig von einem Verteidigungsbündnis zu einem Dienstleistungsbetrieb der US-amerikanischen Welt- und Rohstoffpolitik umfunktioniert. Daß die Bundesregierung diesen Weg widerstandslos mitgegangen ist, wird sich als schwerer Fehler erweisen – nicht nur in Afghanistan. Glaubt denn jemand im Ernst, im Irak und in Afghanistan werde der Terrorismus effektiv bekämpft? Dort werden Terroristen gezüchtet!

Bekanntlich wurde die NATO 1949 gegründet, um Westeuropa vor derselben Sowjetunion zu schützen, der die USA vorher zum Sieg über

Deutschland verholfen hatten. Anders als die EU war der NATO-Vertrag de jure nicht darauf angelegt, die Souveränität der Mitgliedsstaaten zu beschneiden. Aus völkerrechtlicher Sicht ist der NATO-Vertrag sauber und nicht zu beanstanden. Nach Artikel 10 dürfen nur europäische Länder beitreten. Artikel 6 begrenzt (nach wie vor!) das Bündnisgebiet auf den Nordatlantik und auf die Territorien der Vertragspartner. Und Artikel 5 betrachtet zwar (nach wie vor!) den Angriff auf ein Mitglied als Angriff auf alle, überläßt es aber jedem Mitglied, im Verteidigungsfall diejenigen Maßnahmen zu ergreifen, „die es für notwendig hält".

Eine rechtliche Grundlage für den Bundeswehreinsatz in Afghanistan oder anderswo außerhalb des Bündnisgebietes gibt der NATO-Vertrag nicht her! Das soll sich nach dem Willen Washingtons ändern. Am 28. November 2006 legte Präsident Bush auf dem NATO-Gipfel in Riga die erwähnte Beistandsverpflichtung laut Artikel 5 völlig neu aus: „Dieses Prinzip gilt nicht nur bei einem Angriff auf heimatliches Territorium, sondern auch bei einem Einsatz unserer Streitkräfte im Ausland."

Da die US-Truppen über die ganze Welt verteilt sind und praktisch überall irgendwann Angriffen ausgesetzt sein könnten, würde das bedeuten, daß der NATO-Bündnisfall in jedem x-beliebigen Land eintreten könnte – in Asien, in Lateinamerika oder in Afrika.

Auch in der Ausgabe September/Oktober 2006 von *Foreign Affairs* können wir nachlesen, was die Amerikaner beabsichtigen. Danach soll künftig die Mitgliedschaft im Bündnis allen Ländern weltweit offenstehen, auch im Mittleren Osten, auch im Pazifik – und zu diesem Zweck muß, so schreibt *Foreign Affairs*, Artikel 10 des Vertrages geändert werden. Nebenbei wird darauf hingewiesen, daß auch in einer weltweiten NATO ein amerikanischer General Oberbefehlshaber bleiben müsse.

Wer die Diskussion in Washington aufmerksam verfolgt, weiß, welche Kriegs- und Krisenregionen dort aktuell sind oder für die spätere Zukunft einkalkuliert werden: der Nahe Osten von Palästina bis zum Persischen Golf; der Kaukasus, wo sich die USA in Georgien festgesetzt haben; Afghanistan und die zentralasiatischen Republiken, wo China und Rußland gemeinsam die Schließung der US-Stützpunkte verlangen; Rußland selbst, das sich unter Putin dem amerikanischen Einfluß weitgehend entzogen hat und deswegen zunehmend unter Druck gerät; und China, das nach Meinung gewisser amerikanischer Politiker in spätestens 20 Jahren zum Kriegsgegner werden könnte.

Ein Mindestmerkmal staatlicher Souveränität ist, wie gesagt, die Freiheit, Nein sagen zu können – nicht zuletzt zur Teilnahme an einem Krieg. Ich denke, daß zwischen Westeuropa und Rußland kein fundamentaler Interessengegensatz mehr besteht; daß europäische und amerikanische Interessen sich zwar in manchen Bereichen decken, aber nicht immer identisch sind; daß die Europäer die Umwandlung der NATO in eine internationale Interventionsstreitmacht ablehnen sollten; und daß Berlin und Paris einen neuen Versuch unternehmen sollten, eine eigenständige europäische Geostrategie zu entwickeln.

Voraussetzung ist eine längst überfällige Definition nationaler und europäischer Interessen. Dazu gehört, daß wir uns aus Konflikten heraushalten, die wir nicht ausgelöst haben und die wir nicht beeinflussen können. Das gilt nicht zuletzt für Afghanistan. Allein für die Behauptung, Deutschland werde am Hindukusch verteidigt, hätte Minister Struck zurücktreten müssen. Wie sagte doch Otto von Bismarck am 3. Dezember 1850 vor dem Preußischen Landtag: „Die einzige gesunde Grundlage eines großen Staates ist der staatliche Egoismus und nicht die Romantik."

Und kurz vor dem Ausbruch des russisch-türkischen Krieges äußerte sich Bismarck am 5. Dezember 1876 im Reichstag zu den „orientalischen Wirren", die damals schon akut waren, folgendermaßen: „Ich werde zu irgendwelcher aktiven Beteiligung Deutschlands an diesen Dingen nicht raten, solange ich in dem Ganzen für Deutschland kein Interesse sehe, welches auch nur – entschuldigen Sie die Derbheit des Ausdrucks – die gesunden Knochen eines einzigen pommerschen Musketiers wert wäre."

Ich plädiere für ein neues deutsches und europäisches Selbstbewußtsein und dafür, die Welt so zu sehen, wie sie ist und nicht, wie sie einmal war. Es ist eine zunehmend multipolare Welt. Das 20. Jahrhundert war das Jahrhundert Amerikas, das 21. wird das Jahrhundert Asiens sein. Der Kalte Krieg ist Vergangenheit. Amerikas Macht erodiert. Die Wachstumsregionen liegen in Asien, mit Einschränkungen auch in Rußland. Chinas wirtschaftlicher und politischer Einfluß in Lateinamerika und Afrika nimmt rapide zu – in Lateinamerika auf Kosten der USA, in Afrika auch auf Kosten Europas. Rußland besitzt die dritt- oder viertgrößten Devisenreserven der Welt und hat unter Putin erstmals seit langem eine kompetente, wenngleich autoritäre Regierung, die in der Spitze nicht korrupt ist. Sie ist offen für eine strategische Kooperation mit Deutschland und Westeuropa, forciert aber zugleich das Bündnis mit China.

Ohne Zweifel wäre Rußland ein sehr selbstbewußter und schwieriger Partner. Ich plädiere auch nicht dafür, auf die russische Karte zu setzen. Aber ich behaupte, daß sich die Welt grundlegend wandelt und daß Deutschland und Europa ihre Rolle in dieser neuen Weltordnung erst noch finden müssen.

Gerade für Deutschland sind die Chancen, die diese Entwicklung mit sich bringt, immens. Sie müssen freilich wahrgenommen werden. Das Niveau der außenpolitischen Diskussion in unserem Land ist, verglichen mit den USA, aber auch mit Frankreich, immer noch dürftig. Die Mentalität entspricht nicht dem Potential. Die CDU, die Partei Adenauers, kann keinen einzigen profilierten Außenpolitiker vorweisen.

Das Fazit lautet, daß es die politische Klasse in Berlin nicht verstanden hat, die wiedergewonnene völkerrechtliche Souveränität in neuen Handlungsspielraum umzusetzen, daß die EU als bürokratisches Monstrum zunehmend nationale und individuelle Freiheiten beschneidet, daß Deutschland Gefahr läuft, von den USA in eine Konfrontation mit Rußland hineingezogen zu werden, und daß die Anpassung der Berliner Außenpolitik an die Realitäten einer multipolaren Welt längst überfällig ist. Darüber vorurteilsfrei, intelligent und mit Augenmaß zu debattieren, ist das Gebot der Stunde – damit Deutschland zukunftsfähig wird und seinen Platz als Friedensmacht im 21. Jahrhundert finden kann.

Anmerkungen

[1] Franz Josef Strauß. *Entwurf für Europa.* Stuttgart: Seewald, 1966.

[2] Vgl. den Beitrag von Franz-Ulrich Willeke im *DeutschlandBrief*, Heft Juli/August 2005. – Das bis 2004 der EU zugewiesene Geld ging zum größten Teil an vier Länder der Europäischen Union, nämlich – in dieser Reihenfolge – an Spanien, Griechenland, Portugal und Irland.

[3] Vgl. zum Beispiel: Alfred Thayer Mahan. *The Interest of America in Sea Power, Present, and Future.* Boston: Little, Brown & Co., 1897. (Nachdruck Port Washington, NY: Kennikat Press, 1970.)

[4] Vgl. zum Beispiel: Nicolas Spykman. *America's Strategy in World Politics: The United States and the Balance of Power.* New York, NY: Harcourt, Brace & Co., 1942; ders. *The Geography of the Peace.* New York, NY: Harcourt, Brace & Co., 1944. (postum veröffentlicht)

Historische Hypotheken

Die Partisanenverbrechen in Kärnten

von MdEP Andreas Mölzer

Kärnten, Österreichs südlichstes Bundesland, steht am Beginn des 21. Jahrhunderts. Ein Land des Friedens und der Freiheit, wohlhabend und sicher. Das einstige Grenzland ist längst zur Brücke zwischen Nord und Süd, Ost und West in Mitteleuropa geworden; in Freundschaft mit all seinen Nachbarn.

Das Nachbarland Slowenien, seit einem guten Jahrzehnt eine selbständige Republik, ist mittlerweile Teil der Europäischen Union. Die Beziehungen zwischen dem einstigen Teilstaat Jugoslawiens und Österreichs südlichstem Bundesland sind gut und entspannt.

Doch unter dieser Oberfläche gibt es historische Altlasten, eine unbewältigte Geschichte, die zurückreicht in den Nationalitätenstreit des 19. Jahrhunderts in der Habsburger Monarchie, die nach dem Ersten Weltkrieg im Versuch Jugoslawiens, große Teile Südkärntens zu annektieren, einen ersten dramatischen Höhepunkt fand und schließlich während und nach dem Zweiten Weltkrieg zu blutigen Tragödien führte.

Der Griff der Tito-Partisanen nach Kärnten, die Verschleppung und Ermordung Hunderter Kärntner Patrioten nach Kriegsende, wie sie etwa im Wald von Liescha, im heute slowenischen Miestal stattfand, ist ein Teil der Kärntner, aber auch der slowenischen Geschichte, der bis heute nicht wirklich aufgearbeitet wurde. In der offiziellen Geschichtsschreibung wurden die Tito-Partisanen bislang immer kritiklos wegen ihres vermeintlichen Beitrages zur „Befreiung" Österreichs vom Nationalsozialismus gelobt. Ihre Mordtaten hingegen wurden verharmlost oder gar verschwiegen.

Wenn heute der prominenteste Kärntner Partisanenführer Karl Pruschnig, genannt Gasper, von seinem Denkmal am Friedhof von Köttmannsdorf über das Drautal hin zu den Karawanken blickt, erinnert dies an den kommunistischen und großslowenischen Griff nach Südkärnten.

Dabei begann alles ganz anders: Als sich das nationalsozialistische Deutschland und Österreich im März 1938 zum Großdeutschen Reich zusammenschlossen, war der Jubel auch in Kärnten grenzenlos. Die Erfüllung des alten Traumes der Einheit und die Hoffnung auf soziale und wirtschaftliche Verbesserungen erfüllte die Menschen mit Euphorie. So auch den damals zehnjährigen Valentin Deutschmann, heute Bürgermeister der Südkärntner Gemeinde Grafenstein: „Ich war … im Jahre 1938, als Hitler Österreich besetzt hat oder gekommen ist, zehn Jahre alt. Man hat uns sofort damals zur Hitlerjugend und zu den Pimpfen geholt. Das war da sicher ein Aufbruch, junge Menschen haben eine Beschäftigung bekommen."

Während die große Mehrheit sich also dem Anschlußjubel hingab, erkannten andere sogleich, daß unheilvolle Zeiten auf sie zukommen sollten. So etwa der prominente Kärntner NS-Gegner und spätere Mediziner Georg Lexer: „1938 ist mein Vater fristlos entlassen worden. Wir haben natürlich über Nacht die Not zu spüren bekommen. Es gab ja damals keinen Schilling mehr, mit dem man hätte was einkaufen können. Ich kann ruhig sagen, wir haben die ersten Wochen und Monate danach gehungert." Neben dem allgemeinen Jubel gab es in sozialdemokratischen, aber auch in christlich-sozialen Kreisen ersten Widerstand gegen den Nationalsozialismus. Was für manche als jugendlicher Protest begann, sollte später zum lebensgefährlichen Kampf gegen das totalitäre Regime werden.

Dieser beginnende Widerstand gegen den Nationalsozialismus beschränkte sich aber anfangs auf kleine Kreise. Der größte Teil der katholischen Kirche, ebenso wie führende Vertreter der Sozialdemokratie begrüßten bekanntlich den Anschluß Österreichs an das Deutsche Reich.

Selbst die Organisationen der slowenischen Minderheit in Kärnten riefen dazu auf, den Anschluß beim Plebiszit im April 1938 zu befürworten. Man verwies dabei auf Versprechungen Hitlers, daß der Nationalsozialismus auch die Rechte anderer Völker respektieren würde, und hoffte mit einer Politik der Anpassung einen gewissen Freiraum für die Volksgruppe bewahren zu können.

Tatsächlich gab es keine gezielte NS-Politik gegen die slowenische Volksgruppe. Dies wohl auch deshalb, da das Dritte Reich außenpolitische Rücksichten gegenüber Jugoslawien zu nehmen hatte. So erinnert sich etwa der ehemalige Landeshauptmannstellvertreter Rudolf Gallob (SPÖ): „Es war eher auch seitens der slowenisch sprechenden Bevölkerung Zustimmung. Es war so, daß man eigentlich keinen Unterschied zwischen der rein deutschsprechenden Bevölkerung und der gemischtsprachigen Bevölkerung Südkärntens bemerkt hat."

Tatsächlich waren viele der von Kärntner Slowenen bewohnten Gemeinden Unterkärntens sogenannte „Führergemeinden", die Bewohner hatten also 1938 zu 100 Prozent für den Anschluß gestimmt.

Dies sollte sich nach dem Beginn des Jugoslawien-Feldzuges schlagartig ändern. Nachdem das Königreich Jugoslawien am 25. März 1941 dem Dreimächte-Pakt (Deutsches Reich, Kaiserreich Japan, Königreich Italien) beigetreten war und sich damit dem nationalsozialistischen Deutschland angenähert hatte, kam es nur zwei Tage später zu einem von den Briten unterstützten Staatsstreich in Belgrad. Am 6. April 1941 griff daraufhin die deutsche Luftwaffe an. Bereits am 16. April 1941 rückte die deutsche Wehrmacht unter dem Jubel der Bevölkerung in Agram ein, und bereits am 17. desselben Monats kapitulierte die jugoslawische Armee gegenüber der deutschen Wehrmacht.

Neben den Serben waren es die Slowenen, die der härtesten Behandlung durch die deutschen und italienischen Sieger des Aprilkrieges von 1941 ausgesetzt waren. Berlin und Rom teilten den Nordwesten Jugoslawiens auf. Ungarn erhielt das Übermur-Gebiet, Italien annektierte Laibach und den westlichen Teil Sloweniens. Oberkrain und die um einen Grenzstreifen im Süden erweiterte Untersteiermark wurden als „besetzte Gebiete" dem Reichsgau Kärnten beziehungsweise Steiermark angeschlossen.

Nach der Zerschlagung des jugoslawischen Staates blieb die zuvor im Untergrund existierende kommunistische Partei als einzige größere politische Kraft intakt. Das Hauptziel der jugoslawischen Kommunisten und ihres Führers Josip Broz Tito war es, ein neues kommunistisches Jugoslawien zu schaffen und das Land von der deutschen Besatzung zu befreien. Partisanenanschläge auf die deutschen Besatzungstruppen führten zu brutalen Repressionen der deutschen Besatzer im Zuge der sogenannten „Bandenbekämpfung", wie etwa Geiselerschießungen. Diese wiederum zeitigten ein rasches Anwachsen der Partisanentätigkeit. Und auch dort, wo die deutschen Besatzer, wie etwa in der Untersteiermark, mit Jubel begrüßt worden waren, sollte sich die Stimmung bald wenden. Dies hatte naturgemäß auch Auswirkungen auf das Kärntner Unterland.

Gemäß Hitlers unmißverständlicher Anordnung, „dieses Land ist wieder deutsch zu machen", begannen nach dem Jugoslawienfeldzug in den an das Reich angeschlossenen Gebieten konsequente Maßnahmen zur Entnationalisierung und Germanisierung. Ausdrücklich wurden nunmehr auch die Kärntner Slowenen in diese Maßnahmen einbezogen. Slowenische Aufschriften wurden beseitigt, kulturelle Vereinigungen aufgelöst, obligatorische Deutschkurse eingeführt, und schließlich sollten in mehreren Wellen insgesamt etwa 50.000 Personen, insbesondere aus der

Untersteiermark und Oberkrain aber auch aus Kärnten, zwangsweise und ohne Entschädigung ausgesiedelt werden.

Am 25. August 1941 ordnete Reichsführer-SS Heinrich Himmler für das ehemalige Volksabstimmungsgebiet in Kärnten eine derartige Umsiedlungs- und Vertreibungsaktion an. Am 14. April 1942 wurden die der Partisanentätigkeit oder -unterstützung Verdächtigen – zumeist waren es Unterkärntner Bauern – zum Reichsarbeitsdienst in Ebental bei Klagenfurt verpflichtet.

Aus Kreisen der Wehrmacht und der katholischen Kirche Kärntens gab es Proteste dagegen, die bewirkten, daß eine erhebliche Anzahl der Betroffenen wieder entlassen wurde. So protestierte etwa Andreas Rohracher, der Gurker Bistums-Verweser, gegen die Aussiedlung der Kärntner Slowenen beim Reichsstatthalter Friedrich Rainer. Aber auch der Kärntner Dichter Josef Friedrich Perkonig, langjähriger Aktivist des Kärntner Heimatbundes, ersuchte Rainer, die Aussiedlung rückgängig zu machen.

Dennoch wurden 917 Kärntner-Slowenen im Zuge der Aussiedlung im April 1942 in Lagern der Volksdeutschen Mittelstelle in Deutschland festgehalten. Ihre angeblich geplante Ansiedlung im östlichen Mitteleuropa unterblieb wegen der sich verschlechternden Kriegslage. Auch später noch kam es zur Aussiedlung einzelner slowenischer Bauernfamilien unter dem Vorwurf der Partisanenbegünstigung. Über drei Jahre dauerte die Unterbringung der Kärntner Slowenen in diesen Lagern in Hessen und Thüringen. Die arbeitsfähigen Männer und Frauen wurden zu Arbeitseinsätzen in Landwirtschaft, Industrie und Gewerbe befohlen. Die Lebensbedingungen waren je nach Lager und Arbeitseinsatz unterschiedlich. Die Mehrzahl der ausgesiedelten Kärntner Slowenen kehrte im Sommer 1945 nach Kärnten zurück.

Im Lande selbst erreichte die Aussiedlungsaktion nur kurzfristig ihren Zweck, nämlich sogenannte „politisch unzuverlässige" Kärntner Slowenen aus dem Lande zu entfernen. Bereits im Juli 1942 mußte man nach Berlin melden, daß „ein gewisser Widerstand bei den zurückgebliebenen Slowenen immer mehr bemerkbar" werde. Auch der Gebrauch der deutschen Sprache gehe wieder zurück. Und in der Folge verstärkte sich der Aussiedlungen wegen auch der Zulauf zu den Partisanen. Zur deutschen Wehrmacht eingezogene junge Slowenen mußten auf Heimaturlaub erfahren, daß ihre Familie von Haus und Hof abgesiedelt worden war, und es gingen daher in ihrer Verbitterung immer mehr junge Männer zu den Partisanen.

Der Partisanenkrieg wurde ab dem Sommer 1942 von Oberkrain und der Untersteiermark aus nach Kärnten hineingetragen. Während es südlich der Karawanken den unter kommunistischer Führung stehenden Partisanenverbänden gelang, zunächst in der italienisch besetzten Provinz Laibach, später auch in Oberkrain und in der Untersteiermark, ausgedehnte

Gebiete von den Besatzern zu befreien und auch zu behaupten, kam es in Kärnten nicht einmal ansatzweise zu vergleichbaren Erfolgen. Es fehlte einfach die Unterstützung der Partisanen durch die Bevölkerung. Die überwiegende Mehrheit der Partisanenkämpfer in Kärnten stammte aus südlichen Regionen.

Dennoch war es der Widerstand gegen die NS-Diktatur, der auch Kärntner Slowenen zu den Partisanen trieb. Der Klagenfurter Apotheker Edgar Piskernig dazu: „Ein ganz besonders netter Bauernhof ist dieser Hof des oberen Deutschmann und des unteren Deutschmann. An diesen Pasterk, an den kann ich mich erinnern, daß wir auf einer Schaukel, die er montiert hat, gesessen sind und den größten Spaß hatten, den Kinder eben haben konnten, mit vier, fünf, sechs Jahren, bevor er eingerückt ist. Und später dann gehört haben, er hat eine besonders gute Ausbildung in der deutschen Wehrmacht gemacht, und wir waren alle dann sehr darüber verblüfft, wie er anläßlich eines Urlaubs hier geschnappt wurde und nicht mehr eingerückt ist und zu den Partisanen gegangen ist und auch als solcher gefallen ist."

Die Partisanenverbände fanden in der Folge Zulauf von Wehrmachtdeserteuren, Kriegsgefangenen und Zwangsarbeitern. Aber selbst auf dem Höhepunkt der Kämpfe gab es lediglich einige hundert aktive Partisanenkämpfer in Kärnten.

So meint Rudolf Gallob (SPÖ): „Die Partisanen waren sehr, sehr, sehr unbeliebt. Sie haben, um überleben zu können, sie brauchten ja Lebensmittel, sie haben nur Waffen bekommen, von wo weiß ich nicht, aber um zu überleben, haben sie ihre Lebensmittel von den Bauern genommen, haben Vieh geschlachtet, haben die Keller ausgeräumt und haben dort halt gelebt auf Kosten der Landesbürger im gemischtsprachigen Gebiet und dann auch bei uns im rein deutschen Gebiet."

Der militärische Wert der Partisanenaktivitäten in Kärnten war gering. Entscheidend war die Bindung stärkerer deutscher Kräfte, die sonst an den Kriegsfronten eingesetzt worden wären. Dies mag ein Beitrag zur Beseitigung der NS-Diktatur gewesen sein.

Überdies führte die Partisanentätigkeit zu einer massiven Einschüchterung der Unterkärntner Bevölkerung. Terrorakte wie etwa in Abtei gegen Kärntner Zivilisten waren an der Tagesordnung.

Erika Stetschnig, Partisanenopfer aus Abtei: „Die haben uns in der Nacht vom 16. auf 17. August 1943 überfallen. Bei der Nacht, da sind sie gekommen, haben ganz laut an der Tür geklopft und geschlagen. Und dann hat die Mutter eben, ohne Licht zu machen, hat sie hinausgeschaut, es war eine ganz mondhelle Nacht. Und dann sagte sie, die Partisanen sind draußen. Und dann sind sie der Reihe nach ins Zimmer gekommen, ich bin ja damals krank im Bett gelegen, schon länger, und haben da so richtig gegenüber vom Bett Aufstellung genommen, so etliche. Und dann hat mir einer, der war nicht in Uniform, der war mit einem Jägergewand und einem Hut mit Gamsbart und ein helles Hemd und dieses slowenische Nationalband über der Brust. Und der hat mir sozusagen einen Vortrag gehalten, wo es sinngemäß darauf hinausgegangen ist: Ihr wart schon immer gegen uns, und ihr seid heute gegen uns, ihr gehört weg. Hinter der Tür hat man niemanden erkennen können. Und er sagt, die Frau, die geleuchtet hat, die soll mitkommen. Die Mutter hat schon geahnt wahrscheinlich, was wird. Ich hab deutlich gemerkt, wie sie gezittert hat. Und es hat nicht gedauert, ist der Schuß gegangen. Ich bin direkt im Schock, bin ich aus dem Bett gefallen. Wie sie die Mutter einmal erschossen haben gehabt, sind sie abgezogen, und dann haben sie in der gleichen Nacht noch einen Invalidenrentner erschossen, im Graben unten."

Ein besonders schreckliches Partisanenmassaker ereignete sich kurz vor Kriegsende auf dem einsam gelegenen Perschmann-Hof in Koprein. Elf Familienmitglieder, vorwiegend Kinder, fielen dem Massaker zum Opfer, das später aber dem SS-Regiment 13 angelastet wurde.

Apotheker Piskernig dazu: „Aus den Gesprächen der Eltern haben wir dann erfahren, daß irgendwo von den Partisanen, in Feistritz oder in Globasnitz, irgendwo eine Kuh oder ein Kalb requiriert wurde und gestohlen wurde und mitgenommen wurde. Und daß man aufgrund dieser Fährten, die dieses Kalb auf dem Weg über die Luscha im Bereich der Petzen hier herunter nach Koprein gelegt hat, daß eine deutsche Polizeieinheit dem nachgegangen sein soll. Und die Eltern haben immer erzählt, das war ein riesiger Besitz, also mit vielem Wald und mit vielem Leben drinnen, daß die Besitzer, die Perschmann-Leute, den Partisanen gesagt haben: ‚Wir flehen euch an, geht's doch hinunter in den Graben, da seid ihr ganz allein, da habt ihr ein Haus für euch, und schaut, daß ihr dort unten das Essen, die Kälber abstecht, und dort euer Essen zubereitet und nicht da heroben.' Das hab ich im Ohr, wie es mir die Eltern erzählt haben. Und dann hat es geheißen, daß von einem, irgendeinem Haus davor, dort war eine Wache aufgestellt von den Partisanen, daß die das Feuer auf die heranrückende Polizeieinheit eröffnet hat. Und daß, wie dann zurückgeschossen wurde, die dann abgerückt sind und daß das Haus, aus dem geschossen wurde, gestürmt wurde."

Ob das Massaker aber wirklich von der Polizeieinheit und nicht doch von den Partisanen selbst verübt wurde, ist bis heute nicht letztgültig geklärt. Derlei Zweifel läßt man heute im Partisanenmuseum am Perschmann-Hof allerdings nicht aufkommen.

Bei Kriegsende rückte nun die zur offiziellen jugoslawischen Armee erklärte Partisanentruppe auch in Kärnten ein. Man wollte die jugoslawischen Gebietsansprüche mit militärischen Mitteln absichern. Der deutsche Widerstand löste sich auf. Noch bevor Partisanen und britische Truppen am 8. Mai in Klagenfurt eintrafen, hatte man Gauleiter Rainer bereits zum

Rücktritt bewegen können. Nun ging es darum, die Machtübernahme der Partisanen zu verhindern.

Zeitzeuge Lexer: „Klein St. Paul ist jugoslawisches Staatsgebiet, und es ist für die von Eberstein kommenden Partisanen für Verpflegung und Unterkunft zu sorgen. Dann haben wir uns entschlossen, den Partisanen-Emissären zu drohen: Wenn ein Partisane nach Klein St. Paul kommt, wird geschossen. Er hat ja gesehen, wie stark wir bewaffnet waren. Und ich sehe den heute noch vor mir, vor meinem geistigen Auge, wie er dann die Dorfstraße hinuntergelaufen ist. Ich hinter ihm her und hab dann abgezweigt zum Schloß Eberstein und hab von dort mit dem Feldstecher beobachtet, hab gesehen, daß die Partisanen, darunter auch zwei Flintenweiber, in der Volksschule in Eberstein untergebracht waren. Und dann haben wir eigentlich nur gewartet, wann werden die Partisanen kommen."

Und so begann mit dem Kriegsende der Terror der Tito-Partisanen in Südkärnten, der bis zum 20. Mai 1945 andauern sollte.

Otto Leitgeb, ehemals Soldat im Partisanen-Krieg, erzählte dazu: „Wir haben eben geglaubt, wir müssen das bis zum Ende durchhalten. Und dann hab ich doch mich entschlossen, mich zum Absetzen bereitzuhalten. Dann bin ich davon überzeugt worden, daß die [deutschen] Truppen sich zurückgezogen haben. Da sind ja Heeresangehörige und die ersten jugoslawischen Truppen, Tito-Einheiten, ein desolater Haufen, gewesen. Grauslich ausgeschaut, die gepanzerten Fahrzeuge, auf die hätten wir schießen sollen."

Für Widerstand war es aber zu spät, die Partisanen hatten in Südkärnten das Regiment übernommen. Bereits am 12. Mai 1945 wurde der Anschluß Kärntens an das kommunistische Jugoslawien proklamiert. In Klagenfurt versuchte man einen kommunistischen Umsturz. Es kam zu organisierten Demonstrationen für den Anschluß an Jugoslawien. Symbolträchtige Orte wie der Kärntner Herzogstuhl wurden besetzt. Im Kärntner Grenzland, wie zum Beispiel in Bleiburg, lief indessen die Tito-kommunistische Terrormaschinerie an.

Zeitzeuge Othmar Mory: „Am 10. Mai abends sind sie nach Bleiburg gekommen, und am 12. Mai in der Früh haben die Verschleppungen stattgefunden. Und am 12. Mai Mittag waren bereits die Engländer in Bleiburg. Also das war der Spielraum, der zeitliche war äußerst gering, aber das hat genügt, um etwas anzurichten. Das hätte wahrscheinlich, was heißt wahrscheinlich, ganz sicher, enorm viel Böses und Arges wäre angerichtet worden, wenn die Zeit der Alleinbesetzung der Jugoslawischen länger gedauert hätte."

Sein Bruder Walter Mory: „Am 12. Mai in der Früh um halb sechs haben sie meine Mutter abgeholt, wie es geheißen hat, zu einer Einvernahme auf die Gemeinde. ... Mein Vater hat sie begleitet, er [war] einen Tag vorher nach Hause gekommen, war auch im Militärdienst. Und er ist im Pyjama und nur den Rock, Jackett und Hose angezogen, mir ihr zur Gemeinde gegangen. Dort haben sie gesagt, er soll auch gleich dableiben."

Othmar Mory: „In groben Zügen war es so, daß man die Leute zuerst einmal wieder, wie der Walter schon gesagt hat, auf der Gemeinde gesammelt hat, dann abgeführt und nach Prävali gebracht hat. Die anderen sind nach Hirschenau gekommen. Am zweiten Tag, dort streng bewacht. Am zweiten Tag hat es Verhöre gegeben, ich glaube am zweiten Tag. Und nach diesen Verhören, aufgrund der Aussage oder was immer, hat man die Menschen getrennt. Todeskandidaten und praktisch andere. Die anderen hat man vom Gefangenenhaus oder Gefängnis in Prävali direkt hierher gebracht und hat sie hier liquidiert."

Bereits vor Kriegsende hatte der Nachrichtendienst der Partisanen für ganz Südkärnten Listen nationaler und politischer Gegner zusammengestellt. Aufgrund dieser Listen, wohl aber auch aufgrund örtlicher Denunziationen, kam es dann zwischen dem 8. und dem 20. Mai 1945 zur Verhaftung von nahezu 300 Kärntner Patrioten. Es waren mit Ausnahme des Klagenfurter Oberbürgermeisters Franz keine prominenten Nationalsozialisten, eher Menschen, die seit dem Kärntner Abwehrkampf als antijugoslawisch und heimatverbunden galten. Es hat dies nach Ansicht von Historikern der Beginn einer großangelegten politisch-ethnischen Säuberung durch die Partisanen in Kärnten sein sollen. Auch prominente Wirtschaftreibende, wie etwa die Unterkärntner Holzindustriellen Leitgeb, waren unter den Partisanen-Opfern.

Frederike Leitgeb, Tochter des Verschleppten: „Die Gebrüder Leitgeb, von denen der Jüngste, Siegfried, mein Vater war, wurden in der Nacht vom 12. Mai 1945 von Tito-Partisanen aus dem Bett geholt und verschleppt. Wann, wo und wie sie umgekommen sind, wissen wir bis heute nicht. Meine Mutter hat alles nur Menschenmögliche unternommen, um Aufklärung über das Schicksal zu erhalten. Sie ist so bald, wie es möglich war, nach Jugoslawien, in die jugoslawische Botschaft gefahren, wo sie dann von maschinengewehrbewaffneten Soldaten umringt und mehr oder minder wieder hinauskomplimentiert wurde. Sämtliche Eingaben bei der österreichischen Bundesregierung blieben erfolglos. Es wurde immer nur der Satz wiederholt: ‚Laut Auskunft aus Jugoslawien haben die drei Brüder Leitgeb jugoslawischen Boden nie betreten.'"

Auch in Klagenfurt kam es trotz der Präsenz der Briten zu Verschleppungen. Der Klagenfurter Zuckerbäcker Johann Gaßner erzählte über die Ereignisse: „Mein Vater ist dann hier aus der Domgasse verschleppt worden. Meine Mutter ist in der Villacher Straße verhaftet worden und mein Bruder in Krumpendorf dann. Die sind alle … aus dem Lager beziehungsweise Gefängnis in Vigaun, wo sie inhaftiert gewesen sind, dann verschwunden. Der Sohn ist zurückgekommen von den Sabitz und dann der Tischlermeister Daum aus Viktring. Der hat mir dann erklärt, wie sie da abtransportiert worden sind, über den Wurzenpaß. Da ist eine Sandgrube in der Nähe von Vigaun, und dort sind die Verschleppten hingetrieben worden und sind dort ermordet worden."

Etwa hundert der von den Tito-Partisanen verschleppten Kärntner wurden in den ersten Wochen und Monaten nach Kriegsende liquidiert. Nur dem Einfluß der Briten ist es zu verdanken, daß die Präsenz der Tito-Einheiten in Kärnten von relativ kurzer Dauer war. Aufgrund alliierter Abkommen sollte Südösterreich – Kärnten und Steiermark sowie Osttirol also – nach der Kapitulation der deutschen Wehrmacht ausschließlich unter britische Militärverwaltung gestellt werden. Dementsprechend schritten die Briten von Anbeginn gegen jugoslawische Ansprüche in Kärnten ein und drohten sogar offen mit einer militärischen Konfrontation, sollten sich die jugoslawischen Truppen weigern, das Land zu verlassen. Tatsächlich scheiterte der Versuch, eine projugoslawische Gegenregierung in Klagenfurt zu etablieren, bereits nach wenigen Tagen. Der britische Druck und die Anordnung Josef Stalins veranlaßten die jugoslawischen Truppen, ab dem 19. Mai aus Kärnten abzuziehen. Allerdings lieferten die Briten den Tito-Truppen dafür die slowenischen Domobranen sowie Hunderttausende nach Kärnten geflüchtete Kroaten aus. Diese erwartete in Jugoslawien ein fürchterliches Schicksal: Nach Schätzungen – die genaue Zahl ist nicht zu ermitteln – starben im Mai und Juni 1945 fast 200.000 Menschen durch die Hand der Partisanen.

Franz Conrad von Hötzendorf – Der Prophet des Präventivkrieges

von Prof. Dr. Lothar Höbelt

In den letzten Jahren war im Zusammenhang mit dem Nahen oder auch Mittleren Osten viel von „pre-emptive strikes" (Präventivschlägen) die Rede, dem verlockenden, wenn auch verrufenen Vorgehen, erkannte Bedrohungen auszuschalten, bevor sie ihr volles Gefährdungspotential entfalten können. Wie immer man dazu stehen mag: Wenn der Gedanke des Präventivkrieges – und sei es auch bloß quasi-kolonialen Zuschnitts – eine Rehabilitierung erfährt, so sei daran erinnert, wer sich als Schutzheiliger des „pre-emptive strike" geradezu aufdrängt: Franz Conrad von Hötzendorf, der österreichisch-ungarische Generalstabschef des Jahres 1914, ein drahtiger Wiener mit mährischen, sprich: sudetendeutschen Vorfahren, der sich schon vor Kriegsausbruch einen legendären Ruf erwarb. Mit dem Privatleben des Propheten mag's da zwar – wie wir sehen werden – Schwierigkeiten geben; doch Eifer und Meriten um der Sache willen wird man ihm hingegen nicht absprechen können.

Denn einen „pre-emptive strike" hatte von Hötzendorf schon bald nach seiner Ernennung im Jahre 1906 gefordert, und dann immer wieder, mit geradezu ermüdender Regelmäßigkeit. Pikanterweise war der Gegenstand seines Verdachts mit Vorliebe ein Verbündeter, nämlich das Königreich Italien, von dem er überzeugt war, daß es Österreich im geeigneten Augenblick in den Rücken fallen würde – weise Voraussicht oder „self-fulfilling prophecy" (sich selbst erfüllende Prophezeiung)? Wenn es gerade nicht Italien war, das man seiner Meinung nach rechtzeitig ausschalten sollte, dann eben Serbien und Montenegro, Balkanfürstentümer, die begehrliche Blicke über die Grenze warfen, wo ihre Volksgenossen im „Völkerkerker" schmachteten, in Bosnien und anderswo. Freilich: Konnte ein Staat wie Serbien einer Großmacht wie Österreich-Ungarn überhaupt gefährlich werden? Da begann das Dilemma erst so richtig: Auf sich allein gestellt natürlich nicht – doch mit Hilfe Rußlands? Oder anders – und in Richtung Berlin – gesagt: Würde im Falle eines großen Krieges Österreich-Ungarn seine Bündnisverpflichtungen noch erfüllen können, wenn es von Serbien abgelenkt würde? Mußte es nicht allein deshalb schon Serbien rechtzeitig ausschalten? Aber würde Rußland überhaupt zulassen, daß Serbien ausgeschaltet würde? Wenn es das aber nicht tat, war der Sinn des ganzen Präventivkrieges dann nicht von vornherein hinfällig? Oder hätte der Zar 1909 oder 1912, noch geschwächt vom Russisch-Japanischen Krieg, hinnehmen müssen, was er 1914 nicht mehr zuließ?

Damals hatte Österreich-Ungarn immer wieder Ultimaten gestellt, mit großen Kosten seine Reservisten einberufen und nach Srebrenica und Umgebung expediert – bloß die Serben hatten im letzten Moment perfiderweise nachgegeben. Hötzendorf hatte immer auf Krieg gedrängt und war stets gescheitert, bis man nach der vierten vergeblichen Mobilmachung, im Herbst 1913, seine Lehre daraus zog: Noch einmal dürfe das nicht passieren.[1] Damit waren die Weichen gestellt. Natürlich hatten auch alle anderen Mächte ihre Gründe, den Krieg anzunehmen oder zumindest nicht den geringsten Nachteil in Kauf zu nehmen, um ihn zu vermeiden. Der italienische Generalstabschef Alberto Pollio regte 1914 sogar von sich aus an, die Dreibundmächte sollten den Krieg lieber früher als später führen. Doch als Österreich-Ungarn ihn dann begann, war Pollio verstorben, und die Regierung seines Landes stellte sich auf den einsichtigen Standpunkt, gegen die Royal Navy könne Italien nicht Krieg führen: Ihren Bündnisverpflichtungen kamen sie nicht nach.[2] Einer hätte den Entschluß zum Krieg vielleicht aufhalten können, der stets den Ausgleich suchende Thronfolger Franz Ferdinand von Österreich-Este, doch der war am 28. Juni in Sarajewo einem Attentat zum Opfer gefallen. Die nachfolgende „Julikrise" führte zur Kriegserklärung an Serbien genau einen Monat später.

Hötzendorf bekam also seinen Krieg. War es noch der seine? Diesmal bedurfte es der Tiraden des Generals gar nicht mehr. Der Kaiser Franz Joseph I. und der Außenminister Graf Leopold Berchtold, die jungen Falken am Ballhausplatz, darunter der Schwager des jungen Bismarck, Graf Alexander Hoyos, nahmen das Heft in die Hand. Dankbarkeit ist keine Kategorie in der Politik. Es vergingen nur wenige Monate, bis der Präventivkrieger die Herren Diplomaten mit Vorwürfen überhäufte – früher hätte man es machen müssen, da wäre es eine sichere Sache gewesen, jetzt nur noch ein Vabanque-Spiel – bis ihn ein Kamerad fragte, warum er denn dann nicht gegen den Krieg plädiert habe, und er mit den Achseln zuckte: „Als Soldat konnte er doch nicht vom Krieg abraten…"[3]

Zu dem Zeitpunkt hätte der Krieg auch schon wieder vorbei sein sollen. Ein Feldzug im August konnte sich doch nicht bis in die Weihnachtszeit hinein ziehen. So oder so würde der Krieg bis dahin vorbei sein. Auf die ersten Schlachten kam es an. Darum war es auch so wichtig, keinen Tag zu verlieren. Mobilmachung bedeutete Krieg. Das war der Automatismus der Computersimulationen von 1914, der Eisenbahntabellen. Für Österreich-Ungarn galt das ganz besonders. An Masse konnte man mit Rußland nicht mithalten. Doch Rußland war groß: Bis auch die letzte Kosaken-Sotnie zur Stelle war, würde einige Zeit vergehen. Wenn man da überhaupt eine Chance haben wollte, mußten die Österreicher schon in Polen einmarschiert sein, bevor sich die Russen alle versammelt hatten.

Seltsam nur, daß die Österreicher 1914 genau dieses Argument Lügen straften. Da waren sie nun tatsächlich die ersten und machten nichts daraus. Die Verantwortung dafür wurde hin- und hergeschoben: Die militärische Logik und der deutsche Verbündete plädierten für eine Konzentration an der entscheidenden Stelle, an der russischen Front; die österreichischen Politiker und der Kaiser hätten gern einen vernichtenden Schlag gegen Serbien gesehen. Das Ergebnis war eine jener klassischen Halbheiten, wie sie schon Franz Grillparzer den Habsburgern ins Stammbuch geschrieben hatte, „auf halbem Weg und zu halber Tat, mit halben Mitteln zauderhaft zu streben". Bevor es nicht sicher war, ob Rußland tatsächlich ein- und angreifen wollte, schickte man einen beträchtlichen Teil der Armee gegen Serbien. Nach fünf Tagen wurde dann Kehrtmarsch befohlen. Eine von vier Armeen – die sogenannte B-Staffel – traf daraufhin nicht vor, sondern erst nach den Russen in Galizien ein.[4]

Die Russen waren überlegen. Das Zauberwort hieß: „Innere Linie" – im großen wie im kleinen.* Deutschland würde mit neun Zehnteln seiner Armee Frankreich niederwerfen, um sich nach vollbrachter Tat gen Osten zu wenden. In der Zwischenzeit fiel den Österreichern die heroische, doch wenig beneidenswerte Aufgabe zu, die russische Dampfwalze aufzuhalten. Wie erwehrte man sich einer Übermacht? Bereits ein Jahr später sollten die Österreicher das in den Alpen vorexerzieren: Man ließ die Truppe sich eingraben, gab den uralten Standschützen brandneue Maschinengewehre – und siehe da, das Wunder geschah. In ein paar Monaten Kampferfahrung konnten sich völlig neue Welten eröffnen.

---

* Die „Innere Linie" ist ein militärstrategischer Begriff und steht für die Verteidigung aus dem strategischen Mittelpunkt der Kämpfe heraus und für den damit einhergehenden Vorteil einer schnellen Schwerpunktbildung.

1914 war man sich einig, die Aufgabe könne nur angriffsweise gelöst werden. Ein Zangenangriff gegen das russische, sogenannte Kongreß-Polen schien bei näherer Betrachtung wenig erfolgversprechend. Dazu waren die Zangen zu schwach und wiesen selbst offene Flanken auf. Auch da bot sich die innere Linie an: Die Russen konnten Ostpreußen und Ostgalizien von zwei Seiten angreifen. Von Osten und von Polen her, ihrem Polen, dem sogenannten Kongreß-Polen. Wenn man mit den eigenen Truppen zwischen den Gegnern pendelte, zuerst den einen zurückschlug, dann den anderen abwehrte, konnte man sie zumindest solange hinhalten, bis die versprochenen Verstärkungen aus dem Westen anrollten. Soweit die Theorie. In Ostpreußen gelang das wider Erwarten auch; in Ostgalizien nicht.

Das lag nicht am mangelnden Elan der Österreicher. Sobald die Friedenskader aufgerieben waren und die Schwejks der Ersatzmannschaften einrückten, die ukrainischen Landsturmmänner und die tschechischen Reserveoffiziere – die sich so ihre Gedanken machten, ob sie auch wirklich auf der richtigen Seite fochten – begannen sich in der multinationalen Wehrpflichtigenarmee erste Auflösungserscheinungen bemerkbar zu machen. Davon war im August 1914 noch nicht die Rede gewesen: Zugegeben, in Prag war von der Kriegsbegeisterung nichts zu spüren, die in diesem Sommer alle anderen Großstädte heimsuchte, bis hinüber nach Chicago, wo Deutsche und Iren Arm in Arm gegen das „perfide Albion" demonstrierten. Doch wer die k.u.k. Regimenter zum „Exerzierplatz-Sturm" im feindlichen Feuer antreten sah, mußte den Eindruck haben, daß Bismarck wieder einmal recht behalten hatte: „Wenn der alte Kaiser zu Pferde steigt, werden alle seine Völker ihm folgen." Die Moral war ausgezeichnet, die Ausrüstung – die „rückständigen" Russen verfügten über mehr und bessere Artillerie – und die Taktik weniger. „Die Leute schießen nicht mehr, sie stürmen nur. Daher die kolossalen Verluste", schrieb der General Dankl und fügte selbstkritisch hinzu: „Gegen die Russen erreicht man noch, wenn auch mit großen Opfern, einen Erfolg, aber gegen anders ausgebildete Truppen nicht."[5]

Dieser Erfolg schien sich anfangs auch noch tatsächlich einzustellen. Dankl war einer der beiden Armeekommandeure des österreichischen Offensivflügels, der ab dem 22. August 1914 nach Polen vordrang, während der sozialistische Emigrant Jozsef Pilsudski für die Österreicher eine „polnische Legion" rekrutierte.[6] Zwar notierte Dankl entrüstet, die Gefühle so mancher „Befreier" vorwegnehmend: „Die Leute hier sind gar nicht austrophil."[7] Stellenweise feuerten sogar Zivilisten aus dem Hinterhalt auf die Österreicher, die nicht lange zögerten und alles einigermaßen Verdächtige aufknüpften. „Überall baumeln die Kerls, aber gemütlich ist die Sache wahrlich nicht."[8]

Doch militärisch war Dankl das Glück hold – ein paar Seiten weiter findet man in seinem Kriegstagebuch eine eingehende Erörterung, wie er den ersten Sieg des Großen Krieges nennen sollte: Eigentlich war es bei Galichna-Goraj gewesen, doch dann überkam ihn das Mitleid mit den zukünftigen Geschichtsstudenten, und er entschied sich für Krasnik, das leichter auszusprechen war.[9] Seinem Nachbarn im Osten, dem ehemaligen Kriegsminister Auffenberg – bald darauf wegen Insiderhandel* mit Rüstungsaktien arretiert – schien sogar eine Umfassungsschlacht zu gelingen: Sein Adelstitel, ein paar Monate vor der Haft verliehen, trug das Prädikat Komarow. Wenn, ja wenn nicht ein Erzherzog gepatzt hätte, so seufzte Auffenberg, dann wäre die russische 5. Armee ihm nicht entkommen. Auch so waren die Kommuniques recht vollmundig. Immerhin zählte man 40.000 Gefangene.

Und doch mischte sich ein Wermutstropfen in die Siegesnachricht, wie sie am 2. September – Sedantag, aber der wurde hier ja nicht gefeiert – hinausging. Der letzte Satz lautete kryptisch und lakonisch: „Lemberg noch in unserer Hand." Denn während sich die Österreicher im Norden gut schlugen, drangen die Russen von Osten her nach Galizien ein. So langsam, wie man das geglaubt hatte, waren sie nicht. Die französischen Gelder, die in ihren Eisenbahnausbau geflossen waren, machten sich bezahlt. Der österreichischen 3. Armee (von Brudermann), die ihnen hier gegenüberstand, fehlten die Truppen, die eben erst nach dem Umweg über Serbien durch die Puszta marschierten. Biegsamer, hinhaltender Widerstand war ihre Sache nicht, im Gegenteil; doch die in der „ersten Schlacht bei Lemberg" ausgeführten Frontalangriffe gegen einen überlegenen Feind verschlimmerten die Situation noch.

In Ostpreußen hatten die Deutschen inzwischen die Schlacht bei Tannenberg siegreich beendet und machten kehrt, um der anderen russischen Armee den Weg zu versperren, die auf Königsberg marschierte. Hötzendorf verfolgte dieselbe Strategie. Bloß die Verhältnisse spielten ihm nicht in die Hände: Es gab kein gut ausgebautes Netz von Rochadebahnen, die es erlaubten, Bewegungen schnell und unerkannt durchzuführen, keine Befestigungen, wie in Masuren, die dem Gegner das Nachstoßen erschwerten, sondern nur endlose Straßen und weite Ebenen, Sumpf und Sand.

Das nervöse Genie von Hötzendorf gehörte zu den Planern, die es mit dem Satz hielten, wenn die Realität nicht mit der Theorie übereinstimmt – um so schlimmer für die Realität. Der englische Militärhistoriker Sir Basil Liddell Hart überschrieb sein Hötzendorf-Kapitel: „The Man Who Juggled with Armies, and Broke Them."**[10] Während man im Westen

---

* Insiderhandel = strafbare Verwendung von Insiderinformationen für Börsengeschäfte
** Eng.: „Der Mann, der mit Armeen jonglierte – und sie zerdepperte."

dem jüngeren Moltke vorwerfen sollte, die Nerven verloren zu haben, als er die Marneschlacht zu früh abgebrochen hatte, klammerte sich von Hötzendorf im Osten viel zu lange an die Hoffnung, das Schicksal doch noch zwingen zu können, jetzt, als nun endlich auch die letzten Truppen vom Balkan eintrafen. Doch von einem Operieren auf der inneren Linie konnte längst nicht mehr die Rede sein. Bei Rawa Ruska vereinigten sich die von Osten vordringenden Russen mit den aus dem Norden nachstoßenden Armeen. Jetzt zählte nur mehr deren zahlenmäßige Überlegenheit; die österreichische Aufstellung wurde im rechten Winkel zurückgebogen. Die „zweite Schlacht bei Lemberg" neigt sich dem Ende, die k.u.k. Truppen müssen sich nach Krakau zurückziehen. Man konnte von Fortune sprechen, daß ihnen am 11. September 1914 der Rückzug überhaupt noch gelang.

Rawa Ruska war für von Hötzendorf eine doppelte Tragödie. Denn dort fiel auch sein Lieblingssohn. Besucher fanden den Generalstabschef deprimiert und aus dem Gleichgewicht. Er „lebt ganz abgeschieden und weint viel". In der kaiserlichen Militärkanzlei machte man sich schon so seine Gedanken, wie Ferdinand von Marterer bezeugt: „Mir kommt in den letzten Tagen immer wieder die Idee, woher denn eigentlich von Hötzendorfs Größe stamme."[11]

Über den Gemütszustand unseres Helden sind wir erstaunlich gut informiert. Denn wie schrieb Hegel einst: „Niemand ist ein Held vor seinem Kammerdiener." Oder, so wollen wir ergänzen, auch das Genre von Briefen an die ferne Geliebte ist nicht für die militärische Öffentlichkeit bestimmt. Seit 1907 war von Hötzendorf in Gina von Reininghaus verliebt, eine verheiratete Frau und pikanterweise noch dazu eine Italienerin, aus Triest. Der Außenminister beschwerte sich schon, von Hötzendorf plaudere in seinen Briefen zuviel aus, und Gina verbreite dann in Wien pessimistische Stimmung.[12]

Die Malaise nach Rawa Ruska löste auch Unstimmigkeiten zwischen den Verbündeten aus. Details von der Marneschlacht erfuhr man im Osten zwar keine, aber das Ergebnis war klar. Verstärkungen aus dem Westen trafen nur tröpfchenweise ein. Der Zweifrontenkrieg ging in die nächste Phase über. Der Krieg schleppe sich hin, schrieb von Hötzendorf, wie ein Schwerkranker, der nicht sterben und nicht genesen könne. „Deutschland hat geglaubt, es wird Frankreich im Handumdrehen niederringen, und Rußland hat geglaubt, es wird mit seiner überwältigenden Macht uns einfach wegwischen – beide haben sich geirrt."[13]

Freilich, um die Front zu halten, brauchte man reichsdeutsche Unterstützung. Die wurde letzten Endes meist auch gewährt. Doch die gutmütige Herablassung, mit der von Hötzendorf sich dabei behandelt sah, setzte ungeahnte Ressentiments frei. „Am Anfang haben wir uns für Deutschland verblutet – und jetzt spielt es die Rolle des großmütigen Helfers in der

Not. Die Gesellschaft hätte es verdient, daß die Kosaken nach Berlin gekommen wären – was zweifellos geschehen wäre, wenn wir anders gehandelt hätten."[14] Die preußischen Militärs, Ludendorff und Falkenhayn, gegeneinander auszuspielen, dabei noch bei Wilhelm II. zu antichambrieren, war eine Kunst, die er bald beherrschte, doch: „Ich trete damit, um mich buddhistisch auszudrücken, in das zehnte Stadium der Selbstverleugnung."[15]

Paradoxerweise war es das deutsche Zögern, das von Hötzendorf einen Karriereknick ersparte. Österreich-Ungarn hätte sein Heer schon 1914 Ludendorff unterstellt, unter dem bloß nominellen Oberbefehl seines Erzherzogs Friedrich, eines Nicht-Charismatikers von hohen Graden,[16] um das deutsche Interesse für den Osten zu wecken. Man war bereit, die Person zu opfern, um in der Sache Recht zu behalten. Doch in Berlin ging man darauf nicht ein. Das Resultat war: Hötzendorf überlebte, ja er entwickelte sich im Kreise seiner „Kollegen", der allesamt glücklosen Heerführer des Sommers 1914, zu einem Überlebenskünstler.

Überleben, das war für die Habsburgermonarchie schon Triumph genug. Wenn ihn im Dezember 1914 jemand gefragt hätte, ob „Österreich-Ungarn den Krieg noch über Jahr und Tag aushalten würde, hätte ich unbedingt verneinend geantwortet", schrieb Hugo von Freytag-Loringhoven, von Hötzendorfs preußischer Verbindungsoffizier.[17] Dabei war damals nicht einmal von den Italienern die Rede, die Österreich im Mai 1915 den Krieg erklärten. In Berlin drängte man, den Italienern durch Gebietsabtretungen entgegenzukommen. Doch Kaiser Franz Joseph blieb stur. Damals – nicht 1914 – fielen die Worte: „Dann werden wir eben anständig zugrunde gehen." Selbst von Hötzendorf war zuletzt – ein weiteres Stadium der Selbstverleugnung – für Konzessionen an den ungetreuen Verbündeten eingetreten. Denn wie Österreich einen Dreifrontenkrieg durchstehen sollte, war nicht abzusehen.

Doch wieder kam alles ganz anders. Das Wunder, das niemand für möglich gehalten hatte, stellte sich ganz selbstverständlich ein. Die Truppe quittierte den italienischen Kriegseintritt mit „Abscheu und Begeisterung", wie ein erstaunter General notierte.[18] Die Front am Isonzo hielt nicht bloß, im selben Monat Mai brach – vor der sehr modern anmutenden, „schaurig-schönen" Kulisse der brennenden „Naphta-Reservoirs",[19] sprich: der Ölfelder und Raffinerien Galiziens – die Offensive von Tarnow-Gorlice los, die mit der Eroberung Polens endete. Hötzendorf stand im Zenith seiner Laufbahn. Zugegeben: Die Österreicher waren nicht die Speerspitze des Siegeszuges im Osten. Ohne deutsche Kapitalzufuhr wäre es sicher anders ausgegangen, doch noch hielten sie statistisch gesehen einen Mehrheitsanteil am erfolgreichsten Feldzug des Weltkrieges.

Dem Sieger die Beute: Für von Hötzendorf hielt das Mirakel des Hauses Habsburg auch eine persönliche Rendite bereit. Der Kaiser erlaubte die

Heirat mit Gina von Reininghaus. „Seine Majestät ist wohl der erste Gentleman der Welt."[20] Zuvor wurde die Geliebte in einem Blitzfeldzug geschieden. (Das war in Österreich nicht vorgesehen, aber es genügte, sich von einem ungarischen Kameraden des Bräutigams adoptieren zu lassen – manchmal hatte die komplexe Struktur der Doppelmonarchie auch so ihre Vorteile.) Dem Einzug der Mittelmächte in Warschau folgte der Einzug der von Hötzendorfs im Hauptquartier in Teschen. Puritanische reichsdeutsche Offiziere mokierten sich über die Hofhaltung des Paares in den Kaffeehäusern der Stadt.

Zum Schluß hatte von Hötzendorf sogar mit seiner Abberufung Glück. Der junge Kaiser Karl schickte ihn 1917 zwar nicht in die Wüste (auch dort hatten die Österreicher Truppen, nämlich in Palästina), aber nach Tirol. So hatte er das Ende nicht zu verantworten. Im Felde vielleicht doch nicht ganz unbesiegt, blieb sein Nimbus bestehen, wurde mit dem Ende des Reiches vielleicht sogar verklärt. Im Deutschen Reich hatte man von Moltke und von Falkenhayn zu Sündenböcken erklärt; von Ludendorff aber galt bei all seinen Meriten als esoterisch-überspannt und war mit der Erinnerung an 1918 belastet, als er die letzte Chance ergriffen – und vergeben hatte. Hötzendorf dagegen, der tote mehr noch als der lebende, erwies sich als ein Mann für alle Jahreszeiten.

Während der „Räuber des Kirchenstaats", das Königreich Italien, seine Armeen dem General Graf Luigi Cadorna anvertraute, den sich die Österreicher schmeichelten, über den Papst beinflussen zu können,[21] und es im Offizierkorps des republikanischen Frankreich von verkappten Monarchisten nur so wimmelte, führte die Armeen der letzten katholischen Großmacht ein erklärter Freigeist ins Feld, der vom Thronfolger extra zur Messe befohlen werden mußte. Hötzendorf war ein schwarzgelber „Freiheitlicher" gewesen, das hieß: bei allem Patriotismus antiklerikal und deutschnational. Seine Tiraden gegen den „preußischen Egoismus" waren vergessen, sobald er nicht mehr an der Spitze stand. Als er 1925 starb, erhielt er ein Staatsbegräbnis, wie es die Erste Republik nicht wieder erleben sollte.

Seinem Nachruhm vermochte kein Regimewechsel etwas anzuhaben. Der österreichische Ständestaat kehrte 1933 zur altösterreichischen Tradition zurück; das Dritte Reich war argwöhnisch gegen die Habsburger und setzte den Thronerben auf seine Schwarze Liste, doch es ehrte ihre Heerführer[22]; auch die Zweite Republik klammerte sich mit Vorliebe an die Österreicher, die einen Weltkrieg zuvor gefochten hatten. Selbst bei den Sozialdemokraten hatte von Hötzendorf seine heimlichen Bewunderer, zum Beispiel den Generalmajor Karl Schneller, der in sein Tagebuch schrieb: Hötzendorf sei zwar vielfach am Standpunkt des Divisionärs stehengeblieben, aber „die Geschichte wird das Bild anders zeichnen: Ich täte es selbst aus Verehrung und Liebenswürdigkeit."[23]

Anmerkungen

1. Günther Kronenbitter. *„Krieg im Frieden": Die Führung der k.u.k. Armee und die Großmachtpolitik Österreich-Ungarns 1906–1914.* [Habilitationsschrift] München: Oldenbourg, 2003. S. 426 u. 433.

2. Vgl.: Holger Afflerbach. *Der Dreibund: Europäische Großmacht- und Allianzpolitik vor dem Ersten Weltkrieg.* Wien: Böhlau, 2002. S. 779. – William A. Renzi. *In the Shadow of the Sword: Italy's Neutrality and Entrance into the Great War, 1914–1915.* New York u.a.: Peter Lang, 1987.

3. Kriegsarchiv Wien (KA). B:16. Tagebuch FML Ferdinand v. Marterer (stellv. Chef der Militärkanzlei S.M.). 13. September 1914.

4. Auch dazu überzeugend: Kronenbitter, *Führung der k.u.k. Armee,* a.a.O. (s. Endnote 1 oben), S. 445 f.

5. KA. B:3/5. Tagebuch GdK Viktor (ab 1918: Graf) Dankl. 28. August 1914.

6. Lesenswert sind nicht bloß die farbigen Erinnerungen Pilsudskis, sondern auch das Vorwort zur deutschen Ausgabe von 1935 aus der Feder von Hermann Göring, das bis auf wenige verräterische Adjektive in schönrednerischer Beziehung mit dem EU-Sprech unserer Tage jede Konkurrenz aufnehmen kann: „Die Kenntnis der aus völkischer Eigenart und Notwendigkeit geborenen Gegensätzlichkeiten ist eine Voraussetzung für deren Überbrückung." Und so weiter…

7. Dankl-Tagebuch, a.a.O. (s. Endnote 5 oben), 28. August 1914.

8. KA. B:14/7. Briefe General Joseph Roth (von Limanowa-Lapanow) an seine Frau. 1. September 1914.

9. Dankl-Tagebuch, a.a.O. (s. Endnote 5 oben), 25. August 1914.

10. Basil H. Liddell Hart. *A History of the World War 1914–1918.* London: Faber, 1930. S. 107.

11. Marterer-Tagebuch, a.a.O. (s. Endnote 3 oben), 8. November 1914.

12. Marterer-Tagebuch, a.a.O. (s. Endnote 3 oben), 12. November 1914.

13. KA. B:1450/357. Hötzendorf an Gina, 3. Januar 1915.

14. Ebd., 15. u. 17. April 1915.

15. Hötzendorf an Bolfras (Chef MKSM), Beilage zu KA. B:15/2. Transkription Tagebuch Oberstleutnant Rudolf Kundmann (von Hötzendorfs Adjutant) vom 12. Mai 1915.

16. Vgl.: Lothar Höbelt. „Der Oberkommandant als Mediator: Zur Ehrenrettung Erzherzog Friedrichs." In: *Ein Leben für Deutschland: Gedenkschrift für Wolfgang Venohr 1925–2005.* Berlin: Junge Freiheit, 2005. S. 245–259.

17. Hugo von Freytag-Loringhoven. *Menschen und Dinge, wie ich sie in meinem Leben sah.* Berlin: Mittler & Sohn, 1923. S. 255.

18. KA. B:14/14. Roth-Tagebuch. 23. Mai 1915.

19. Kundmann-Tagebuch, a.a.O. (s. Endnote 15 oben), 2. Mai 1915.

20. Brief an Bolfras, Beilage zu Kundmann-Tagebuch vom 11. März 1915; zum Privatleben von Hötzendorfs vgl.: Lawrence Sondhaus. *Franz Conrad von Hötzendorf: Architekt der Apokalypse.* Wien/Graz: Neuer Wiss. Verlag, 2003.

[21] Diese kuriose Idee verfolgte laut Kundmann-Tagebuch vom 8. April 1915 zumindest der Thronfolger, Erzherzog Karl.

[22] Vgl.: Thomas Grischany. *Der Österreicher Adolf Hitler*. [Diplomarbeit] Wien, 1994. S. 110 f.

[23] KA. B:509/2. Tagebuch Oberst Karl Schneller (Italiengruppe Operationsbureaus). 1. Juli 1915.

„Der Geist entscheidet, nicht das Blut"[1]

Waren die Deutschen „willige Vollstrecker" von Hitlers Judenpolitik?

von Prof. Dr. jur. Konrad Löw

I. „Hitler und sein Volk" – Aufriß einer Kontroverse

Vor gut zehn Jahren erschien unter dem Titel *Hitlers willige Vollstrecker*[2] der kühne Vorwurf des amerikanischen Politologen Daniel Goldhagen, die ganz große Mehrheit der Deutschen habe „willig" Hitlers Mordplan an den Juden exekutiert.[3] An vielen Stellen begegnet der Leser seines Buches Sätzen wie: „Meine Erklärung lautet – und dies ist neu in der wissenschaftlichen Literatur über die Täter –, daß die ganz ‚normalen Deutschen' durch eine bestimmte Art des Antisemitismus motiviert waren, die sie zu dem Schluß kommen ließ, daß die Juden sterben sollten."[4]

Das Echo war gespalten. Unter Fachleuten und Zeitzeugen stieß Goldhagen auf heftigen Widerspruch.[5] Doch Kinder und Enkel der „Vollstrecker" bereiteten ihm auf seiner Deutschlandtournee einen freundlichen Empfang, teil(t)en offenbar sein Urteil.

Als wenige Jahre später Robert Gellately, Professor für die Geschichte des Holocausts am Center for Holocaust Studies (USA) nachlegte und *Hingeschaut und weggesehen: Hitler und sein Volk* veröffentlichte, war die deutsche Bundeszentrale für politische Bildung gleich so begeistert, daß sie das Buch in ihren Verteiler aufnahm und auf den Umschlag schrieb: „Der Autor … beweist stichhaltig, daß die Deutschen nicht nur von den Verbrechen der nationalsozialistischen Machthaber wußten, sondern darüber offen informiert wurden und weit aktiver, als bisher bekannt war, mithalfen – durch Zustimmung, Denunziation oder Mitarbeit."[6] Also erneut: die Deutschen als „Hitlers willige Vollstrecker".[7] Diese kollektive Schuldzuweisung soll offenbar von allen Deutschen akzeptiert und verinnerlicht werden. Daher wird das Buch bis heute (August 2008) gratis an alle Interessenten abgegeben.

Beweisen die beiden umfangreichen Veröffentlichungen, was sie zu beweisen vorgeben? Falls nein, dann stellt sich die Frage, ob nicht die genannten Autoren selbst in gewisser Weise Hitlers „willige Vollstrecker" sind, hatte doch der Tyrann gehofft, „mit seinen Verbrechen die Deutschen an sich zu ketten", wie Stefan Aust und Gerhard Spörl schreiben.[8] Die Deutschen sollten zumindest Mittäter im Geiste sein, und letztlich, wenn alles verloren ist, „statt des Führers auf der Anklagebank" sitzen.

Im Frühjahr 2007 erschien die kommentierte Gesamtausgabe der Tagebücher von 1933 bis 1945 Victor Klemperers, rund 15.000 Seiten.[9] Wer Klemperer liest und sein Leben betrachtet, wird stutzig und fragt sich, wer das deutsche Volk der NS-Ära zutreffender beurteilt, amerikanische Nachkriegskinder, wie Goldhagen und Gellately, oder Leute wie Victor Klemperer, die, im deutschen Volk lebend, die NS-Zeit vom ersten bis zum letzten Tag erlebt haben. Ihm verdanken wir Sätze wie: „Fraglos empfindet das Volk die Judenverfolgung als Sünde."

Daher lohnt es sich, alle historisch relevanten Quellen daraufhin zu befragen, ob sie die oben bereits zitierte amtliche Sicht Deutschlands untermauern, „daß die Deutschen ... weit aktiver, als bisher bekannt war, mithalfen – durch Zustimmung, Denunziation oder Mitarbeit". Oder stützen sie das Urteil Klemperers?

Die Fülle der einschlägigen Zeugnisse ist so riesig, daß sich damit ein stattlicher Band füllen läßt, ein dringendes Desiderat, das auf seine Umsetzung wartet. Hier soll nur versucht werden, die Arten der Quellen thesenartig zu präsentieren und anhand einzelner Belege das Interesse am Ganzen zu stimulieren.

II. Beweisaufnahme

1. Die Gewissenserforschung der „Angeklagten"

„Die Befreiung der Deutschen von ihrer Vergangenheit durch den Sündenbock Hitler ist nicht neu. Bereits in der ersten Nachkriegszeit hatten solche Manöver Hochkonjunktur", heißt es in der Ankündigung eines Vortrages der Friedensinitiative Konstanz vom Frühjahr 2006. Und in der Tat haben in der Kriegs- und Nachkriegszeit nur wenige Deutsche ihre Stimme erhoben und sich für mitschuldig an der Shoah bekannt. Zu den später sehr kritischen Zeitzeugen – unter anderem in *Die Unfähigkeit zu trauern* (1967) – zählt Margarete Mitscherlich, Jahrgang 1917, die in einem

Interview aus dem Jahre 2004 äußerte: „Ich bin nie in ein Milieu hineingeraten, in dem man Hitler und seine Gefolgschaft nicht unendlich primitiv fand."[10] Wenn wir ihr Glauben schenken, so stellen ihre Worte großen Teilen der deutschen Gesellschaft ein gutes Zeugnis aus. Denn eine agile Frau wie sie, im Dritten Reich rund 20 Jahre alt, kommt mit vielen und vielerlei Menschen in Kontakt. Wenn sie nie in ein von Hitler begeistertes Milieu geriet, so läßt das verallgemeinernde Schlüsse zu. Natürlich gab es „braune" Milieus in großer Zahl. Doch wenn man wollte, konnte man sie zumindest im privaten Bereich umgehen.

Wenn von „braunen" Milieus die Rede ist, denkt mancher Leser sogleich an die Millionen Mitglieder der Partei Hitlers. Doch auch insofern ist ein Pauschalurteil bedenklich, waren doch unter ihnen sehr namhafte Judenhelfer, so Oskar Schindler und Wilm Hosenfeld.[11] Von Ernst Leitz heißt es: „Der Chef des Unternehmens Leica war Mitglied der NSDAP. Daß er damit mindestens 41 jüdischen Angestellten das Leben rettete, hat er nie erzählt."[12]

2. Das Urteil der Täter

„Juden und Judenknechte" lautet die Überschrift einer Anweisung für Redner vom November 1938. Darin heißt es: „Der Reichspropagandaleiter gibt bekannt: Bei der Durchführung verschiedener einschneidender Maßnahmen in den vergangenen Tagen gegen das Judentum hat sich gezeigt, daß ein großer Teil des Bürgertums für die durchgeführten Maßnahmen geteiltes Verständnis aufbringt. Zum größten Teil laufen diese Spießer und Kritikaster herum und versuchen, Mitleid mit den ‚armen Juden' zu erwecken mit der Begründung, daß Juden auch Menschen seien. Bis zur Machtergreifung hat in bürgerlichen Zeitungen nie ein Wort über den Juden, auf keinen Fall aber ein abfälliges Wort gestanden. Die Masse der Bevölkerung, die nicht in der Kampfzeit und auch späterhin nationalsozialistische Zeitungen regelmäßig gelesen hat, hat damit nicht die Aufklärung erfahren, die für die Nationalsozialisten im Kampf ohne weiteres gegeben war. Dieses Versäumnis ist daher nachzuholen … Heil Hitler gez. Dr. Goebbels."[13]

Nicht einmal auf die Parteigenossen war Verlaß, wie eine Anordnung des Stellvertreters des Führers in der NSDAP Rudolf Heß veranschaulicht: „Aus Mitteilungen geht hervor, daß Parteigenossen die dem Judentum gegenüber gebotene Zurückhaltung vermissen lassen … Unbeschadet der den in Deutschland lebenden Juden durch die geltenden Gesetze zugewiesenen Stellung und Betätigungsmöglichkeit verbiete ich daher allen Parteigenossen … Fürsprache für Juden bei staatlichen und anderen Stellen."[14]

Offenbar setzten sich viele Parteigenossen über dieses Verbot hinweg, was Himmler Gleichgesinnten gegenüber scharf monierte: „… bedenken Sie aber selbst, wie viele – auch Parteigenossen – ihr berühmtes Gesuch an mich oder irgendeine Stelle gerichtet haben, in dem es heißt, daß alle Juden selbstverständlich Schweine seien, daß bloß der Soundso ein anständiger Jude sei, dem man nichts tun dürfe. Ich wage zu behaupten, daß es nach der Anzahl der Gesuche und der Anzahl der Meinungen in Deutschland mehr anständige Juden gegeben hat als überhaupt nominell vorhanden waren."[15] Schon kurz nach dem Pogrom des Jahres 1938 klagte *Das Schwarze Korps*, das Hauptpresseorgan der SS: „Jeder von uns hatte in den letzten Tagen wohl mit einem solchen treuherzigen Vertreter erzchristlicher Nächstenliebe mehr oder weniger gründliche Gespräche, weil sie in jedem Fleischerladen, an jedem Zeitungsstand und an jedem Kaffeehaustisch ungerufen auftauchten."[16]

3. „Berichte aus dem Reich" und andere NS-Dokumente

Woher wußte die politische Führung, daß ihre Judenpolitik nicht die Zustimmung der breiten Massen fand? Den Massenmedien war es nicht zu entnehmen. Sie verkündeten und hatten zu verkünden – in Bild und Wort: „Ein Volk, ein Reich, ein Führer!" Gatten, Väter, Söhne starben „Für Führer, Volk und Vaterland", auch wenn die Hinterbliebenen den Haupturheber dieses herben, sinnlosen Verlustes noch so sehr verabscheuten. Spitzel erstatteten Meldung darüber, wie das Volk anscheinend denkt und harte Maßnahmen aufnimmt. Heinz Boberachs *Meldungen aus dem Reich*, schon vor Jahrzehnten erschienen, füllen 17 Bände.[17] Sie spiegeln auch die Aufnahme des amtlichen Antisemitismus im Volke wider. Aber Mitteilungen darüber waren kein Auswahlkriterium, anders als bei der Erarbeitung des 894 Seiten starken Werkes *Die Juden in den geheimen NS-Stimmungsberichten 1933–1945*, das 2004 herausgekommen ist.[18] Da heißt es gleich zu Beginn der Einleitung: „Wie aus den bisherigen Forschungen zur geheimen NS-Berichterstattung hervorgeht, glaubte das Regime nicht an das monolithische Bild von Staat und Gesellschaft, das von ihm selbst in den Massenmedien dargestellt und von der Welt meist entsprechend wahrgenommen wurde."[19] Die 752 abgedruckten Dokumente bestätigen die Richtigkeit dieser Feststellung.

4. Das „andere Deutschland"

„Die größten Nazi-Verehrer wurden dann, 1945, die radikalsten Anti-Deutschen", schreibt Ludwig Marcus in seiner Autobiographie und demonstriert das Gesagte am Beispiel des schweizerischen Psychologen C.G. Jung.[20] Den Gegenpol zu Jung bildet, so könnte man sagen, die Jüdin Annie Kraus: „In jenen Jahren ist das ‚andere Deutschland' so sichtbar geworden und so strahlend erglänzt, daß ich zu sagen wage, es wiegt das Grauen des Übrigen auf. Dieses andere Deutschland ist eine Realität, vor der alles Übrige, von dem das Ausland mehr Notiz nimmt, vergeht … Ich habe es persönlich in allen Schichten erlebt …"[21] Doch wie sahen es die „arischen" Hitler-Gegner?

Wer wissen will, wie sie das Verhältnis des deutschen Volkes zur politischen Führung beurteilt haben, greift mit größtem Gewinn zu den Deutschland-Berichten der Sozialdemokratischen Partei Deutschlands (Sopade-Berichte genannt). Sie füllen rund zehntausend Seiten in sieben Bänden und betrafen die Jahre 1934 bis 1940. Verfaßt hat sie der wegen nationalsozialistischer Verfolgung aus Deutschland emigrierte SPD-Vorstand zunächst in Prag, später, bis zur Besetzung Frankreichs durch deutsche Truppen, in Paris. Über ein geheimes Berichterstattersystem sollten die Situation im nationalsozialistischen Deutschland analysiert und Informationen im Ausland verbreitet werden, die das amtliche Deutschland zu unterdrücken suchte.

Die Informanten der SPD waren sicherlich überwiegend Hitler-Gegner, ebenso wie ihre Gesprächspartner. Ein offenes Wort war da viel leichter möglich als gegenüber einem Amtswalter der Regierenden oder einem Fremden. Das Bild, das diese Berichte vermitteln, paßt zu den Erkenntnissen, die aus den anderen Quellen zu gewinnen sind. Hier einige Belege:

Wegen der eskalierenden Judenverfolgung im Reich, insbesondere Pogrom und Deportation, sind die beiden letzten Bände die wichtigsten. Zunächst Auszüge aus dem Jahrgang 1939: „In Deutschland vollzieht sich gegenwärtig die unaufhaltsame Ausrottung einer Minderheit mit den brutalen Mitteln des Mordes, der Peinigung bis zum Wahnwitz, des Raubes, des Überfalls und der Aushungerung. Was den Armeniern während des Krieges in der Türkei geschah, wird im Dritten Reich langsamer und planmäßiger an den Juden verübt. Die uns zugehenden Berichte bestätigen immer wieder, daß die überwiegende Mehrheit des deutschen Volkes diesen Prozeß verabscheut … Aber, selbst unterdrückt, vermag die Bevölkerung den Mißhandelten nicht oder nur sehr unvollkommen zu Hilfe zu kommen."[22] – „Die Nationalsozialisten wissen, daß sie das Volk bei ihren Gewaltakten gegen die Juden nicht hinter, sondern gegen sich haben … Auf die Jugend übt dieses ständige Trommelfeuer in der Schule, in der Hitler-Jugend … eine starke Wirkung aus."[23] – „Die Haltung der Bevölkerung ist ungewöhnlich einheitlich. Die Berichte, die uns schon in den ersten Tagen nach den Pogromen zugegangen sind, werden immer wieder bestätigt: Die erdrückende Mehrheit des deutschen Volkes lehnt die antisemitischen Gewalttaten … ab."[24] Dann werden Einzelfälle geschildert.

Konrad Adenauer, der erste Kanzler der Bundesrepublik Deutschland, war schon vor 1933 als führendes Mitglied der Zentrumspartei Hitler-Gegner und blieb es auch nach seiner Absetzung als Oberbürgermeister von Köln. Seine Aufgeschlossenheit für jüdische Belange ist weltweit bekannt und unbestritten. Sein offen eingestandener Philosemitismus bildete für die Nationalsozialisten einen Hauptangriffspunkt.[25] Wichtig in diesem Zusammenhang ist seine Regierungserklärung vom 27. September 1951, in der er ausführte: „Das deutsche Volk hat in seiner überwiegenden Mehrheit die an den Juden begangenen Verbrechen verabscheut und hat sich an ihnen nicht beteiligt."[26]

Über jeden Verdacht unsachlicher Deutschenliebe erhaben ist auch Sebastian Haffner. 1938 aus Berlin nach England emigriert, schreibt er in seinem Erfolgsbuch *Anmerkungen zu Hitler*: „Hitler hatte vor dem Kriege zweimal ausprobiert, wie die Masse der Deutschen auf offene Gewalttätigkeit gegen die Juden reagieren würde: bei dem reichsweiten Boykott jüdischer Geschäfte durch die SA am 1. April 1933 und dem ebenso reichsweiten und ebenso von oben angeordneten Großpogrom vom 9. und 10. November 1938 … Das Ergebnis war von seinem Standpunkt beide Male negativ ausgefallen. Die deutschen Massen hatten nicht mitgemacht, im Gegenteil …"[27]

5. Ausländische Diplomaten und Journalisten

Am 9. November 1986 hielt Niels Hansen, ehemaliger Botschafter der Bundesrepublik Deutschland in Israel, vor der Gesellschaft für Christlich-Jüdische Zusammenarbeit Stuttgart e. V. zum Gedenken an das Pogrom der „Reichskristallnacht" eine bemerkenswerte Rede, die viel Beifall fand. Schon die Überschrift läßt aufhorchen: „Von ‚Volkszorn' konnte damals keine Rede sein." Hansen geht es, wie er einleitend betont, nicht zuletzt um „Einstellung und Haltung dieser Deutschen jener Zeit gegenüber der Hitlerschen Judenpolitik"[28]. Er teilt eigene Erfahrungen mit (Jahrgang 1924), vor allem aber gibt er wieder, was ausländische Diplomaten wahrgenommen haben. So berichtete zum Beispiel der britische Geschäftsträger aus Berlin am 16. November 1938: „Ich habe nicht einen einzigen Deutschen, gleich welcher Bevölkerungsschicht, angetroffen, der nicht in unterschiedlichem Maße zum mindesten mißbilligt, was geschehen ist."[29]

Der amerikanische Botschafter Wilson äußerte: „In Anbetracht der Tatsache, daß dies ein totalitärer Staat ist, ist es ein erstaunliches Merkmal der Lage, wie heftig und zahlreich die kürzlich unternommenen Aktionen gegen die Juden von den deutschen Bürgern verurteilt werden."

Der britische Generalkonsul in Frankfurt am Main sagte: „Ich bin überzeugt davon, daß, wenn die deutsche Regierung vom Wahlrecht des Volkes abhinge, die Machthaber und diejenigen, die für diese Gewalttaten verantwortlich sind, von einem Sturm der Entrüstung weggefegt, wenn nicht an eine Wand gestellt und erschossen würden."

6. Sieger und Richter

Der US-amerikanische Hauptankläger Robert H. Jackson äußerte zu Beginn des Verfahrens gegen die sogenannten Hauptkriegsverbrecher am 21. November 1945 in Nürnberg: „Sie nahmen dem deutschen Volk all jene Würde und Freiheiten, die wir als natürliche und unveräußerliche Rechte jedes Menschen erachten ... Ihre Widersacher, unter denen Juden, Katholiken und die freie Arbeiterschaft waren, bekämpften die Nazis mit einer Dreistigkeit, ... wie die Welt seit den vorchristlichen Zeiten dergleichen nicht mehr gesehen hat."[30]

Besonders bemerkenswert im Rahmen dieser Untersuchung sind die folgenden Sätze Jacksons: „Wir möchten ebenfalls klarstellen, daß wir nicht beabsichtigen, das ganze deutsche Volk zu beschuldigen. Wir wissen, daß die Nazi-Partei bei der Wahl nicht mit Stimmenmehrheit an die Macht gelangt ist ... Wenn die breite Masse des deutschen Volkes das nationalsozialistische Parteiprogramm willig angenommen hätte, wäre in den früheren Zeiten der Partei die SA nicht nötig gewesen, und man hätte auch keine Konzentrationslager und keine Gestapo gebraucht ..."[31]

7. Jüdische Opfer

Die Zahl der rassisch Verfolgten, die ihre damaligen Erfahrungen mit den „arischen" Deutschen zu Papier gebracht haben, ist groß, beträgt über einhundert. Manche von ihnen warteten Jahre und Jahrzehnte, bis sie darüber zu sprechen begannen oder Aufzeichnungen machten, was sie in der NS-Ära erlebt hatten. Daß es andererseits auch solche gab, die in den Jahren der Verfolgung die Fixierung ihrer Erlebnisse nicht scheuten, ja dies sogar für ihre Pflicht hielten, überrascht, haben sie doch sich selbst und andere einem unkalkulierbaren Risiko ausgesetzt. Soweit sie nicht mit Zensur rechneten und ihr vorbeugend Rechnung trugen,[32] handelt es sich um Dokumente von schier unschätzbarem Wert, für die wir Dank schulden, da sie jedes andere Beweismittel an Glaubwürdigkeit und Authentizität übertreffen.

Dank auch jenen, die diese Dokumente aufbewahrt haben, während die Urheber, wie im Falle Klemperer, fliehen mußten oder, so die Mehrzahl, umkamen. Für alle diese Quellen gilt, daß sie um so präziser, authentischer und glaubwürdiger sind, je geringer der zeitliche Abstand zwischen Ereignis und Schilderung ist. Rasch setzt Vergessen ein, und fremde Einflüsterungen nehmen zu.[33] Bei den Aufzeichnungen aus der NS-Ära handelt es sich einerseits um Tagebuchaufzeichnungen, andererseits um Briefe.

Alle Zeugen überragt an Bedeutung Victor Klemperer, der in diesem Zusammenhang wichtige Eigenschaften in ganz außergewöhnlicher Weise in sich vereinigt. Niemand sonst hat die Zeit, den Alltag, die Menschen des Alltags minutiöser beschrieben als er. Aus Raumgründen wird nur er hier berücksichtigt. Seine Beobachtungen sind repräsentativ für alle.

1881 in Deutschland als Sohn eines Rabbiners geboren, Hitler-Gegner der ersten Stunde, Opfer der nationalsozialistischen Herrschaft ab 1933, ist Klemperer spätestens ab 1941 ständig vom Tode bedroht. Damit nicht genug. Er wird ganz zu Recht als der Chronist dieser Ära gefeiert. Ab 1918 beginnt er, akribisch ein Tagebuch zu führen. Allein seine Aufzeichnungen der Jahre 1933 bis Mitte 1945 füllen acht Bände, die der Jahre 1918 bis 1932 1.700 Seiten reinen Text. Wer sie gelesen hat, weiß mehr über die Menschen von damals, ihre Sorgen und Nöte, ihre Ansichten, Einsichten und Irrtümer, ihre Taten und Untaten. Dies ist vor allem deshalb der Fall, weil Klemperer als Folge mehrerer Wohnungswechsel und Arbeits- und Zwangsverpflichtungen mit sehr vielen Menschen unterschiedlicher Herkunft, Bildung und Weltanschauung zu tun hatte; zugleich war er ein mit dem Gelben Stern Gebrandmarkter. Nun folgen drei Resümees, die er jeweils am Ende eines zumindest Wochen dauernden Arbeitseinsatzes mit jeweils einem ganz anderen Umfeld erstellt hat. Nie sind es Menschen seiner Wahl, sondern Menschen, die der Zufall zusammengewürfelt hatte. Aber die Erfahrungen stimmen überein.

„6. März [1942], Freitag. Gestern nach zwanzig Tagen Dienst [als Schneeschaufler in den Straßen Dresdens] … Auf dem Schneefeld spielten drei Hasen. Leider spielten in Gorbitz die Pimpfe [die jüngsten der Hitler-Jugend] und verfolgten uns mit Hohngeschrei … Der Parteigenosse, vor dem wir gewarnt waren: Fünfzig Jahre, das Gesicht scharf geschnitten, ein bißchen an die Lieblingstypen der NSDAP erinnernd, leidenschaftlicher Arbeiter … Er wurde bald gegen uns alle freundlich zutunlich, plauderte, half, trieb niemanden … Im Verhalten gegen uns lägen Härten, es werde überhaupt manches falsch gemacht – aber davon wisse der Führer nicht … Aber ich glaube, auf einen solchen Gläubigen kommen doch wohl schon fünfzig Ungläubige. Genauso ist wohl das Verhältnis derer, die uns mit Vergnügen arbeiten sehen oder beschimpfen, zu den Sympathiekundgebern."[34]

Ab Montag, dem 19. April 1943, muß Klemperer bei einer Firma Willy Schlüter arbeiten. Am 14. August, also nach vier Monaten, hält er die Beobachtung fest: „Der allgemeine Umgangston freundschaftlich, fast kameradschaftlich – ganz unantisemitisch. Einmal, in den heißen Tagen – jetzt herrscht Gewitterkühlung – kam Schlüter mit vollen Seltersflaschen für unsere Gruppe, Bier ist nicht aufzutreiben. Es wäre fast vergnüglich, … der humanste Chef, gegen Arier und Nichtarier gleich human und weitherzig in Lohnzahlen, Urlaubgeben und so weiter."[35]

Am 1. November 1943 hatte Klemperer einen neuen Arbeitsplatz antreten müssen. Sein Resümee nach fünf Monaten (2. April 1944) ist geradezu provokativ: „Einzeln genommen sind fraglos neunundneunzig Prozent der männlichen und weiblichen Belegschaft in mehr oder minder hohem Maße antinazistisch, judenfreundlich, kriegsfeindlich, tyranneimüde …, aber die Angst vor dem einen Prozent Regierungstreuer, vor Gefängnis, Beil und Kugel binden sie."[36] So beurteilt ein Jude nach längerer Betrachtung „Hitlers Volk"!

III. Und die „stichhaltigen" Gegenbeweise?

„Der Autor [gemeint ist Gellately] … beweist stichhaltig, daß die Deutschen nicht nur von den Verbrechen der nationalsozialistischen Machthaber wußten, sondern darüber offen informiert wurden und weit aktiver, als bisher bekannt war, mithalfen – durch Zustimmung, Denunziation oder Mitarbeit."[37] Mit diesem Satz wurde eingangs die Bundeszentrale für politische Bildung zitiert. Wie sehen diese Beweise aus? Warum wurden sie bisher in dieser Untersuchung nicht berücksichtigt?

Im Vorwort seines Buches bekundet Gellately: „Ich habe versucht, die Opfer der Unterdrückung zu Wort kommen zu lassen, besonders durch die Auswertung von Tagebüchern und sonstigen Zeugnissen … Mein Hauptaugenmerk gilt den Juden …"[38] Doch von den Juden, die er hätte zitieren können und die aus Platzgründen hier unberücksichtigt bleiben mußten, findet sich nur einer im Register: Victor Klemperer. Von ihm heißt es ganz treffend: Sein Tagebuch „stellt die ausführlichste Chronik der Repression und ihrer Durchsetzung, zumal der Maßnahmen gegen die Juden, dar, die wir besitzen"[39]. Auf Seite 176 schreibt Gellately: „Er", gemeint ist Klemperer, „sucht beharrlich eine Antwort auf Fragen wie: ‚Wo steht? Wie wirkt? Wie ist die Volksstimmung wirklich? Etc., etc.' Das Beweismaterial bleibt zwiespältig …"

Wirklich? Alle Aussagen Klemperers zugunsten seiner mehrmals wechselnden Umwelt bleiben bei Gellately unerwähnt, so alles oben von Klemperer Zitierte und weitere Feststellungen wie: „Fraglos empfindet das Volk die Judenverfolgung als Sünde."[40] Die sechs[41] kurzen Klemperer-Zitate bei

Gellately sind, was die Einstellung des „arischen" Volkes zu den Juden an-belangt, alle nichtssagend. Auch sonst sind in dem 456 Seiten starken Buch Gellatelys die „stichhaltigen" Beweise, von denen der Klappentext spricht, nicht zu finden. Im Gegenteil. Auf Seite 193 steht zu lesen: „Aus Tagebü-chern von Juden, die jene Zeit durchlebt haben, namentlich aus dem Zeug-nis Victor Klemperers, wissen wir, daß den Juden, zum Beispiel ihm in Dresden, viel Freundlichkeit und Hilfe begegneten." So also sehen die „stichhaltigen Beweise" Gellatelys aus![42]

IV. „Die gesicherten Befunde der seriösen Geschichtsforschung"[43]

„Der gerechte Volkszorn" habe das November-Pogrom 1938 ausgelöst, so damals die offizielle Betrachtungsweise, der niemand Glauben schenkt, weshalb sich entsprechende Gegenbeweise erübrigen. Selbst damals war es nicht anders. Die Urheber der dreisten Lüge „Volkszorn" wußten ge-nau, was sie damit bezweckten: Das Volk sollte Komplize sein, wie bei ei-ner Steinigung, wo jeder Werfer Vollstrecker ist. Doch die große Mehrheit hat ihre Hände nicht mit Blut besudelt. Diese Sicht begegnet dem Vorwurf, sie ignoriere „auf eklatante Weise die gesicherten Befunde der seriösen Zeitgeschichtsforschung"[44].

Derlei „gesicherte Befunde", als Tatsachenbehauptung in den Raum ge-stellt, sollen den mundtot machen, der es wagt, gestützt auf die sympho-nischen Bekundungen der oben vernommenen Zeugen, die Mehrheit der Deutschen vom Vorwurf der Komplizenschaft freizusprechen. Doch gibt es derlei Befunde wirklich? Wo sind sie? Die Arbeiten von Martin Broszat, Ian Kershaw, Ralf Georg Reuth und Michael Zimmermann weisen in eine andere Richtung.

Die neueste einschlägige Veröffentlichung trägt den Titel: *„Davon haben wir nichts gewusst": Die Deutschen und die Judenverfolgung 1933–1945*. Peter Longerich, der Autor, will mit diesem Werk insbesondere anhand der öf-fentlichen Verlautbarungen den damaligen Kenntnisstand der deutschen Bevölkerung über die Judenverfolgung klären, wobei immer wieder auch die Einstellung den Juden gegenüber zur Sprache kommt. Rund drei Dut-zend solcher Feststellungen sind über das Buch verstreut nachzuweisen,[45] beginnend mit: „Sieht man die offizielle Berichterstattung und die Sopa-de-Berichte im Zusammenhang, so zeigt sich, daß die ‚Judenpolitik' des Regimes in der Bevölkerung auf ein erhebliches Maß von Unverständnis und Ablehnung stieß …"[46]

Longerichs Fazit lautet: „Überblickt man den gesamten Zeitraum der NS-Diktatur, wird ein deutlicher Trend erkennbar: Der Unwille der Bevölkerung, ihr Verhalten zur ‚Judenfrage' entsprechend den vom Regime verordneten Normen auszurichten, wuchs, je radikaler die Verfolgung wurde."[47]

V. Resümee

Die Deutschen in ihrer Mehrheit waren also keineswegs „Hitlers willige Vollstrecker" seiner Judenpolitik. Eine derartige Übereinstimmung haben Goebbels und seine Mitarbeiter – letztlich erfolglos – die Welt glauben machen wollen: „Ein Volk, ein Reich, ein Führer!"[48] Jetzt aber unternehmen es Goldhagen, Gellately und andere leichtfertig, diesen Willen Hitlers noch zu vollstrecken.

In jüdischen Kreisen Israels[49] wie der USA ist die Auffassung anzutreffen, die in Deutschland lebenden Juden seien weniger honorig als die übrigen, hätten sie doch das Tabu verletzt, das „Land der Täter" zu meiden. Das Resultat dieser Untersuchung könnte dazu dienen, derlei Vorbehalte, unter denen deutsche Juden leiden, abzubauen. Auch würde auf diese Weise Menschen wie Victor Klemperer Gerechtigkeit widerfahren, der seine Worte lebte: „Ich bin deutsch, die andern sind undeutsch; ich muß daran festhalten: Der Geist entscheidet, nicht das Blut."[50]

Anmerkungen

[1] Victor Klemperer, 11. Mai 1942.

[2] Daniel Jonah Goldhagen. *Hitlers willige Vollstrecker: Ganz gewöhnliche Deutsche und der Holocaust.* Berlin: Siedler, 1996.

[3] Goldhagen bemerkt, daß es Ausnahmen gegeben habe, und wiederholt dies 2006 ausdrücklich („Invektiven und Erfindungen." In: *Die Welt*, 23. Juni 2006). Auch Heinrich von Treitschke, von dem das Wort „Die Juden sind unser Unglück" stammt, nahm stets einige Juden von seinem Vorwurf aus! (Siehe: Karsten Krieger. *Der ‚Berliner Antisemitismusstreit' 1879–1881: Eine Kontroverse um die Zugehörigkeit der deutschen Juden zur Nation.* Bd. 1. München: Saur, 2004. S. XVI.)

[4] Goldhagen, *Hitlers willige Vollstrecker,* a.a.O. (s. Endnote 2 oben), S. 28 (Hervorhebung im Original).

[5] „… unter Zeitgeschichtlern höchst umstrittener Bestseller." (Jan Bielicki. „Israel ist überall." In: *Süddeutsche Zeitung* vom 25./26. November 2006.)

[6] Robert Gellately. *Hingeschaut und weggesehen: Hitler und sein Volk.* 3. Aufl. [Lizenzausgabe] Bonn: Bundeszentrale für politische Bildung, 2003.

[7] Derlei Äußerungen sind geradezu an der Tagesordnung. So schreibt Rafael Seligmann: „Die Deutschen drückt das Gewissen. Sie haben die Juden vertrieben oder vernichtet." („Die wirklich wahrste Wahrheit." In: *Cicero*, 1/07, S. 11.) Der Vorspann zur Besprechung von Saul Friedländer, „Die Jahre der Vernichtung", in: *Das Parlament*, 4/5 07, beginnt mit: „Was die Deutschen den Juden in den Ghettos, den Vernichtungslagern … angetan haben, übersteigt das menschliche Vorstellungsvermögen …"

[8] Stefan Aust u.a. (Hrsg.). *Die Gegenwart der Vergangenheit: Der lange Schatten des Dritten Reichs.* München: Dt. Verl.-Anst., 2004. S. 231.

[9] Victor Klemperer. *Die Tagebücher 1933–1945.* hg. v. Walter Nowojski, unter Mitarb. v. Christian Löser. Berlin: Directmedia, 2007.

[10] Margarete Mitscherlich im Interview in: Aust u.a. (Hrsg.), *Gegenwart der Vergangenheit*, a.a.O. (s. Endnote 8 oben), S. 77 f.

[11] Hosenfeld trat am 15. April 1933 in die SA ein und zwei Jahre später in die Partei. Gleichwohl beweisen seine Aufzeichnungen und Briefe aus Warschau, wie er Juden und Polen unter Einsatz seines Lebens geholfen hat. (Wilm Hosenfeld. *‚Ich versuche jeden zu retten': Das Leben eines deutschen Offiziers in Briefen und Tagebüchern.* München: Dt. Verl.-Anst., 2004. *passim.*)

[12] Mark Honigsbaum. „Leitz' Liste. Der Chef des Unternehmens Leica war Mitglied der NSDAP. Daß er damit mindestens 41 jüdischen Angestellten das Leben rettete, hat er nie erzählt." In: *Süddeutsche Zeitung Magazin* vom 16. Februar 2007.

[13] Hessisches Hauptstaatsarchiv, Abt. 1129/Nr. 214.

[14] Verordnungsblatt der Reichsleitung der NSDAP, Folge 79/1934.

[15] Bradley Smith u. Agnes Peterson (Hrsg.). *Heinrich Himmler Geheimreden 1933–1945 und andere Ansprachen.* Einf. v. Joachim Fest. Frankfurt a. M.: Propyläen, 1974. S. 169.

[16] *Das Schwarze Korps* vom 17. November 1938.

[17] Heinz Boberach (Hrsg.). *Meldungen aus dem Reich: Die geheimen Lage-Berichte des Sicherheitsdienstes der SS 1938–1945.* Herrsching: Pawlak, 1984; daneben gibt es

vom selben Autor: *Deutschland-Berichte des SD und der Gestapo über Kirchen und Kirchenvolk in Deutschland 1934–1944*. Mainz: Matthias-Grünewald, 1971.

[18] Oto Dov Kulka u. Eberhard Jäckel (Hrsg.). *Die Juden in den geheimen NS-Stimmungsberichten 1933–1945*. Düsseldorf: Droste, 2004. – Eine beigefügte CD-ROM enthält 3.744 Dokumente.

[19] Ebd., S. 15.

[20] Ludwig Marcuse. *Mein zwanzigstes Jahrhundert: Auf dem Weg zu einer Autobiographie*. Zürich: Diogenes, 1975. S. 167. – Marcuse hätte auch die Verfasser des Stuttgarter Schuldbekenntnisses der evangelischen Kirche als Exempel wählen können.

[21] Annie Kraus. „Ich war erschüttert von dieser nie geahnten Menschlichkeit." In: *Frankfurter Allgemeine Zeitung* vom 20. Juli 2007. S. 35.

[22] Deutschland-Berichte der SPD, Bd. 6. Salzhausen, 1982. S. 201 f.

[23] Ebd., S. 211.

[24] Ebd., S. 223.

[25] Hans-Peter Schwarz. *Adenauer: Der Aufstieg 1876–1952*. Stuttgart: Dt. Verl.-Anst., 1986. S. 327.

[26] Plenarprotokoll des Deutschen Bundestages vom 27. September 1951.

[27] Sebastian Haffner. *Anmerkungen zu Hitler*. München: Kindler, 1978. S. 175.

[28] Niels Hansen. „Von ‚Volkszorn' konnte damals keine Rede sein: Lehren des 9. November 1938." In: *Frankfurter Allgemeine Zeitung* vom 2. Dezember 1986.

[29] Heinz Lauber. *Judenpogrom: ‚Reichskristallnacht' November 1938 in Großdeutschland*. Gerlingen: Bleicher, 1981. S. 179.

[30] Werner Maser. *Nürnberg – Tribunal der Sieger*. Schnellroda: Edition Antaios, 2005. S. 103.

[31] Ebd., S. 106 f. – Ausdrücklich vermerkt Jackson in diesem Zusammenhang, daß die Ankläger von der „politischen Reife" der Deutschen nicht überzeugt sind.

[32] Letzteres ist offenbar bei Hertha Feiner – *Vor der Deportation: Briefe an die Töchter Januar 1939–Dezember 1942* (Frankfurt a. M.: S. Fischer, 1993) – der Fall, da ihre Briefe in die Schweiz versandt wurden.

[33] So heißt es im Vorwort von: Joseph Walk (Hrsg.). *Als Jude in Breslau 1941 (Aus den Tagebüchern von Studienrat a. D. Dr. Willy Israel Cohn)*. [Israel]: Verband ehemaliger Breslauer und Schlesier in Israel, [1975]. – Dort steht auf S. 11: „Sobald aber einer der Befragten das Schweigen bricht, überfallen ihn die Schrecken der Erinnerung, er kann seiner Gefühle nicht mehr Herr werden und verfehlt die notwendige Unterscheidung … zwischen Traum und Wirklichkeit, zwischen Tatsachen und Vorurteilen."

[34] Klemperer, *Tagebücher 1942*, a.a.O. (s. Endnote 9 oben), S. 36 ff.

[35] Klemperer, *Tagebücher 1943*, a.a.O. (s. Endnote 9 oben), S. 120.

[36] Klemperer, *Tagebücher 1944*, a.a.O. (s. Endnote 9 oben), S. 39.

[37] Gellately, *Hingeschaut und weggesehen*, a.a.O. (s. Endnote 6 oben), Umschlagrückseite.

[38] Ebd., S. 10.

[39] Ebd., S. 22.

[40] Klemperer, *Tagebücher 1940–1941*, a.a.O. (s. Endnote 9 oben), S. 173.

[41] Ebd., S. 47, 53, 175, 210, 326 u. 360.

[42] Entsprechendes gilt für die „Beweise" Goldhagens, die aus Raumgründen hier nicht zur Darstellung gelangen können.

[43] So Hans-Jürgen Döscher in seiner Buchbesprechung: „Zweierlei Kenntnisnahme." In: *Frankfurter Allgemeine Zeitung* vom 12. Juni 2006.

[44] Ebd.

[45] Peter Longerich. *„Davon haben wir nichts gewusst": Die Deutschen und die Judenverfolgung 1933–1945.* München: Siedler, 2006. S. 100, 116, 117, 132, 134, 134 f., 135, 140, 143, 157, 157 f., 172 f., 175, 177, 177 f., 178, 184 f., 219 f., 248, 252, 261, 264, 282, 289, 290, 291, 315, 321, 321 f., 322, 323, 324, 326 u. 327.

[46] Ebd., S. 100.

[47] Ebd., S. 321.

[48] Hermann Göring in der Reichstagssitzung vom 6. Oktober 1939 (Gerhard Schoenberner. *Wir haben es gesehen: Augenzeugenberichte über Terror und Judenverfolgung im Dritten Reich.* Hamburg: Rütten & Loening, 1962. S. 81): „Niemals aber haben wir, das deutsche Volk, freudiger und überzeugter und entschlossener den Willen bekundet: Führer befiehl, wir folgen." Doch in Wirklichkeit war der Krieg, wie unbestritten, höchst unpopulär.

[49] Einer, der diese Sicht vehement vertrat, war Josef Burg (1909–1999), geboren in Dresden, von 1949 bis 1988 Knesset-Abgeordneter, Minister in verschiedenen Regierungen Israels. Der Autor weiß es aus seinem Munde (Sohn Avraham gilt in Israel als Enfant terrible).

[50] Siehe Endnote 11 oben.

Vom Sowjetstern zum Softporno

Die prekäre Karriere des Wiener Widerstands-Majors Carl Szokoll

von Dr. Fred Duswald

Die zweifelhafte Ehre, auf Geheiß des roten Bürgermeisters Michael Häupl, der sich durch offizielle Entehrung des Ehrengrabes des Majors und Ritterkreuzträgers Walter Nowotny[1] selbst entehrt hatte, in ein städtisches Ehrengrab auf dem Wiener Zentralfriedhof versenkt zu werden, wurde dem am 25. August 2004 im Alter von 89 Jahren entschlafenen Major a.D. Carl Szokoll zuteil. Wie schon zu Lebzeiten wurde das Mitglied des Kuratoriums des umstrittenen „Dokumentationsarchivs des österreichischen Widerstandes" (DÖW)[2] anläßlich seines Ablebens auch als „Retter von Wien" gewürdigt: „Szokoll versammelte ‚Eidbrecher' um sich, verbündete sich mit der Widerstandsgruppe ‚O 5'[3] und vereinbarte im April 1945 die Zusammenarbeit mit der Roten Armee zur kampflosen Übergabe", lobten Nekrologen. „Dadurch konnte Wien vor der Zerstörung gerettet werden."[4]

Auf Anregung von Szokoll hatten die Sowjets Wien eingekreist und waren im Westen der Stadt an das Südufer der Donau gestoßen. Deutschen Truppen, die sich verteidigen mußten, um sowjetischer Gefangenschaft zu entgehen, war der Rückzugsweg abgeschnitten. In der Stadt kam es erst recht zu Kämpfen und zu Zerstörungen. „Mein Kampf hat sich gelohnt", resümierte Szokoll – und resignierte: „Ein Verräter, haben manche gesagt, andere ein Held…"[5]

Für einen Heros wie ihn hatte man im Heer keine Verwendung: „Die österreichische Regierung verhielt sich … gegenüber Szokoll und den anderen Führern des verzweifelten Widerstandskampfes außerordentlich negativ, um nicht zu sagen schandbar", mault Fritz Molden.[6] „Man ließ Szokoll vier Monate in russischer Haft und zog ihn auch nicht heran, als das Bundesheer beziehungsweise die B-Gendarmerie[7] neu aufgestellt wurde."[8]

Nach einem Zwischenspiel als Lektor eines Kinderbuchverlages mimte Szokoll den Spielfilmproduzenten. Er startete 1949 als Produktionsleiter bei der Wiener „Helios-Film", wirkte dann in derselben Funktion für die „Schönbrunn-Film" sowie für die „Cosmopol-Film" und wurde 1958 Geschäftsführer der „Tele-München". In Zusammenarbeit mit Franz Antel, Österreichs kaum kulturell, wohl aber kommerziell erfolgreichstem Regisseur der 1950er bis 1970er Jahre, rief er 1961 die „Neue Delta" ins Leben, mit der er sich auf primitive Lustspiele spezialisierte: „Neben der Produktion dieser meist läppischen Komödien mit Postkartenpanoramen und … zahmen Sex-Einlagen hatte Szokoll 1980 auch als Berater bei Antels einzigem bedeutenden Film *Der Bockerer* gewirkt, der Geschichte eines notorischen Nicht-Anpassers und Querkopfes im annektierten Österreich 1938–45."[9]

Nicht umsonst ist Szokoll in Nachrufen bedeutender Zeitungen als Softpornograph apostrophiert:[10] „Sein Repertoire reichte vom akklamierten Hitler-Streifen *Der letzte Akt* unter der Regie von G.W. Pabst bis zu weichpornographischen Kostümstücken."[11]

An den Memoiren, die der Major noch zu Lebzeiten auf den Markt warf,[12] bemängelt der Journalist Matthias Bäkermann: „Störend sind Szokolls ständige Anreicherungen seiner … Erlebnisse mit Bewertungen aus unserer Gegenwart. Dabei wird die Trennung seiner heutigen mit der damaligen Auffassung unnötig erschwert."[13]

Szokolls Sicht auf die Geschichte wird auch durch persönliche Ressentiments getrübt: Die Mutter seiner Verlobten und späteren Ehefrau Christine Kuluka war Volljüdin, blieb aber aufgrund ihrer „privilegierten Mischehe" mit dem arischen Vater während des Dritten Reiches unverfolgt.[14]

So log Szokoll

Unwahr sind sattsam verbreitete Geschichtspanschereien wie etwa die in seiner Autobiographie enthaltene Behauptung, Deutschland habe mit den Bomben auf zivile Ziele begonnen und „den Krieg von den Fronten der Schlachtfelder in die Wohnstätten der Menschen getragen", weshalb Dresden nichts weiter gewesen sei als eine moralisch legitime Reaktion auf Coventry.[15]

Szokolls Opus ist aber auch nicht frei von Schlamperei: Das Gruppenbild mit Franek, seinem einstigen Taktiklehrer, ist mit April 1988 datiert.[16] Ge-

neralleutnant Fritz Franek, von Szokoll militärisch unkorrekt zum Generalmajor degradiert, ist aber schon 1976 verstorben. Auch führte Franek
nicht wie von Szokoll zitiert, die 71., sondern die 73. Division. Der Maria-
Theresien-Orden wurde ihm nicht, wie Szokoll behauptet, vom Kaiser verliehen, sondern 1921, als sich der Monarch nach dem verlorenen Krieg
längst in der Verbannung befand, vom Ordenskapitel zuerkannt.[17] Diskre-
panzen in Szokolls gedruckten Erlebnisberichten und autobiographischen
Darstellungen ortet der Wiener Militärhistoriker Peter Broucek: Bei „ab-
sichtlichen Fehlmeldungen" auch in seinen Filmen habe sich der Major
„abwechselnd Ironie, künstlerische Freiheit und andererseits auch ver-
schwörerisches Tarnen und Täuschen geleistet".[18]

Die hanebüchenste Panne passierte Szokoll mit der Person seines angeblichen „Firmgöden"[19], des österreichischen Generals Rudolf Towarek:
Als „Noch"-Kommandant der Theresianischen Militärakademie habe dieser seinem „neuen Leutnant" am Tag der Vereidigung auf den neuen
Obersten Befehlshaber der Wehrmacht, den Führer und Reichskanzler
Adolf Hitler, einen Tag Sonderurlaub gewährt, bevor er sich umbrachte (so
in der Autobiographie auf S. 62), indem er laut Szokoll „als einer der ersten Hand an sich legte" (S. 72).

Tatsächlich war Towarek Kommandant der Militärakademie Wiener
Neustadt, die Szokoll absolvierte. Ob der Generalmajor auch Szokolls
Firmpate war, sei dahingestellt. Als am Morgen des 12. März 1938 vor der
Burg in Wiener Neustadt eine Menschenmenge aufmarschierte und die
Hissung der Hakenkreuzfahne forderte, verweigerte Towarek dies mit
dem Hinweis darauf, daß er dazu keinen Befehl habe. Als zwei SA-Män-
ner die Burg betraten, um über die Hissung zu verhandeln, drängte sich
die rabiate Masse durch das Tor. Auf Befehl von Towarek wartete ein Zug
der Wachbereitschaft mit aufgepflanztem Bajonett und geladenen Ge-
wehren, so daß sich die Lage bedrohlich zuspitzte. Die Menge beruhigte
sich aber dann doch und räumte die Burg. Erst am Abend wurde – nunmehr auf Befehl und damit ordnungsgemäß – die Hakenkreuzfahne aufgezogen.[20]

Per Patent vom 23. März 1938 wurde der in der militärakademischen
Burg in Ausbildung befindliche Wachtmeister Karl Szokoll mit Wirkung
vom 1. April zum Leutnant befördert. Die Ausmusterung in Wiener Neustadt – es war die letzte alten Stils – fand am 3. April 1938 statt.[21] Am Tag
der Vereidigung war Towarek nicht mehr „Noch-Kommandant", noch
konnte er Szokoll als „seinem neuen Leutnant" Sonderurlaub gewährt haben, denn als „besonders prononcierter Legitimist"[22] wollte der Generalmajor in der deutschen Wehrmacht nicht dienen und daher – im Unterschied zu Szokoll – den Eid auf die Person des Obersten Befehlshabers
Adolf Hitler auch nicht leisten. So war Towarek am 15. März 1938 – mit Er-
laubnis zum Tragen der altösterreichischen Uniform – pensioniert und

durch seinen bisherigen Stellvertreter, den Generalmajor Karl Moyses (1882–1960), abgelöst worden.[23] Statt im Sinne Szokolls unverzüglich Hand an sich zu legen, starb der Generalmajor mehr als zwei Jahrzehnte verspätet am 29. November 1959 in Linz an der Donau eines natürlichen Todes.[24]

Szokoll, dem nach dem Erwähnten niemand nachsagen kann, er habe die Wahrhaftigkeit gepachtet, wurde am 15. Oktober 1915 als Karl Schöpfleuthner in Wien geboren,[25] schlug trotz musischer Begabung auf Wunsch seines Vaters, der als Soldat im Ersten Weltkrieg mit der Goldenen Tapferkeitsmedaille ausgezeichnet und 1938 als Offizier in den Ruhestand versetzt worden war,[26] die Laufbahn eines Berufssoldaten ein, nahm an der friedlichen Befreiung des Sudetenlandes und am Polenfeldzug teil, bewährte sich im Frankreichfeldzug, wurde mehrfach ausgezeichnet, geriet im Sommer 1940 an der Kanalküste in einen Hinterhalt der Résistance und wurde dabei schwer verwundet.

Nach Genesung gvH[27] geschrieben, kam er im Januar 1941 zum Stellvertretenden Generalkommando des XVII. Armeekorps in Wien. Durch Oberstleutnant Robert Bernardis[28] in die geheimnisvolle Operation „Walküre" eingeweiht, vollzog er am 20. Juli 1944 mit lokalem Totalerfolg die Befehle aus der Berliner Bendlerstraße.[29] Die Spitzen der Partei und des Staates wurden ins Generalkommando bestellt und dort festgehalten, dann aber sang- und klanglos wieder entlassen, als sich das Stauffenberg-Attentat als Fehlschlag erwiesen hatte.

Dank seines „hervorragenden konspirativen Verhaltens"[30] blieb Szokolls Rolle im Rahmen des 20. Juli seinen Vorgesetzten verborgen. Am 8. August 1944, dem Hinrichtungstag seines Widerstandskameraden Bernardis, zum Major befördert, erniedrigte er sich in der Folge zum Hilfswilligen der Roten Armee. Um die Russen bei der Eroberung von Wien zu unterstützen, organisierte Szokoll als Leiter des Organisationsreferates im Wehrkreiskommando insgeheim die sogenannte Operation „Radetzky". Zum engsten Verschwörerkreis zählten Oberfeldwebel Ferdinand Käs[31], Major Karl Biedermann, Kommandeur der 1.600 Mann starken Heeresstreife Groß-Wien,[32] des weiteren Hauptmann Alfred Huth[33] und dessen Verlobte Lotte Rohrer[34] ebenso wie Margarethe Netsch und Maidy Alwen, Sekretärin in der Dienststelle Szokoll. Den Bock zum Gärtner machten…

Noch ehe die Rote Armee am 28. März 1945 bei Klostermarienberg die Reichsgrenze überschreitend nach Österreich eingedrungen war, hatte Szokoll schon am 25. März mit der vom obskuren und umtriebigen Raoul Bumballa[35] geleiteten zivilen Widerstandsgruppe „O 5" die geplante Aktion ausgeheckt.[36] Oberfeldwebel Käs erhielt den Auftrag, mit der herannahenden Roten Armee Kontakt aufzunehmen, um sich hinter dem Rükken der eigenen Führung mit dem Feind zu verständigen. Von Szokoll ausgestattet mit einem fingierten Marschbefehl zum ungarischen Oberkommando, machte sich Käs in der Nacht vom 2. auf den 3. April 1945 mit seinem Fahrer, dem Obergefreiten Johann Reif, auf den Pfad zum Verrat. Auf dem Gefechtsstand in Hochwolkersdorf unterbreiteten die beiden dem Stab des Generalobersten Alexej Scheltow Unterlagen über Stärke und Verteilung der deutschen Truppen im Verteidigungsbereich.

„Die Parlamentäre meldeten, daß in Wien ein Aufstand von antifaschistisch gesinnten Militärangehörigen und Teilen der Wiener Bevölkerung vorbereitet werde", dokumentiert Armeegeneral Sergej Matwejewitsch Schtemenko. „Außer zwei Reserveinfanterieregimentern und einer Batterie seien etwa 1.200 österreichische Angehörige anderer Truppenteile bereit, sich am Aufstand zu beteiligen. Etwa 20.000 Zivilpersonen würden sich anschließen. Leiter des Aufstandes sei ein Stabsoffizier Major Karl Szokoll, der sie als Parlamentär entsandt habe, um Verbindung zum sowjetischen Oberkommando aufzunehmen. Das Oberkommando der 3. Ukrainischen Front und das der 9. Armee stellten auf diese wichtige Meldung hin den Aufständischen die Aufgabe, die Brücken über die Donau und deren Nebenarme innerhalb des Stadtgebiets zu besetzen und zu sichern, die deutschen Stäbe, Einrichtungen der NSDAP und der Polizei zu zerschlagen sowie sich der Nachrichtenzentralen und anderer für die Versorgung wichtiger Objekte sowie entscheidender Punkte der gegnerischen Verteidigung zu bemächtigen."[37]

Auf Anregung von Szokoll willigten die Russen ein, Wien westlich zu umgehen und erst nach gelungener Umfassung in die Stadt zu stoßen, was ohnehin ihrer beabsichtigten Strategie entsprach. Als Käs von seinem Kommando zurück war, beschlossen die Widerständler am 5. April 1945 um 22 Uhr, den Aufstand am nächsten Morgen zu starten: Oberleutnant Rudolf Raschke besetzt mit seinen Leuten das Wehrkreiskommando und läßt niemanden ins Haus, der nicht das Losungswort „Radetzky" nennt. Biedermann postiert seine Mannen an Schlüsselstellen und Brücken, um deren Sprengung zu verhindern. Huth wiederum besetzt mit seiner Krad-staffel den Rundfunksender Bisamberg. Auf sowjetisches Signal mit roter Leuchtspur brechen in den Stadtbezirken Simmering, Meidling und Floridsdorf „organisierte Unruhen" aus, und Szokolls Lotsen weisen den Sowjets den Weg in die Innenstadt. Um 21.30 Uhr werden Kampfkommandant und Regierungspräsident zur Unterschrift gezwungen. Um 22 Uhr wird Wien an die Sowjets übergeben und die Bevölkerung über den Rundfunk vom Ende der Kämpfe informiert.

Die geplante Operation „Radetzky" scheiterte jedoch an der Wachsamkeit potentieller Szokoll-Opfer: Der Gefreite Dr. Karl Pawek[38], den die Verschwörer irrtümlich für einen der ihren halten, informiert Leutnant Walter Hanslik über verdächtige Gerüchte und Umtriebe in der Streife. Hanslik meldet dies pflichtgemäß seinen Vorgesetzten.[39] Kampfkommandant von Bünau läßt Major Biedermann, den Kommandeur der Wehrmachtordnungstruppen, nicht verhaften, sondern befiehlt ihn für den folgenden Tag zum Rapport. Biedermann erscheint freiwillig, wird nach Widersprüchen verhaftet und vor ein Sonderstandgericht gestellt. Nach einer belastenden Zeugenaussage in der Nacht zum 6. April legt er unter Preisgabe des Losungswortes „Radetzky" ein umfassendes Geständnis ab, das zur Verhaftung von Hauptmann Alfred Huth und Oberleutnant Rudolf Raschke führt. Alle drei werden zum Tod verurteilt. Die Urteile werden am 8. April in Floridsdorf vollstreckt.[40] „Mit dem Verlust der Führung war der Aufstand gescheitert, ehe er begann."[41]

Als er von der Verhaftung Biedermanns erfuhr, floh Szokoll sofort zu den Sowjets. „Szokoll hat in seiner Autobiographie und dem Fernsehfilm jenen Besuch beim Korpskommando der Roten Armee auf den 6. April datiert, vorher aber, in seinem Bericht an den Bundespräsidenten und in frühen Interviews [zum Beispiel mit dem US-amerikanischen Historiker John Toland; F.D.], das richtige, auch von anderen Zeugen genannte Datum erwähnt", deckt der Militärhistoriker Peter Broucek eine weitere Unwahrheit auf. „Es dürfte sich nicht um eine Gedächtnislücke handeln, sondern um einen Versuch, der Anschuldigung zu entgehen, er hätte Huth und Raschke im Stich gelassen oder durch seine Handlungsweise ihre vorhersehbare Verhaftung geschehen lassen."[42]

An anderer Stelle bekräftigt Broucek: „Szokoll hat nicht, wie er in seinen späteren Stellungnahmen und Büchern erzählte, ohne Erfolg versucht, Hilfe bei den Russen zu holen. Bei diesen ist er erst einige Tage später erschienen. Dies ist eine der vielen bei dem älteren Szokoll so oft vorkommenden Dramatisierungen."[43] Erst am 9. April also – und nicht, wie von ihm fälschlich verbreitet, schon am 6. April 1945 – erscheint Szokoll bei Marschall Fjodor Iwanowitsch Tolbuchin mit aktualisierten Unterlagen über die deutschen Truppen.[44]

Von vornherein gescheitert war der Aufstand allein schon dadurch, daß Szokoll und Käs den Sowjets gegenüber die zur Revolte bereiten und ausgerüsteten Kräfte stärker dargestellt hatten als sie waren, indem man jene Einheiten und Verbände, von denen man lediglich die Kommandeure und vielleicht noch eine Handvoll Offiziere und Unterführer zur Unterstützung gewonnen hatte, als geschlossene Formationen entschlossener Kämpfer hochgerechnet hatte. Hätte Szokoll seine Ressourcen realistisch kalkuliert, so hätte der auf die gemeldeten Kräfte maßgeschneiderte Aktionsplan der Sowjets anders ausgesehen. Unter falschen Voraussetzungen hatte der rotarmistische Auftrag an Szokoll wenig Chance auf Realisierung. Da sich herausstellte, daß die Personaldecke viel zu klein war, hat Szokoll seinen Plan noch vor Biedermanns Verhaftung entscheidend abgeändert: Der inzwischen eingetroffenen, voll aufgefüllten und panzerstarken Führer-Grenadierdivision, die ab dem 5. April im Stadtgebiet für Einsätze aller Art zur Verfügung stand, hätten die Aufständischen auch ohne Verhaftung Biedermanns nicht lange standhalten können.

In Abänderung befahl Szokoll folgendes Vorgehen: „Phase 1: Einrücken in die Bereitstellungsräume, Phase 2: Gemeinsame Befreiung der Stadt. Ich betone: Keine direkten Kämpfe mit der Wehrmacht oder der SS. Euer Auftrag ist es, die Sprengladungen zu entfernen, die Parteispitzen zu verhaften und die Befreier in die Stadt zu lotsen." Dieser Befehl, die Parteispitze zu verhaften und Sprengladungen aus den nicht nur von Aufständischen bewachten Brücken zu entfernen, ohne sich dabei in ‚direkte' Kämpfe mit der Wehrmacht einzulassen, hätte von jedem Soldaten als undurchführbar beeinsprucht werden müssen, betonen die Militärhistoriker Hannes Egger und Franz Jordan. In diesem Befehl ist von eigenen Kampfeinsätzen keine Rede mehr, man hofft also offensichtlich nur mehr darauf, daß angesichts eines erfolgreichen sowjetischen Generalangriffs unter den Verteidigern Panik ausbrechen würde, während der man eventuell Sprengungen verhindern und NS-Funktionäre verhaften könnte. Biedermanns Verhaftung und Geständnis durchkreuzt auch diese bescheidenen Pläne.[45]

Als die Sowjets den Großteil der Stadt im Griff hatten, witterten die Widerständler wieder Morgenluft. In seinem Werk über die letzte Phase des Krieges widmet John Toland dem Widerstand der „O 5" ansehnlichen Raum.[46] Von Szokoll ausführlich informiert, überliefert der US-Historiker: „Am späten Nachmittag begannen die Russen vom Westen her nach Wien hereinzuströmen, ohne daß sie auf nennenswerten Widerstand stießen, während ‚O 5'-Männer mit Volkssturmarmbinden durch die Straßen zogen und auf alles schossen, was eine deutsche Uniform trug."[47]

Das war Mord im Sinne des Strafgesetzes. Der Volkssturm war Teil der deutschen Streitkräfte, seine Angehörigen waren Soldaten im Sinne des Wehrgesetzes[48] und als solche Kombattanten gemäß humanitärem Völkerrecht. Nicht „Soldaten sind Mörder"[49], wohl aber waren diese Widerstandskämpfer welche. Mörder soll man Mörder nennen.[50] Die Idee zur vorsätzlich irreführenden Uniformierung mit Volkssturmarmbinden, mit denen die Täter ihre Opfer auf heimtückische Weise täuschten, stammte Molden zufolge von Szokoll.[51]

In der Zeitschrift Sowjetunion heute (April 1969) würdigt Oberst a.D. Georgi Sawenok, ehemaliger Stellvertreter des ersten Stadtkommandanten von Wien, die Rolle von Szokoll: „In der Geschichtsliteratur, in manchen Presseorganen und auch Reden offizieller Persönlichkeiten Österreichs wird … die große Rolle erwähnt, die die österreichische Widerstandsbewegung im Jahr 1945 angeblich gespielt hat. Besonders große Verdienste werden der militärischen Widerstandsgruppe unter dem Befehl von Major Carl Szokoll zugeschrieben. Man sagt, seine Widerstandsgruppen hätten entscheidend zur Befreiung Wiens beigetragen." Tatsächlich aber sei die Widerstandsbewegung nicht imstande gewesen, der Sowjetarmee bei der Befreiung des Landes aktiv beizustehen, denn sie war keine Massen-bewegung und besaß kein einheitliches Zentrum: „Einige Worte über Ma-jor Szokoll: Ich würdige seinen Patriotismus und seine Tapferkeit. Er konnte aber keine aktiven Aktionen entfalten (der Plan zur Vorbereitung des Aufstandes österreichischer Einheiten wurde vom deutschen Kom-mando aufgedeckt); Wien wurde von sowjetischen Soldaten und Offizie-ren gerettet."

Von Szokoll siegen zu lernen, hatten die Sowjets nicht nötig: Aus russi-schen Archivunterlagen geht hervor, daß am 30. März 1945 die Pläne zur Einschließung Wiens bereits feststanden. Auch nachdem Käs mit Szokolls ephialtischem[52] Material aufkreuzte, wurde an der sowjetischen Strategie nichts mehr geändert. Der Name von Käs oder Szokoll ist in keinem rus-sischen Dokument erwähnt.[53]

Ebensowenig bedurfte es eines Eingreifens von Szokoll, um Wien vor der Zerstörung zu retten. Am 7. April 1945 hatte Generaloberst Lothar von Rendulic[54] den Oberbefehl über die Heeresgruppe Süd übernommen und war schon bei der ersten Lagebesprechung entschlossen, Wien so bald wie möglich aufzugeben, um der Stadt lange und erbitterte Kämpfe samt allen daraus folgenden Zerstörungen zu ersparen. „Dies fiel mir um so leich-ter", schreibt der Generaloberst, „als ein Halten Wiens keinen Einfluß auf die künftige Entwicklung haben konnte."[55] Mit ihm stimmte SS-Oberst-gruppenführer und Generaloberst der Waffen-SS Sepp Dietrich überein, der im vertrauten Gespräch kein Hehl daraus machte, daß er als Oberbe-fehlshaber der 6. SS-Panzerdivision mit seinen verhältnismäßig schwa-chen Kräften – seine Armee verfügte am 5. April 1945 nur mehr über 52 in-takte Panzer und Sturmgeschütze – gegen eine sinnlose Verteidigung der Stadt sei: „Man verteidigt Wien genausogut in Floridsdorf", also nördlich der Donau.[56]

In der „Widerstands"-Literatur von heute wird der Wehrmacht immer wie-der der Vorwurf sinnlosen Weiterkämpfens gemacht, das angeblich zu um-fangreichen Zerstörungen geführt habe. Während Rendulic bemüht war, die Kämpfe und Zerstörungen auf ein Mindestmaß zu beschränken, hätte eine Kapitulation zu einem früheren Zeitpunkt dazu geführt, daß die gesamte Heeresgruppe in sowjetische, statt in amerikanische Gefangenschaft geraten wäre. „Als die Kapitulationsverhandlungen im Gange waren", erinnerte Rendulic in einem Leserbrief an die *Wiener Wochenpresse* (Nr. 16/1965), „ha-be ich die Heeresgruppe 48 Stunden vor dem Eintreten des Waffenstillstan-des von den Russen abgesetzt und zu den Amerikanern … geführt. Hier-durch wurden 600.000 Soldaten, darunter etwa 80.000 Österreicher, vor der russischen Gefangenschaft bewahrt, aus der wahrscheinlich Zehntausende nicht und die anderen erst nach Jahren zurückgekehrt wären."

Soweit die Tätigkeit von Szokolls Widerstandsbewegung tatsächlich ei-nen Einfluß auf die militärische Lage bewirkt haben sollte, kann sie höchstens den Effekt gehabt haben, daß durch das von ihr begünstigte Vordringen der Roten Armee deutschen Soldaten der Weg nach Westen abgeschnitten wurde. Da die Russen bereits am 7. April 1945 den „Gürtel", den äußeren Ring um Wien, erreicht hatten, mußte vom Westen her die Führer-Panzergrenadierdivision gegen Wien vorstoßen, da sich in der Stadt noch zahlreiche Verwundete befanden, die man vor den Sowjets in Sicherheit bringen wollte. Der Panzergrenadierdivision ist es denn auch gelungen, den sowjetischen Einschließungsring zu sprengen, von wo aus Tausende von Verwundeten und Kranken, die sich noch immer in den zahlreich hier gelegenen Lazaretten befanden und den Russen bereits in die Hände gefallen waren, mit tatkräftiger Hilfe der Feuerwehr an das Nordufer der Donau gebracht und mit Lazarettzügen nach dem Westen abtransportiert wurden.[57]

Der Erfolg der Panzergrenadierdivision bei dieser Rettungsaktion bewies nach Rendulic, daß man trotz der zahlenmäßigen Überlegenheit der Russen den Kampf um die Stadt Wien noch erheblich hätte hinziehen können. Da dies nicht in seiner Absicht lag, zog Rendulic die Division über die Donau zurück. Am 10. April wurde die Innenstadt geräumt und der Donaukanal als Brückenkopf besetzt, um den Abtransport der Verwundeten und das Abfließen der Masse der Truppen über die Reichsbrücke nach Norden zu gewährleisten. Am Abend des 12. April wurde der Brückenkopf unmittelbar an die Brücke zurückgenommen. In der Nacht zum 13. April 1945 räumten die letzten Nachhuten das Südufer der Donau.[58] „Erst am 15. April fiel das Schlupfloch Bisamberg der aus Wien zuletzt über die Floridsdorfer Brücke abfließenden Nachhuten … in die Hände der Roten Armee: Die Waffen-SS hatte um ihr Leben, die Heimkehr und die Vermeidung der russischen Gefangenschaft oder Liquidierung gekämpft."[59]

„Warum ist er [Rendulic; F.D.] nicht schon Tage vorher durch den Wienerwald abgezogen?" spottete Szokoll demagogisch. „Dann wären auch keine deutschen Soldaten, die in der ‚Schlacht um Wien' gefangengenommen wurden, in russische Kriegsgefangenschaft nach Sibirien gekommen."[60] Warum aber wies Szokoll im Widerspruch dazu die Sowjets an, westlich von Wien an die Donau zu stoßen und damit den eingekesselten Rendulic-Einheiten den rettenden Weg nach Westen zu verlegen? Warum ließ er im Süden Barrikaden bauen, um dortigen SS-Einheiten „den Rückzugsweg abzuschneiden"?[61] Und warum ließ der um das Wohl deutscher Soldaten im nachhinein so besorgte Szokoll die von ihm mit täuschenden Volkssturmarmbinden uniformierten Heckenschützen „auf alles schießen, was eine deutsche Uniform trug"? Wollte er den Mordopfern nur das Martyrium sibirischer Gefangenschaft ersparen?

„Eine Armee, die im Kampf steht, kann … nicht einfach kehrtmachen und abmarschieren", gibt Rendulic zu bedenken. „Vom Standpunkt der Heeresgruppe mußte bei der Absicht, Wien raschest zu räumen, überdies auf die anschließende Armee Rücksicht genommen werden. Und hierfür kam im vorliegenden Fall die 8. Armee in Betracht, die im Marchfeld noch erheblich ostwärts von Wien kämpfte. Bei sofortiger Räumung Wiens wäre ihr der Russe in den Rücken gekommen. Deshalb mußte diese Armee zunächst wenigstens auf die Höhe von Wien zurückgenommen werden. Auch dies erforderte naturgemäß einige Tage. Die Ringstraße, die der Russe in kürzester Zeit erreichte, mußte von Teilen der Armee durch zwei Tage gehalten werden, um den Uferwechsel der übrigen Teile der 6. Panzerarmee über die Reichsbrücke zu ermöglichen. Am 10. April wurde auch diese Stellung geräumt und unter dem Schutz von Nachhuten am Donaukanal ein Brückenkopf vor der Reichsbrücke gebildet, um den Rest der Armee auf das Nordufer bringen zu können. In der Nacht zum 13. war auch der letzte Soldat auf diesem Ufer. Ich wäre nun sehr interessiert, zu wissen, ob es jemand gibt, der Wien anders oder noch schneller hätte räumen können", begehrte Rendulic vergebens.[62]

Nach der von Rendulic realisierten Räumung war die alte deutsche Kaiserstadt Wien in den Händen der sowjetischen Sieger: „Wien war gefallen, ohne daß es den Russen gelungen war, die Verteidiger einzuschließen und zu vernichten."[63] Am 13. April 1945 erklärten die Sowjets Wien für „befreit", obwohl sie die nördlich der Donau gelegenen Stadtteile Floridsdorf und Kaisermühlen erst zwei Tage später besetzten. Zur Feier des Falls von Wien wurden in Moskau aus 324 Geschützen 24 Salutschüsse abgefeuert. Am 9. Juni 1945 stiftete das Präsidium des Obersten Sowjets eine Medaille „für die Eroberung [nicht Befreiung, F.D.] Wiens", mit der 270.000 Teilnehmer an der Schlacht um die Stadt dekoriert wurden.[64]

Den sowjetischen Eroberern auf dem Fuße folgte die Führung der Kommunistischen Partei Österreichs (KPÖ) aus dem Moskauer Exil. Ihr Wortführer Ernst Fischer[65] tat die Widerständler, die sich am 9. April im Palais Auersperg zentralisiert und aus Freude über die scheinbare Befreiung die rot-weiß-rote Fahne gehißt hatten, als eine „Bande von Gaunern, Schwindlern und naiven Leuten" ab.[66] Auf Befehl von Fjodor Tolbuchin, dem Oberkommandierenden der 3. Ukrainischen Front, mußten die Auf- und Widerständischen, die im Sinne Lenins, des Begründers der Lehre von der „nützlichen Idiotie", ihre Funktion erfüllt hatten, nach getaner Schuldigkeit ihre Waffen abliefern und ihre irregulären Organisationen liquidieren.[67] Christiane Prinzessin Croy, die dem Untergrund in ihrem Palais Auersperg Unterschlupf gewährt hatte, wurde als alte und todkranke Dame von Russen beraubt und vergewaltigt.[68]

Mit ihren Exzessen straften die sowjetischen Täter die Proklamationen des deutschen Generalleutnants Fritz Franek Lügen, Szokolls ehemaligem Taktiklehrer an der Militärakademie. Nachdem er als Kommandeur der 73. Infanteriedivision an der Ostfront am 29. Juli 1944 in Gefangenschaft geriet, diente sich Franek der UdSSR an, offerierte seine Dienste der KPÖ,[69] kollaborierte mit dem am 26. November 1944 gegründeten „Antifaschistischen Büro österreichischer Kriegsgefangener" (ABÖK), erließ im russischen Interesse eine Anzahl von Aufrufen und verfaßte Flugblätter, die über der Front abgeworfen wurden und die deutsche Soldaten zur Desertion und Kapitulation aufriefen.[70]

Mit einer Eingabe vom 28. März 1945 erbat der Ritterkreuzträger von der Regierung der UdSSR gar die Aufstellung von Einheiten aus österreichischen Soldaten aus sowjetischer Kriegsgefangenschaft im Verband der Roten Armee zur Teilnahme an der „Vernichtung der deutschfaschistischen Herrschaft".[71] Die „Wehrmacht Hitlers", argumentierte der „Hitlergeneral", sei nicht mehr die Wehrmacht österreichischer Soldaten, Desertion daher „nicht feige Fahnenflucht, sondern kühne patriotische Tat". Am 5. April 1945 sandte Georgi Dimitroff an Stalin eine Kurzbiographie von Franek[72] mit der Bemerkung: „Es kann sein, daß dieser österreichische General bei der Durchführung etwaiger Maßnahmen in bezug auf Österreich nützlich ist."[73]

Nützlich machen durfte sich Franek als Lügner. Über den Moskauer Rundfunk flunkerte er seinen Landsleuten zu: „Laßt euch auch nicht einschüchtern durch die Lügen über die Rote Armee! Sie ist eine disziplinierte Wehrmacht mit verantwortungsbewußten Führern."[74]

Angesichts des erwiesenen Gegenteils war es kein Wunder, daß Franek nach seiner am 28. Juli 1948 erfolgten Spätheimkehr von den meisten seiner früheren Kameraden – natürlich mit Ausnahme Szokolls – geschnitten, zu Kameradschaftstreffen nicht eingeladen wurde und bis ans Lebensende vergebens um seine Rehabilitierung rang: „Er war zwischen die Mühlsteine der Weltgeschichte geraten und wurde von ihnen zermalmt."[75]

Zwischen die Mühlsteine der Bolschewiken geriet Szokoll, als er nach dem Sieg der Sowjets als vom Stadtkommandanten bestellter Kommandeur einer Hilfspolizei im Roten Salon des Rathauses residierte. Das Überhandnehmen von Übeltaten bewog Szokoll am 12. April 1945 zu einem Bittgesuch an den sowjetischen Stadtkommandanten Generalleutnant Alexej Blagodatow, um den Schutz der Bevölkerung vor den „notorisch stark in Erscheinung tretenden Plünderungen und Vergewaltigungen allein herumziehender russischer Soldaten" von deren Befehlshaber zu erflehen.[76]

Auf dieses Ansinnen hin wurde Szokoll am 16. April 1945 von einem Kommando der Besatzungsmacht abgeholt. Man schor ihm den Kopf kahl und brachte ihn nach Baden. Nach wochenlangen Verhören im dortigen Sowjet-Hauptquartier stellte man ihn vor ein Militärgericht und beschuldigte ihn, ein Agent der Amerikaner zu sein. Der von ihm ausgeheckte Plan für die kampflose Übergabe von Wien galt plötzlich als Falle, da der in Aussicht gestellte Aufstand ja nicht ausgebrochen war.

Das Militärgericht sprach den Major zwar frei, doch wurde Szokoll als deutscher Offizier gefangengenommen und in ein Offizierlager in Kaiserebersdorf gesteckt, wo er während einer Außenarbeit flüchten konnte. Die folgende Zeit lebte er in Wien als U-Boot, bis er Ende Oktober von der Staatspolizei neuerlich verhaftet und von der österreichischen Justiz ein Verfahren wegen Verdacht auf Hochverrat eingeleitet wurde: „Szokoll war angeklagt, … die militanten Widerstandsgruppen wieder zusammenfassen zu wollen und letztlich … auf eine Beseitigung der provisorischen Staatsregierung mit Hilfe der westlichen Alliierten abzuzielen." Am 16. März 1946 wurde Szokoll aus der Haft entlassen.[77]

Die Jahre bis zum Ableben Stalins verbrachte er in der ständigen Angst, wieder eingesperrt zu werden und wieder nicht zu wissen, warum: „Erst Frau Minister Furzewa[78], durch die ich nach Moskau eingeladen wurde, wo ich in der deutschsprachigen Sendung von *Radio Moskau* interviewt wurde und ebenso in der *Iswestija*, beendete meine Angst." Als Trostpflaster erhielt der Angsthase 1989 eine Memorialplakette mit der Nummer 4377, die aus dem Steigbügelhalter ein Stalinopfer machte.[79]

Zur Ehrenrettung der Stalin-Soldateska sah sich Szokolls Komplize Ferdinand Käs veranlaßt: „Daß die Russen Mädchen vergewaltigten und nicht streichelten, ist einzusehen, denn die Deutschen haben in Rußland wüst gehaust." Die deutsche Wehrmacht sei eine Räuberbande gewesen, raste der geistige Vorläufer des Wehrmachtverleumders Jan Philipp Reemtsma. „Szokoll müßte heute kein Filmproduzent und ich müßte kein Major sein, wir hätten auch mit unseren Verdiensten hausieren gehen können und andere Stellen, sogar Ministerposten, bekleiden können."[80]

Die Redaktion des Boulevardblattes *Bild-Telegraf*, die den Käs-Käse abdruckte, richtete in weiterer Folge an den Innenminister und an die Führung der Exekutive die öffentliche Anfrage, „was sie eigentlich von einem derartigen Gendarmeriemajor und Leiter einer Gendarmerieschule, der angeblich noch dazu keine Offizierprüfung haben soll, halten? Ob sie glauben, daß sich eine solche Gesinnung mit der These von ‚Dein Freund, dein Helfer' vereinbaren läßt … Uns kümmert nicht die politische Einstellung irgendeines Gendarmeriemajors. Es mag sich jeder zu den Alliierten, zu der ehemaligen deutschen Wehrmacht … stellen, wie er will. Wir erachten es aber als eine moralische Ungeheuerlichkeit, daß es in Österreich einen Leiter einer Gendarmerieschule geben kann, der die Vergewaltigung österreichischer Mädchen als ‚einzusehen' findet."

Nach dieser Philippika des *Bild-Telegraf* erhob sich unter Gesitteten ein Sturm der Entrüstung: Der österreichische Schriftsteller Kurt Ziesel (1911–2001) richtete „im Namen aller Anständigen in diesem Lande und im Namen von Hunderttausenden Soldaten, Unteroffizieren und Offizieren österreichischer Herkunft, die in der deutschen Wehrmacht kämpften, verwundet wurden, fielen oder jahrelang in Sibirien schmachteten", einen offenen Brief an den Sicherheits-Staatssekretär Ferdinand Graf (1907–1969), um gegen die skandalösen Äußerungen von Käs zu protestieren: „In je-

dem anderen Lande der Welt würde man einen Offizier der Sicherheits-
truppe des Landes, der sich solcher Schmähungen schuldig macht, mit der
Hundspeitsche aus dem Lande jagen. Auch die österreichische Gendarmerie besteht in ihren Mannschaften und Offizieren überwiegend aus Angehörigen dieser Wehrmacht, die Herr Käs eine Räuberbande nennt. Es ist
mir unbekannt, ob Herr Käs solche Erfahrungen aus Anschauung oder als
Mittäter gesammelt hat, ich jedenfalls, und Millionen meiner Kameraden,
haben in diesem von uns allen gehaßten und verfluchten Krieg als anständige, treue Soldaten ihre Pflicht getan. Das Niveau der Äußerungen
des Majors, dem man sogar die Erziehung unserer Gendarmerie anver-
traut, entspricht kaum seiner schnellen Karriere vom Feldwebel zum Major, auch wenn er dieses Niveau offenbar sogar für einen Ministerposten
als ausreichend ansieht … Während Sie selbst Heldendenkmäler einwei-
hen und der sittlichen Haltung und Würde deutscher und österreichischer
Soldaten gedenken, lassen Sie schweigend zu, daß einer Ihrer Majore von
Räuberbanden spricht! Ihr Major und Jugenderzieher findet es, wie er bekennt, »verständlich, daß die Rote Armee Zehntausende Wiener Frauen
vergewaltigte, weil auch die deutsche Armee in Rußland so hauste«. Im
Namen von Millionen ehemaligen Soldaten und Offiziere sage ich Ihnen,
daß wir jeden aus unserer Mitte gestoßen hätten, der eine russische Frau
vergewaltigt hätte. Ob Herr Käs anders gehandelt hat, entzieht sich meiner Kenntnis, doch vermute ich, daß er aus Sicherheitsgründen nicht in
Rußland gehaust hat, sondern im Hinterland."[81]
    Während der verhinderte Minister und damalige Major der Gendarme-
rie Ferdinand Käs auf SPÖ-Ticket sukzessive den Rang eines Generals er-
rang, textete Szokoll unter der Ägide der Sieger zunächst Wochenschau-
teile für die amerikanische wie für die sowjetische Besatzerpropaganda.
Mit dem vermögenden Mühlenbesitzer Ludwig Polsterer gründete er die
„Cosmopol" und schlug mit dieser 1953 *Die letzte Brücke*: „Dieser blen-
dend gemachte Streifen konnte", so der Wiener *Bild-Telegraf* anläßlich der
Premiere, „im Rahmen der neuen Tito-Linie mordende Partisanen für
westeuropäische Gemüter salonfähig machen." Nach dem Partisanenepos
mit Maria Schell und Barbara Rütting in den weiblichen Hauptrollen
schloß Szokolls folgender Film *Der letzte Akt* (1955) über Hitlers letzte Tage und das Ende in der Berliner Reichskanzlei mit dem Appell eines fikti-
ven Ritterkreuzträgers an die Jugend der Zukunft: „Sag nie mehr Jawohl!"
    Die Veteranen der Wehrmacht, die nach dem Krieg das österreichische
Bundesheer aufbauten, ließen sich das nicht zweimal sagen: Sie sagten daher auch nicht „Jawohl" zu Szokoll, sondern verneinten ihn als antimora-
lischen Außenseiter. Männer wie der Major wurden rundweg gemieden,
betrauert Freiherr von Trauttenberg – Jahrgang 1941 – die historische Per-
sonalpolitik des österreichischen Bundesheeres. Der Adjutant von Bundespräsident Dr. Thomas Klestil (seit 1996) und Eröffnungsredner der ver-

leumderischen Wehrmachtausstellung in Linz bedauert, daß die sogenannten „Eidbewahrer" in der Wiederaufbauphase ein „Offiziersmono-
pol" besaßen.[82]

Diese Exklusivität der Eidgetreuen hat dem österreichischen Bundesheer
nach dem Zweiten Weltkrieg sicherlich gut getan, kann doch keine Armee
der Welt auf Disziplin und Gehorsam verzichten. Auch die Soldaten des
heutigen österreichischen Heeres werden darauf vereidigt, die Heimat unter allen Umständen zu schützen und sich gegen jeden Angreifer auch
dann zur Wehr zu setzen, wenn dieser in der Übermacht ist. Die militärische Überlegenheit des potentiellen Angreifers ist im Falle Österreichs sogar die Regel, da alle Nachbarstaaten – mit Ausnahme des Fürstentums
Liechtenstein, das seit 1868 überhaupt keine Armee mehr besitzt – militärisch stärker sind. Wohin aber würde es führen, wenn man angesichts der
strukturellen Unterlegenheit in der gegebenen militärgeographischen Situation Österreichs Soldaten dazu erzöge, sich im Ernstfall an Szokoll und
Konsorten zu orientieren? Eine Armee mit dieser Maxime macht sich überflüssig.

Szokoll, der seine dem soldatischen Ethos entgegenstehende Einstellung
in einem autobiographischen Roman des Titels *Der gebrochene Eid*
(Wien/München/Zürich: Europaverlag, 1985) verewigte, fand es empö-
rend, daß österreichische Generalstabsoffiziere beim Besuch im „Dokumentationsarchiv des österreichischen Widerstandes" Figuren der Aktion
„Radetzky" als „Verräter" qualifizierten und – oh Schreck: „Bei einer Feier der Wiederkehr des 50jährigen Ausmusterungstages [sic!] forderte einer
meiner Jahrgangskameraden, mit Stolz die Ritterkreuze und andere Auszeichnungen der Wehrmacht zu tragen"[83], mokierte sich der Major und
führte inkonsequenterweise bis ans Lebensende den ihm vom verhaßten
Hitler nach dem 20. Juli 1944 verliehenen Titel.

Seine zivile Rolle als Filmproduzent würdigte Szokoll mit den Worten:
„Ich sah das Medium Film als ein Mittel, meinen Kampf fortzusetzen, den
ich bisher unter Einsatz meines Lebens geführt hatte. Ich hoffte, daß das
Medium Film als Waffe des Gewissens überzeugend genug sein würde,
um es für Freiheit und Menschenwürde gegen Knechtschaft und Gewalt
einzusetzen."[84]

Das Niveau seiner Streifen sank ins Seichteste, als Szokoll 1962 „die Mi-
mi ohne Krimi nie ins Bett gehen" ließ: „Die großen Komiker Heinz Er-
hardt und Trude Herr werden in dieser sehr forcierten Farce verheizt, die
nichts weiter ist als eine Folge von unpassenden und/oder armseligen
Witzen. Schlager sind eingestreut, dies offensichtlich aus keinem anderen
Grund als den Besucher wachzuhalten. Ein gutes Beispiel für Franz Antels
schlechten Geschmack (in den 70er Jahren zeichnete er verantwortlich für
eine Anzahl von ‚Tiroler Sexfilmen') und für den Niedergang des deutschen Films in den sechziger Jahren."

Als „Waffe des Gewissens" brachte der Widerständler die sexuell unersättliche Wirtin von der Lahn in Stellung: Den ersten von drei geilen Streifen sah man auch unter dem britischen Titel *The Sweet Sins of Sexy Susan*. Um den Schutz vor Schmutz ins Lächerliche zu ziehen, ließ Szokoll immer dann, wenn ein Paar sich zu paaren anschickt („whenever a couple is going into clinch"), rasch einen die Zensur persiflierenden Zeichentrickvorhang fallen. *Die Wirtin von der Lahn* (1967) nannte sich Szokolls „Sexkomödie aus der Zeit, da man flüchtige Momentaufnahmen von weiblichen Nuditäten (Po und Busen) in Spielfilmen zu akzeptieren begann". Zur Fortsetzung des lasziven Lustspiels schob der Pornologe den Streifen *Frau Wirtin hat auch einen Grafen* (1968) nach. Nicht genug des zotigen Zelluloids, gipfelte Szokolls Sex-Serie im dritten Titel *Frau Wirtin treibt es jetzt noch toller* (1970), laut Fachkritik „noch dümmlicher, noch etwas vulgärer als die früheren ,Wirtinnen'-Filme" (*Kabel eins Filmlexikon*). Den Streifen *Casanova & Co.* (1977) exportierte der Widerstandskämpfer gegen die guten Sitten als reißerischen „Sex on the Run" (Sex im Vorbeigehen).

Was Szokoll bietet, ist nicht mehr Erotik, sondern primitive Pornographie: Der Unterschied von Hartporno, als Angriff auf die Menschenwürde einerseits, und Weich- oder Softporno, bestehend im Verstoß bloß gegen das Schamgefühl andererseits, ist nur graduell, nicht prinzipiell: Auch Softporno ist Porno. Demgemäß macht das in Österreich nach wie vor in Geltung befindliche „Gesetz über die Bekämpfung unzüchtiger Veröffentlichungen und den Schutz der Jugend gegen sittliche Gefährdung"[85] vom 31. März 1950 (BGBl. Nr. 97) auch keinen Unterschied zwischen den beiden Tatbildern, sondern zielt ausschließlich auf die Art der Verbreitung ab. Szokolls Pornoprodukte dienten keineswegs der Verwirklichung der „Menschenwürde" im Sinne seiner Bekundungen in seinen Memoiren (S. 389). Sein mit der Standesehre eines Offiziers unvereinbares Trachten drehte sich vielmehr darum, aus der menschenverachtenden und sittenzersetzenden Ausbeutung menschlicher Sexualität persönliches Kapital zu schlagen.

Als man den pseudopatriotischen Pornographen im Wiener Zentralfriedhof zu Grabe trug, folgte dem Szokoll-Sarg unter anderen Franz Antel, Meister des seichten Streifens mit Löwenanteil an den „unsterblichen" Produktionen des Verstorbenen.[86] Betroffen gelobte der christdemokratische Verteidigungsminister Günther Platter: „Carl Szokoll wird einen fixen Platz in der Traditionspflege des österreichischen Bundesheeres erhalten."[87] Zu diesem Zweck wurde ein Hof der historischen Roßauer Kaserne, dem neuen Sitz des Verteidigungsministeriums, nach dem Wiener Widerständler und Weichpornographen benannt.[88]

In soldatisch denkenden Kreisen will man von dieser Traditionspflege nichts wissen: „Eine sowjetische Heeresgruppe war sicherlich nicht auf den Rat eines deutschen Majors angewiesen", kommentierte die „Offiziersgesellschaft Salzburg" aus Anlaß seines Ablebens Szokolls Rolle im Rahmen der Ereignisse. „Marschall Tolbuchin hatte bereits von sich aus alle erforderlichen Dispositionen ergriffen, um Wien möglichst rasch durch eine Umfassung zu Fall zu bringen. Die deutschen Verteidiger ihrerseits hatten dies auch erkannt und darauf mit einer Rücknahme der Kräfte aus Wien auf das Nordufer der Donau reagiert (Zitat: ‚Wien kann auch in Floridsdorf verteidigt werden'). Folgerichtig hat auch Generaloberst Lothar Rendulic die Räumung und damit wohl auch die Rettung von Wien für sich in Anspruch genommen. Da aber Generaloberst Rendulic seinem Eid treu blieb, paßt diese Tatsache nun wieder nicht ins Bild einer politisch korrekten Geschichtsschreibung." Die Ereignisse seien auf einer Ebene abgelaufen, die von Szokoll in keiner Weise zu beeinflussen war, stellt die Offiziersgesellschaft fest: „Eigentlich hätte ihm dies auch bewußt sein müssen, womit sich die Frage stellt, welche Motive ihn bei dieser Aktion geleitet haben. Das ‚Cui bono' (wem nützt es) könnte im Hinblick auf eine sich abzeichnende Nachkriegsordnung Antworten liefern. Wie immer diese auch ausfallen – ein Faktum ist sonnenklar: Major Szokoll hat zwar den Kontakt mit dem Feind gesucht. Zum ‚Retter Wiens' wurde er dadurch aber nicht."

Anhang

Sonderstandgericht im Standort Wien
Sonderstandgerichtsurteil[89]
IM NAMEN DES DEUTSCHEN VOLKES

In der Strafsache gegen den Major Karl Biedermann, Kommandeur der Wehrmachtordnungstruppen Wien, geboren am 11. August 1890 in Miskolc (Ungarn), hat das am 6. April 1945 in Wien zusammengetretene Sonderstandgericht, an dem teilgenommen haben
als Richter:
- Oberstabsrichter Dr. Piwowarczyk als Verhandlungsleiter,
- Oberstleutnant Caminada, Artilleriekommandeur (Arko) beim Kampf-kommandant Wien,
- Major Homann, Festungskommandantur Wien, als Beisitzer
als Vertreter der Anklage:
- Leutnant Dr. Rothe
als Urkundsbeamter der Geschäftsstelle:
- Heeresjustizoberinspektor Kallinka
für Recht erkannt:
Der Angeklagte wird wegen Landesverrats
- zum Tode, zum Verlust der Wehrwürdigkeit und zum Verlust der bürger-lichen Ehrenrechte für die Lebensdauer
verurteilt.
Gründe:
Der Angeklagte ist am 11. August 1890 in Miskolc (Ungarn) geboren, und hat fünf Klassen der Realschule und vier Klassen der Kadettenschule besucht, ist katholisch, verheiratet mit Else Biedermann geborene Fiala und ohne gerichtliche und disziplinare Vorstrafe.

Von 1910 bis 1921 war er aktiver Soldat und hat in den Jahren von 1914 bis 1918, zuletzt als Hauptmann, am Weltkriege an allen Fronten teilgenommen und dabei den Kronenorden, das Militärverdienstkreuz mit Spange und das Karl-Truppenkreuz verliehen erhalten. Im November 1939 wurde er, nach-dem er vorher den Beruf als Postinspektor ergriffen hatte, als Hauptmann d.R. einberufen, war Divisionsnachschubführer bei der 9. Panzerdivision, zeitweise Bataillonskommandeur des Feldersatzbataillons 60 und zuletzt Kommandeur der Wehrmachtordnungstruppen Wien. In diesem Kriege ist er am 1. Januar 1940 zum Major der Reserve befördert worden und hat an den Feldzügen in Serbien, Griechenland und Rußland teilgenommen. An weiteren Auszeichnungen besitzt er das EK II, KVK II und I und die Ostmedaille. Sein zuständiges Wehrbereichkommando ist das WBK Wien IV, sein Frie-denstruppenteil das Artillerieregiment 96.

Die Feststellungen zur Person beruhen auf den Angaben des Angeklag-ten.

Aufgrund des Geständnisses des Angeklagten und der unbeeideten Aus-sagen der Zeugen Leutnant Hanslik, Streifen- und Fahndungsabteilung beim

Streifenkommandeur Wien, des Oberfeldwebels Grass und des Gefreiten Pawek von der gleichen Dienststelle ist folgender Sachverhalt erwiesen:

Eine Telefonistin machte Leutnant Hanslik vor einigen Wochen darauf aufmerksam, daß sie Telefongespräche des Angeklagten mitangehört hatte, nach denen dieser zu einem Teilnehmer geäußert hat, daß seine Überwachung durch den mit der Gauleitung in Verbindung stehenden Leutnant Hanslik ihm nicht passe und daß auch sonst die Gespräche des Angeklagten in der letzten Zeit mysteriösen Inhalts waren. Leutnant H. gab zunächst nichts auf diese Mitteilung, da ihm sein Kommandeur bisher als gerader und aufrechter Offizier bekannt war. Anfang April 1945 machte jedoch der Gefreite Pawek dem Leutnant Hanslik eine Meldung, nach der der Obergefreite Roland dem Gefreiten Pawek erzählt hat, daß er von einer Aktion wüßte, bei der der Angeklagte ein Hauptbeteiligter ist. Nach dieser Aktion sollte der Angeklagte dem Hauptfeldwebel Grass befohlen halben, eine größere Anzahl unbedingt zuverlässiger Leute aus seiner Dienststelle zusammenfassen, die am 6. April 1945, 12 Uhr mittags das Wehrkreiskommando Wien besetzen und als dann mit dem Feinde zwecks Übergabe der Stadt Wien verhandeln sollten. Der Hauptfeldwebel Grass hat bekundet, daß er vor wenigen Tagen tatsächlich einen solchen Befehl vom Angeklagten erhielt und daß der Angeklagte ihm gegenüber geäußert hat, diese Soldaten, die das Wehrkreiskommando zu besetzen hätten, würden vom Feinde verschont bleiben, denn als Erkennungszeichen war das Halten eines Taschentuchs in der linken Hand und das Hochheben des Gewehrs in der rechten Hand unter dem Stichwort „Moskau" vereinbart. Der Angeklagte gesteht nach anfänglichem Leugnen folgendes ein:

Anfang April kam zu ihm ein Zivilist namens Lengiel, welcher ihm aus dem früheren „Heimatschutz" bekannt war und forschte ihn dahingehend aus, ob er noch „der Alte" sei und Wien liebe. Nachdem der Angeklagte dies bejahte, wurde er bald darauf vom Oberleutnant Raschke WBK XVII aufgesucht, der ihm offiziell erklärte, Wien werde geräumt und er habe nur die Befehle des Kampfkommandanten auszuführen, in dessen Auftrage der 2. Generalstabsoffizier Major S[z]okoll handle. Am Mittwoch, den 4. April 1945 gegen 23 Uhr fand bei Major S[z]okoll eine Unterredung statt, an der Hauptmann Hut[h], Oberleutnant Raschke und der Angeklagte teilnahmen. Hierbei erklärte Major S[z]okoll, der Angeklagte müsse ihm mehr als 100 Mann zuverlässige Soldaten stellen, welche den Auftrag haben würden, bei Annäherung des Feindes die Fabriken, gegebenenfalls auch militärische Dienststellen zu besetzen, damit die vollziehende Gewalt zunächst übernommen werden könne. Mit dem Feinde sei das bereits erwähnte Geheimzeichen vereinbart worden, nachdem diesen Soldaten nichts geschehen werde. Major S[z]okoll werde ihm später die weiteren Befehle übermitteln, wobei als Verbindungsmann zwischen Major S[z]okoll und dem Angeklagten der Unteroffizier Dibischowski dienen würde. Ein Schreiben vom 5. April 1945 ließ S[z]okoll dem Angeklagten angeblich im Auftrage des Kampfkommandanten Wien zukommen, welches folgenden Inhalt hatte: „Kampfkommandant Wien Ia*. An den Kommandeur des Streifendienstes zu Händen Mjr.** Bieder-

---

* Ia = 1. Generalstabsoffizier
** Mjr. = (österr.) Major

mann, Wien Rossauerkaserne. Personal d. Kfz. unterstehen dem Kampfkommandanten Wien. Weitere Befehle durch diesen sind abzuwarten. Der Kampfkommandant Wien, 2. Generalstabsoffizier, gez. S[z]okoll, Major."

Der Angeklagte führt zu seiner Rechtfertigung an:

Wohl habe er gewußt, daß nach der Unterredung mit Major S[z]okoll dieser mit dem Feinde in irgendeiner Verbindung gestanden habe müsse, worauf bereits aus der Tatsache der Verabredung der geheimen Erkennungszeichen zu schließen war. Er habe auch gewußt, daß S[z]okoll ihm keine Befehle im Auftrage des Kampfkommandanten Wien geben könne, daß vielmehr hierfür der Festungskommandant Wien zuständig sei, mit dessen Offizieren er auch in den letzten Tagen mehrfach verhandelt habe, er sei aber nach der Unterredung mit Mjr. S[z]okoll in diese Sache sozusagen „hineingeschlittert" und habe geglaubt, daß er zum Besten seiner Soldaten und zum Wohle der Stadt Wien handle, wenn er sich der Gruppe S[z]okoll anschließe.

Diese Einlassungen vermögen das Verhalten des Angeklagten nicht zu rechtfertigen, er hat im Inland während eines Krieges gegen das Reich es übernommen, über Major S[z]okoll der feindlichen Macht Vorschub zu leisten. Diese Tat hatte auch erhebliche Folgen. Denn nach der Aussage des Leutnant Hanslik wußten die Soldaten der Dienststelle des Angeklagten, denen durch den Oberfeldwebel Grass die Befehle des Angeklagten übermittelt wurden, tatsächlich nicht recht, was sie tun sollten. Sie waren unentschlossen geworden und wankten nach einer oder der anderen Seite hin. Dadurch litt auch schon die Disziplin erheblich, da Befehle und Anordnungen teilweise gar nicht, teilweise zögernd ausgeführt wurden und die Soldaten in den letzten Tagen gruppenweise zusammenstanden und die durch den Angeklagten hervorgerufene zwiespältige Lage erörterten. Im übrigen ist der Angeklagte ein alter erfahrener Offizier, der sich des Verbrecherischen seiner Tat vollkommen bewußt war. Ob er glaubte, zum Wohle seiner Soldaten oder zum Wohle der Stadt zu handeln, ist unerheblich. Nach der Erfahrung des Angeklagten mußte dieser wissen, welche schweren Nachteile für das Reich durch seine Feindbegünstigung über Major S[z]okoll eintreten würden. In seinem Schlußwort hat er sich auch in vollem Umfange schuldig bekannt.

Er war daher gemäß § 91 b RStGB* zu bestrafen. Als Strafe mußte allein auf die Todesstrafe erkannt werden. Der Angeklagte hat die Feindbegünstigung in einem Augenblick begangen, in welchem der Feind vor den Toren Wiens steht. Er hatte die Pflicht, angesichts dieser kritischen Lage sich selbst und seine Männer dem Festungskommandanten für etwaige Kampfaufgaben, nicht aber dem Landesverräter Major S[z]okoll zur Feindbegünstigung zur Verfügung zu stellen.

Die Nebenstrafen beruhen auf § 31 MStGB** und § 32 RStGB.

Abgesetzt, am 6. April 1945

gez. Dr. Piwowarczyk

Oberstabsrichter

---

* RStGB = Reichsstrafgesetzbuch
** MStGB = Militärstrafgesetzbuch

Anmerkungen

[1] Walter Nowotny (1920–1944), Major, geboren in Gmünd / Niederösterreich, schoß auf 443 Feindflügen 258 gegnerische Flugzeuge ab, war der erste Jagdflieger der deutschen Luftwaffe, der 250 Luftsiege erreichte, erhielt die Brillanten zum Ritterkreuz mit Eichenlaub und Schwertern. Nach einem Einsatz gegen westalliierte Bomberverbände wurde er am 8. November 1944 beim Landeanflug auf den Flugplatz Achmer (bei Bramsche im Landkreis Osnabrück) von einer feindlichen Staffel abgeschossen. Nowotny wurde auf dem Zentralfriedhof in einem Ehrengrab der Stadt Wien beigesetzt. Der letzten Ruhestätte wurde im Jahre 2003 vom Gemeinderat mit den Stimmen der SPÖ und der Grünen der Status eines Ehrengrabes aberkannt.

[2] Zum Wesen des DÖW vgl.: Friedrich Romig. „Die ‚letzte Stalinorgel‘?: Das Dokumentationsarchiv des österreichischen Widerstandes: Die Zentrale linker Wühlarbeit in Österreich.“ In: *Die Aula*, Jg. 43 (1992), Heft 6, S. 18–25; ders.: „DÖW-Neugebauer abgeblitzt.“ In: *Die Aula*, Jg. 49 (1998), Heft 7–8, S. 8–10. – Aufgrund einer eingehenden Analyse von Gründungsvorgang, Satzung, Aufgaben, Tätigkeit, Einflüssen, Förderern, Leitung, Kuratorium, Mitarbeitern, Querverbindungen und Hintermännern kam der Verfasser der beiden Beiträge zu dem Schluß, daß es sich beim DÖW um eine „kommunistische Tarnorganisation“ handelt, die als „Zentralstelle linker Wühlarbeit“ anzusehen sei, durch die „das politische und moralische Klima im Lande vergiftet“ werde. Mit Hilfe von „Geschichtslügen und -fälschungen“ werde ein unwahres Bild über den Widerstand Österreichs gegen den Nationalsozialismus verbreitet und zwar unter Anwendung „pseudowissenschaftlicher Methoden und Tricks“. Der vom DÖW ausgeübte „Gesinnungs- und Meinungsterror“ versuche jeden Widerstand von rechtskonservativer Seite gegen „die marxistische kulturell-ideologische Hegemonie“ zu brechen, und das DÖW schrecke zu diesem Zwecke auch vor „Denunziationstätigkeit“ nicht zurück. Durch eine maßlose Erweiterung des Rechtsextremismus-Begriffes sei es dem DÖW nicht nur gelungen, Kirche und Papst unter Rechtsextremismusverdacht zu stellen, sondern sogar der Sozialdemokratischen Partei Österreichs (SPÖ) und ihrer Anhängerschaft „Rechtsextremismus“ vorzuwerfen. Die vom damaligen „wissenschaftlichen Leiter“ des DÖW Wolfgang Neugebauer eingebrachte Privatanklage gegen diese Analyse endete nach einem acht Jahre dauernden, alle Instanzen durchlaufenden Prozeß mit einer Niederlage des Privatanklägers in elf von zwölf Punkten (Urteil des Landesgerichtes für Strafsachen Wien – Hv 7.899 / 92 / 95 v. 29. April 1997 und OLG Wien – 18 Bs 384 / 97): „Ausgehend von der durch den [Anm.: *Aula*-]Artikel vermittelten Tatsachengrundlage[,] und diese durch eigene Feststellungen über die Inhalte der Publikationen des DÖW und seine weiteren Aktivitäten ergänzend[,] kam das Erstgericht zu dem Ergebnis, daß … die inkriminierten Textstellen [Anm.: für die der Freispruch erfolgt ist] auf im wesentlichen richtig wiedergegebener Tatsachengrundlage“ beruhen (OLG, S. 7). Insbesondere aus dem vom DÖW zur Denunziation rechtskonservativer Vertreter benutzten und von Willibald I. Holzer ausgearbeiteten Rechtsextremismusbegriff, seinen Konturen, Definitionsmerkmalen und Erklärungsansätzen, ergab sich für das Gericht „überzeugend die

Schwammigkeit dieses Begriffs" und aus ebendieser Schwammigkeit die Möglichkeit, „politische Gegner zu brandmarken, politisch zur Seite zu schieben und aus der politischen Bedeutung und Geltung zu bringen" (LG, S. 30). Auch der inkriminierte Vorwurf, die Tätigkeit des DÖW bestünde in der Summe aus einem „Gemisch aus Lüge, Fälschung und Denunziation", stellte sich für das Gericht „als bloße Wertung der im Artikel aufbereiteten – und unbestritten gebliebenen – Sachverhaltsgrundlage über das Agieren des DÖW dar, die der Beurteilung der inkriminierten Vorwürfe ohne weiteres zugrunde zu legen ist" (OLG, S. 16). Aufgrund des Gerichtsurteils vom 3. Mai 1998 steht, weil detailliert belegbar, fest: Das DÖW ist eine kommunistische Tarnorganisation; ist eine Art Privat-Stasi; ist eine polypenartige Institution; betreibt linksextreme Subversion vor allem im Kulturbereich; betreibt gesinnungsterroristische Kampagnen; schafft dabei ein Klima des Gesinnungs- und Meinungsterrors; arbeitet mit einem Gemisch aus Lüge, Fälschung und Denunziation; betreibt Geschichtsfälschung und Geschichtsverdrehung; erscheint in pseudowissenschaftlicher Aufmachung; würde sich an erster Stelle finden, gäbe es in Österreich so etwas wie einen jährlichen Verfassungsschutzbericht.

3 „O 5" ist das widerständische Geheimzeichen für „Österreich": Die Ziffer 5 steht für den fünften Buchstaben im Alphabet, also E; zusammengesetzt bedeutet es OE beziehungsweise Ö für „Österreich".

4 „NS-Widerständler Szokoll ist tot." In: *Kurier*, Wien, vom 26. August 2004.

5 *„Weder bin ich ein Heiliger noch ein Prophet – ein Verräter, haben manche gesagt, andere ein Held…": Gedenkschrift für Carl Szokoll 1915–2004.* hg. vom Bundesministerium für Wirtschaft und Arbeit. Wien, 2005.

6 Fritz Molden, geboren 1924 in Wien, Publizist und Verleger, Vater Ernst Molden (1886–1953), war 1921–39 Hauptschriftleiter der *Neuen Freien Presse* und gründete 1946 das Nachfolgeblatt *Die Presse*; seine Mutter war Paula von Preradović (1887–1951), die 1946 die österreichische Bundeshymne textete. Fritz Molden war 1939–44 Angehöriger der deutschen Wehrmacht und desertierte zu den Partisanen in den Apennin, flüchtete in die Schweiz, agierte als Mittelsmann der „O 5" zu westalliierten Stellen, stand in Kontakt mit OSS-Chef Allan W. Dulles in Bern, heiratete dessen Tochter, ließ sich später aber von ihr wieder scheiden. Aufgrund von freigegebenen Spesenabrechnungen aus CIA-Akten der Record Group 228 in den „National Archives" wurde Molden vom Grazer Zeithistoriker Siegfried Beer als bezahlter Agent der Amerikaner enttarnt. Molden selbst rühmt sich, den Rang eines US-amerikanischen Oberstleutnants innegehabt zu haben. 1945 wurde Molden Sekretär des österreichischen Außenministers Karl Gruber, war 1948/49 beim österreichischen Generalkonsulat New York, 1950–1953 Verlagsdirektor, bis 1961 Herausgeber der Tageszeitung *Die Presse*, der *Wochenpresse* und des Boulevardblattes *Expreß*, bis 1958 auch des *Bild-Telegraf*, war bis 1960 Mitglied des Befreiungsausschusses Südtirol (BAS), gründete 1965 den anfangs erfolgreichen Fritz-Molden-Verlag, der 1982 Insolvenz anmeldete, 1999 erfolgte die Wiedergründung des Verlages und der Verkauf desselben an Bernhard Vanas.

7 Als B-Gendarmerie wurde im besetzten Nachkriegsösterreich die Vorläufertruppe des Bundesheeres bezeichnet. Mit der Aufstellung wurde 1952 begonnen. Ende 1953 bestand die B-Gendarmerie aus etwa 100 Offizieren und 4.000 Mann.

[8] Fritz Molden. *Die Feuer in der Nacht: Opfer und Sinn des österreichischen Widerstandes 1938–1945*. Wien/München: Amalthea, 1988. S. 176.

[9] Kay Weniger. *Das große Personenlexikon des Films*. Bd. 7. Berlin: Schwarzkopf & Schwarzkopf, 2001. S. 589.

[10] So etwa im Nekrolog von: Hanns-Georg Rodeck. „Der Retter von Wien." In: *Die Welt* vom 4. September 2004.

[11] „Traitor to the Führer Became Soft-Porn Filmmaker." In: *Telegraph* vom 16. September 2004. – Titel, Inhalt und Besetzung sämtlicher Szokoll-Filme in: *Lexikon des Internationalen Films*. hg. vom Katholischen Institut für Medieninformation (KIM) u.v. der Katholischen Filmkommission für Deutschland. Reinbek bei Hamburg: Rowohlt, 1995 (und in anderen einschlägigen Nachschlagewerken).

[12] Carl Szokoll. *Die Rettung Wiens 1945: Mein Leben, mein Anteil an der Verschwörung gegen Hitler und an der Befreiung Österreichs*. Wien: Amalthea, 2001.

[13] Matthias Bäkermann. „Von Walküre zu Radetzky: Der Soldat Szokoll." In: *Junge Freiheit*, Nr. 47/2001, S. 4.

[14] Szokoll, *Die Rettung Wiens 1945*, a.a.O. (s. Endnote 12 oben), S. 148.

[15] Ebd., S. 131 f.

[16] Ebd., S. 263.

[17] Vgl. S. 259 und die „Ordenswürdigkeitserklärung", Kopie bei: Elisabeth Kruml. *General Dr. Fritz Franek: Eine Biographie*. [Phil. Diss.] Wien, 1983. Bl. 32.

[18] Peter Broucek. „Der Kampf um Wien 1945 und der österreichische militärische Widerstand." In: *Österreich in Geschichte und Literatur*, 51 (2007). S. 234, Anm. 90.

[19] „Firmgöde" ist ein umgangssprachlicher Ausdruck für „Firmpate".

[20] Erwin A. Schmidl. *Der „Anschluß" Österreichs: Der deutsche Einmarsch im März 1938*. Bonn: Bernard & Graefe, 1994. S. 129 f.

[21] Peter Broucek (Hrsg.). *Ein General im Zwielicht: Die Erinnerungen Edmund Glaises von Horstenau*. Wien/Köln/Graz: Böhlau, 1983. S. 207. – Glaise von Horstenau (1882–1946), geboren in Braunau am Inn, war großdeutsch gesinnter österreichischer Offizier und Militärhistoriker, Publizist und Politiker. 1910 im Generalstab, 1915–18 Leiter des Pressereferates des Armeeoberkommandos und Verfasser der Kriegsberichte, 1925–38 Leiter des Wiener Kriegsarchivs, 1934 Mitglied des Staatsrates, 1936–38 Minister im Kabinett Schuschnigg, 1938 Vizekanzler im Anschluß-Kabinett Seyß-Inquart, dann Mitglied des Reichstages, 1941 Bevollmächtigter Deutscher General in Kroatien. Während des Nürnberger Prozesses als Zeuge im Lager Langwasser interniert. Da er befürchtete, von den Amerikanern an Tito ausgeliefert zu werden, nahm er sich während der Haft am 20. Juli 1946 das Leben.

[22] Legitimismus im allgemeinen ist der Standpunkt der Unabsetzbarkeit des Herrscherhauses, unterscheidet sich vom Monarchismus dadurch, daß dieser eine andere Herrschaftsform als rechtmäßig sehen kann, der Legitimismus *per definitionem* jedoch nicht. Die Legitimisten in der Ersten österreichischen Republik erkannten die Abdankung Kaiser Karls nicht an, da dieser 1918 nur auf die Regierungsbeteiligung, nicht aber auf die Krone verzichtet hatte.

[23] Marcel Stein. *Österreichs Generale im deutschen Heer 1938–1945*. Bissendorf: Biblio, 2002. S. 130, Anm. 495.

[24] Broucek (Hrsg.), *General im Zwielicht*, a.a.O. (s. Endnote 21 oben), S. 207, Anm. 230.

[25] Szokoll, *Die Rettung Wiens*, a.a.O. (s. Endnote 12 oben), S. 13.

[26] Broucek, „Der Kampf um Wien 1945", a.a.O. (s. Endnote 18 oben), S. 233, Anm. 90.

[27] „gvH" ist die Abkürzung für „Garnisonverwendungsfähig Heimat".

[28] Robert Bernardis (1908–1944), geboren in Innsbruck, hingerichtet in Berlin-Plötzensee, Oberstleutnant im Generalstab, Vertrauter Schenk von Stauffenbergs im Allgemeinen Heeresamt, gab am 20. Juli 1944 die „Walküre"-Befehle weiter, wurde nach dem Scheitern des Attentats festgenommen und am 8. August 1944 vom Volksgerichtshof zum Tode verurteilt.

[29] Ludwig Jedlicka. *Der 20. Juli 1944 in Österreich.* 2., erw. Aufl. Wien: Herold, 1966. *passim.*

[30] Broucek, „Der Kampf um Wien 1945", a.a.O. (s. Endnote 18 oben), S. 234.

[31] Ferdinand Käs (1914–1988), geboren in Brüssel, gestorben in Wien, Oberfeldwebel der deutschen Wehrmacht, war im April 1945 Szokolls Bote zu den Sowjets, brachte es nach dem Krieg zum General der Gendarmerie und Sektionschef (= Ministerialdirektor) im österreichischen Innenministerium und war wie Szokoll Mitglied des Kuratoriums des „Dokumentationsarchivs des österreichischen Widerstandes". Käs ist Verfasser der Studie *Wien im Schicksalsjahr 1945* (Monographien zur Zeitgeschichte. Wien/Frankfurt a.M./Zürich: Europaverlag, [1965]).

[32] Karl Biedermann (1890–1945), geboren in Miskolc, diente nach Besuch der Kadettenschule in Traiskirchen ab 1910 in der k.u.k. Armee. Am Ende des Ersten Weltkrieges war er Hauptmann, zwei Jahre nach Kriegsende wurde er aus dem Militärdienst entlassen. Im Zivilberuf Beamter der Österreichischen Postsparkasse, schloß er sich verschiedenen rechten paramilitärischen Verbänden an. Im Februar 1934 Kommandeur einer Kompanie des „Freiwilligen Schutzkorps", einer aus Verbänden der Heimwehr bestehenden Hilfstruppe des Bundesheeres. In dieser Funktion war er während des Bürgerkrieges führend an der Eroberung des Karl-Marx-Hofes in Wien-Heiligenstadt beteiligt, der ihm zu Ehren in Karl-Biedermann-Hof umbenannt wurde. Nach dem Anschluß an das nationalsozialistische Deutschland im Jahre 1938 wurde Biedermann im Rahmen der Wehrmacht reaktiviert, nahm am Westfeldzug, am Balkan- und am Rußlandfeldzug teil, wurde 1940 zum Major befördert und als solcher 1943 zum Kommandeur der Wehrmachtordnungstruppen Groß-Wien ernannt.

[33] Alfred Huth (1918–1945), geboren in Wien, Vater Oberstleutnant und Firmendirektor, Besuch einer ungarischen Volksschule und einer reichsdeutschen höheren Schule in Budapest, 1936 Einjährig-Freiwilliger beim österreichischen Bundesheer, 1937 Militärakademie Wiener Neustadt, 1. April 1938 Fahnenjunker-Unteroffizier, 1. Januar 1939 Leutnant, 1. Oktober 1940 Oberleutnant, 1. Januar 1942 beim Stab des stellvertretenden Generalkommandos XVII in Wien, 1. Januar 1942 Leiter der Abteilung Ia/Ausbildung, 30. April 1943 Hauptmann, 24. April 1944 versetzt zum Stab des Generals der Deutschen Wehrmacht in Ungarn, Februar 1945 Führer des Auffang- und Betreuungsstabes Bruck an der Leitha (Außenstelle des Oberbefehlshabers des Ersatzheeres/Allgemeines Heeresamt beim stellvertretenden Generalkommando XVII. Armeekorps, Ib Quartiermeisterabteilung/Organisation).

[34] Von Lotte Rohrer stammt: „Im Kampf um Wien: Bericht einer Wiener Widerstandskämpferin." In: *Gerechtigkeit für Österreich! Rot-Weiß-Rot-Buch: Darstellungen, Dokumente und Nachweise zur Vorgeschichte und Geschichte der Okkupation Österreichs – Erster Teil (nach amtlichen Quellen).* [weitere Teile nicht erschienen!] Wien: Österreichische Staatsdruckerei, 1946. S. 141 f.

[35] Raoul Bumballa (1895–1947), geboren in Troppau, gestorben möglicherweise in Wien. Das bewegte Leben des wegen Betrugs vorbestraften Hochstaplers, der nach dem Krieg zum Unterstaatssekretär im Staatsamt beziehungsweise Staatssekretär im Bundesministerium für Inneres aufstieg, wurde ausgiebig durchleuchtet von: Oliver Rathkolb. „Raoul Bumballa, ein politischer Nonkonformist 1945." In: Rudolf G. Ardelt, Wolfgang J.A. Huber u. Anton Staudinger (Hrsg.). *Unterdrückung und Emanzipation: Festschrift für Erika Weinzierl zum 60. Geburtstag.* Wien / Salzburg: Geyer-Edition, 1985. S. 295–317; dazu noch Broucek, „Der Kampf um Wien 1945", a.a.O. (s. Endnote 18 oben), S. 219 f., Anm. 46.

[36] Helga Thoma. „Carl Szokoll und die Retter von Wien." In: dies. *Mahner – Helfer – Patrioten: Porträts aus dem österreichischen Widerstand: Eine Dokumentation.* Klosterneuburg: Edition Va Bene, 2004. S. 176.

[37] Sergej Matwejewitsch Schtemenko. *Im Generalstab.* [Ost-]Berlin: Militärverlag der DDR, 1975. S. 407 f., zit. bei: Hannes Egger u. Franz Jordan. *Brände an der Donau: Das Finale des Zweiten Weltkriegs in Wien, Niederösterreich und dem Nordburgenland.* [Diss.] Reihe Hochschulschriften. Graz: Stocker, 2004. S. 61 f.

[38] Karl Pawek (1906–1983), Dr. phil., geboren in Wien, studierte Theologie, Philosophie und Staatswissenschaften, wurde als Kulturreferent der Katholischen Aktion von Kardinal Theodor Innitzer zum Generalsekretär der Katholischen Kulturwochen bestellt, gründete 1935 im Rahmen des Volksbildungswerkes des Wiener Bürgermeisters *Die Pause*, die als erste kultivierte Bildzeitschrift bis 1944 erschien. 1942 zum Wehrdienst in Eisenstadt eingezogen, wurde er im November 1944 zum Bahnhofsdienst nach Wien und im Dezember zur Heeresstreife Groß-Wien versetzt, wo er in der Schreibstube seinen Dienst versah. Wegen seiner pflichtgemäßen Meldung konspirativer Vorgänge, die zur Verurteilung der Szokoll-Konsorten Biedermann, Huth und Raschke führte, wurde Pawek am 21. Juli 1945 vom Volksgericht Wien wegen „Denunziation" im Sinne des Kriegsverbrechergesetzes zu drei Jahren schweren Kerkers und zum Verfall seines gesamten Vermögens verurteilt. Nachdem er seine Strafe bis auf den letzten Tag abgesessen hatte, arbeitete Pawek zunächst für *Austria International*, war dann Redakteur beim *Stern* und gründete 1954 mit Kurt Neven DuMont die Zeitschrift *magnum*, die er zehn Jahre lang redigierte. Die *Zeitschrift für das moderne Leben* (Untertitel) erschien bis 1966. Nach seinem Tode in St. Peter bei Freiburg im Breisgau wurde dem „Förderer der Life-Fotographie" der Kulturpreis der Deutschen Gesellschaft für Fotographie verliehen, wobei in der Würdigung dessen religiöse Überzeugung betont wurde. (Timm Starl. „Die Kehrseite der Geschichte – Karl Pawek: Priesterzögling, Zeitschriftengründer, NSDAP-Anwärter, Kriegsverbrecher, Psychopath, Ausstellungsmacher, Kulturpreisträger." In: *Fotogeschichte 23* [2003], Heft 87, S. 65–69.)

[39] Nach dem Krieg wurde Hanslik von dem Widerständler Nikolaus Maschek Reichsfreiherr von Maasburg (1914–1965) in St. Gilgen denunziert und vom

amerikanischen CIC der österreichischen Justiz übergeben. (Vgl.: Wolfgang Kudrnofsky. *Vom Dritten Reich zum Dritten Mann: Helmut Qualtingers Welt der vierziger Jahre*. Wien/München/Zürich: Molden, 1973. S. 124 f.) Vom Volksgericht Wien wurde er zu Vg 1c Vr 2260/45 Hv 304/47 am 21. November 1947 als Kriegsverbrecher zu lebenslangem Kerker verurteilt. (Vgl.: Egger u. Jordan, *Brände an der Donau*, a.a.O. (s. Endnote 37 oben), S. 116, Anm. 287; s. auch: „Die Hinrichtung auf dem Laternenpfahl: Hanslik, der Verräter Biedermanns, schwer belastet." In: *Welt am Abend* vom 13. November 1947; Ausschnitt bei: Kudrnofsky, S. 125.) 1952 wurde dieses Urteil aufgehoben, und Hanslik erhielt eine Kerkerstrafe, die er damals bereits abgesessen hatte. (Vgl.: Broucek, „Der Kampf um Wien 1945", a.a.O. (s. Endnote 18 oben), S. 245 f., Anm. 121.)

[40] Sonderstandgerichtsurteil vom 6. April 1945 gegen Major Karl Biedermann s. Anhang; Verhandlungsniederschrift des Standgerichtes gegen Hauptmann Alfred Huth und Oberleutnant Rudolf Raschke vom 8. April 1945 abgedruckt in: *Widerstand und Verfolgung in Wien 1934–1945: Eine Dokumentation*. Bd. 3. Wien: DÖW, 1984. S. 427 f.

[41] Schtemenko, *Im Generalstab*, a.a.O. (s. Endnote 37 oben), S. 408, zit. bei: Egger u. Jordan, *Brände an der Donau*, a.a.O. (s. Endnote 37 oben), S. 62.

[42] Broucek, *Der Kampf um Wien 1945*, a.a.O. (s. Endnote 18 oben), S. 252, Anm. 139.

[43] Ebd., S. 250.

[44] John Toland. *Das Finale: Die letzten hundert Tage*. Bergisch-Gladbach: Bastei-Lübbe, 1978. – Auf S. 283 nennt Toland als richtiges Datum den 9. April 1945.

[45] Hannes u. Jordan, *Brände an der Donau*, a.a.O. (s. Endnote 37 oben), S. 62 f.

[46] Toland, *Das Finale*, a.a.O. (s. Endnote 44 oben), S. 267–286.

[47] Ebd., S. 282.

[48] Erlaß des Führers über die Bildung des Deutschen Volkssturms vom 25. September 1944 (RGBl. I S. 253), faks. bei: Franz W. Seidler. *„Deutscher Volkssturm": Das letzte Aufgebot 1944/1945*. 2. Aufl. Augsburg: Bechtermünz, 1999. S. 377 f.

[49] Nach höchstrichterlicher Rechtsprechung ist es in der BRD gestattet, Soldaten öffentlich als Mörder zu verunglimpfen (BVerfGE 93, 266 – „Soldaten sind Mörder").

[50] So der Titel einer Broschüre der „Deutschen Friedensgesellschaft: Vereinigte KriegsdienstgegnerInnen". Flensburg, 2000.

[51] Molden, *Feuer in der Nacht*, a.a.O. (s. Endnote 8 oben), S. 177.

[52] In der Schlacht bei den Thermopylen 480 v. d. Ztw. führte Ephialtes die Perser in den Rücken der tapferen Spartaner unter Leonidas.

[53] Mündlicher Diskussionsbeitrag von Manfried Rauchensteiner (1992–2005 Direktor des Heeresgeschichtlichen Museums in Wien) anläßlich Ferdinand Käs' Vortrag „Der militärische Widerstand und die Befreiung" in der Volkshochschule Wien-Brigittenau, s. dazu: „Der umstrittene Käs: ‚Widerstands'-Dämmerung in Österreich." In: *National-Zeitung* vom 30. Januar 1971, S. 7.

[54] Lothar von Rendulic (1887–1971), geboren in Wiener Neustadt, gestorben in Eferding, Offizier und Diplomat, 1910 Leutnant, nach Studium der Rechtswissenschaften militärische Laufbahn, 1934–36 österreichischer Militärattaché in Paris; wegen Verbindung zur NSDAP entlassen; 1938 in der deutschen Wehrmacht, 1939 Divisionskommandeur, 1943 Oberbefehlshaber der 2. Panzerarmee auf dem Balkan, 1944 Kommandeur der 20. Gebirgsarmee in Finn-

land, 1945 Befehlshaber der Heeresgruppe Kurland, dann Heeresgruppe Süd, zu Kriegsende Befehlshaber der Heeresgruppe Ostmark, US-amerikanische Gefangenschaft, 1948 im Prozeß gegen die Südost-Generale in Nürnberg zu 25 Jahren Haft verurteilt, 1951 freigelassen. Bis zu seinem Tod publizistisch tätig.

[55] Lothar Rendulic. *Soldat in stürzenden Reichen.* München: Damm, 1965. S. 400 f.

[56] Manfred Rauchensteiner. *Krieg in Österreich 1945.* Wien: Österreichischer Bundesverlag, 1970. S. 157 f.

[57] Theo Rossiwall. *Die letzten Tage: Die militärische Besetzung Österreichs 1945.* Wien: Kremayr & Scheriau, 1969. S. 115.

[58] Lothar Rendulic. *Gekämpft, gesiegt, geschlagen.* Wels/Heidelberg: Welsermühl, 1952. S. 374; ders., *Soldat in stürzenden Reichen*, a.a.O. (s. Endnote 55 oben), S. 401–403.

[59] Broucek, „Der Kampf um Wien 1945", a.a.O. (s. Endnote 18 oben), S. 248.

[60] Szokoll, *Die Rettung Wiens 1945*, a.a.O. (s. Endnote 12 oben), S. 375 f.

[61] Radomír Luža. *Der Widerstand in Österreich 1938–1945.* Wien: Österreichischer Bundesverlag, 1985. S. 265.

[62] Brief vom 29. Oktober 1962, zit. bei: Hellmut Andics. *50 Jahre unseres Lebens: Österreichs Schicksal seit 1918.* Das österreichische Jahrtausend 6. Wien/München/Zürich: Molden, 1968. S. 455.

[63] Georg Maier. *Drama zwischen Budapest und Wien: Der Endkampf der 6. Panzerarmee 1945.* Osnabrück: Munin, 1985. S. 405.

[64] Sowjetische Erinnerungsmedaillen gab es für die Teilnahme an der „Befreiung" von Warschau, Belgrad und Prag im Unterschied zu denen unter dem Titel der „Eroberung" von Budapest, Wien, Königsberg und Berlin.

[65] Ernst Fischer (1899–1972), geboren in Komotau, gestorben in Deutschfeistritz/Steiermark, war Sozialdemokrat und wurde Kommunist. 1927–34 Schriftleiter der sozialdemokratischen Wiener *Arbeiter-Zeitung.* Nach dem fehlgeschlagenen Februaraufstand 1934 zunächst nach Prag und 1939 nach Moskau emigriert, dortselbst linientreuer Stalinist im legendären Hotel „Lux". 1945 Rückkehr nach Österreich, 1945–47 erster Chefredakteur der von ÖVP, SPÖ und KPÖ gemeinsam als „Organ der demokratischen Einigung" herausgegebenen Wiener Tageszeitung *Neues Österreich,* 1945 Staatssekretär für Volksaufklärung, Unterricht, Erziehung und Kultur; 1945–59 Abgeordneter zum Nationalrat, 1945–69 Mitglied des ZK der KPÖ, nach Kritik an der Niederschlagung des „Prager Frühlings" 1969 Parteiausschluß.

[66] Klemens Kaps u. Wolfgang Luef. „P[rikryl] geht stempeln." In: *Datum* 2 (2005), Heft 11.

[67] Luža, *Widerstand in Österreich 1938–1945*, a.a.O. (s. Endnote 61 oben), S. 267.

[68] Gundula Walterskirchen. *Blaues Blut für Österreich: Adelige im Widerstand gegen den Nationalsozialismus.* Wien/München: Amalthea, 2000. S. 264. – Dieses Schicksal teilte die Prinzessin mit schätzungsweise siebzig- bis einhunderttausend Frauen, denen allein in Wien von April bis Juni 1945 von bolschewistischen „Befreiern" Gewalt angetan wurde.

[69] Manfred Mugrauers Referat „‚Teilungspläne' und ‚Putschabsichten': Die KPÖ im Gedenkjahr 2005", gehalten am 29. Oktober 2005 auf dem Symposium der Alfred-Klahr-Gesellschaft „Kontinuität und Wandel der österreichischen Ge-

schichtsmythen: Eine kritische Bilanz des Gedenkjahres 2005", ist abgedruckt in: *Mitteilungen der Alfred-Klahr-Gesellschaft*, Nr. 1/2006.

[70] Hubertus von Trauttenberg. „Die Rezeption des militärischen Widerstandes im Bundesheer der Zweiten Republik." In: Manfried Rauchensteiner (Hrsg.). *Tyrannenmord – Der 20. Juli 1944 und Österreich: Begleitband zur Sonderausstellung im Heeresgeschichtlichen Museum.* Wien: Heeresgeschichtliches Museum, 2004. S. 82.

[71] Abschrift = DÖW 839, vollständiger Text bei: Kruml, General Dr. Fritz Franek, a.a.O. (s. Endnote 17 oben), Bl. 226–228. Echtheit von Franek bestätigt mit Schreiben an Peter Gostony, zit. bei: Kruml, ebd., Bl. 233.

[72] Ausführlicher: Kruml, *General Dr. Fritz Franek*, a.a.O. (s. Endnote 17 oben); Stein, *Österreichs Generale im deutschen Heer*, a.a.O. (s. Endnote 23 oben), S. 333–338.

[73] Staatsarchiv der Russischen Föderation, Moskau – 940sè/2/95/10–14, Franek an Regierung der UdSSR, 28. März 1945, zit. bei: Wolfgang Mueller. *Die sowjetische Besatzung in Österreich 1945–1955 und ihre politische Mission.* Wien/Köln/Weimar: Böhlau, 2005; ders. „Stalin, Renner und die Wiedergeburt Österreichs nach dem Zweiten Weltkrieg." In: *Vierteljahrshefte für Zeitgeschichte.* Jg. 54 (2006), S. 137. – Vgl. Rauchensteiner, *Krieg in Österreich '45*, a.a.O. (s. Endnote 56 oben), S. 143. – Manfred Mugrauer. „Die KPÖ und die Konstituierung der Provisorischen Regierung Renner." In: *Mitteilungen der Alfred-Klahr-Gesellschaft*, Nr. 1/2005.

[74] Aufruf von Generalleutnant Dr. Fritz Franek im Moskauer Rundfunk, 21. Januar 1945, abgedruckt in: *Widerstand und Verfolgung in Wien 1934–1945: Eine Dokumentation.* Bd. 3: 1938–1945. hg. v. Dokumentationsarchiv des Österreichischen Widerstandes. Wien: Österreichischer Bundesverlag, 1975. S. 407–409.

[75] Stein, *Österreichs Generale im Deutschen Heer*, a.a.O. (s. Endnote 23 oben), S. 338.

[76] Text bei: Szokoll, *Die Rettung Wiens 1945*, a.a.O. (s. Endnote 12 oben), S. 379.

[77] Ebd., S. 386. – Hugo Portisch. *Österreich II: Die Geschichte Österreichs vom 2. Weltkrieg bis zum Staatsvertrag.* Bd. 1. München: Heyne, 1993. S. 87–89. –Toland, *Das Finale*, a.a.O. (s. Endnote 44 oben), S. 286. – Broucek, „Der Kampf um Wien 1945", a.a.O. (s. Endnote 18 oben), S. 234, Anm. 90.

[78] Jekaterina Alexejewna Furzewa (1910–1974) war unter Nikita Chruschtschow und Alexei Kossygin von 1960–74 Kultusministerin der UdSSR.

[79] Szokoll, *Die Rettung Wiens 1945*, a.a.O. (s. Endnote 12 oben), S. 10 f.

[80] *Bild-Telegraf*, Wien, 6. November 1954.

[81] Tatsächlich traf diese Vermutung zu. Sonst hätte Käs ja nicht zusammen mit Szokoll in Wien sein Unwesen treiben können.

[82] Hubertus von Trauttenberg. „Die Rezeption des militärischen Widerstandes im Bundesheer der Zweiten Republik." In: Rauchensteiner (Hrsg.), *Tyrannenmord*, a.a.O. (s. Endnote 70 oben), S. 81.

[83] Szokoll, *Die Rettung Wiens 1945*, a.a.O. (s. Endnote 12 oben), S. 242.

[84] Ebd., S. 388.

[85] Sprachlich richtig müßte es heißen „*vor* sittlicher Gefährdung".

[86] Antel selbst starb im Alter von 94 Jahren am 12. August 2007 und erhielt ebenfalls ein Ehrengrab.

[87] Bundesheer-Presseaussendung, 26. August 2004.

[88] Friedrich Weißensteiner. „Carl Szokolls Kampf für Freiheit und Demokratie." In: *Wiener Zeitung* vom 6. April 2005.

[89] Unverändert abgedruckt in: *Österreich in Geschichte und Literatur* 5. 1961. S. 127–130; schreibfehlerbereinigt in: *Widerstand und Verfolgung in Wien 1934–1945*, a.a.O. (s. Endnote 40 oben), S. 429–431. Unklarheiten im Text, wie etwa die falsche Schreibung der Namen „Sokoll" (= Szokoll) und „Hut" (= Huth), resultieren offenbar aus der Unkenntnis der Namen für den Protokollführer.

Dreifache Schuld

von Dr. Heinz Nawratil

Der Journalist und nimmermüde Kämpfer gegen den Faschismus Ralph Giordano schreibt in seinem Buch *Die zweite Schuld*: „Jede zweite Schuld setzt eine erste voraus – hier: die Schuld der Deutschen unter Hitler. Die zweite Schuld: Die Verdrängung und Leugnung der ersten nach 1945."

Nachdem Experten im In- und Ausland die Deutschen mehrheitlich als Weltmeister der Vergangenheitsbewältigung beschreiben, wird man die Frage der „zweiten Schuld" nicht lange diskutieren müssen.

Nicht einmal diskussionsfähig sind dagegen Schuldbekenntnisse deutscher Politiker, die der Phantasie oder der Ignoranz der Betreffenden entspringen. Ein bezeichnendes Beispiel dafür war das am 2. September 2001 auf der Weltkonferenz gegen Rassismus im südafrikanischen Durban abgelegte Bekenntnis vom damaligen Bundesaußenminister Joseph „Joschka" Fischer (Die Grünen) zur deutschen Mitschuld am Übel der Sklaverei. Nun weiß jeder, der auch nur über rudimentäre Geschichtskenntnisse verfügt, daß die Deutschen weder in ihrer extrem kurzen Kolonialgeschichte noch vorher irgend etwas mit der Sklaverei zu tun hatten, ganz im Gegensatz zu den alten Kolonialmächten Europas, zu Nord- und Südamerikanern, zu Arabern und Türken und mehreren afrikanischen Stammesfürsten.

Diese eingebildete Schuld muß man wohl konsequenterweise „die dritte Schuld" nennen. Sie ist wesentlich weiter verbreitet, als man annehmen möchte.

Allein zum deutsch-tschechischen Verhältnis kursieren die bizarrsten Irrtümer. Der ehemalige Bundespräsident Roman Herzog (CDU) zum Beispiel sagte am 8. Mai 1995 in Berlin: „Millionen – vor allem Juden, Roma und Sinti, Polen und Russen, Tschechen und Slowaken – waren der größten Vernichtungsaktion zum Opfer gefallen, die menschliche Hirne je ersonnen hatten." Obwohl das tschechische Volk demnach wohl stark dezimiert worden sein sollte, zählte es nach dem Krieg aber um 236.447 Köpfe mehr als vor dem Krieg, und die ebenfalls in großer Zahl „vernichteten" Slowaken erhielten den langersehnten eigenen Staat.

Wer von dem Historiker Kohl mehr Geschichtskenntnis erwartet hatte als von dem Juristen Herzog, wurde enttäuscht. Der ehemalige Bundeskanzler (CDU) bereicherte die Schwadronade Herzogs sogar noch um eine originelle Variante. Aus Anlaß der Unterzeichnung des deutsch-tschechischen Nachbarschaftsvertrages in Prag im Februar 1992 meinte er, die Deutschen wüßten, „daß der Vertreibung das schreckliche Unrecht vorausging, das durch die Besetzung und den Angriffskrieg von deutscher Seite am tschechischen und slowakischen Volk verübt wurde". Während Herzog also glaubte, die Tschechen seien ausgerottet worden, meinte sich Kohl an einen „schrecklichen Angriffskrieg" gegen das tschechische Volk zu erinnern. Ein Kommentar dazu fällt schwer; denn entweder verwechselte er Polen und Tschechen, oder er stand mit der deutschen Sprache auf Kriegsfuß und verwechselte die Begriffe „Annexion" und „Krieg".

Schon im 16. Jahrhundert hatte Papst Julius III. die klassische Frage gestellt: „Weißt du nicht, mein Sohn, mit wie wenig Verstand die Welt regiert wird?"

Auch der ehemalige Bundeskanzler Gerhard Schröder (SPD) schien seinem Amtsvorgänger nachzueifern, was man der im Juli 2001 anläßlich der Eröffnung einer Dauerausstellung im Bonner „Haus der Geschichte" gehaltenen Rede entnehmen kann. Schröder sprach davon, daß die jüngere Vergangenheit keine Schlußstriche kenne: „Dies gilt für die unvorstellbaren Verbrechen des Nationalsozialismus, für zwei von Deutschen angezettelte Weltkriege im 20. Jahrhundert." Die *Frankfurter Allgemeine Zeitung* kommentierte: „Der Versailler Vertrag von 1919 läßt grüßen. Mit Artikel 231 wurde die Kriegsschuld eingeführt, um die alliierten Reparationsansprüche an Deutschland völkerrechtlich abzusichern. Die politische These von der Alleinverantwortung Deutschlands am Ersten Weltkrieg ist aber wissenschaftlich unhaltbar." Seit Ende der 1920er Jahre wird sie international nur noch von Außenseitern vertreten.

Bei dieser Gelegenheit fällt dem Verfasser eine Episode ein, die der Publizist Dr. Armin Mohler überlieferte. Bei einer Umfrage in Westdeutschland lautete die Frage: „Wer war schuld am Deutsch-Ungarischen Krieg von 1893?" Eine erdrückende Mehrheit bekannte sich zur deutschen Schuld; nur wenige antworteten: „die Ungarn" oder „weiß nicht". Das Pikante an der Sache war natürlich, daß dieser Krieg nie stattgefunden hat. Die Moral von der Geschicht' ist, frei nach Reinhard Mey: „Der Mörder ist immer der Deutsche."

Der geistreiche Publizist Johannes Gross notierte: „Die Deutschen sind die frömmsten Leute. Sie haben gar nicht so viele Backen, wie sie zum Streich hinhalten wollen."

Internationale Beobachter der deutschen Szene kommen aus dem Kopfschütteln nicht mehr heraus. So sieht zum Beispiel Alfred M. de Zayas, US-Historiker und Völkerrechtler, die deutsche Vergangenheitsfixierung ins Pathologische abgleiten: „Wenn mich etwas im heutigen Deutschland stört und beunruhigt, ist es gerade diese Neigung zur übertriebenen Selbstkritik, die für mich bedeutet, daß viele Deutsche den Sinn für Realität, für Geschichte, für Verhältnismäßigkeit verloren haben. Oder schlimmer, daß manche Deutsche anscheinend an einer Megalomanie leiden – sie wollen die größten Verbrecher der Geschichte sein und zugleich die größten Büßer. Dies halte ich für pathologisch."

Biographische Daten von Franz W. Seidler

2.3.1933	geb. in Wigstadtl/Kreis Troppau (Mähren)
1945	Vertreibung aus dem Sudetenland
1939–1951	Schulausbildung in Wigstadtl, Neutitschein, Memmingen
1951–1956	Studium der Geschichte, Germanistik und Anglistik an den Universitäten München, Cambridge und Paris
1956–1959	Studienreferendar und Studienassessor im Landesdienst Baden-Württemberg
1959–1963	Stellvertretender Direktor der Bundeswehrfachschule Köln
1963–1968	Referent im Bundesministerium der Verteidigung, Abteilung Verwaltung und Recht
1968–1972	Wissenschaftlicher Direktor an der Heeresoffiziersschule München
1972	Membership NATO Defense College Rom
1973–1998	Professor für Neuere Geschichte, insbesondere Sozial- und Militärgeschichte, an der Universität der Bundeswehr München
1978	Bundesverdienstkreuz am Bande für Verdienste um das Bildungswesen der Bundeswehr und die Integration der Bundeswehr in die Gesellschaft
1999	Walter-Eckhart-Preis der Zeitgeschichtlichen Forschungsstelle Ingolstadt
2004	Sudetendeutscher Kulturpreis für Wissenschaft

Mitgliedschaft in Fachverbänden: Deutscher Philologenverband; Verband der Historiker Deutschlands; Inter-University Seminar on Armed Forces and Society; Sociological World Association; Autorengemeinschaft Stimme der Mehrheit im Bund der Selbständigen (BDS).

Privater Hintergrund:

Heirat 1962 mit Renate Gütgemann

4 Söhne: Martin, geb. 1965; Stefan, geb. 1971; Daniel und Christof, geb. 1973

Politische Betätigung: 1956–1962 Mitglied der Jungen Union; 1957–1959 im Landesvorstand Nordwürttemberg; politische Beiträge in der *Neuen Württembergischen Zeitung* (NWZ)

Sportliche Betätigung: Segeln auf den bayrischen Binnenseen, Bergwandern in den bayrischen und österreichischen Bergen

Musische Interessen: Malerei des 19. Jahrhunderts, klassische Musik, Förderung deutscher Volksmusik

Bevorzugte Urlaubsgebiete: Bayerischer Wald, Österreich, Italien

Eindrucksvollstes Reiseerlebnis: Myanmar (Birma)

Erholung und Ablenkung: Gartenarbeit

Bibliographie des Schaffens von Franz W. Seidler

1. Selbständige Veröffentlichungen

1.1 Monographien
(in chronologischer Reihenfolge der Erstveröffentlichung)

Der Freistaat Bayern: Abriß seiner Entwicklung und seiner Probleme. München: Verlag Martin Lurz, 1969.

Die Abrüstung: Eine Dokumentation zur Geschichte der Abrüstungsbemühungen seit 1945. München/Wien: Olzog, 1974.

Prostitution, Homosexualität, Selbstverstümmelung: Probleme der deutschen Sanitätsführung 1939–1945. Neckargemünd: Vowinkel, 1977.

Frauen zu den Waffen: Marketenderinnen, Helferinnen, Soldatinnen. Koblenz: Wehr und Wissen, 1978. [2. Aufl. Bonn: Bernard & Graefe, 1998.]

Blitzmädchen: Die Geschichte der Helferinnen der deutschen Wehrmacht im Zweiten Weltkrieg. Bonn: Wehr und Wissen, 1979. [2. Aufl. Bonn: Bernard & Graefe, 1996; Titel der 3. Aufl.: *Blitzmädchen – Helferinnen der Wehrmacht.* Augsburg: Bechtermünz, 2003.]

Krieg oder Frieden – Möglichkeiten und Grenzen der Sicherheitspolitik: Eine Einführung. München: Bernard & Graefe, 1980.

Das Militär in der Karikatur: Kaiserliches Heer, Reichswehr, Wehrmacht, Bundeswehr und Nationale Volksarmee im Spiegel der Pressezeichnung. München: Bernard & Graefe, 1982.

Fritz Todt – Baumeister des Dritten Reiches. München/Berlin: Herbig, 1986. [2., erw. u. akt. Aufl. Frankfurt a. M.: Ullstein, 1988; 3. Aufl. Schnellbach: Siegfried Bublies, 2000.]

Die Organisation Todt: Bauen für Staat und Wehrmacht 1938–1945. Koblenz: Bernard & Graefe, 1987. [2. Aufl. Koblenz: Bernard & Graefe, 1998.]

„Deutscher Volkssturm": Das letzte Aufgebot 1944/45. München: Herbig, 1989. [2. Aufl. Augsburg: Bechtermünz, 1999.]

Die Militärgerichtsbarkeit der Deutschen Wehrmacht 1939–1945: Rechtsprechung und Strafvollzug. München: Herbig, 1991. [2. Aufl. Schnellbach: Siegfried Bublies, 1999.]

Fahnenflucht: Der Soldat zwischen Eid und Gewissen. München: Herbig, 1993.

Die Kollaboration 1939–1945. München: Herbig, 1995. [2., durchges. u. erw. Aufl. München: Herbig, 1999.]

Die Wehrmacht im Partisanenkrieg: Militärische und völkerrechtliche Darlegungen zur Kriegführung im Osten. Selent: Pour le Mérite, 1999.

Phantom Alpenfestung?: Die geheimen Baupläne der Organisation Todt. Selent: Pour le Mérite, 2000.

Avantgarde für Europa: Ausländische Freiwillige in Wehrmacht und Waffen-SS. Selent: Pour le Mérite, 2004.

Das Recht in Siegerhand: Die 13 Nürnberger Prozesse 1945–1949. Selent: Pour le Mérite, 2007.

Weitere Publikationen im Pour le Mérite-Verlag befinden sich in Planung.

1.2 Monographien unter der Herausgeberschaft Franz W. Seidlers

Aktuelle Fragen aus der Bildungsarbeit für den Offizier. Schriftenreihe Innere Führung, Nr. 7. Bonn: Bundesministerium der Verteidigung, 1969.

Studien der Heeresoffizierschule München. München/Wien: Olzog, 1970.

Friedenssicherung. Bonn: Bundeszentrale für Politische Bildung, 1983.

Verbrechen an der Wehrmacht: Kriegsgreuel der Roten Armee 1941/42. Selent: Pour le Mérite, 1997. [2., durchges. u. 3. unveränd. Aufl. Selent: Pour le Mérite, 1998.]

Kriegsgreuel der Roten Armee: Verbrechen an der Wehrmacht. Bd. 2: *1942/43.* Selent: Pour le Mérite, 2000.

1.3 Monographien in Zusammenarbeit mit Koautoren

Rolf Buchner, Franz W. Seidler u. Hermann Schmidt (Hrsg.). *Einigkeit in Recht und Freiheit: Ein Lehrbuch für Gemeinschaftskunde.* 2 Bde. [Lehrbuch u. Lehrerhandbuch] Köln-Braunsfeld: Müller, 1967. [2., überarb. Aufl. Köln-Braunsfeld: Müller, 1967; 3., überarb. Aufl. Köln-Braunsfeld: Müller, 1969.]

Franz W. Seidler u. Rolf K. Hočevar. *Die freiheitliche demokratische Grundordnung.* Schriftenreihe Innere Führung, Nr. 18. Bonn: Bundesministerium der Verteidigung, 1969. [2. Aufl. 1973.]

Franz W. Seidler u. Helmut Reindl. *Wehrdienst und Zivildienst: Dokumentation zu Fragen der allgemeinen Wehrpflicht, der Wehrdienstverweigerung und der Wehrgerechtigkeit.* München/Wien: Olzog, 1971.

Franz W. Seidler, Paul Nielsen u. Otto von Waldenfels. *Otto von Stetten (1862–1937): Zur Biographie eines bayerischen Generals.* München: Heeresoffizierschule III, 1971.

Franz W. Seidler u. Helmut Reindl. *Wehrpflicht, Kriegsdienstverweigerung, Zivildienst und Wehrgerechtigkeit.* Bonn: Bundeszentrale für Politische Bildung, 1973.

Franz W. Seidler u. Helmut Reindl. *Wehrdienst – Zivildienst.* Bonn: Bundeszentrale für Politische Bildung, 1979.

Franz W. Seidler u. Dieter Zeigert. *Die Führerhauptquartiere: Anlagen und Planungen im Zweiten Weltkrieg.* München: Herbig, 2000. [2. u. 3. Aufl. 2001.] Lizenzausgaben dieses Titels:

Hitler's Secret Headquarters: The Führer's Wartime Bases from the Invasion of France to the Berlin Bunker. London: Greenhill Books, 2004.

Kwatery Glowne Führera. Warschau: Wydawnictwo Colori, 2004.

Franz W. Seidler u. Alfred M. de Zayas (Hrsg.). *Kriegsverbrechen in Europa und im Nahen Osten im 20. Jahrhundert.* mit einem Kommentar zum Kriegsvölkerrecht v. Armin Steinkamm. Hamburg: E.S. Mittler, 2002.

Franz W. Seidler u. Ikuhiko Hata (Hrsg.). *Encyclopedia of War Crimes in Modern History.* [In japanischer Sprache veröffentlicht.] Tokio: Bungei Shunju Ltd., 2002.

2. Unselbständige Beiträge

2.1 Anthologiebeiträge von Franz W. Seidler

„Der Begriff ‚Revolution'." In: Erich Rothacker (Hrsg.). *Archiv für Begriffsgeschichte.* Bd. 6. Bonn: H. Bouvier, 1960. S. 292–294.

„Fritz Todt – Vom Autobahnbauer zum Reichsminister." In: Ronald Smelser, Enrico Syring u. Rainer Zitelmann (Hrsg.). *Die braune Elite.* Bd. 1: *22 biographische Skizzen.* Darmstadt: Wiss. Buchgesellschaft, 1989. S. 299–312. [2. Aufl. (Paperback) 1989, seitenzahlidentisch.]

„Fritz Todt – From Motorway Builder to Minister of State." In: Ronald Smelser u. Rainer Zitelmann (Hrsg.). *The Nazi Elite.* übers. v. Mary Fischer. Houndmills u.a.: Macmillan, 1993. S. 245–256.

„Lebensborn e. V. der SS." In: Uwe Backes, Eckhard Jesse u. Rainer Zitelmann (Hrsg.). *Die Schatten der Vergangenheit: Impulse zur Historisierung des Nationalsozialismus.* Berlin: Propyläen, 1990. S. 291–318.

„Felix Steiner – Der Vater der europäischen Waffen-SS." In: Ronald Smelser u. Enrico Syring (Hrsg.). *Die Militärelite des Dritten Reiches: 27 biographische Skizzen.* Berlin: Ullstein, 1995. S. 510–528.

„Die pauschale Verunglimpfung durch die Wanderausstellung." In: Stiftung Deutscher Offizier-Bund (Hrsg.). *Die mißbrauchte Generation: Einst geopfert, heute verfemt.* Bonn: DOB, 1997. S. 82–85.

„Fahnenflucht – Der Soldat zwischen Eid und Gewissen." In: Joachim F. Weber (Hrsg.). *Armee im Kreuzfeuer*. München: Universitas, 1997. S. 155–173.

„Die Unwahrheit in der Geschichte: Manipulationen, Legenden, Fälschungen." In: Joachim Schäfer (Hrsg.). *Kurswechsel: Stimme der Mehrheit*. München: Universitas, 1998. S. 43–64.

„Das Justizwesen der Wehrmacht." In: D.H. Poeppel, W.-K. von Preußen u. K.-G. v. Hase (Hrsg.). *Die Soldaten der Wehrmacht*. München: Herbig, 1998. S. 361–404.

„Herbert Gille – Der unpolitische Soldat." In: Ronald Smelser u. Enrico Syring (Hrsg.). *Die SS – Elite unter dem Totenkopf: 30 Lebensläufe*. Paderborn u.a.: Ferdinand-Schöningh-Verlag, 2000. S. 510–527.

„Sprachverfall." In: Joachim Schäfer (Hrsg.). *Keine Experimente: Europäische Fallstricke*. München: Universitas, 2000. S. 259–273.

„Der Ministerpräsident Hans Filbinger – Verleumdet und geschmäht: Stasi, Medien und Politik im Gleichschritt." In: Klaus J. Groth u. Joachim Schäfer (Hrsg.). *Stigmatisiert: Der Terror der Gutmenschen*. Unna: Aton-Verlag, 2003. S. 91–109.

„Kriegsverbrechen 1939–1945." In: Albrecht Jebens u. Stefan Winckler (Hrsg.). *In Verantwortung für die Berliner Republik: Ein freiheitlich-konservatives Manifest*. [Festschrift für Prof. Klaus Hornung zum 75. Geburtstag.] [Uhldingen-Mühlhofen]: [Jebens], 2002. S. 418–440.

„Fritz Todt und die Grundlagen des Autobahnbaus in den dreißiger Jahren." In: Wolfgang Wirth (Hrsg.). *Die Autobahn: Von der Idee zur Wirklichkeit*. Köln: Forschungsgesellschaft für Straßen- und Verkehrswesen, 2005. S. 77–88.

„‚Ein Fanal zum Aufstand': Im Gespräch mit Prof. Franz W. Seidler." In: Manuel Ochsenreiter (Hrsg.). *Staatsmord in Bagdad: Saddam Hussein am Galgen*. Selent: Bonus, 2007. S. 184–188.

2.2 Zeitschriftenbeiträge von Franz W. Seidler

„Der zweite Bildungsweg in der Bundeswehr." In: *Die berufsbildende Schule*. Nr. 9, 19. Jg. (1967). S. 621–626.

„Oskar Ritter von Niedermayer im Zweiten Weltkrieg." In: *Wehrwissenschaftliche Rundschau*. Nr. 3, 20. Jg. (1970). S. 168–174.

„Zur Führung der Osttruppen in der deutschen Wehrmacht im Zweiten Weltkrieg." In: *Wehrwissenschaftliche Rundschau*. Nr. 12, 20. Jg. (1970). S. 683–702.

„Macht und Ohnmacht des NDC: Bericht über das NATO Defense College in Rom." In: *Zivilverteidigung*. Nr. 1 (1973). S. 67–72.

„Verdammung und Rechtfertigung der Geschichte." In: *Information für die Truppe*. Nr. 9 (1973). S. 57–65.

„Militarismus." In: *Information für die Truppe*. Nr. 11 (1976). S. 45–62.

„SS-Sondereinheit Dirlewanger: Ein Sträflingsbataillon zum Einsatz im Kampf gegen die Partisanen." In: *Damals: Das aktuelle Magazin für Geschichte und Kultur.* Nr. 7, 9. Jg. (1977). S. 599–620.

„Die Fahnenflucht in der deutschen Wehrmacht während des Zweiten Weltkrieges." In: *Militärgeschichtliche Mitteilungen.* Nr. 2, 11. Jg. (1977). S. 23–42.

„Futurologie – Glanz und Elend der Wissenschaft von der Zukunft." In: *Information für die Truppe.* Nr. 8 (1977). S. 13–36.

„Geschichte – Ersatzreligion der Gebildeten?: Versuch einer Analyse zur Krise des Faches." In: *Damals: Das aktuelle Magazin für Geschichte und Kultur.* Nr. 9, 9. Jg. (1977). S. 845–851.

„Kettenbriefe im Dritten Reich: Anonymer Widerstand gegen den Nationalsozialismus." In: *Damals: Das aktuelle Magazin für Geschichte und Kultur.* Nr. 2, 9. Jg. (1977). S. 165–178.

„Frauen in der Nationalen Volksarmee und bei den Grenztruppen der DDR." In: *Informationsdienst des katholischen Arbeitskreises für zeitgeschichtliche Fragen.* Nr. 88 (1978). S. 11–21.

„Unternehmen ‚Haifisch' 1941: Die England-Invasion findet nicht statt." In: *Damals: Das aktuelle Magazin für Geschichte und Kultur.* Nr. 8, 10. Jg. (1978). S. 713–724.

„‚Wir werden den Sieg erzwingen': Hitlers Neujahrsadressen im Zweiten Weltkrieg." In: *Damals: Das aktuelle Magazin für Geschichte und Kultur.* Nr. 12, 10. Jg. (1978). S. 1113–1126.

„Alkoholismus und Vollrauschdelikte in der deutschen Wehrmacht und bei der SS während des Zweiten Weltkrieges." In: *Wehrwissenschaftliche Rundschau.* Nr. 6, 28. Jg. (1979). S. 183–187.

„Der Weg in den Zweiten Weltkrieg." In: *Information für die Truppe.* Nr. 9 (1979). S. 16–29.

„Die Organisation Todt im Zweiten Weltkrieg: Planung und Durchführung des ‚eindrucksvollsten Bauprogramms seit der römischen Zeit': Teil 1." In: *Damals: Das aktuelle Magazin für Geschichte und Kultur.* Nr. 8, 12. Jg. (1980). S. 647–660.

„Die Organisation Todt im Zweiten Weltkrieg: Planung und Durchführung des ‚eindrucksvollsten Bauprogramms seit der römischen Zeit': Teil 2." In: *Damals: Das aktuelle Magazin für Geschichte und Kultur.* Nr. 9, 12. Jg. (1980). S. 759–770.

„30 Jahre NATO: Entwicklung, Leistungen und Wandlungen." In: *Information für die Truppe.* Nr. 4 (1980). S. 45–68.

„1940 – Unternehmen ‚Felix': Die deutschen Planungen zur Eroberung Gibraltars." In: *Damals: Das aktuelle Magazin für Geschichte und Kultur.* Nr. 12, 13. Jg. (1981). S. 1029–1047.

„Das Nationalsozialistische Kraftfahrkorps und die Organisation Todt im Zweiten Weltkrieg." In: *Vierteljahreshefte für Zeitgeschichte.* Nr. 4, 32. Jg. (1984). S. 625–636.

„Die Hitlerjugend – Pflanzschule des totalitären Staates: Erziehung unterm Hakenkreuz." In: *Damals: Das aktuelle Magazin für Geschichte und Kultur.* Nr. 10, 16. Jg. (1984). S. 851–865.

„Hitlers ‚Fremdenlegionäre' im Zweiten Weltkrieg (Waffen-SS und Wehrmacht): Ein Beitrag zur unbewältigten Vergangenheit der Siegermächte." In: *Damals: Das aktuelle Magazin für Geschichte und Kultur.* Nr. 3, 16. Jg. (1984). S. 199–210.

„Hitlers und Roosevelts Kampf gegen die Arbeitslosigkeit." In: *Information für die Truppe.* Nr. 8/9 (1984). S. 98–107.

„L'Organisation Todt." In: *Revue d'histoire de la deuxième guerre mondiale.* Nr. 134, 35. Jg. (1984). S. 33–58.

„Der Flugzeugabsturz des Reichsministers Dr. Todt 1942: Attentat oder Unfall." In: *Geschichte und Gegenwart.* Nr. 3, 4. Jg. (1985). S. 213–234.

„Das Gefolge der deutschen Wehrmacht im Zweiten Weltkrieg." In: *Hochschulkurier.* Nr. 10 (1986). S. 14–18.

„Der Westwall 1938–1940: Propaganda und Wirklichkeit." In: *Damals: Das aktuelle Magazin für Geschichte und Kultur.* Nr. 3, 18. Jg. (1986). S. 198–213.

„Das letzte Aufgebot: Der deutsche Volkssturm am Ende des Zweiten Weltkrieges." In: *Damals: Das aktuelle Magazin für Geschichte und Kultur.* Nr. 5, 20. Jg. (1988). S. 427–446.

„Das Lager Danzig-Matzkau: Strafvollzug in der Waffen-SS." In: *Damals: Das aktuelle Magazin für Geschichte und Kultur.* Nr. 4, 24. Jg. (1992). S. 355–363.

„Graz als Verkehrsdrehscheibe im Zweiten Weltkrieg." In: *Blätter für Heimatkunde.* Nr. 2, 66. Jg. (1992). S. 66–70.

„Die ‚Volkslisten' des Dritten Reiches: Historische Hintergründe zu einem deutsch-polnischen Gegenwartsproblem." In: *Damals: Das aktuelle Magazin für Geschichte und Kultur.* Nr. 7, 22. Jg. (1990). S. 630–637.

„Nazi und Sozi: Zwei politische Schlagwörter." In: *Wirkendes Wort.* Nr. 2, 44. Jg. (1994). S. 316–329.

„Die Kollaboration mit Deutschland in den besetzten Gebieten." In: *Criticòn: Konservativ heute.* Nr. 147, 25. Jg. (1995). S. 141–144.

„Wehrmachtrichter und Deserteure: Nicht einmal jeder zehnte Fahnenflüchtige entwich aus politischen Gründen." In: Konrad-Adenauer-Stiftung (Hrsg.). *Die politische Meinung: Monatsschrift zu Fragen der Zeit.* Nr. 317, 41. Jg. (1996). S. 53–62.

„Pauschale Verurteilung verunglimpft einzelne: Die Wehrmachtausstellung hinterläßt methodische Zweifel." In: *Focus: Das moderne Nachrichtenmagazin.* Nr. 10 vom 2. März 1997. S. 82.

„Stellungnahme zu Georg Geismann: ‚Befehl ist Befehl'." In: *Zeitschrift für Politikwissenschaft.* Nr. 1, 7. Jg. (1997). S. 79–83.

„Soldaten im Partisanenkrieg: Völkerrechtliche und militärische Überlegungen zur Rolle der Wehrmacht." In: Konrad-Adenauer-Stiftung

(Hrsg.). *Die politische Meinung: Monatsschrift zu Fragen der Zeit.* Nr. 329, 42. Jg. (1997). S. 5–19.

„Bundeswehr und Wehrmacht: Haben wir Deutsche die soldatischen Traditionen dem Zeitgeist geopfert?" [Interview.] In: *Deutsche Militärzeitschrift.* Nr. 14 (1998). S. 28–30.

„Wehrmachtsausstellung notfalls zurückziehen: Nur wenn alle Fehler behoben sind, darf sie in die USA." In: *Focus: Das moderne Nachrichtenmagazin.* Nr. 6 vom 7. Februar 2000. S. 68.

„Wehrmacht und Kriegsrecht: ,Verbrecherische Befehle' des OKW – Rechtslage zu Beginn des II. Weltkriegs." In: *Deutsche Militärzeitschrift.* Nr. 22 (2000). S. 1–16.

„Die deutschen Kosakenverbände im Zweiten Weltkrieg: Angehörige des Heeres oder der Waffen-SS?" In: *Deutsche Militärzeitschrift.* Nr. 27 (2001). S. 50–53.

„Hilfstruppen für das Reich: Von russischen Hiwis zu den Ostlegionen." In: *Deutsche Militärzeitschrift.* Nr. 37, 10. Jg. (2004). S. 56–60.

„Folter, Demütigung, Sadismus: Die Vereinigten Staaten und das Völkerrecht – damals wie heute." In: *Deutsche Militärzeitschrift.* Nr. 40, 10. Jg. (2004). S. 6–10.

„Phantom Alpenfestung: Eine Legende hielt die Amerikaner 1945 vom Marsch auf Berlin ab." In: *Deutsche Militärzeitschrift.* Nr. 44, 11. Jg. (2005). S. 30–35.

„Vergeltung statt Recht: Das Tribunal der Sieger. Teil 1." In: *Deutsche Militärzeitschrift.* Nr. 46, 11. Jg. (2005). S. 24–28.

„Vergeltung statt Recht: Das Tribunal der Sieger. Teil 2." In: *Deutsche Militärzeitschrift.* Nr. 47, 11. Jg. (2005). S. 64–68.

„Der Europäer: Vor 100 Jahren wurde Léon Degrelle geboren." In: *Deutsche Militärzeitschrift.* Nr. 51, 12. Jg. (2006). S. 16–21.

„Armee mit Krummschwert: Die Geschichte der ,Handschar'-Division der Waffen-SS." In: *Deutsche Militärzeitschrift.* Nr. 53, 12. Jg. (2006). S. 20–25.

„Das Elend der Geschichte." In: *Kameraden: Unabhängige Zeitschrift für alte und junge Soldaten.* Nr. 642 (2007). S. 7–9.

„,Unfairer Prozeß': Prof. Dr. Franz W. Seidler im *DMZ*-Gespräch." [Interview.] In: *Deutsche Militärzeitschrift.* Nr. 63, 14. Jg. (2008). S. 54–57.

Zeitungsartikel und Buchrezensionen haben keine Aufnahme gefunden.

Autorenverzeichnis

Dr. Bruno Bandulet,
geboren 1942 in Bad Kissingen, ist Finanz- und Wirtschafts-
experte, Publizist und Journalist. 1973 wurde er Chef vom
Dienst der Tageszeitung *Die Welt* und 1975 Mitglied der
Chefredaktion der Illustrierten *Quick*. Seit 1979 ist er Herausgeber des monatlichen Informationsdienstes *Gold & Mo-
ney Intelligence* und seit 1995 Herausgeber des politischen
Hintergrunddienstes *DeutschlandBrief*. – Der Beitrag erschien im *DeutschlandBrief* Dezember 2006/Januar 2007.

Alain de Benoist,
geboren 1943 in Saint-Symphorien (Frankreich), ist Publizist
und Philosoph und gilt international als Vordenker der sogenannten „Neuen Rechten". Zu seinen herausragendsten
Werken zählen das zweibändige *Aus rechter Sicht: Eine kritische Anthologie zeitgenössischer Ideen* (Tübingen, 1983) sowie
Kulturrevolution von rechts (Krefeld, 1985) und *Kritik der Menschenrechte* (Berlin, 2004). – Der Beitrag erschien unter dem
Titel „La miopia di Habermas, Hobsbawm & Co.: Tributo a
Nolte" in der italienischen Zeitschrift *Liberal* (Rom; Febru-
ar/März 2003). – Der französische Originaltext wurde übersetzt von Jochen Fürst.

Ferdinand Fürst von Bismarck,
geboren 1930 in London, ist seit 1975 Chef des Hauses Bismarck. Der Urenkel des Reichskanzlers Otto von Bismarck
war von 1961 bis 1967 Verwaltungs- und Hauptverwal-
tungsrat bei der Europäischen Wirtschaftsgemeinschaft in
Brüssel und arbeitet seither als Anwalt in Lübeck sowie als
Verwalter des Forstbetriebes Sachsenwald. – Der Beitrag
erschien erstmals in dem vielbeachteten Buch *Anmerkungen eines Patrioten* (München, 1998), das mittlerweile in
zweiter Auflage vorliegt.

Dr. Günther Deschner,
geboren 1941 in Fürth, ist Historiker, Publizist und Filmemacher. Als Journalist, vor allem für *Die Welt*, die *Junge Freiheit* und die *Deutsche Militärzeitschrift*, befaßt er sich intensiv mit Fragen der Zeitgeschichte und der Kultur- und Außenpolitik. Zudem ist er heute Produzent von Industrie-, Dokumentar- und Schulfilmen. – Sein Beitrag erschien im Jahre 2006 in der Sonderausgabe zur „Waffen-SS" der *Deutschen Militärzeitschrift*.

Dr. Fred Duswald,
geboren 1943 in Neumark in Österreich, ist Unternehmer und Publizist. Er veröffentlicht regelmäßig zu zeitgeschichtlichen und medienpolitischen Themen in der österreichischen Zeitschrift *Aula*.

Prof. Dr. Reinhard Rudolf Heinisch,
geboren 1942 in München, promovierte in Wien zum Dr. phil. mit der Arbeit *Salzburg im Dreißigjährigen Krieg* (Wien, 1968). Heinisch war von 1980 bis 2008 Professor für Österreichische Geschichte und Salzburger Landesgeschichte an der Universität Salzburg. Seit 1996 ist er Präsident der Salzburger Gesellschaft für Landeskunde. Zu seinen zahlreichen Publikationen gehören *Bomben auf Salzburg: Die Gauhauptstadt im „totalen Krieg"* (Salzburg, 1995), *Die böhmische Sprachenfrage im 17. Jahrhundert* (Furth i. Wald, 2002) und *Leben über den Tod hinaus: Prominente im Salzburger Kommunalfriedhof* (Salzburg, 2006).

Prof. Dr. Lothar Höbelt,
geboren 1956 in Wien, lehrt Neuere Geschichte an der Universität Wien. Der Historiker mit den Forschungsschwerpunkten „Politik- und Verfassungsgeschichte des 19. und 20. Jahrhunderts" und „Dreißigjähriger Krieg" ist Mitglied des Comité internationale d'histoire militaire und des International Committee for the History of Parliamentary and Representative Institutions sowie der Vereinigung für Verfassungsgeschichte. – Zu Höbelts wichtigsten Publikationen gehören *Sacrum Imperium: Reich und Österreich 996–1806* (Wien, 1996) und *1848 – Österreich und die deutsche Revolution* (Wien, 1998).

Prof. Dr. Klaus Hornung,
geboren 1927 in Heilbronn, ist Politikwissenschaftler und Publizist. Von 1987 bis zu seiner Emeritierung 1992 war er Professor für Politikwissenschaft an der Universität Stuttgart-Hohenheim. 1987 wurde Hornung Präsidiumsmitglied des CDU-nahen „Studienzentrums Weikersheim", dessen Präsident er von 2001 bis 2003 war. Darüber hinaus gehörte er dem politischen Beirat der Konrad-Adenauer-Stiftung an. – Sein Beitrag erschien erstmals am 9. Mai 2008 in der Wochenzeitung *Junge Freiheit.*

Hans-Joachim von Leesen,
geboren 1930 in Hamburg, 1943 ausgebombt, 1950 Abitur in Flensburg, Ausbildung zum Verlagsbuchhändler, tätig in verschiedenen Buchverlagen, 1970–1979 in leitender Position in einem namhaften wissenschaftlichen Verlag, 1980–1993 Landesgeschäftsführer des Schleswig-Holsteinischen Heimatbundes, nach Eintritt in den Ruhestand freier Journalist, Autor des Buches *Bombenterror: Der Luftkrieg über Deutschland* (Kiel, 2005).

Prof. Dr. Konrad Löw,
geboren 1931 in München, lehrte Zivil- und Strafrecht sowie politische Wissenschaften an der Hochschule für Politik in München. Von 1972 bis 1975 war Löw Professor für Politikwissenschaft an der Universität Erlangen-Nürnberg und ab 1975 Professor für Politische Wissenschaft an der Universität Bayreuth, sein Forschungsschwerpunkt war Totalitarismustheorie. 1999 wurde er emeritiert. Seit 1990 ist Konrad Löw Mitglied des Vorstandes der Internationalen Gesellschaft für Menschenrechte (IGfM). Seit 2000 ist er Kuratoriumsmitglied des Forums Deutscher Katholiken e.V. – Löw ist Vater von fünf Kindern.

Dr. Heinz Magenheimer,
geboren 1943 in Wien, gehört zu den renommiertesten Militärhistorikern im deutschsprachigen Raum. Von 1993 bis zu seiner Pensionierung im Jahre 2006 war er Stellvertretender Leiter der Landesverteidigungsakademie des österreichischen Bundesheeres. Dr. Magenheimer publiziert Beiträge in Fachzeitschriften des In- und Auslandes zu Themen der Strategie, Militärgeschichte, Sicherheits- und Geopolitik. Starke Beachtung fanden seine Werke *Kriegsziele und Strategien der großen Mächte 1939–1945* (Bielefeld, 2006) und *Stalingrad – die große Kriegswende* (Selent, 2007).

Günter Maschke,
geboren 1943 in Erfurt, engagierte sich während seines Studiums beim linksradikalen Sozialistischen Deutschen Studentenbund (SDS). Maschke beging 1968/69 Fahnenflucht nach Kuba, wo er politisches Asyl erhielt. Nach seinem Kuba-Aufenthalt wandte er sich von der radikalen Linken ab und wurde Feuilleton-Redakteur bei der *Frankfurter Allgemeinen Zeitung*. Nach einer publizistischen Kontroverse mit Jürgen Habermas schied Maschke 1985 aus der *FAZ*-Redaktion aus. 1990–92 hatte er eine Professur für Kriegsgeschichte in Peru inne. Heute lebt er als freier Publizist in Frankfurt am Main.

Dr. Alfred Mechtersheimer,
geboren 1939 in Neustadt an der Weinstraße, wurde bekannt durch sein Engagement in der sogenannten „Friedensbewegung" in den 1980er Jahren. Zuvor war er Angehöriger der Bundeswehr, zuletzt als Oberstleutnant der Luftwaffe. Dort war er unter anderem Ausbildungsoffizier an der Schule für Psychologische Kriegsführung in Alfter. Als Parteiloser kam er 1987 als Repräsentant der Friedensbewegung über die Landesliste Baden-Württemberg in die Bundestagsfraktion der Grünen und gehörte ihr bis 1990 an. Seitdem lebt Mechtersheimer als Publizist in Starnberg.

Andreas Mölzer,
geboren 1952 in Leoben, gehört zu den profiliertesten Persönlichkeiten des sogenannten „Dritten Lagers" in Österreich. Seit Januar 2007 gehört der FPÖ-Politiker dem Europäischen Parlament an. Zudem ist er der Herausgeber der österreichischen Wochenzeitung *Zur Zeit*, in der er selbst regelmäßig Artikel veröffentlicht. – Sein Beitrag ist dem Sammelband *Als wir befreit wurden* (Wien, 2005) entnommen.

Prof. Dr. Klaus Motschmann,
geboren 1934 in Berlin, promovierte 1969 und lehrte von 1972 bis 1997 als Professor für Politikwissenschaft an der Universität der Künste in Berlin. Motschmann war von 1985 bis 2001 Redaktionsmitglied der Zeitschrift *Criticòn* und publiziert noch heute häufig Aufsätze in der Wochenzeitung *Junge Freiheit*. Zu seinen bekanntesten Büchern gehören *Politik in der Kirche: Glasnost, Perestroika… Wenn Wörter das Wort verdrängen* (Neuhausen/Stuttgart, 1988), *Mythos Sozialismus: Von den Schwierigkeiten der Entmythologisierung einer Ideologie* (Asendorf, 1990) und *Kirche, Zeitgeist, Nation* (Graz, 2006).

Dr. Heinz Nawratil,
geboren 1937 in Zauchtel (Mähren), ist Autor zahlreicher Bücher und Aufsätze über die Vertreibung der Deutschen aus den Ostgebieten nach dem Zweiten Weltkrieg. Er hielt Referate vor der Evangelischen Akademie Bad Boll und der Gesellschaft für bedrohte Völker. Im Zusammenhang mit der Menschenrechtsarbeit unternahm er Reisen nach Bosnien, Afghanistan und in den Irak. – Neben zahlreichen juristischen Fachpublikationen hat Nawratil unter anderem die Erfolgsbücher *Der Kult mit der Schuld* (München, 2002), dem auch der hier abgedruckte Beitrag entnommen ist, und *Die deutschen Nachkriegsverluste* (Graz, 2008) veröffentlicht.

Dr. Walter Post,
geboren 1954 in München, ist als Historiker und Publizist tätig. Von 1990 bis 1994 hatte er an der Universität München einen Lehrauftrag für Internationale Politik. Post publiziert regelmäßig Artikel vor allen zu Fragen des Zweiten Weltkrieges. Beachtung fanden besonders sein Buch *Die verleumdete Armee* (Selent, 1999), das die Unwissenschaftlichkeit der Reemtsmaschen Wehrmacht-Diffamierungsausstellung nachwies, sowie die Monographie *Die Ursachen des Zweiten Weltkrieges* (Tübingen, 2003).

Prof. Dr. Friedrich Romig,
geboren 1926 in Königsberg in Ostpreußen, ist Dozent für Volkswirtschaftstheorie und Volkswirtschaftspolitik der Wirtschaftsuniversität Wien. Er war u.a. Gastdozent an der Universität Graz. Er selbst bezeichnet sich als Schüler seines Habilitationsvaters Walter Heinrich und als Enkelschüler von Othmar Spann, dem Wiederbegründer der ganzheitlichen Philosophie und Gesellschaftslehre. Für seine Habilitationsschrift erhielt er den Kardinal-Innitzer-Preis. Er veröffentlichte über 250 wissenschaftliche Arbeiten und Rezensionen. – Sein Beitrag erschien erstmals am 22. Dezember 2006 in der Wochenzeitung *Zur Zeit*.

Dr. Stefan Scheil,
geboren 1963 in Mannheim, promovierte 1997 in Karlsruhe zu dem Thema *Die Entwicklung des politischen Antisemitismus in Deutschland zwischen 1881 und 1912* (Berlin, 1999). Die Arbeiten des Historikers befassen sich mit der jüngeren deutschen Geschichte. Insbesondere in seinen letzten Werken vertritt er die These, der Ausbruch des Zweiten Weltkrieges sei nicht alleine die Schuld Deutschlands, sondern sei vielmehr auf ein Versagen der Diplomatie der Weltmächte zurückzuführen. Zu seinen am meisten beachteten Büchern gehört *1940/41 – Die Eskalation des Zweiten Weltkrieges* (München, 2005).

Dr. Alfred Schickel,
geboren 1933 in Aussig an der Elbe (Sudetenland), ist Leiter der Zeitgeschichtlichen Forschungsstelle Ingolstadt. Schickels Engagement für das Schicksal der Sudetendeutschen wurde wiederholt ausgezeichnet. Er scheute sich nicht, mutig Forschungsergebnisse zu publizieren, die im Widerspruch zur „Politischen Korrektheit" stehen. Dennoch wurde er 1989 mit dem Kulturpreis für Wissenschaft der Sudetendeutschen Landsmannschaft geehrt sowie, im selben Jahre, mit dem Bundesverdienstkreuz am Bande, das auch seinen Leistungen als Vorsitzendem des Katholischen Bildungswerkes galt.

Generalmajor a.D. Gerd Schultze-Rhonhof,
geboren 1939 in Weimar, sorgte 1995 für Aufsehen, als er das Bundesverfassungsgericht wegen des sogenannten „Soldaten sind Mörder"-Urteils öffentlich kritisierte und deshalb die Bundeswehr verließ. Seitdem arbeitet Schultze-Rhonhof als Publizist und forscht über die Ursachen des Ausbruchs des Zweiten Weltkrieges. – Sein Beitrag ist seinem Buch *1939 – Der Krieg, der viele Väter hatte* (München, 2003) entnommen.

Dr. Tomislav Sunic,
geboren 1953 in Zagreb, war von 1996 bis 2001 im diplomatischen Dienst Kroatiens unter anderem in Zagreb, Brüssel, Kopenhagen und London tätig. Zuvor lehrte er an verschiedenen US-amerikanischen Universitäten Politikwissenschaft. Sunic ist als freier Autor tätig und veröffentlichte unter anderem in den Zeitungen *Chronicles, Le Monde, Frankfurter Allgemeine Zeitung* und im *Wall Street Journal*. Beachtung fand seine Forschungsarbeit *Against Democracy and Equality: The European New Right* (New York, 1990). Er ist überdies Autor des US-kritischen Buches *Homo Americanus: Child of the Postmodern Age* (2007).

Generalleutnant a.D. Dr. Franz Uhle-Wettler,
geboren 1927 in Eisleben, nahm noch als junger Soldat am Zweiten Weltkrieg teil. Danach machte er Karriere bei der Bundeswehr. Uhle-Wettler war zuletzt Kommandeur des NATO Defence College in Rom. Seit seiner Pensionierung veröffentlicht Uhle-Wettler vermehrt Artikel und Bücher zur Militärgeschichte.

Brigadegeneral a.D. Reinhard Uhle-Wettler,
geboren 1932 in Eisleben, war bis zu seiner Pensionierung stellvertretender Kommandeur der 1. Luftlandedivision der Bundeswehr in Bruchsal. Seitdem ist Uhle-Wettler als Publizist tätig und veröffentlicht zu gesellschaftspolitischen und zeitgeschichtlichen Themen; Verfasser des Buches *Die Überwindung der Canossa-Republik* (Tübingen, 2000).

Prof. Dr. Eberhard Windemuth,
geboren 1930 in Münster, war als Dozent für Maschinenbau an der Bundeswehr-Universität in München tätig. Zudem beschäftigte sich Windemuth mit zeitgeschichtlichen Fragen. Seit seiner Emeritierung forscht er zum Thema Flucht und Vertreibung und hält öffentliche Vorträge zum Thema.

Inhalt

INHALT

Pour le Mérite

VIKTOR SUWOROW
DER EISBRECHER
Hitler in Stalins Kalkül
512 S. – geb. im Großformat –
€ 24,80. – In diesem Standardwerk
beweist der russische Historiker
Stalins Strategie, die darauf zielte,
daß die Armeen West- und Mitteleuropas sich derart schwächen
würden, daß er schließlich mit einer eigenen Aggression das erschöpfte Europa überrollen könnte.

VIKTOR SUWOROW
STALINS VERHINDERTER
ERSTSCHLAG
Hitler erstickt
die Weltrevolution
352 S. – s/w. Abb. – geb. im Groß-
format – € 25,95. – Anhand einer
Fülle von Material beweist der
bekannte Autor messerscharf:
Hitlers Präventivschlag rettete
Europa in letzter Minute vor dem
Bolschewismus.

HEINZ MAGENHEIMER
STALINGRAD
Die große Kriegswende
352 S. – viele teils farb. Abb. –
geb. im Großformat – € 25,95. –
Der Autor erweist sich als glän-
zender Sachkenner, der dem ver-
zerrten Bild von der angeblichen
Sinnlosigkeit am Festhalten Sta-
lingrads entgegentritt und die
strategische Wichtigkeit der Stadt
an der Wolga aufzeigt.

MICHAEL REYNOLDS
EIN GEGNER WIE STAHL
Das I. SS-Panzerkorps
in der Normandie 1944
304 S. – davon 16 s/w. Bildseiten
– geb. im Großformat – € 24,80. –
Den Kampf der 1. SS-Panzerdivision „Leibstandarte SS Adolf
Hitler" und der 12. SS-Panzerdivision „Hitlerjugend" gegen die
alliierte Invasion kennzeichne-
ten übermenschliche Leistungen.

F. BEEKMAN/F. KUROWSKI
KAMPF UM
DIE FESTUNG HOLLAND
Der 5 Tage-Krieg
224 S. – s/w. Abb. – geb. im
Großformat – € 15,95. – Nicht
Holland war das Ziel des West-
feldzuges, sondern es galt Frank-
reich zu besetzen. Doch die Nie-
derlande waren bereit, ihr terri-
torium für die Briten zu öffnen.
Dies galt es zu verhindern.

WILHELM TIEKE
IM FEUERSTURM
LETZTER KRIEGSJAHRE
II. SS-Panzerkorps mit 9. und
10. SS-Division „Hohenstau-
fen" und „Frundsberg"
676 S. – viele s/w. Abb. – geb. im
Großformat – € 25,95. – Neben
der nüchternen Sachinformation
sind hier packende Berichte der
Kommandeure und Soldaten der
Waffen-SS enthalten.

Verlag für Militärgeschichte